海外中国研究丛书

刘 东 主编

[美] 柯伟林 著
陈谦平 陈红民
武 菁 申晓云 译
钱乘旦 校

德国与中华民国

GERMANY AND REPUBLICAN CHINA

江苏人民出版社

图书在版编目(CIP)数据

德国与中华民国／(美)柯伟林著；陈谦平等译.——南京：
江苏人民出版社，2006.8(2022.6重印)
(海外中国研究丛书／刘东主编)
书名原文:Germany and Republican China
ISBN 978-7-214-04456-3

Ⅰ.德… Ⅱ.①柯…②陈… Ⅲ.①中外关系-国际关系史-德国
-中华民国 Ⅳ.D829.516

中国版本图书馆 CIP 数据核字(2006)第 100258 号

Germany and Republican China by William C. Kirby，published in English by Stanford University Press.
Copyright ⓒ1984 by the Board of Trustees of the Leland Stanford Junior University.
This translation is published by arrangement with Stanford University Press，www.sup.org.
Simplified Chinese edition copyright ⓒ 2006 by Jiangsu People's Publishing House.
All rights reserved.
江苏省版权局著作权合同登记号：图字 10-2016-122 号

书　　　名	德国与中华民国
著　　　者	[美]柯伟林
译　　　者	陈谦平　陈红民　武　菁　申晓云
校　　　者	钱乘旦
责任编辑	王　田　李　旭
装帧设计	陈　婕
责任监制	王　娟
出版发行	江苏人民出版社
地　　　址	南京市湖南路 1 号 A 楼,邮编:210009
照　　　排	江苏凤凰制版有限公司
印　　　刷	南京新洲印刷有限公司
开　　　本	652 毫米×960 毫米　1/16
印　　　张	25.25　插页 4
字　　　数	327 千字
版　　　次	2006 年 9 月第 1 版
印　　　次	2022 年 6 月第 5 次印刷
标准书号	ISBN 978-7-214-04456-3
定　　　价	78.00 元

(江苏人民出版社图书凡印装错误可向承印厂调换)

序"海外中国研究丛书"

中国曾经遗忘过世界,但世界却并未因此而遗忘中国。令人嗟讶的是,20世纪60年代以后,就在中国越来越闭锁的同时,世界各国的中国研究却得到了越来越富于成果的发展。而到了中国门户重开的今天,这种发展就把国内学界逼到了如此的窘境:我们不仅必须放眼海外去认识世界,还必须放眼海外来重新认识中国;不仅必须向国内读者迻译海外的西学,还必须向他们系统地介绍海外的中学。

这个系列不可避免地会加深我们150年以来一直怀有的危机感和失落感,因为单是它的学术水准也足以提醒我们,中国文明在现时代所面对的绝不再是某个粗蛮不文的、很快就将被自己同化的、马背上的战胜者,而是一个高度发展了的、必将对自己的根本价值取向大大触动的文明。可正因为这样,借别人的眼光去获得自知之明,又正是摆在我们面前的紧迫历史使命,因为只要不跳出自家的文化圈子去透过强烈的反差反观自身,中华文明就找不到进入其现代形态的入口。

当然,既是本着这样的目的,我们就不能只从各家学说中筛选那些我们可以或者乐于接受的东西,否则我们的"筛子"本身就可能使读者失去选择、挑剔和批判的广阔天地。我们的译介毕竟还只是初步的尝试,而我们所努力去做的,毕竟也只是和读者一起去反复思索这些奉献给大家的东西。

刘　东

中译本序言

中德关系史,是近代中国对外关系的重要组成部分。长期以来,中国史学界在这方面缺乏研究。20世纪80年代初,各地学者开始关注民国时期的中德关系,整理出版了一批资料,并发表了一些研究性的论文,为促进中德关系史的研究迈出了可喜的一步。但是,与西方国家学术界比较,近十多年来我国中德关系史的研究,进展仍然缓慢,成果亦不算多。德国、美国的历史学者,都已对中德关系史做过比较深入的研究。德国柏林自由大学郭恒钰教授、罗梅君教授,德国柏林洪堡大学费路教授,法国弗赖堡大学伯恩·马丁教授以及美国哈佛大学柯伟林教授等,都作出了重要的学术贡献。其中,柯伟林教授的著作 Germany and Republican China,代表了西方学术界在这一领域中的研究水平,在国际学术界有良好的影响。陈谦平、陈红民、武菁、申晓云四位民国史学者,将这一重要著作翻译成中文出版,是一项很有意义的工作。我相信它对中德关系史的研究,会起有益的推动作用。

近代中德关系的发展,经历了一个曲折复杂的演变过程。在1840年鸦片战争以前,中德两国之间只有一些简单的海上或陆路商业贸易往来。鸦片战争以后,德国开始积极参与列强对中国的经济掠夺和划分势力范围的侵略活动。但是,很长一段时间它并非侵华活动的主要角色,而是跟在英、法等国后面分享一杯羹。19世纪以来,随着德国政治、经济形势的变化,德国帝国主义迫切需要向海外扩张,因而进一步加深了对中国的掠夺,并成为英、法等国争夺中国的强劲对手。它在中国划租界、修铁路、开矿山,强占胶州湾。可是,第一次世界大战的结果,粉碎了德国帝国主义妄图称雄世界的迷梦。德国在中国山东获得的权益被全部让予日本。德国因战败被排除出大国争夺中国的行列。

中德关系的复兴,大约在20世纪20年代的后期。自1928—1933年,是双方关系的初步发展阶段。1927年南京国民政府建立后,蒋介石在积极依靠美国、日本的同时,也十分注意联络德国,以寻求德国的军事支持,稳定本身的政治、经济统治。而德国在经受了第一次世界大战失败的沉重打击之后,利用大国间的矛盾,使德国经济迅速恢复起来,并逐渐解脱凡尔赛和约的束缚,再次向外扩张。这一时期,南京国民政府各军事机关聘用了大批德国军事顾问,并以德国先进的军事技术和方法训练军队,以德国的新型武器装备各部队。双方的经济贸易亦在不断扩大。

不过,中德关系的进一步发展、和谐与活跃的时期,却是1934年以后至1937年间。这一时期,双方由单纯的民间贸易和非官方的军事往来,发展为政府间的密切合作。在日本不断加紧对华军事侵略的严重形势下,南京国民政府把全面军事援助的希望寄予德国方面。而德国希特勒政府也迫不及待地希望加强与中国的贸易,借以倾销军火,并进口军备原料。在对日关系上,德国由于与日本结盟,并与中国友好,同时又不愿日本取代德国在华利益或因战争受损而丧失其在远东对苏联的牵制作用,因此不希望日本扩大侵华战争,表现了较为中立的态度。

可是,由于日本侵华战争不断扩大,日本政府对德国继续执行两面政策表现了强烈的不满。因而自 1938 年以后,中德关系由密切合作逐步后退。德国政府出于战略上的考虑,逐步明显地倒向日本,宣布军事顾问离华,严令禁止军火输入中国。特别是在 1940 年 9 月 27 日《德意日三国同盟条约》签订以后,双方关系进一步恶化。1941 年 7 月,德国政府更进一步宣布承认汪精卫伪政府。12 月 9 日,中国政府宣告与德国断交,中德关系完全破裂。

柯伟林教授的著作在简明扼要地叙述了 1914 年第一次世界大战前的中德关系之后,以大量的篇幅研究了民国时期中德关系的发展、演变,论述了双方的政治、经济战略,并深刻地探讨了这种关系给双方政治、经济的发展带来的影响。柯教授还以相当的篇幅阐述了中国国民党人对德国历史经验的认识和对法西斯主义的看法。他的研究方法和学术观点,给我们以有益的启迪。作为柯伟林教授多年的朋友,我对本书中文版的面世,表示衷心的祝贺。

张宪文

中文版序言

对一位外国作者来说,看到自己撰写的关于中华民国史的学术著作被译成中文出版,无疑感到十分荣幸。我非常感激陈红民教授、陈谦平教授以及申晓云、武菁女士所做的杰出工作以及他们的耐性,感谢钱乘旦教授的校译工作,也感谢陈意新先生最初对这个翻译计划所给予的鼓励。我特别要对张宪文教授给予的支持表示谢忱,他已使得南京大学成为中华民国史的研究中心。

自本书英文原著1984年出版以来,关于这一课题又有许多著作相继问世。弗朗索瓦兹·克赖斯莱尔(Francoise Kreissler)对多方位的中德文化关系进行了出色的探考。在柏林,费路(Roland Felber),罗梅君(Mechthild Leutner),尤其是郭恒钰,为促进中德关系史研究的新发展做了大量的工作。在中国台湾,早期的中德关系也引起了学者们新的注意。奇怪的是,恰恰是在中国大陆,中德关系史的研究还

很薄弱,论著甚少。*

这或许是一件令人十分遗憾的事情,因为中德关系就某种程度来讲,在中国近代对外关系史上既重要又独特。这里,我仅就一个方面的内容试加评论,即:文化关系在构造中国同其他国家间合作框架过程中的作用。这方面的研究相对来讲比较薄弱。

在国民党政府统治中国大陆期间中国的三个主要合伙国中——依年代的顺序它们分别是苏联、德国和美国——与德国的关系在许多方面是最真诚的,彼此也十分满意。它也是这样一种关系:即相对于这种关系中的其他因素而言,两种文化和经济之间的交往显得最为重要。在这三个伙伴关系当中,1937年以前的中德关系是极不寻常的,因为这种关系并不是建立在对全球性或地区性强权政治的共同兴趣基础之上,而是建立在不考虑共同的战略需求之上。尽管在那里发展的是一种相互受益的军事关系,但对任何一方来说,并没有朝着特定的政治或战略目标进行具体的合作。我们毋宁说,是中德之间一种正式或非正式的广泛的文化交流维系了它们之间的伙伴关系。

虽然只从最广泛的意义上来讲,中国与德国在两次世界大战之间同为主张修正国际条约的大国,因此在国际政治中具有共同的政治目标,但它们均被排除于国际秩序之外、都遭受"不平等条约"的束缚,这样一种地位却使它们皆能无拘无束地创造中外合作的新形式,并在领导人物中提供了重要的心理保证——某些中国领导人理解为(抱有太

---

* 克赖斯莱尔:《德国在中国的文化活动》(L'Action culturelle allemande en Chine),巴黎,1989年;郭恒钰辑:《从殖民政策到合作:德中关系史研究》(Von der Kolonialpitik zur Kooperation: Studien zur Geschichichte der detsch-chinesischen Beziehungen),慕尼黑,1986年;《德中关系史,1900—1949》(Zur Geschichte der deutsch-chinesischen Beziehungen, 1900—1949),《柏林洪堡大学学报特刊》第37卷,第2期(1988年);余文堂:《中德早期的贸易关系,1650—1860》,台中,1989年。关于这个题目在中华人民共和国重要刊物上仅发表了一篇文章,是李兰琴的《试论二十世纪三十年代德国对华政策》,见《历史研究》1989年第1期,第179—191页。

大希望)两国之间的"共同的命运"。人们甚至可能会说(中德两国)在意识形态上有某些共鸣之处,特别认为中国对德的态度是将其视为中国发展某些特定方面的模式或良师益友。由于中德关系中并没有实在政治利害关系,使得双方外交部变成处理日常工作的机构,而与军事和经济方面的合作越来越不相干,这些则已成为其他部门的事;这也允许各种从事这些合作的信托机构和协会一时稳定地增长起来。

南京国民政府的德国军事顾问团就是一个恰当的实例。在中国国家机构中雇佣外国人是中国政府引进外国"文化"的一种方法,通过这种方法,可以接受外国的专门技能,得到技术援助,而又不会使政府之间的关系陷入太多的麻烦。尽管向前可以追溯到元朝(马可·波罗)和明朝(北京耶稣会士),但在规模上成为一种意义重大的一般性的惯例则只是在晚清和民国时代。在南京国民政府时期,外国专家在许多政府部门供职,发挥了广泛的功能。他们大部分以个人的名义受到雇佣,其他人则得到了诸如国际联盟等跨国组织和私人慈善机构的赞助。几乎所有的人都是通过单个的私人合同得以雇佣的,甚至当雇佣是由其他代理机构来进行时也是如此。他们的"非官方"性质使中国政府可以在其认为适当的时候延长或解除合约。在所有的这些尝试中,正是德国军事顾问团取得了理所当然的成功。

既然军事顾问团的工作不涉及提供顾问的国家自身的军事战略,那么无疑它就更容易取得成功——而苏联在1920年代和美国在1940年代的情况则不是这样。然而,那也是置身于合作中的德国人和中国人在文化方面亲和力的结果。例如,马克斯·鲍尔呼吁蒋介石在人民联盟(Volksgemeinschaft)的基础上建立一个反资本主义的国家就非常适合蒋本人的政治观点与感受。德国的经验向中国领导人提供了同一个外国进行合作的可能性,而这个外国的发展道德观——正如蒋和其他人所理解的那样——是同他们自己的观念协调一致的。

当然,在南京政府时期并没有一种作为文化输出的单一的德国"发展模式"。尽管中国军事工业的动员自认为模仿的是德国"战时经济"的概念,但历任德国顾问的政治思想并无连贯性。从1920年代晚期鲍尔浪漫的"国家布尔什维克主义",到希特勒统治时期各种牌号的德国法西斯主义,再到(对蒋介石本人影响更大的)一个杰出的军官团是国家力量的关键和国家的"教员"这种普鲁士式的思想(这是汉斯·冯·塞克特的贡献)。然而,所有这些加在一起,对中国方面来讲虽然常常变成不切实际的希望,但这种种德国的经验却加强了一种混合的国家形象,即这个国家的领导成员和公民已经为一个强大的国家实体锻造了基础(关于这一点或许最好参见蒋介石在新生活运动典礼上的讲话)。在这种背景之下,甚至连纳粹的种族主义政策亦可被一个公开关心"中华种族"如何在社会达尔文主义的国际竞争中生存下去的中国领导层所理解——假如不是被他们赞赏的话。

这种形象有时被浓聚成一种广为赞赏的德国"精神"和"民族特性"的印象,尤其是当它们比起其他西方国家和日本的形象时,就更为如此,其价值几乎无法在量上加以评价。虽然我们多少能通过与之有关的出版物来评价那些制定政策的精英们的思想,然而我们在这里却无意在高层次上讨论知识分子的历史问题。不过,这种观念当时在中国的政界和军界领导层中确实普遍存在,成为影响中德关系的重要因素。

总而言之,同军事领域一样,中德在经济领域中合作的部分基础,亦可以从文化领域找到。在工业规划的范围内,即使不是完全一致的话,至少在有关合作的形式上不存在意识形态上的冲突。中德工业关系所具有的特色之处既在于它的合作方式,也在于它技术转让的范围。

德国工业极好地适应着中国一种所谓新国家主义的经济文化。正规的文化交往也推动了中德经济关系的发展。由全德工业联合会所代表的德国工业及交通界主要企业眼睛盯着中国市场,投下大笔资金,在广泛的基础上促进经济、科技和文化的发展,寻求实行一种全面的工业战略。这种"文化宣传"——如人们所称呼的那样——特别支持中国和德国的教育机构培训中国的工程技术人员,但是它也促成了许多新的中德组织和德国在华文化机构的建立并给予了经济支持。与此同时,一个由德国工业界所做出的富于想象力的计划资助了中国技术人员的培训,于是越来越多的留德人员回国后在中国工业和军事现代化各个管理机构中担任职务。

这两种文化之间的接触、交流与教育的不断发展过程加深了中德军事和文化精英之间的相互尊重。但这种关系史也显示出,无论这种文化和经济联系是怎样的深广和重要,它都是不够的。最高政治阶层缺乏协调给这种关系带来了内在的不安全感。它以非战略性关系开头,但战略性利益方面冲突的任何升级都会使中德关系容易受到遏制或被取消。

出于东亚战略的考虑,希特勒最终恢复了帝国主义的"世界政策",摧毁了中德合作广泛的文化(和非政治的)前提。虽然德国的工商界和军界于1937年组成了一个强大的德国"中国院外集团",直到1939年仍继续将同中国方面的经济合作保持在一个令人吃惊的水平之上,但到那时,苏联已取代了德国成为中国的主要伙伴。对双方来说中德关系的重要性都减小了,直到世界大战结束和冷战开始趋于缓解之前,也未能回复到任何有实际意义的水平之上。

然而,那是另一段更现代的历史了。我很高兴现在中国的读者们可以利用我的这部有关中国较早时期对外关系的论著了。我期待着他们的批评。

柯伟林(W. C. Kirby)
1993年7月于美国麻省剑桥

新中文版序言

江苏人民出版社决定在刘东先生主编的"海外中国研究丛书"中再版此书,我深感荣幸。在此,我对浙江大学陈红民教授和北卡罗来纳大学陈意新教授对于该课题的一贯支持深表感谢。

任何一本书如果能够在其首印二十多年之后再版,可能更多的是因其主题的重要性,而非该书本身的水准。那么,这本书为什么会再版呢?

如果读者所寻求的是关于中德关系史的最新研究,那么他们就找错地方了。自从这本书的手稿完成后,我们对于中德关系的理解已经随着大量原始档案的开放而大大丰富了,尤其是从南京以及中国其他地方的档案馆得到的资料,以及从苏联,特别是从前民主德国档案馆新近获得的材料。自1984年该书第一版发行以来,已经有三十多本关于中德关系史的中文及德文论著出版,但这本书仍保持了其独特性——也许它是唯一的一本最先由中德关系的"局外人"编著,而且最初以英文写作的书吧。不过这并不是这本书的要义,并且这也不是其再版的一个充足理由。然而,我以为——当然是很愉快地以为——自从本人最先致力于中德关系研究以来,尽管围绕这一主题发掘了大量的新原始档案,产生了新的治史方法,但本书的基本叙述和重要论点仍旧可以"岿然不动"。

如果本书仍然还值得一读的话(这个要交给读者来评判),那么与其说是因其对于我们理解中德双边关系方面的贡献,不如说是它抓住了一个更为宏大的问题,即中国现代的国际化。本书源于我的博士毕业论文,我给这本书最初拟订的书名是《外国模式与中国的现代化》。在导言部分我提出了这样的观点,即在中国现代意义上的国家的诞生过程中,清朝和民国(正如其后的中华人民共和国)拥有向其他相对"现代化"的国家学习经验的优势。当时中国的领导者面临着非常多可供选择并且适应当时中国国情的发展模式。这些模式有时以"主义"的形式出现,"主义"是指公认的可以放之四海而皆准的政治或哲学概念。但这些主义(共和主义、立宪主义、法西斯主义甚或是列宁主义)当中,没有一个能够完全脱离于其各自不同的国家渊源。概念不是光有纯粹抽象的包装,而是同时包含于个体和国家的经验中。我认为在国民党的南京十年统治时期,对于当时中国而言没有一个单独的孤立的"德国模式",而是存在着多种不同的重要模式,这些模式对中国的军事、经济和意识形态的发展产生影响,并且它们之间也相互作用。这些模式受到人(从"民族布尔什维克"的冒险家马克斯·鲍尔到其雇佣者——墨守成规的信奉儒家学说的军阀蒋介石)和机构(从中国研究学社到同济大学,再到国民党自身)这两方面的制约。

《德国与中华民国》这本书里,包含着我一直试图将其明确表达清楚的观点,即现代中国一个本质的,也许是最为本质的特征,就是中国已经融入全球体系当中。我认为,如果不是特别注重从国际的角度观察,现代中国史简直无法理解。本书第三章指出,夺取政权的国民党当然是一个中国的革命党,但是就其意识形态和组织结构而言,它又是极为国际性的,更不要提它的军备武器,那些武器早期基本上完全从国外进口。国民党的对手中国共产党既是一个中国的革命党,又是一个国际化的革命党。作为共产国际的成员,中国共产党深受其影响。

我的观点其实很简单。到 20 世纪为止(如果不会更早的话),国际的或全球的或国外的事情作为一方面,而"中国"的事情作为另一方面,两者之间的界限在很多领域已经不可能进行划分了。如果我们要研究那个时代的中国国际化历史,我们就不能将国内的和国外的截然分开,而是应该以研究国内外的国际化进程为目标。

这并非是要暗示在这个阶段国际化的影响是施加给中国的。比如,如果 1950 年以后中华人民共和国的外交关系(我目前的研究课题)说明了共产国际的主张与中国国家利益之间存在着紧张性的话,(中国的外交)政策仍然是中国的领导者制定出来的,而这些领导人的革命生涯既是国际性的又是民族性的。在中国国内,就这些政治活动、经济组织、法律和监狱系统或者无论什么而言,我们都不该用"施加"这个词,而该用国际文化惯例的"内卷化",并且,我们至少必须假定中国作为重要的参与者与国际影响这两者应该具有相同的作用力。本书第六章揭示的 20 世纪 30 年代中国人对法西斯主义的另一种理解,充分说明了这种论点的正确性。

我必须指出,这一关于用国际化视角研究现代中国的观点,过去几十年的大部分时间里相当不为西方史学界所认可,尽管我相信这种状况目前正在改变。本书的编撰,是有意识地遵循费正清教授的多国、多档案的国际史研究传统来进行的,并寻求从多种角度和多个正式或非正式参与者的观点来理解国际关系,因为我恰好是费正清的最后一名弟子。在费正清学术生涯的鼎盛时期,现代中国外交史的研究在西方和中国都还是处于中国现代历史研究的中心。那时在中国北京,费正清的老师蒋廷黻制定了现代国际史的撰写标准。然而,关于中国国际史的研究在20世纪70年代开始衰落,当时中国和一些西方学者批判费正清等学者所持的是很大程度上从外部来看待中国的"帝国主义"观点,因此不能明白一种外人无法理解的内部动力机制,这种动力机制据说是中国现代革命的动因。后来在美国学术界被称之为"以中国为中心"的中国史观的发展当然作出了重要的贡献,尤其是在社会和文化史的研究领域。但是,它也阻碍了这个领域更加深刻地理解过去两个世纪以来的中国国际化进程,而且还妨碍了我们领会这样一个事实,即被称之为"中国"的这个地方是一个伟大而古老文明的继承者,同时它在很多方面又是一个崭新的国家,而且从1912年起与更为宽广的世界的相互作用就往往以决定性的方式影响着它的形成,正如中国在世界历史形成过程的所起的作用一样。

关于中国国际化的研究近年来复苏了,毫无疑问这部分归功于中国在世界上持续迅速增长的地位,以及中国国内的更加迅速的国际化步伐,还有中国及海外档案资料的日益开放。中国的国际化最近一直是由北京大学牛大勇教授、柏林自由大学罗梅君教授以及哈佛大学我本人所主持的跨国研究项目的课题,对此我深感荣幸。

当从事这个课题时,我们寻求在中国国际化的研究中设定两个新的议题:其一,是我在上文中所提的国际文化惯例的"内卷化"。我们要问,我们如何理解西方政治思想在中国的某些分支的耐久生命力?其中不容忽视的就是对于中华人民共和国的治理仍然相当重要的列宁主义。当我们在研究当代中国经济的时候,又能从现代中国资本主义研究中学到什么?中国资本主义早在共产主义革命之前就已在与外国的联系过程中成熟了,而后又在中国东亚沿海外围地区繁荣壮大。中国20世纪的三波法律改革浪潮在何种程度上"内卷化"了国际上的法律标准?中国高等教育国际化(对于中国及世界上所有其他国家)眼前及将来的影响是什么？中国的自然环境是如何被重新塑造的？中国在一个农业、工业和工程大规模国际合作的世纪中是如何影响全球环境的？

第二个宽广的目标(同时也是仍然摆在我们面前相对主要的目标)，就是在世界和地区的背景环境下去看待中国，该环境下中国的国际成员资格已经重新定义了全球社会及其惯例。除去众多非政府的国际组织(中国一些个人也拥有这些组织的会员资格)以外，中国作为共产国际、国际红十字会、国联和联合国等众多组织的主要参与者，其影响是什么(我认为这种影响是很显著的)？尤其是民国时期(这也是本书的主题)，在中国国内知识界主流看起来颇为显眼的文化国际主义对于中外伙伴关系以及中外敌对状态性质的定义也起到了促进作用。我们首先还需要解释，尽管存在着关于中国"孤立主义"的诸多历史论述，20世纪中国真正孤立于全球体系之外的时期，仅仅是从大约1962至1970年的这段时间，而且这种孤立状态的例外情形正好可以证明中国国际化这一规律。

在看待中国现代历史的国际化维度时，较之于"全球化"我更愿意使用"国际化"这个术语。原因很简单，因为国家和政府对于20世纪中外关系无论是从私人还是公众的角度都是至关重要的，而且这种关系是在国家之间、跨越公认(尽管有时存在争议的)国界的不可避免的背景环境中发生的。而且国家和政府对非国家的参与者的许多活动还进行调停斡旋(以及监督)。此外，"全球化"这一概念的预设是世界上国家之间的相互作用模式的不断趋同。全球化没有考虑如下的事实，即文化以及政治结构的变化不及运输、通信和贸易方面的革命所产生的变化快，后者的变化促使人们相互联系，又往往使彼此间发生冲突。

这把我们带回至20世纪20年代和30年代中德关系的历史描述

中去。我对这段历史着迷,正是因为这段国际关系是发生在世界大战前夕而且中国在这场世界大战中作为一个平等的伙伴也发挥着重要的作用。因为它涉及了我们现在称之为全球化的诸多方面,比如合资企业、经济和教育方面,或者是政治意识形态的跨国界传播等,而且还因为政府及领袖对于这种关系的决定性作用,这种作用开始时至关重要但到最后却是悲剧性的。关于这一点,可于本书最后的分析。这段历史提醒我们,不是什么非人力的因素,而正是人类自身往往由于不完整的信息、太多的目标,并且时常戴着无法改变的意识形态的眼罩影响着我们所生存的这个世界。

柯伟林
哈佛大学盖辛葛尔历史教授
费正清东亚研究中心主任

目 录

鸣　谢　1

绪　论　1

第一章　1914年之前德国在中国　8

第二章　德中关系的重新起步　21

第三章　联系的建立 1926—1931　48

第四章　国民党的工业战略 1931—1933　98

第五章　新的关系 1933—1936　131

第六章　朴素、法西斯主义和"新生活"　190

第七章　德国与中国的现代化 1935—1937　244

第八章　尾声 1938—1941　300

结　语　327

缩略语　344

参考书目　346

新版译后记　375

鸣 谢

本书得以完成,很大程度上归功于来自三大洲的许多个人与机构的慷慨相助。

剑桥*、圣路易斯、中国台湾以及德国的师长和朋友们的建议与鼓励使我受益匪浅。费正清(John K. Fairbank)对我涉足中国史领域最先给予了鼓励,此后并不断地给予惠助。汉斯·莫森(Hans Mommsen)给了我最初的指点。伯恩·马丁(Bernd Martin)在档案方面提供了宝贵的帮助。易劳逸(Lloyd E. Eastman)审阅了全部的手稿,盖博坚(Kent Guy)、史华慈(Benjamin I. Schwartz)和石约翰(John E. Schrecker)对几个章节发表过意见。尤其要感谢我的两位研究生导师福兰克林·L. 福特(Franklin L. Ford)和孔飞力(Philip A. Kuhn),他们的教诲与支持是本项研究所不可或缺的。

许多人慷慨地让我分享他们的私人经历与文件,我将这些都收入附录中了。在此我要对路德维希·维尔讷(Ludwig Werner)、弗里德

---

* 美国哈佛大学校址所在地。——译者

里希·布塞(Friedrich Busse)、赫尔曼·吕特尔(Hermann Noether)、关德懋、王洽南、齐熨诸先生及蒋纬国先生致以特别的谢意。同时,也很感激已故的齐焌先生所给予的协助。

谨向下列机构的职员致谢,他们与我通力合作并在各自的专业上给了我帮助:弗莱堡的联邦军事档案馆、科布伦茨的联邦档案馆、波恩的外交部政治档案室、科隆的德国经济研究所、华盛顿特区的国家档案馆,台北的档案部门、历史研究所、图书馆、中德文化协会,以及在台北的美国教育基金会,我也要向哈佛燕京图书馆和瓦登纳图书馆的工作人员表示谢意。

本书的研究与写作得到了富布赖特委员会,哈佛大学的历史系和欧洲研究中心,及惠廷基金会的资助。华盛顿大学历史系协助完成了原稿的准备工作,梁锡辉(音)、弗里德里希·布塞和格达·勒宁-魏采尔(Gerda Loehnning-Wetzell)友好地为本书提供了图片。我十分感谢多丽丝·休斯(Doris Suits)和贝基·G. 布赖恩(Becky G. Bryan)为原稿打字所做出的特殊奉献。

没有谁能比我的太太伊维塔·施汉恩·柯尔比(Yvette Sheahan Kirby)所提供的帮助更直接更经常了,她是我史学研究的同伴。她为我投入了大量的时间和心力,并始终如一地给予精神支持。对我的妹妹和已故的父母双亲大人,我是永远也难以报答的。

柯伟林

绪　论

自19世纪中叶起,中国的历史便与全球经济、政治和思想的进步紧密地连在一起了。尽管清王朝尽了最大的努力,并具有较好的判断力,它在与西方国家打交道时却不得不以西方人的条件为基础,甚至是在它企图在不损害自己文化与制度独特性的前提下,学习西方国家得以强盛的几个最主要的因素时,也是如此。对于1911年在清王朝崩溃的基础之上建立起来的共和政府来说,中国不可避免地要卷入国际激流的漩涡,是一种危险与希望同在的现实。

危险是要被更强大的、"现代化"国家的帝国主义扩张行为所征服。希望则在于中国在现代世界中的"后来者"身份,如果中国并非是一张可以任意写上新方向的"白纸",那它确实拥有学习那些相对"现代化"国家经验的优势。由于中国旧有的政治和意识形态框架随着清王朝覆亡而同时崩溃,也由于它的社会结构在20世纪逐渐变得陈腐不堪,这就使得中国的政治家和思想家们面前竖立着许多潜在的、可供从中选出适合本国环境的外国模式。如果终极目标是恢复中国往日的富裕与强盛,其学习外国模式的方法往往就是对他国经验简单的模仿与抄袭。

中国人引入外国模式的一种方法是将其作为"主义",即作为普遍适用的政治或哲学框架而引进的。共和制度之所以能吸引中国的一代革命者,在于它既是当时最现代的政治形式,又是防止旧秩序死灰复燃的最佳手段。① 在从事戊戌变法的改革者看来,君主立宪制度是使统治者与被统治者之间恢复联系的一种过渡形式,而1916年以后北洋政府的政客们则把它当成了解决分歧,建立有序社会结构的妙方。② 孙中山和其他国民党的早期领导人1905至1907年间所以要研究欧洲的社会主义,并非是要治愈资本主义工业化的弊病,而是考虑要如何在中国预防它。③ 对中国共产主义的年轻创业者来说,马克思列宁主义既能推翻现存的社会关系,又能将帝国主义的影响逐出国门,不失为民族复兴的良方。④ 而在20世纪30年代某些国民党领袖的眼里,法西斯主义是一种动员和训导民众的好方法,因而它成了当时占主导地位的"主义"。

然而,在中国人信奉的诸多"主义"中,没有哪一种是直接取自于它们各自的民族渊源。如果说立宪主义是一条通往现代化政府的捷径,那部分要归因于某些强国,如英国或日本,原先就拥有宪法。在中国那些具有现代意识的青年奉日本为老师之时,早期的社会主义理论信仰者通过日本了解了社会主义,并在一段时间里研究了德国社会主义的诸多流派。另外,中国共产党的领袖们并非直接从德国或者马克思主义创始人的著作而找到马克思主义的,而是通过列宁主义和俄国十月革命,正是苏联人帮助初创时期的中国共产党人指明了奋斗目标和实践

---

① 《同盟会宣言》(1905年),载邓嗣禹和费正清编:《中国对西方的回应:文献总览(1839—1923)》(麻省剑桥,1954年),第227—229页。也参见欧内斯特·P·扬(Ernest P. Young):《袁世凯的统治:民国初年的自由主义与专制独裁》(密歇根,安娜堡,1977年),第80—83页。
② 康有为:《上光绪皇帝请愿奏折》(1898年),转引自黎安友书第4页;关于北京政府,参阅该书第18—26、224页。
③ 李又宁:《社会主义传入中国》,哥伦比亚大学东亚研究所特刊(纽约,1971年),第64—68页。也参见马丁·伯纳尔(Martin Bernal):《1907年前之中国社会主义》(伊萨卡,纽约州,1976年),第129—197页。
④ 见莫里斯·麦斯纳(Maurice Meisner):《李大钊与中国马克思主义的起源》(麻省剑桥,1967年)。

手段。最后,1930年代在中国一度盛行的法西斯主义,也与法西斯主义的发源地意大利几乎毫无关系,而是中国与德国密切联系的产物。

外国政治制度或观念在中国的运用,并不总可以用限定性很强的"主义"来描述,在不少情况下必须用更普遍的民族的角度来观察。在中国近代史的某些特定时期,有一些民族曾在中国享有特别大的影响或声望,并在中国近代发展史上留下了烙印。这就不能用某种抽象的外国"模式"来考察了,而要把它看成一个更加捉摸不定的影响过程,这一过程从中外交流渗透到中国的外交、经济、军事和文化领域。19世纪60年代,大英帝国在华拥有领先群伦的影响力,它目睹了中国西学的兴起和外交体制的现代化,英国的超强影响力是建立在武力之上的,这确立了英国在华的西方列强中近乎垄断的地位。① 20世纪的最初十年中,成千上万试图接受现代教育的中国年轻人留学日本,与其说是因为日本短期内的进步——这一进步部分是以牺牲中国为代价的——能够轻易地使中国找到一个可供借鉴的模式,不如说它提供了易于接触西方技术与思想的机会,而且日本似乎已经从相对落后的国家一跃而成为一个强国,这一点与中国截然不同。② 在20世纪40年代里,美国成为自由中国的头号伙伴并发挥影响,是以它对这个战时盟友实施庞大的军事和经济援助为基础的,而且它们还有共同的目标——抗日战争。③ 1950年代苏联在中国具有压倒性的影响力,其中的确包括一个具体的"苏联模式"的经济发展计划,但仍然它只是中苏在意识形态、军事战略及经济领域全方位伙伴

---

① 芮玛丽:《同治中兴——中国保守主义的最后营垒》,第21—42,222—250页。
② 见汪一驹,第59—71页;丹尼尔·贝斯(Daniel H. Bays):《中国进入20世纪:张之洞与新时代的问题(1895—1909)》(密歇根,安娜堡,1978年),第132—135页。
③ 参见迈克尔·沙勒(Michael Schaller):《美国十字军在中国,1938—1945》,(纽约,1979年);阿瑟·扬格:《中国与援助之手》。

关系中的一部分。①

本书研究的中心是中外交流十分频繁的另一个十年,即1928至1938年国民党统治中国的十年。对蒋介石政府来说,这是德国影响中国的十年。

国民党的执政被视为是民国时期最有希望与抱负的政府。它曾为自己确定了如下的奋斗目标:国家的完全统一,将中国经济发展成为世界经济的一部分,在相互平等的基础上建立和处理对外关系,引导中国国民成为现代国家尽责任的忠实公民。在所有这些方面,德国都扮演了重要角色。

从1928至1938年,蒋介石政府同德国关系的密切程度超过了列强中的任何一个。德国的一个军事代表团改组了蒋的军队,代表团的领导人还充当了蒋的政治和经济顾问。在30年代,德国通过一系列易货协议为中国提供了其所获外国贷款的大部分,中国以原料换取德国的军事装备、铁路器材和整座的工厂,而这些工厂日后奠定了中国国有工业的基础。与此同时,德国一些工业界领袖大胆地资助中国的杰出管理人才接受德式教育,从德国返回的留学生们大多在直接控制中国工业和军事现代化的机构中任职。最后,在意识形态领域,众多的国民党领袖从德国法西斯主义中寻到了一种潜在的、可以效仿的模式,即使效仿是有问题的。蒋介石在中国努力鼓吹他的"新生活"时便利用了普鲁士的军事体系。

1930年代中德间密切的关系有其渊源。德国工业界早就对中国这一巨大市场梦寐以求,就中国方面而言,孙中山赞成"与平等待我之民族共同奋斗"。然而,只有当德国重整军备的要求导致了必须为其

---

① 柯乐博(O. Edmund Clubb):《中国与俄国:"大竞赛"》(纽约,1971年),第399—425页;亚历山大·埃克斯坦(Alexander Eckstein):《中国的经济革命》(英国剑桥,1977年),第50—54页。

工业和军用品寻找新的市场及需要确保其战略原材料的供应时,也只有当中国根据其"国防经济"的需要重新修订工业发展战略时,德国和中国的利益才真正趋向一致。

国民党接受德国的投资,采纳德国的建议,可以部分地用如下简单的事实加以解释,即它是在中国请求投资的要求被其他列强置之不理的情况下才实现的。此外,由于中国所能通过银行、卫生保健和乡村重建等渠道获得的有限援助,也要经过一段较长的时间方能到手。民国南京政府在国内有着武装的敌人,1931年后又面临着日本的全面威胁,与德国的合作有迅速地取得成效的希望,因为德国的投资是在不威胁民国南京政府对其国内事务控制的前提下,被有意识地用来加强南京政权的军事和经济实力。

除此之外,蒋介石和其他国民党领导人一直抱有与那些在他们看来发展体系和自己一致的外国合作的愿望。1927年清除了共产党分子以后,丧失了社会革命动力的国民党领导层要寻找一种发展模式,它要既能够稳健地解决社会问题,又能应付因国内外形势刺激而出现的经济和军事现代化要求。德国的特殊发展道路——一个在19世纪最后三分之一岁月里实现了统一并成为世界性强国,接着又从第一次世界大战失败中迅速东山再起——提供了一个国家用非革命的方式快速发展的典范。

对中国来说,并不存在单一的德国"模式",而是德国在军事、经济和意识形态诸领域内不尽相同的影响方式。这部分是因为中国人常常对多样化的,有时也自相矛盾的德国经验,均表现出虔诚的倾慕。同时也由于德意志帝国在其自身发展的不同阶段里,执行了多样的对华政策,在中国显示出不同的面孔。

在19世纪,德国在山东的租借地曾经一度是其海上帝国主义及世界政策的展示场,这一政策在第一次世界大战中登峰造极,导致了普鲁士——德意志王朝的覆灭。当德国在1920年代重返中国时,它不再以帝国主义国家的面貌出现,这正是德中关系热络起来的基础。从德国方面看,民国南京政府时期的中德关系首先是通过德国军事和工业的骄子——德国国防军与全德工业联合会(the Reichsverband der deutschen Industrie)携手努力而培植起来的,到1936年,它在中国军事和工业现代化领域内已经形成了确保德国利益的非官方"势力范围"。但它已不再属于旧的帝国主义式的势力范畴,而是一种建立在投资、对进入市场可行性的周密研究、与中国政界领袖和经济计划制定者保持紧密联系,以及将合资企业的控制权留在中国人手中基础之上的一种新的、富有创新意义的方式。

这些努力可能被看做是联邦德国近年来成功地在第三世界国家投资的先驱。其实,它们和德国的其他在华利益是相冲突的。它们损害了汉堡—不来梅地区的贸易商行传统上对贸易的垄断权,使得德国外交部在东亚贯彻"战后中立政策"的努力复杂起来,该政策的基本要旨是要限制德国在东亚的权益。最后,德国在华的军工政策,也逐渐地被希特勒领导下德国重新奉行的帝国主义和世界政策所削弱。

对中国和德国双边关系的研究,是对这两个国家研究的一部分,在过去的大半个世纪里,它们各自所获得的成功和所面临的困难支配着东亚和欧洲地区。本研究也将论及两次世界大战之间国际经济和政治关系的一些普遍性问题,这是个目睹了西方帝国主义在中国灭亡的"列强转换"时代,它展现出一种新的(如果说最终并不成熟的话)中外交流的模式。它也能显示出中国在国民党领导下发展的方向。

正如费正清所写的那样:"许多外族都曾改变过这个中央帝国,但都只是昙花一现。"[①]南京十年的中德关系是短暂而又深刻的。这是

---

① 费正清:《美国与中国》第4版(麻省剑桥,1979年),第425页。

国民党史、中华民国史,乃至整个中国努力跻身于现代化工业史上的重要一章。同时,当中国为努力实现现代化而再次求助于世界时,研究这一课题的意义也许要超出历史研究本身。

第一章 1914年之前德国在中国

近代德国和中国的经济和外交关系开始于这样一个时期：德国正在崛起成为世界性的经济和军事强国，中国则在努力争取获得西方的技术和实力，以捍卫其国家政治和文化的完整性。从中国官方要寻求德国的专门技术和产品以实现中国"自强"的角度看，它们的关系具有互利性。但是，就强权政治支配下的德国的在华行动而言，两国的利益又是直接冲突的。从19世纪末到第一次世界大战爆发之间建立起来的中德关系，就充分显示出了这种既互利又矛盾的性质，它也持续不断地影响着其后中德关系在1920年代和1930年代的发展。

1897年德国在中国暴露出其帝国主义面目之前，中国人将德国视为一个值得尊敬，而且在某种程度上值得效仿的国家，尤其是它所表现出的通过军事手段来显示政治实力和威望的能力。因而，晚清的自强运动中曾在某种程度上借鉴了德国军事训练及组织的经验。

在德国人看来，一个着力于自强和现代化的中国是其军事和工业产业巨大的潜在市场，将为德国的工业和银行业带来利益。但是，开发这一市场的尝试却是以德国在中国的各项努力严重自相矛盾为特征的。首先，帝国主义的动机即使说得再动听，也与中德贸易的全面发展是不相符合的，而且事实上还有损于两国在其他领域的关系。其次，那些有意与中国进行贸易的德国人常常各自盘算能从中国市场获取丰厚的利润，并为此展开明争暗斗，争斗一般在规模小而又行事谨慎的进出口公司与大工业和金融机构之间展开,后者对中国市场往往有更庞大的规划。在第一次世界大战爆发的前几年,德国企业界开始策划协调一致的行动,以直接打开这个难以控制又令人向往的市场,这预示了日后的一连串的做法。可是,结果却很具讥讽意味,这些计划的履行迎来的却是德国在华帝国主义利益的丧失,德国在中国的经济利益在第一次世界大战中几近毁灭殆尽。

1897 年前的中德关系

虽然第一艘德国商船在埃姆登的王家普鲁士亚洲贸易公司的资助下于 18 世纪 50 年代就曾远航中国,但直到 19 世纪的前半叶,中德贸易多半是由陆路,即经西伯利亚进行的,直到俄国的转运税使走海路更有利可图后,这种情况才有所改观。① 中德之间的官方商务关系是从 1861 年 9 月 2 日签订的《天津条约》开始的,该条约使普鲁士和其他的北德意志关税同盟国家获得了最惠国待遇。

1871 年德国完成统一后,其在华利益仍维持在较小的规模上,因为英国控制了中德贸易的海运。在 1885 年,俾斯麦(Bismarck)出于国内选举的政治需要,使国会通过了一项对蒸汽船补贴的议案,次年,北德意志劳埃德公司(the Norddeutsche Lloyd)开始直接对华通航。②

---

① 施托克尔,第 37 页;张奋振(音):《中德关系史概述》,第 490 页。
② 该法案同德国的第一块殖民地有关联,关于此事最令人信服的描述可见麦克·沃尔克(Mack Walker):《德国与移民,1816—1885》(麻省剑桥,1964 年),第 195—246 页;汉斯-乌尔里希·魏勒尔(Hans-Ulrich Wehler):《俾斯麦与帝国主义》(科隆,1969 年)一书就俾斯麦的这一尝试提供了广泛的社会历史背景,与此同时,另有三篇文章认为俾斯麦是严格按照外文条款来扩展殖民地的:泰勒(A. J. P. Taylor):《德国对于殖民地的最初企求》(伦敦,1938 年);威廉·奥斯古德·艾伊德梯特(William Osgood Aydelotte):《俾斯麦与英国的殖民政策,1883—1885》(费城,1937 年);亨利·特纳(Henry A. Turner):《俾斯麦的帝国主义冒险:反英的开端?》,均见吉福特(P. Gifford)和路易斯(W. R. Louis)编:《英国与德国在非洲》(新哈芬,1976 年),第 47—82 页。也可参阅汤森德(Mary Erelyn Townsend):《德国殖民帝国的兴衰,1884—1918》(纽约,1930 年)。

也是在1885年,为评估对华投资的可行性,德国的银行与工业研究考察团首次访问了中国。代表团的一项成果是1890年建立的德华银行和亚洲业务合伙组织,它们标志着德国大银行与工业界的合作。

1895—1896年间,德国对华海运的船只数量,仅次于英国而名列第二;德意志帝国极有可能是中央帝国的第二大进口国;德国在中国建立的商行数,也在英国之后列第二;德华是除英资银行外在中国建立的首家外国银行,德国人已经有实力要求英国银行家在对中国政府的贷款中让出一席之地。①

正像几十年后重现的那样,早期的中德交往中没有多大障碍,这是因为中国人出于对德国的仰慕,认为德意志帝国有别于其他的欧洲列强。自然,中国官员有利用新的德国在华利益来抗衡英国势力的意图;直隶总督李鸿章任命一位德籍海关官员德璀琳(Gustav Detring)为其外交事务总顾问的举动,可以说是这种意图的体现。② 直到1890年代后期,德国是仍未对中国显露出威胁的少数国家之一。刚完成统一且经济迅速扩张的德意志帝国对致力于自强的一代中国官员是一个鼓舞,它是"一个弱国如何通过计划与努力,快速有效地增强自身实力"的榜样。③ 德国的政治制度及其所显示出的促进中央集权的绝对权威和消弭国内歧见两方面的能力,成了19世纪90年代末期中国一些改革者的楷模。④

---

① 施雷克尔,第9—11页。
② 施雷克尔,第8页。
③ 同上书,第7页。也参见李国祁《中国的政策》,第41页。
④ 施雷克尔,第7页。施雷克尔举了徐建寅为江南兵工厂所译的《德国议院章程》为例,该书非常钦佩德国政治制度。关于德国政治思想对梁启超的影响,参见吕迪格尔·马赫斯基(Rüdiger Machetzki):《德国国家理论在1900年后的革命准备阶段对中国爱国知识分子的影响》,《国外宪法与法律》(Ver fassung und Recht in bersee)第4卷(1972年),第361—378页,也可参见这位作者的学位论文:《梁启超与1900年后德国国家学说对中国君主政体下的民族改良主义的影响》(汉堡,1973年)。

中国对德国的钦慕在军事领域表现得最为具体。自强运动最关心的是军事现代化,这是面对西方挑战首先会产生的反应。与1871年撰写了《普法战纪》的王韬一样,李鸿章、张之洞、刘坤一和其他中国高级官员都对普鲁士在统一战争中获得的成功留下了深刻印象。①李鸿章早在1872年就派遣数名官员去德国受训。他1885年在天津设立武备学堂时,聘用了德国督导。不久,张之洞也仿而效之,在广东附近建了一所武备学堂。② 接下来的中日甲午战争充分暴露了中国军队的无能,朝廷批准建立两支以仿效德军的组织、训练和指挥系统为主的新式军队,这就是张之洞的自强军和袁世凯指挥的新建陆军。自强军在1898年之前是由男爵冯·雷岑施泰因(Baron von Reitzenstein)少校为首的35名德国军官来训练的。在训练中国军官期间,德国人既是教员,又兼任各协(旅)、营、队(连)的指挥官;新建陆军所聘的外国顾问要少一些,但却为军官们建了一所德语培训学校。③

中国人对德国军事技术所表现出的兴趣,导致了中德关系的另一个特征:即德国工业界利用在华的德籍顾问来拓展贸易,这一特征到1920年代也再次重现。克虏伯公司是一个典型的例子,它自1880年代末起就得到了向总督李鸿章和张之洞供应重型军械的可靠合同。那些受雇于李鸿章的前德国军官中,相当一部分扮演着"军事技术"顾问和克虏伯公司代表的双重角色。例如,李鸿章曾聘用一名德国人指导旅顺港的扩建,克虏伯公司就确保了该港防御工事建筑合同中的主

---

① 鲍威尔,第41页;李国祁:《中国的政策》,第37页;施雷克尔,第6—7页。关于王韬见柯文(Paul A. Cohen):《在传统与现代之间:王韬和晚清中国的改良》(麻省剑桥,1974年)。
② 鲍威尔,第40—41页。
③ 同上书,第59、62、77页。张之洞也在他的铁路学校中雇佣了德国顾问。当同雷蔡斯坦等人的合同于1898年期满之时,张之洞的继任人刘坤一并没有加以续订,但刘为他的讲武堂留用了3名德国军官。同上书,第67—68页。

要份额。① 那些受雇于张之洞的德籍工程师,则利用他们上上下下的关系,在1891年促成了一项小规模铁路合同的签订。② 类似的合同还能在华中及沿海各省里找到,为了让中国官方相信与德国公司签订进口和安装整套工业设备合同的必要性,德国人做了艰苦的,说起来令人难以置信的努力。③

1897—1914年间的中德关系

中德关系的第一阶段中止于1890年代。1890年之前,德国在走向帝国主义过程中带有俾斯麦个人的色彩——否认经济发展需要殖民地,并力图限制德国政府在欧洲以外的拓展行为,德意志帝国即使在中国谋求工商业利益时,也没有对中国主权构成真正的威胁。但是,德皇威廉二世日趋上升的个人统治最终将德国对华关系导向了肆无忌惮的侵略,这是其外交政策的特征。④ 约翰内斯·冯·米凯尔(Johannes von Miquel)的"聚敛政策"和海军上将冯·梯尔皮茨(vonTirpitz)的海军战略都旨在通过增强海军的力量和"世界政策"来稳固德意志帝国的国内基础,当二者结合为一体时,德国在亚洲的行径就再也掩饰不住其帝国主义本性了。⑤

---

① 施托克尔,第211—227页,尤其是第224—227页。
② 同上书,第231页。也可参见理查德·杨(Richard H. Yang):《张之洞与芦汉铁路建设:晚清近代化运动中杰出改革者个案研究》,《中华学报》第4卷,第2期(1977年),第219页。
③ 施托克尔,第236页。
④ 关于俾斯麦的帝国主义参见本书第9页注②。关于对威廉二世简洁而又尖刻的描述参见希尔格鲁伯尔,第2页。
⑤ 参见 J. C. G. 吕尔(Röhl):《没有俾斯麦的德国》(加州柏克莱,1967年);埃克特·凯尔(Eckert Kehr):《舰队的建造与党的政策》(柏林,1930年);V. R. 贝根(Berghahn):《德国与1914年战争》(纽约1973年);弗雷茨·费舍尔,第1章;汉斯—乌尔里希·魏勒尔:《工业增长与早期德国帝国主义》,载 R. 欧文(Dwen)和 R. 沙特克里夫(Sutcliffe)编:《帝国主义理论之研究》(伦敦,1972年),特别见第88—90页。

中日甲午战争后,德国加入了三国干涉迫使日本放弃《马关条约》中割让辽东半岛条款的行动,作为回报,德国提出在汉口和天津设立永久租界的要求如愿以偿。1897 年 11 月,山东省内的德国教堂受到攻击,德国政府预先部署的军队迅速做出反应,然后通过 1898 年 3 月 8 日签订的条约取得了对山东胶州湾为期 99 年的租借权,并在山东经济发展的各个领域获得了广泛权益。①

1897—1902 年这一时期中德关系的特点,或许在威廉二世——一个坚定的"黄祸论"信仰者——对参加前去镇压义和团起义的国际救援部队中的德国军人告示中得到了最好的表述。德皇要求陆军元帅冯·瓦德西(von Waldersee)麾下的军队,要以匈奴人的行为方式行事,以使德国的威名家喻户晓,"要用这样的方法使中国人再也不敢对任何德国人侧目。"②

撇开堂皇的言辞,镇压义和团及随后的索赔标志着德国对中国的侵略达到了顶点。胶州租借地和其中的青岛港成了德国的"样板"殖民地和显示其海上帝国主义的舞台,但德国在此后的十四年里也付出了昂贵的代价。约翰·施莱克尔(John Schrecker)指出,聪明而果断的中国政治家牵制了德国对山东内地的威胁,并切实地限制了租借地本身的独立性。德国海军当局在自己所辖区域内所致力的市政管理、教育、公共卫生和促进商业等活动,其后被视为是对当地发展有意义的贡献。③

1902—1914 年间,德国的新强权政策在远东有所收敛,中德外交

---

① 张奋振(音):《1898 年以来之中德外交关系》,第 31—64 页;马蒂亚斯·默勒(Matthias Möller):《从抗议马关条约到获取胶州期间的德国对华政策》(明斯特,1927 年),第 102—107 页;施雷克尔,第 33—42 页。
② 引自希伯特(C. Hibbert):《龙的觉醒:中国和西方(1793—1911)》(纽约,1970 年),第 354 页。
③ 施雷克尔,第 210—245 页。

关系的紧张度也相应地有所减缓。然而,德国对华政策又是矛盾的,尽管德意志帝国有时表示出愿在更平等的基础上与中国交往,但它更多地是以帝国主义强权的地位来与日益坚定地要保卫国家主权的中国政府打交道的。

德国在亚洲的外交孤立,是导致这一矛盾现象的部分原因。1902年签订的英国—日本同盟和1907年清楚地表现出来的俄—法—英三国协约都能证明这一点。德国一方面试图把中国列为其"维护远东力量平衡"的伙伴,于1907年提议建立个德—美—中三国同盟,但该计划很快就失败了。① 另一方面,德国像其他相关的国家一样,珍惜在华所有权益的稳定,更期望建立一个列强的"统一战线"来维持它们的在华利益与特权。当然,这样做的根源还是在于它的外交孤立。

这些相互抵触的态度可能在德国人1912至1913年间参加列强向新创的中华民国提供"善后借款"的谈判中找到了最佳的说明。德国企图通过联合清朝的继承者来结束其外交孤立,故而在那场拖拖拉拉"善后借款"谈判中抢先一步,于1912年率先单方面给予新政府600万德国马克的贷款;次年,又放弃了在山东修建更多铁路的特权。德国最终参加了1913年底提供"善后借款"的国际合作,并承担了总额12 160万美元贷款中的24%。② 很明显,德国在对中国的民族主义者让步至何种程度才符合自己利益的问题上,并不十分确定。放弃铁路权可算是一个帝国主义国家对弱者的让步,可要指望从威廉的帝国手上再得到更多的东西就不现实了。欧洲战争爆发后,德国提出将胶

---

① 《欧洲内阁的大政策,1871—1914》。《外交部外交档案汇编》(*Sammlung der diplomatischen Akten des Auswärtigen Amtes*,柏林1924年),第25页,no.8547,"雷克斯(Rex)(北京)致比洛"(Bülow)(1907年7月4日);也参阅 nos.8549,8553—8558,8560—8564;张奋振(音)《外交关系》,第172—173页。
② 皮特,第64—65页,第218,280页;施汀戈尔,第712页;张奋振《外交关系》,第171页;雷默,第640页。关于1898年给予德国的路权范围,参见施雷克尔,第40页。

州归还中国以图"补偿",目的只是为了防止这块租借地和德国的财产落入日本人之手,但已为时晚矣。

1897年后通向中国市场之路

获得胶州湾租借地及德国1898年后在华所显示的帝国主义强权地位,并未对中德贸易的规模或者性质产生多大影响。1895—1913年间德国对华出口保持着相对的稳定,大约是其出口总额的1%,但德国对华出口物的价值却在此期间增长了两倍多,这和1913年占中德贸易总量不到3%的胶州没多大关联。① 尽管有那些给人印象深刻的现代设施和大宗的政府投资,青岛在两国的经济联系方面却并不那么重要。

德国的帝国主义冒险行径似乎也损害了德国工业界直接和中国官方处理有关军事和工业发展的努力。工业界尝试那样做的部分原因,是想绕过控制着德中贸易的德国各进出口公司。中国官方在1898年后对德国工业界的友好表示渐趋冷淡,同时,德国的贸易商行则于1900年自行组建了汉堡—不来梅东亚协会,以维持它们的地位。

较大的贸易商行拥有充足的资金来保持自己对德华银行的独立性,而且许多老牌商行依旧与英国在香港和上海的银行有联系。② 此外,随着相关业务的扩大,它们作为英国公司的中间商与转运商的作用越大,其独立性也就越强,德国商行1913年承运了外国输入中国物资总数的19%,其中出自德国本土的仅占7.75%。③

德国商人们为此受到泛德意志团体的指责,说他们将商业利润置

---

① 博绍尔德,第9页。
② 格拉德,第114—115页。也参见《汉堡—不来梅东亚协会》。
③ 皮特,第87页。

于民族利益之上。企业家们也加入了谴责商人的行列,他们宣称,商人们的世界主义及保守性阻碍了德国工业突入中国市场的能力。现在让我们来对 C. 梅尔歇斯与不来梅公司(C. Melchers and Co. of Bremen)进行简单的考察,该公司是当时的一个主要贸易商行,对它的考察能为洞悉那些在对华贸易中有决定性作用的商行的内部运作情况提供有价值的资料。①

梅尔歇斯公司是 19 世纪末 20 世纪初在华最大最重要的德国贸易商行。赫尔曼·梅尔歇斯(Hermann Melchers,1842—1918)于 1864 年到达亚洲。1866 年他在香港建立了自己的商行。起初,他从事进出口业务及近海航运,1870 年代,因面临英国蒸汽船的竞争,商行只得集中力量从事前者了。1877 年他在上海设了一个分行,以后又设了不少分行:1884 年在汉口,1909—1910 年在重庆、天津、九江,最后是在青岛。像其他的商行一样,梅尔歇斯还担任着那些未在远东设立自己派出机构的德国大企业的代理人。这确保了它能不冒多大风险就可获得稳定的额外收入,因为贸易商行只接受那些一定能赢利的合同。

梅尔歇斯这类商行靠着中国人获取收入,所以它们对自己的进出口业务做得并不如它们相对雄厚的资金所能保证的那么大。梅尔歇斯和其他商行更注重在欧洲有可靠市场的中国农产品的出口,而不是欧洲工业口的进口。这种(持久的)贸易失衡主要是它们对中国人经商方面的不信任,当然还有对中国经济和政治不稳定的恐惧。例如,梅乐歇斯能够在装船前验看货物的质量与数量,以此控制对欧洲出口的风险。相反,在对华进口上,货物抵达之日可以说就是风险开始之时,这些货物在数月前就预订了,且几乎都未预付款。因而对中国市

---

① 格拉德,第 107—115 页;《汉堡—不来梅东亚协会》,第 210—212 页。

场来说,小宗的消费品比昂贵的工业品保险系数更大,总之,这是个尽量限制风险的,相对安全可靠的过程,但是,它同时也限制了由德国经济的主导成分来进行广泛合作的可能性。

第一次世界大战之前的数年中,德国工业界不满"旧式对华商行"垄断行为的呼声越来越高。中国显露出了它将成为某些工业品重要市场的迹象。例如,1910—1913年间,销往中国的德国染料从占德国出口总额的10%上升到40%,到1913年,中国购买了德国电气工业出口产品的30%。① 德国其他的工业部门所以未能获得同样的成功,主要归咎于德国商人们的迟疑不决。

"中国对我们来说究竟意味着什么?"奥古斯特·埃梯纳(August Etienne)1904年在其关于德国在华经济利益的研究中这样设问。他认为,中国是一个将要迅速摆脱贫困和能消耗大量工业品的国家。而且,中国可以用工业化国家所必需的原料和矿物来换取工业品,而不再只是用茶、蛋和猪鬃来交易。埃梯纳继续写道,不幸的是,目前的中德贸易为目光短浅的中间商所把持。现在需要的是以完全与此相反的"直接对华出口"方法来取而代之。唯有如此,德国工业才能在注定要发展壮大的中国经济中占有一席之地。②

不少人附和这一观点。在一项关于中国市场对"西部德国工业"重要性的调查报告中,一位作者强调了以下各点:中国具备"经济发展的先决条件";它有"勤劳的人民,优良而价廉的内陆水路运输系统,更重要的是价值无法估量的原料",特别是矿产。这些也正是德国工业可以参与其中的先决条件,而过去那些自鸣得意的进出口商行却都忽略了。那位作者断言:"对于德国未来能否在没有中国市场的条件下

---

① 庞宾金(音),第29页。
② 埃梯纳,第1,11,28—29页。

生存的问题,必须无条件地做出否定的回答。"①

甚至于在德国在华地位日益削弱的第一次世界大战期间,对中国市场的梦想,依然是工业界对一个德国占主导地位的"大陆集团"梦幻的组成部分。1915—1916 年,德国通过日本驻斯德哥尔摩大使馆展开秘密外交,德国表示愿意在正式向日本转让胶州,日本保证德国的在华利益的条件下与日本单独媾和,并由日本居中斡旋,达成与俄国的媾和。由此建立三国为主体的大陆集团,将"作为战后重塑列强集团的基础"。② 按一位德国实业家的说法,中国在这个大陆强国联盟中也有相应的位置,即充当列强"巨大的原材料供应地和产品出口市场",列强则通过"帮助它发展"作为回报。③

最后,战前德国工业界还试图用发展中德文化关系作为打入中国市场的手段。对中央帝国怀有旺盛经济企图心的德国人开始意识到,在中国传播"德国文化"具有潜在的经济利益,这不是靠炫耀德国武力所能替代的。在某种意义上它是 20 世纪二三十年代在中国广泛传播"德国文明"的预演。在国会讨论关于将德国政府的教育基金用于中国的议案中,有如下的表述:"商业的背后不是国旗,而是语言与文化",我们必须建立一种德国文化模式,让全世界都能感受到它的影响,首要的是让大到不可估量的中国市场感受到。它代表着议员们的共识,"现在中国有一条普遍的规律,即机器买自于那些其主要的工程师曾得到过帮助并在此受教育的国家"。④

---

① H. 泽钦格尔(Serchinger):《中国市场与德国西部的经济(1913)》,引自 J. 席克尔(Schickel)编:《中德伙伴?》(科隆,1974 年),第 199 页。也可参见瓦尔德马尔·科赫(Waldemar Koch):《中国的工业化》(柏林,1910 年)。
② 弗雷茨·费舍尔,第 230—231 页。
③ 佚名,《大陆政策》,《莱茵大工业家的前程》(波恩,1915 年),引自奥托·弗兰克:《大战前后的德国与中国》(汉堡,1915 年),第 19 页。
④ 1908 年国会的辩论,引自施汀戈尔,第 718、721 页;参见迈尔,第 175—176 页。

一位报纸的时事评论员将德国在青岛、济南、广州和汉口创办旨在培养工程师的中学,在青岛创办大学及在上海办同济大学的行动,统称为"德国在华文化使团"的起步。① 那些中学为两所大学培养预科生,大学的毕业生则常有赴德国继续深造的机会。

但是,这几所学校的学生数不多,到1913年仅为368人,远远落后于在英国或美国资助的教育机构内学习的中国人数。对德国商业界人士来说,1913年到了决定是否准备把这个"巨大且尚未失去的市场拱手让给英国、美国和日本"的关键时刻。② 就在战争全面爆发之前,一项紧急提案交到了德国政府手中,要求增拨500万德国马克,目标是扩展德国的在华教育事业,同时也希望德语能与英语并驾齐驱,成为中国学校的必修课程。③

确实,蕴藏在文化联系后面的动机是有远见的,在此时期接受德式教育的下一代中国领导人朱家骅和俞大维,都在民国南京政府时期为拓展中德经济联系发挥了重要作用。可是,1914年爆发的战争,迫使德国推迟了在此方面进行的努力,其他领域的情况也类似。

1914年11月7日,日本军队抢占了青岛。德国在胶州租借地内的财产被日本席卷一空,德国侨民只获得总值40%的补偿。德国在英法租界内的特权被协约国接管,并且永远丧失了。1917年8月14日,中国对德宣战,收回了天津和汉口的德租界,没收德国的财产,其中,只有一部分在战后归还了原主。④ 1913年,在中国的德国商行数接近300家,到1919年只剩下了硕果仅存的2家。⑤

---

① 罗巴赫:《德国在华之文化建设》(柏林,1910年)。
② 上海德国协会:《在华德国侨民要求之备忘录》(1913年),引自布雷森,第70页。
③ 布雷森,第72页;皮特,第102页。
④ 雷默,第642—644页。
⑤ 埃利斯,第12页。

德国在中国的地位遭到严重打击。然而,正如下面几章将显示的那样,中德两国早期交往的许多特征会在其战后的交往中重现。在那些事实上对德国在中国的地位并未产生多少助益的帝国主义殖民地和特权被剥夺之后,一个不再对中国构成威胁的德国的重建,再次成为中国人在军事和经济领域的兴趣之所在。就德国工业界而言,战争只是其试图直接参与中国经济发展的努力的中断,如果它需以牺牲传统的"对华商行"为代价的话。作为战后德国工业界参与重整装备和中国自1927年后在国民党政权之下政局稳定、致力于"国际开发中国"的结果,德国的努力被赋予了新的动力与目标。

第二章 德中关系的重新起步

第一次世界大战结束之际,那些对中国抱有兴趣的德国人面对的是"被毁工厂的废墟,对未来希望的幻灭"。① 德国人如果想再在中国充任重要角色,那它也不可能是帝国主义世界政策的一部分了,因为德国已被剥夺了殖民地,德国侨民在华的特权被取消,本章所要探讨的是德国1927年后在华确立新地位的前期准备。

三种同期出现的进展为中德关系未来的拓展奠定了基础。第一种进展与德国的一项协调一致的全球性探寻计划有关,该计划旨在为战后的德国军队及其工业伙伴寻找军事与工业设备的出口市场,且为德国重整军备寻找足够的原材料来源。德国人为此与苏联、近东和拉丁美洲国家建立军事和经济联系的努力,为其后在中国的开拓工作提供了经验。

这些努力最初并未以任何有组织的方式推展到中国,也许是因为中国1920至1927年间的国内战乱,使对华的大规模投资变成一种异乎寻常的冒险。尽管如此,正像本章第二部分将要谈到的,德国在华的商业立足点,在1920年代的初期就以出人意料的快速方式得到了重建。令人不可思议的是,这一进程得益于德国丧失治外法权及当时遍及中国的战乱。"特权"的丧失,使德国企业家意想不到地得到了较

---

① 莫尔:《现代德国对华政策之思维》,第45页。

其他西方国家的公民更为有利的位置。同时，连年的战乱使中国成为世界上最大的军火消费国，这也就刺激起德国的军火商和一批军火贩子寻求冒险与利润的欲望。

在"军阀时代"内所有寻求德国军备及帮助的众多中国政治领导人中，孙中山是最执着、最富远见的。如第三部分所示，孙试图使德国军工界的兴趣直接集中于中国，他意识到全球性的对市场和原材料的需求有助于中德合作的形成，这种合作将首先能帮他走出政治窘境，以后还将有助于中国在他的国民党领导下进行重建。尽管孙争取德国广泛支持的努力在他死后方有结果。但是，无论在时间上还是在内容上，它们都和孙中山紧密相连，正是他对国民党意识形态的明确表述及"国际开发中国"的设想，才使德国能在他的继承者主政的南京十年中发挥了突出的作用。

德国的武器、工业及出口

1918年11月的德国"革命"仅局限在政治领域，它是饥饿与战败的恶果。德皇被赶下了台，宣布建立共和国，但帝国时代的精英们仍在新国家中保持着强大的影响力。军队曾被共和国用来镇压激进的社会主义分子，而这个普鲁士—德意志帝国的堡垒中，仍残留着反共和主义的顽强势力。当1920年3月由军国主义分子组成的"自由军团"在卡普(Kapp)的率领下危及共和国的安全时，新建的德国国防队却保持"中立"。德国重工业的巨头们——克虏伯、施汀纳斯(Stinnes)、柯道夫(Kirdorf)等人——也对民主持近乎敌意的态度，他们还借1919年组建的"反布尔什维克同盟"之手，资助了一大批由民族主义分子和反共和主义分子建立的组织。

军队和重工业界都与魏玛共和国的理想保持着距离，在共和国中确保独立的地位。德国国防军被称为"国中之国",这再恰当不过了。它所追求的是:保持普鲁士军队的传统,创造一个德国再度成为强权的时代,继续拥有自己的内政与外交政策。工业界通过德意志帝国工业协会也显示出同样的追求,尽管其政治上的重要性不及军队。军队和工业界的命运被漠视它们的凡尔赛条约中的军事条款联在了一起。为防止德国的重新武装,条约中制定了有关剥夺德国大型企业在战争中所获取的暴利,缩减了德军编制的条款。

凡尔赛条约废除了德国的义务兵役制,将军队总数限制在10万人(包括4 000名军官)以内,缩小了海军规模,禁止拥有坦克、潜水艇和空军。更有一大批工厂企业被勒令摧毁。[①] 但是,从条约生效的1920年1月1日起,许多条款的实施就遭到抵制。条约宣布德军的参谋总部为"非法",它的工作便由陆军上将汉斯·冯·塞克特(Hansvon Seeckt)领导的新"军队办公室"(Truppenamt)承担。军队则悄悄地由东部的"劳动大军"来补充,后者以"黑色德国国防军"而闻名。军队规模的压缩有利于其重建,它清洗了"不需要"的成员,促成了一支继承传统的职业化精锐军队的建立。[②]

德国未来军事扩张的计划,要求工业界的协作以发挥战时经济动员的潜力。塞克特提出,即使没有凡尔赛条约的限制,该项工作也不能通过大量储备物资来完成,"由于原料的自然时效性",在任何情况下那样做都是荒谬的。[③] 相反,通过如克虏伯公司那样保留着"军用产品研究部",通过连同生产设备一道购买外国的子公司,

---

[①] 惠勒-贝内特,第144页。
[②] 同上书,第100—101页;卡斯腾,第114—115页;哈罗德·高登(Harold Gordon):《国防军与德国共和政体,1919—1926》(普林斯顿,新泽西,1957年);克雷格,第363、394—398页;塞克特:《德国国防军》,第67页。
[③] 塞克特:《一位军人的思想》,第60—61页。

通过在海外寻找那些不准在德国境内合法使用的战争物资的市场等多种方式,德国的专门技术仍被应用在一系列新式武器的研究和开发上了。①

在此,我们更应该对上述三种方式中的后两种加以注意。外国生产设备的获得,既可以由德国公司取得外国公司的控股权,也可以通过德国与他国政府的直接合作来实现。在为确保军事工业装备市场的最广泛的努力中,有一个由当年曾经活跃于德国战时经济中的军事技术专家组成的群体,他们在那些潜在的消费国里既充任德国工业界的代表,又常常以军事顾问的身份开展工作。

致力于战后德国军事复兴的人们,采取行动迅速建立了重整武备所必需的国际联系。冯·塞克特将军在战争的最后一年里曾担任土耳其恩佛(Enver)帕夏的总参谋长,战败后被派往俄国组织德军的撤退工作。对后来的政府而言,塞克特通过恩佛帕夏的优秀官员做出了他最初的,也是最著名的贡献。②

关于德国与俄国在军事领域合作的谈判开始于 1919 年末,到 1922 年初取得了结果,它意味着西方国家组织国际合作对付俄国计划的破产。③ 容克斯飞机制造公司接受了 1.4 亿德国马克的资助,以在苏联建造一家飞机制造厂,苏方将其婉转地称为"技术租借"。其后不久,克虏伯公司签订了一项"农业租借"合同,胡·果施汀纳新公司和

---

① 克雷格,第 406 页;惠勒-贝内特,第 145 页。
② 许德科普夫:《拉德克在柏林》,第 97 页;德珀克斯,第 201 页;迈埃尔·韦尔克尔,第 190 页。关于塞克特在土耳其和俄国服务的情况参见迈埃尔-韦尔克尔,第 135—175、201—202 页。
③ 据说德国重工业界反对银行团计划,因为该计划将会危害德苏武器生产;G. 弗罗恩德(Freund):《可怕的联盟:从布列斯特—利托乌斯克条约至柏林条约期间的俄德关系》(纽约,1957 年)第 101 页。希梅尔(ⅱ—ⅲ,第 510—521 页)对这点提出质疑,但是也注意到德国工业界希望迅速加强同莫斯科的经济联系,以免苏联市场为协约国所占领。

奥托·沃尔夫公司也纷纷效仿。①

最初,即使在德国政府方面来说,也保守着协议的秘密。塞克特以地缘政治的观点来为那些协定辩解,说是要加强一个"未来可能的盟友"。② 当然,更重要的也许是"通过协助俄国创立军事工业来加强我们自己,以便在需要时能为我们所用"。③

德国在苏联投资形式的重要性在于,它是在其他地方,尤其是1930年代在中国,进行类似努力的样板。1922年末,德国在俄国的企业全都划归一个名为"经济企业促进公司"(Gesellschaft zur Foerderung gewerblicher Unternehmungen)的影子公司管理。该公司简称"盖福"(Gefu),由德国国防军资助,在柏林和莫斯科都设总部,它管理着莫斯科附近年产600架飞机和发动机的容克斯分厂,设在萨马拉的特罗特斯克地区的一家生产毒气的德—苏合资公司,公司名为"贝塞尔",在列宁格勒、图拉、施卢塞尔贝格和斯特图斯特的年产30万枚炮弹的数家工厂联合体。1926年"盖福"的秘密活动被披露后,其业务被一家名称看似清白的"经济办事处"(Wirtschaftskontor),简称"维克"(Wiko)全部接管。④ 在中国,类似的公司被叫做"合步楼"(Hapro),但其实质是相同的。

苏联对德国投资的偿付方式也为后来者提供了借鉴。据"盖福公司"的前任总经理称,六年中德国输往苏联的机器和工业设备的价值

---

① 希梅尔,第515—516页;迈埃尔-韦尔克尔,第325页;E. H. 卡尔(Carr):《苏俄史:布尔什维克革命,1917—1923》(纽约,1953年)第3卷,第363页。为了推动谈判和偿付津贴,塞克特于1922年初在军部建立了一个"俄国特别团体":见爱泼斯坦《塞克特计划》,第48页。
② 联邦军事档案馆,塞克特遗件,no. 213;《德国对俄国问题的立场》(1922年9月11日),引自卡斯腾,第140—141页。至少从1915年开始,塞克特便对俄国显示出广泛的、地缘政治学方面的关心,俄国在它的战后欧洲联盟概念中仍是重要的一员:参阅汉斯·冯·塞克特:《我的生平,1866—1917》(莱比锡,1938年),第174页;卡斯腾,第139—142页。
③ 塞克特:《德国的立场》,载卡斯腾,第141页。
④ 卡罗尔,第61页;惠勒-贝内特,第128页;卡斯腾,第143页。

为40亿德国马克。而俄国人基本上是以输出"基本的原材料"为支付手段的,①从后来的结果看,这些原材料很可能与德国重整军备的需要有关。

"盖福公司"在苏联的活动,与简称为"施塔玛格"(Stamag)"钢铁机械有限责任公司"(Stahl-und Maschinengese-llschaft mbh)在土耳其的活动相同。这一隐蔽的公司在1925至1926年间被德国军队用做土耳其采购德式武器的伪装,后来又被用来遮掩德军在德国境内从事的非法武器交易。一家以德国国防军为背景建于1926年的容克斯飞机制造厂很有可能也在"施塔玛格"的管辖范围之内。②

德国人也借助于外国分公司从事武器和军需品的生产。1925年克虏伯公司获得了对瑞典堡斯福工厂的控股权,在此之前,克虏伯早已将生产重型步枪、坦克和机枪的专利和特许证先转卖给该厂了。克虏伯也利用它在荷兰及西班牙所拥有的公司进行制造鱼雷和潜水艇的实验,这些公司同时也作为德国武器的出口处,以及发往德国埃森的进口原料的指定交货地点。至少还有另一家名为"西门子—舒克特"的公司也是通过其在荷兰的控股公司开展工作的。③

无论国内的还是国外的德国军工企业,想要赚钱的话,亟须开发国外的市场。因为它们在欧洲的"忠实主顾"——西班牙、南斯拉夫、保加利亚、土耳其④——都是些小客户,有必要向欧洲以外的市场渗透。德国工业界和国防军恰好拥有一个供他们支配的、开展这项工作所必需的特殊的职员群体。

---

① 梅杰·弗雷茨·琼克(Major Fritz Tschunke)引自惠勒-贝内特,注释130,无出处。
② 卡罗尔,第61页;布拉茨。
③ 伯恩哈德·门尼(Bernhard Menne):《血与钢:克虏伯公司的崛起》(纽约,1938年)第378—385页;克雷格,第406页;卡斯特兰,第288页。
④ 卡斯特兰,第289页。

第二章 德中关系的重新起步

对德国军队的强制裁军,曾一度使数百名具有军事技术技能的军官们提前退休。德国国防军通过其经济参谋部雇佣了其中的一部分人出任"经济军官",充当军队和国内工业界之间的联络员,帮助协调军事和经济规划的制定。[1] 同时又通过专为前军官设立的德国"军官就业咨询处",雇他们中的一部分人为德国企业在境外代理人,这都体现了德国式的关心。还有一些人,则通过充当外国政府的军事顾问来自寻出路,他们仍与德国私人企业和国防军保持着非正式的联系。

军工企业聘用海外代理人在本质上并非属新创,它是重新夺回战前用类似手段赢得的市场尝试的一部分,当时,德国的顾问们训练着许多拉丁美洲国家、奥斯曼帝国、日本的军队,当然还有我们已经知道的中国军队。[2] 让我们先来看看拉丁美洲的情况吧。

根据存于法国的原始资料,阿根廷是德国武器在南美洲"最重要的主顾"。德国为"重新夺回阿根廷全部或部分的军需品市场",费了很大的力气。[3] 战前,德国公司几乎垄断了阿根廷军队的装备,这支军队是由德国军官训练的。到1920年代,一个新的、由前德国军官组成的代表团再次抵达时,受到了一个受过其前任训练的当地军官团的欢迎。[4]

---

[1] 卡罗尔,第66—68页;韦特金德,第495—496页;托马斯:《德国国防经济史》,第56—57页。经济参谋部也就德国的战时生产能力与原料资源各编制了一份"详尽的参考文件",卡罗尔,第66页。

[2] 关于第一次世界大战以前德国在国外的军事代表团,参阅弗里德里希·卡策(Friedrich katz):《德国帝国主义拉美政策的几个基本特点,1898—1941》,载《德国法西斯主义在拉美,1933—1943》(柏林,1966年),第14页;弗雷茨·爱泼斯坦:《阿根廷与德国陆军》,载《历史的力量与抉择,奥托·贝克尔65岁生日纪念文集》(威斯巴登,1954年),第286页及以下几页;波达什,第3—4,51页;席夫,第568—579页;J. L. 瓦拉赫(Wallach):《军事援助之剖析:普鲁士—德国驻土耳其的军事使团,1835—1919》(杜塞尔多夫,1976年);博尔克,第288—326页;恩斯特·普雷塞森:《侵略之前:欧洲人装备日本军队》(图森,亚利桑那,1965年),第69—88页。

[3] 卡斯特兰,引自法国国防部情报处文件,第293—294页。

[4] 波达什,第51页。

在玻利维亚,汉斯·孔特(Hans Kundt)将军恢复了自己战前作为玻利维亚总参谋部顾问的职务,并升任了玻利维亚的总参谋长。他利用职权谈成了几笔与维克尔斯公司有关的大宗武器购买生意。他的顾问空缺由一位德军退役上校继任。① 智利聘请前德国军官担任军事装备方面的文职顾问,是经莱茵金属公司的帮助才得以实现的。同时,秘鲁也雇佣了一个德国军事代表团。② 巴西尽管在 1920 年还不是德国武器的大主顾,但在此后的十年中也加入了购买者的行列。③

严格说来,大多数这类行为是非法的。因为凡尔赛条约的第 170 条明令禁止德国战略物资的出口,第 179 条也禁止德国公民以军事资格受聘于外国。因而,德国顾问们通常是以"平民"身份受聘,德国政府则宣称无权阻止他们。

许多被视为"欠发达的国家"寻求德国军事工业技术的事实,反映了战后德国在军事训练和战争经济方面继续享有盛誉。同样,从政治上看,德国对拉丁美洲国家的援助,也优于那些在该地区有直接政治利益的大国(这里是指美国)。④ 尽最大可能去扩大这一声誉,符合德国国防军、工业界及外派军官团体的共同利益。

最后,一些后来在中德关系中发挥主导作用的人物,在魏玛共和国早期的对外冒险活动中已经十分活跃。1928 年成为蒋介石首任德国顾问的陆军上校马克斯·鲍尔(Max Bauer),曾经同时既为德国的公司又为一些外国政府工作,他在外国的经历包括:匈牙利(1920 年)、奥地利(1921—1923 年)、俄国(1923—1924 年)、西班牙(1924 年)、阿

---

① 博尔克,第 298—306、308—314 页。关于运送到玻利维亚装备的类型,参见卡斯特兰,第 293 页。
② 博尔克,第 310—314 页;卡斯特兰,第 293 页。
③ 博尔克,第 171—200、280—287 页。
④ 参见席夫。

根廷(1925—1926年),他也曾在荷兰、瑞典,也可能还有土耳其做过短期的逗留。他做顾问的范围极广,从指导军事飞行(这是接受容克斯飞机制造公司的委托)到扑灭蝗虫灾害。① 在1930年代中—德易货贸易协定中扮演要角的汉斯·克兰(Hans Klein),也在秘密重建军备的过程中积极活动。他用"在船与船之间交易"的手法为德军偷运禁运货物,以逃避协约国控制委员会的监视,他参加了俄国的建设项目。他还一直领导着"施塔玛格"处理与土耳其有关的事务。1930年代初,克兰根据"盖福公司"和"施塔玛格"的模式,将"施塔玛格"改组为简称"合步楼"的"工业产品商贸公司"(Handelsegellschaft fuer Industrielle Produkte)来处理与中国有关的事务。②

重返中国市场

1920年代初期,中国在德国国防军遍及全球各地的活动中,并不占什么突出的地位。1927年前,德国官方对华政策的制定权几乎为外交部所垄断,外交部将与中国和平解决重要的外交问题及为德国企业重返中国建立一个新的、非帝国主义的基础当作自己的首要任务。在重新获得对华贸易的立足点方面,德国取得了相当可观的成绩。中德新的贸易关系主要侧重于军备物资交易,逐渐引起了德国工业界的兴趣,同时也以令人困惑而又时常自相矛盾的方式,吸引了更具冒险精神的代理商们的注意。

1914年,德国在华投资总额是2.636亿美元,到1921年只剩下不到0.4亿美元了。1913年在华的德国商行达296家,到1919年只有

---

① 联邦档案馆,鲍尔遗件,no. 63,第67—68页("履历")。
② 华盛顿国家档案馆:T—120,Roll 3515,E637497,屈尔博恩(Kühlborn)备忘录(1934年6月23日);黑尔费里希,第111—112页。

两家还在营业。战前,有近3 000德国侨民居住在中国,到1921年这一数字减至1 255人。同一时间内,德国在中国贸易总额中所占比例从4.7％下降至1.3％,在外国对华投资总额中所占的百分比从1902至1904年间20％狂跌至1921年的谷底——不到2.7％。① 除此而外,德国丧失了战前中国商人所害怕的在华治外法权,这被视为其削弱与衰落的象征。② 可是,仅用了六年时间,德国就以其蓬勃的势头恢复了在中国市场上的地位。而且,中国不断的内战激起了对武器无休止的需求,有迹象表明它将要成为世界上最大的武器市场。

1921年5月20日签订的协定对德国在华商务活动具有鼓舞人心的作用,德国在协定中放弃了"所有的特权、利益和优惠",放弃了索取庚子赔款的权利,并付给中国一大笔钱(以支付战争中被扣德国人的费用)。到1927年,德国在华商行及侨民数都已略为超过了1913年,中德双方均将此归功于新型的平等关系。德国出现了敦促德国商人以"新的"、更好的方法学习中国语言及风俗的文学作品,它指出,中国人更愿意与抛弃了"落伍的英国式帝国主义方式"的德国人打交道。在中国方面,徐世昌总统1920年曾预估,在新形势下对德贸易将会迅猛回升。有位中国外交官在1930年写道,治外法权的丧失使德国的商务活动赢得了"优越的地位","在没有德国领事法庭、炮舰和使馆卫队保护的情况下",德国重新获得了商业的据点。③

这是战后列强与中国签订的第一个遵从平等互惠原则的条约,它

---

① 雷默,第650—652页;埃利斯,第12页;奥托·伯利兹(Otto Boelitz):《在边境与国外的德国侨民》(慕尼黑,1930年),第241页;莫尔,第274页。
② 罗巴赫:《德中研究》,第124页。
③ 雷默,第652页;S.柏利奈尔(Berliner):《对华出口贸易中的机构与企业》(汉诺威,1920年);利勒巴格尔(Linebarger):《徐世昌》,第112页;杨洸生:《民族主义中国之回顾,1926—1930》,《中国新闻》(*La Chine Nouvelle*)(增刊),1930年10月10日。徐世昌的著作可能是由黄郛代为执笔的,见包华德,第2卷,第139页。

所表现的"同情心"不能仅从经济的范畴来理解。在1925至1926年中国人抵制英货期间,德国商行在华南的经验证明了这一点。那时,德国商行受到广东政府和商家两方面给予的格外优待,从英国的危机中获利匪浅。① 当然,商业不能仅靠良好的愿望。德国驻北京的公使警告说,尽管德国人得到的待遇"比起其他国家来稍显友善",可与中国人签订合同依然是"施压、讨价和艰苦谈判的结果,世界上任何的友谊也不能改变它"。②

武器贸易

理想主义色彩甚少的军队也证明了重返中国市场的重要性。伴随着1923年的德国马克大贬值,德国主要的工业和贸易公司成功地以最低廉的价格在远东市场倾销商品。1923—1925年I.G.法本公司(主营化工颜料)、联合钢铁公司、西门子公司和通用电器公司等都打开了在中国的销路。具有讽刺意味的是,它们设立在中国的分支机构却被一批新涌来的德国企业家所挤满,这些人在国内通货膨胀中破了产,而转到亚洲来寻找新出路。③

促使德国对华贸易迅速复兴的一个主要因素,是中国人自从1916年进入军阀时期后对武器渴求的不断增长。中国国内只能生产较原始的武器,且数量有限。根据齐锡生的研究,1920年代初期,中国的每个省几乎都有一家兵工厂,但只有三家生产的武器能够满足当地军阀的需要。这些厂的产品无统一的规格,且绝大部分不能更换零部件,导致许多军队装备的是型号杂乱的枪支弹药。而在另一方面,中国国

---

① 外交部政治档案(1):Bd.3,"瓦格纳(Wagner)(广州)致德外交部"(1925年12月8日)。
② 外交部政治档案(1):Bd.3,"博邺(Boyé)(北京)致德外交部"(1922年7月3日),第6—7页。
③ 克劳德·布斯(Claude A. Buss):《东亚的战争与外交》(纽约,1940年),第384页。

31

内每年生产步枪的总数从来未超过 20 万支,"难以补充战场的损失"。与此同时,中国军队的人数却从 1916 年的 50 万剧增至 1928 年的 200 多万。所有这些加在一起,中国地方军阀们对外国供应的需求就再清楚不过了。军阀们也希望在可能的情况下,武器能由一个固定的国家来供应。①

在 1918 年和 1919 年,日本是训练和供应中国军队的唯一强国,然而,日本与英国、法国、美国等国家一样,是 1919 年 5 月 5 日武器禁运协议的签字国,签约诸强国允诺停止对中国的一切武器供应,希望以此来制止中国内战。不幸的是,协议上存在的漏洞削弱了它的效力,而且,包括捷克斯洛伐克、苏联和德国在内的几个武器生产大国并不是协议的成员国。到 1924 年,该协议实际上成了一纸空文,中国战场使用的武器中,大多数是外国提供的。据估计,截至 1927 年,运往中国的外国武器价值超过了一亿美元。美国军事专家 1926 年的报告指称:"事实上,正在使用的武器,不是外国产品,就是在外国监督下生产的产品。"②

德国在这宗交易中所占的份额是巨大的。据中国海关的统计,仅 1925 年,德国船运进的武器的总值就达 1 300 万马克,超过全部外国武器进口值的一半以上,这些官方统计并未把猖獗的走私及通过第三国转口的数字包括在内。虽然德国官方辩解说,其中有些武器是在其他国家生产而由德国船来运输的,但德国的贸易和航运公司深深地卷入了这场武器交易却是不容争辩的事实。③

---

① 齐锡生,第 116—122 页。
② 齐锡生,第 121—122 页;《中国年鉴》(1929—1930),第 751—753 页;《密勒氏评论报》(1928 年 2 月 4 日);华盛顿国家档案馆:国防部,MID2657—I—328,"马格鲁德(Magruder)(北京)致华盛顿"(1926 年 10 月)。
③ 外交部政治档案(17):Bd. 1,没有署名的备忘录(1928 年 1 月 25 日)。在英国档案中的类似统计数字,参见 FO271/12178,第 191 及以下几页,"索引","关于中国武器交易的备忘录"(1928 年 3 月 1 日)。

多数运到中国的德制武器明显是第一次世界大战期间制造的,德国躲避了盟国管制委员会的收缴,并在各种欺骗手段下得到资助、装载和运出。当然,也有一些是新近出厂的,是德国秘密重整军备的产物。例如,东北的"大帅"暨中国北方主要势力之一的张作霖所购买的武器中,大部分是克虏伯公司1923—1924年间制造的,他还得到了德华银行的资助。①

可能是由于中国政局的不稳定,或是因为忙于其他的事务,德国官方与推动武器出口有关的机构几乎没有直接插手这一贸易。但至少有一次,德国国防军曾考虑过直接参与的可行性。1920年3月,德国国防军"出于技术上的目的",倾向于接受徐树铮将军通过几位前德国参谋本部的军官转达的请求,徐当时任西北边防军的总司令,正密谋推翻自己的上司段祺瑞。但徐的计划在6月份受到挫败*,意味着一名德国军官所说的那项确保战略物资出口的"美妙计划"寿终正寝。②

然而,借助于军事和文职专家为地方军阀服务,德国工业界成功地恢复了战前能直接与中国当局交往的局面。到1925年,阎锡山、张作霖、吴佩孚和孙中山都聘任了德国公司的顾问或工程师。整顿兵工厂和供应武器是顾问们主要的,但并非唯一的业务。③ 直到此时,德国工业界在中国仍然是缺乏协调,无计划的。德国企业家们对中国的

---

① 卡斯特兰,第289—290页;外交部政治档案(17),Bd. 1, "博邺(北京)致德外交部"(1924年9月29日);皮特·乔伊(Peter S. Jowe):《谁向中国的军事领袖销售了枪炮?》《密勒氏评论报》(1925年4月18日)。

* 原文如此。徐树铮1919年6月起任西北筹边使兼西北边防军总司令,是深得段祺瑞宠信的皖系干将,在1920年7月爆发的直皖军阀战争中任皖系"定国军"的总参谋长兼东路总指挥。1920年3—7月间似不应有推翻段祺瑞的"密谋"。——译者

② 泽普斯,第11页;包华德,第2卷,第145页。

③ 外交部政治档案(1),Bd. 1, "奈(Ney)(汉口)致北京"(1923年10月30日);外交部政治档案(12):"上海领事馆致德外交部"(1923年4月7日)。

军阀保持相当狐疑的态度,像克虏伯公司就向敌对的双方都提供武器。卷入武器买卖的危险性是明摆着的,例如,当德华银行驻北京代表资助张作霖购买克虏伯武器的阴谋被公布于众后,他不得不在1924年逃出北京以保全性命。①

冒险家

扩而言之,既要维持武器买卖,又要确保中国军阀的亲善这一使命就落在了那些勇敢无畏的人肩上。对那些勇敢的企业家和幸运之士来说,20世纪20年代初期的中国是块高风险,但能迅速获利的土地。在这个动荡的年代里,在众多千方百计与中国军队或政府建立联系,并借此获得了在其母国不可能达到的显赫地位的外国人中,没有谁能比自称为"20世纪最伟大的冒险家"的J. T. 特雷比奇-林肯(Trebitsch-Lincoln)更具色彩了。②

匈牙利籍的犹太裔人特雷比奇-林肯年轻时移居加拿大,他在那儿皈依英国圣公会,潜心研究教义,并成了一名牧师。他移居英国时,仍是一介布衣平民,他在战争爆发前两年竞选议员成功,从此开始涉足包括罗马尼亚石油在内的各种"黑色事业"。从1914年至1916年间,他为英国充当间谍,却又因间谍活动遭英国当局逮捕。他逃了出来,飞到美国,却又被引渡回国,蹲了三年大牢,直到1919年出狱。是年,他在匈牙利刚一露面时,就与一项皇权主义分子的阴谋有牵连。1920年他在柏林现身,自封为"非常总司令"来对付短命的"卡普"叛乱。③

抱着要"报复英国对我所做的一切"的决心,特雷比奇-林肯在

---

① 外交部政治档案(17):Bd. 1,"博邮(北京)致德外交部"(1924年9月29日)。
② 特雷比奇-林肯。
③ 韦斯(P. E. Wees):《惊险的生活》,《南德星期日报》(*Süddeutsche Sonntagsblatt*),藏于联邦档案馆,鲍尔遗件,Bd. 55, no. 86。

1921年带着"从军事上和经济上组建中国,将中国建成第一流的军事与海军强国"的计划前往中国。他将自己的行程告诉了杨森将军,杨是四川刘湘部队的第二号人物。1923年,特雷比奇-林肯作为杨的顾问帮他打赢了对刘存厚的战争。同年,他成了杨森盟友吴佩孚的"总顾问",通过吴佩孚,他又开始效力于齐燮元将军,控制着江苏、江西和安徽的齐将军是华东地区的主要军阀之一。①

1923年8月,特雷比奇-林肯为齐燮元带着一个考察团赴德国,他希望能签订在江苏从事工业投资的合同,并招募巡回军事顾问马克斯·鲍尔上校为齐将军服务,他们两人曾在"卡普"叛乱时有过接触。他与德国工业界的谈判成果寥寥,但却与奥地利的科诺尔工业公司达成了资助江苏铁路、公路和港口设备的初步合同。然而,科诺尔公司却要视鲍尔的参与程度再决定能否最后签约。

鲍尔承认中国人提供了"大量的机会",并初步同意1924年2月前往中国。但是,对齐燮元,也许还包括对特雷比奇-林肯本人,地位稳定性的怀疑(这是为事后证明了的预感),促使鲍尔最终接受了访问苏联的邀请,而没有到中国。②

当鲍尔1927年到中国出任蒋介石的首任德国顾问时,特雷比奇-林肯,这位犹太裔的英国圣公教冒险家已经变成了一名笃信佛教的和尚,他取法名"超空"(Ch'ao Kung 的音译),隐居在南京附近的一个寺院里。此后的十年中,他数次重返欧洲,以佛教传道士的身份为庙宇和寺院化缘,他还曾因此以"诈骗"的罪名遭逮捕。③

---

① 特雷比奇-林肯,第226—249页;鲍华德,第1卷,第298页。
② 特雷比奇-林肯,第256—258页;联邦档案馆,鲍尔遗件,no.69,第100—106,117—118页。
③ 外交部政治档案(5),Bd.1,"费舍尔(上海)致德外交部"(1931年8月25日);同上,Bd.2,"贝伦德(Behrend)(上海)致德外交部"(1933年6月27日);关于"诈骗"参见《尖兵》(L'Eclaireur)(尼斯),1932年11月9日。特雷比奇-林肯1930年代末仍住在中国,还是一名和尚(南京郊区栖霞寺——译者);见辛达谟,《传记文学》第19卷,第6期(1972年),第84页,该文详细描述了法肯豪森同他会面的情况。

德国重返中国市场,一方面是快速的,另一方面又带有偶然性,还有点传奇色彩。德国驻北京的公使认为,新贸易虽然大多是"我国部分卑鄙商人从事可疑的武器非法买卖",①但这却是个赢利丰厚的领域,开发它,特别是有组织地开发的时机已经成熟。

因此,中德关系在南京十年时期将会有组织地进行,这既是德国重整武备的需要,又与下面将论及的孙中山将此与其近期和长期目标联系在一起的努力相吻合。

孙中山与德国

20世纪末与整个30年代中德关系的性质和范围,绝不仅仅取决于德国国防军和工业界的利益要向世界上这一角落的扩张,而且也取决于国民党政府对于外国(特别是对于德国)参与中国发展的接纳程度,这种参与的基础是由孙中山奠定的,孙是国民党的创始人和延及后世的发展战略的制定者。

中国在1916年袁世凯总统去世后,陷入长达十年的分裂时期,即著名的"军阀时代"。当时许多人对处于真空状态的中央政权抱有企图心,孙中山也是其中之一。从其身后的事业来看,他是最成功的一位。国民党在1927年统一了中国后,将孙中山奉为"国父",即国家的创始人,他留下来的遗训和原则是神圣不可侵犯的。从1916年到1925年逝世,孙中山在争取外国援助的同时,形成了自己"国家重建"的思想体系,在该思想体系中,德国占有重要的一席之地。

---

① 外交部政治档案(1),Bd.2,"博邮(北京)致德外交部"(1922年5月8日)。

战争期间的孙中山与德国

袁世凯因帝制主张的崩溃而死,使中国出现了稳定发展的曙光。在副总统黎元洪和北洋军阀首领段祺瑞的领导下,1912年制定的临时约法重新生效,1913年选出的国会重新召开。这一形势鼓舞了孙中山,他是中华民国受人尊敬的首任大总统(1912年),其他流亡日本的革命者也返回祖国,他们公开声明要与新政权合作,但蜜月是短暂的,双方在对德国宣战问题上陷入破裂。等到问题最终以对德宣战作为解决的时候,中国已经步入了军阀混战时期。

这一争论与德国的关系微乎其微。中国人不赞成对德宣战,与其说表明了他们在德国和协约国之间,对德国人有更大的同情,不如说是对日本强占胶州的愤恨。[①] 1916年底,日本开始向北洋的将军们施加压力,以使中国结束中立,加入协约国行列。日本并许诺向军阀提供贷款,帮助组建"欧战参战军"作为回报。事实上,参战军在其国内的作用远在它的国际作用之上,日本企图以此扩大自己在北京政府及其重要军事派系内的影响力。

美国在1917年2月3日与德国断绝外交关系,许多中立国随后也采取了相同的行动,由此引发了中国人在这一问题上的彻底分裂。到6月,北京发生了数次的政变,其中还包括了为期两周的帝制复辟。黎元洪被迫出走,段祺瑞开进北京,北京政府落入他的控制之中。

孙中山反对参加欧洲战争,并希望利用由此引起的政争使自己重新成为中国政治的一支主导力量。1917年6月,他召集了大约200名在南方的国会议员和中国大部分的海军,在广州建立了一个自任"大

[①] K. S. 拉图瑞特(Latourette):《中国、美国与战争》(波士顿,1919年)第2卷,第182页;也可参阅李守孔的评注,载李国祁:《德国档案》,第336页。

元帅"的独立政府。有史料显示,孙中山在组建新政府期间,曾通过外交渠道收到了德国一笔相当可观的资金帮助,德国人想阻止中国宣战。

据德国方面的资料,德国官员曾于3月间在上海会晤了孙,"诱使他推翻段祺瑞"。一个月后,孙宣称已准备好,并"要求两百万美元来运动陆军和海军"。德国官员如数支付了这笔款子,以作为孙建立独立政府和煽动"全国对北京政府不满"的费用。①

这次合作似乎是由孙中山主动倡议的,②这是他为实现其革命目标不懈地寻求外国帮助的一个组成部分。他并非只从德国一方得到好处,下列事实就是最好的证明:北京政府1917年8月14日宣战后仅一个月,孙的政府就"承认"中国与德国之间处于战争状态。美国方面的资料进一步显示,孙曾以他的政府正式对德宣战作为争取美国援助的条件。③

整个战争期间,孙中山不断地打德国牌。1917年底之前,他制定了一项中—德军事经济合作的计划,此计划包括:10万名德国军队将在俄国人协助下攻击他在北京的政敌,进而与在华南的中国领导人进行广泛的经济合作。德国将因此获得食品和原材料,通过俄国的铁路运回,来补充其日渐衰微的战争能力。战后,德国将对中国修筑铁路,加速教育现代化,给予那些用于对德出口的原材料开发项目财政援助。孙在1918年5月前的某个时候,派他的代表曹亚伯携带着这一惊人的建议前往柏林。但等到曹于1918年11月底抵达柏林时,德国

---

① 波茨坦德国中央档案馆:德国驻华使馆,Nr.2232,B.115—117,克尼平(Knipping)备忘录(1917年12月20日),引自法斯(Fass):《孙逸仙与第一次世界大战》,第116页。
② 李国祁:《德国档案》,第324—326页。
③ 参见韦慕庭,第95页。德方资料试图将孙中山"承认"处于战争状态解释为一种"战术姿态"。参见法斯:《孙逸仙与第一次世界大战》,第117页。

已经战败,而且孙本人也早已在当地军阀的压迫下离开了广州。①

德国和孙中山的思想

将孙中山1917年采取的亲德政策描绘成"为某种目的而行贿",可以说并无不公之处。孙回到广州后曾广泛寻求各国支持,包括日本人。② 恰巧只有德国政府发现援助他符合自己的利益。在孙寻求外国参与中国经济发展的庞大计划中,完全不存在对任何国家的偏见,他1918—1919年离开广州后所著的《实业计划》一书中系统地阐述了那个计划。虽然他没有排斥任何国家的参与(实际情况是,他从未获得过阔绰的援助),但仍可显示出德国在他的梦想中享有特别突出的地位。

在孙对于第一次世界大战后的设想中,中国因能提供全球经济问题的出路,而成为国际中心之所在。他坚信中国是一个永不枯竭的市场,这一观点与最乐观的西方人不谋而合。孙相信,战争结束后,战时工业需转向民用,欧洲和美国的工业产品将大大超过其自身消费市场的容纳能力。这就有赖于能够消耗不可估量工业进口品的中国。这些产品一部分将用于自然资源的开发上,而自然资源又是中国用以偿付借贷的主要手段。能用这种方式进行开发的项目包括:10万英里的铁路,100万英里的碎石公路,运河的开掘与改建,新国际港口的兴建,都市的现代化,工业重型化(铁、钢、水泥),矿业,及中国在东北、蒙古、新疆的移民和发展事业。③

这就是孙的目标,即利用西方资本主义的成果为中国的"社会主

---

① 李国祁:《德国档案》,第327—328页;韦慕庭,第96页。
② 韦慕庭,第95页。
③ 孙中山:《中国之国际发展》,第1—7页。

义"创造物质基础。① 他所提出的履行这些庞大项目的方式体现了两分法。他强调,"所有能由私人企业做更好的事业,应由私人兴办",但他又明确表示,主要项目应由"国有企业来实施",②"各种方法"都将被采纳,外国投资所创造的财富将归中国国家所有,并"为全民族谋利益"。外国专家们将伴随资金一同来中国,"管理和监督"设备的安装,并训练中国人最终能取代他们的位置。③

孙中山并未特别提及他希望谁来为其计划投资,但从所涉及的范围看,它们需要西方国家政府的支持。在他要求那些"资金供应大国政府"采取一致行动对华投资的建议中,也暗示了这一点。④ 但是,在孙设想吸引私人资本时,出现在他脑海的可能不是那些决定中外贸易的进出口公司,而是欧洲大的工业公司和卡特尔,孙对于它们走向集中与垄断的趋势很欣赏。在孙看来,进出口公司之间的竞争具有"浪费和毁灭性",而大公司及卡特尔之间的竞争则是最现代化,最有效的。孙对西方垄断资本的钦佩是如此强烈(尽管不是出于利润的动机),以致他提出,要将"中国全部的国有工厂"改建成一个由国际资本"出于共同的利益"而资助的,所有权属于中国的"大型托拉斯"。⑤

这就是孙对一个现代工业化中国的梦想。它雄心勃勃却无法实现,尤其他出台时正是孙中山政治上相对失意的 1918 至 1923 年间。在此时期,孙最需要且最迫切寻求的是外国帮助他推翻政敌。他那对外国控制中国工业的慷慨分配计划,很有可能是要从国外吸引更直接的军事资助。例如,当他于 1920 年 4 月向摩根公司的托马斯·A·拉蒙特(Thomas A. Lamont)展示该计划时,孙首先要求的是 2 500 万美

---

① 孙中山:《中国之国际发展》,第 298 页。
② 同上书,第 11 页。
③ 同上书,第 11—12 页。
④ 同上书,第 9 页。
⑤ 同上书,第 295—296 页。

元,以组建"两个军的部队"来统一中国。①

但孙的发展战略中有两点值得注意。首先,它富有预见性。正如侯继明所说,它强调重工业、社会基本资本的积累(或形成整体系统的各个部分:港口、铁路、公共事业),承认从事这些工作要求资本,这一战略与20世纪五六十年代许多不发达国家所进行的现代化努力是相似的。② 其次,孙的基本纲领在他死后成了国民党工业发展的纲领,这一点对本课题的研究是至关重要的。当然,他那明确而详细的计划超过了国民党政府在南京十年期间所取得的成绩,他"耕者有其田"——平均地权的主张基本被忽视了,而且当孙成为崇拜对象后,他的计划被用口号拙劣地夸大了。然而,他的诸如将中国经济发展成为世界经济体系的组成部分,利用国际资本和顾问,有选择地强调重工业和"基础建设"的原则——是国民党工业化的最基本成分。在这些与南京十年有关的范围中,人们会同意阿瑟·扬格(Arthur Young)的结论:"孙中山是中国发展规划之父。"③

撰写完《实业计划》后,孙中山再作努力,以图获取德国在工业项目与军事帮助两方面的援助。他在1921年后坚持不懈地寻求与德国合作有若干理由。美国对援助他第二次在广州建立政府明显的不热心,而英国则更充满了日益增长的敌视。只剩下苏联和德国还有可能性。但在1921年与莫斯科的联络不易,且苏联当局正为国内的重重困难所困扰。孙在1917年与德国人有过成功的接触,此时,德国在华已经不再拥有帝国主义强国的特权了。④

---

① 韦慕庭,第98—99页。
② 侯继明:《孙中山的经济哲学与政策》,载薛光前编:《孙逸仙与中国》(纽约,1974年),第97—99,113页。
③ 阿瑟·扬格:《中国建设国家的努力》,第292页。
④ 引用了孙中山的说法,德国试图把中国"当作一个平等和完全主权的国家"来对待;《北华捷报》(1922年10月7日),引自韦慕庭,Ⅲ。也可参阅法斯:《1921—1924年的孙逸仙与德国》,第135—136页。

或许,德国本身也对孙产生了吸引力,因为德国战败后的状况可能比其他国家更符合孙对战后西方工业变化的描绘。凡尔赛条约加剧了德国处理剩余的军事和工业生产能力及市场萎缩的困难,但它可以在中国找到新出路。正如孙坦率地对德国官员说的,"你们德国人已被解除了武装。现在你们必须武装中国,这可能是你们唯一的自救方式"。①

值得进一步探讨的是,孙中山的政治哲学也深受其对西方认识的影响,他从德国人那里找到了推动自己军事统一和物质发展的动力。孙在战前曾数次访问过德国,他坚信这是"世界上最具活力的国家",俾斯麦政权则是欧洲"最有竞争力"的政府,一个"真正的万能政府"。他钦佩俾斯麦用武力统一德意志各州的方法,及通过"各州不断增强的支持与社会福利的增加"来巩固帝国的手段。②

孙在大英博物馆阅读时,曾研究过德国的经验,后来将其心得融会到了"三民主义"之一的"民生主义"理念中去了。在他的一系列"民生主义"演讲中,孙赞成"社会主义"和"实用的共产主义",但强烈地反对马克思主义的阶级斗争观点。他以西方"近年来的经济发展"为理由反对马克思关于资本主义即将崩溃的预言,这些发展包括:社会和经济改革、运输和通信系统的公共占有、直接税及"社会化了的分配"等。这是一条社会改良而非社会革命的道路。在孙看来,德国在所有这些方面都已走在了前头。它已经实行了保障工业的健康与安全规则的"社会进步政策","最先了解"国家控制铁路和电报事业的"优越性",是有效地执行直接税收计划的先行者。孙钦佩俾斯麦不顾资本

---

① 外交部政治档案(3):"雷米(Remy)(广州)致德外交部"(1924年1月19日);法斯:《1921—1924年的孙逸仙与德国》,第144页。
② 张其昀:《国父思想与德国文化》,载张其昀编:《中德文化论集》,第1—2页。也可参阅泽普斯,第23页。

家们的反对,限制工作日,提供老年救济金和工人保险,"用国家权力来缓和工人的贫困"。根据张其昀的记载,孙中山就此发挥道:"俾斯麦实行的是一种国家社会主义","这一原则就是我所说的民生主义"。①

最后,孙中山对德国的信任并未因德国战败而有所改变。德国的战时动员能力充分显示出"现代国家的社会政策在德国达到了其最佳状态"。它使得德国能够"通过社会化和细致的利用"来应用其珍贵的资源。孙的结论是,德国人知道"如何行动"。② 他更愿相信德国人的失败"只能暂时地阻碍其发展"③,因而,孙在1921年重新转向德国就很容易理解了。

1921—1925年间寻求德国援助的活动

孙中山为他在广州建立的第二个政府寻求支持,以向德国提供在华南的经济特权,来换取德方的军事帮助和对其政权的官方承认。他曾试图劝诱德国驻广州领事与他的政府单独媾和,但未获成功。与此同时,他再派密使朱和中前往柏林。

1921年末至1922年7月,朱和中在德国与大量的工业企业有所接触,其中包括克虏伯和胡果·施丁纳斯公司,希望为广州政府招募私人顾问。然而,当他尝试着通过官方渠道向德国外交部转达孙的最新构想:缔结中—德—俄三国联盟时,他的努力却大打了折扣。德国外交部对此十分勉强。而且,孙中山1922年6月再次被迫离开广州,

---

① 张其昀,同上书,第2页;孙中山:《三民主义》(上海,1947年),第240—242页、第248—249页。
② 孙中山:《中国革命之回忆》(台北,1953年)第35—37页。孙可能已阅读了一本由德国驻华通信机构译成中文的关于德国战时经济的著作:《德国经济与战争之关系》(德国东方通信社,1915年)。
③ 孙逸仙:《中国生死攸关的问题》(台北,1953年),第101页。

他与朱和中的通信也在《香港电讯》上披露,德国外交部便公开否认有任何与孙合作的意图。①

1922年夏,孙又派邓家彦赴柏林继续朱和中未完成的工作。邓拥有"总统顾问"的头衔,这个"总统"当然是指孙,邓告诉德国当局,中国是德国"最好的朋友",潜在的"工业产品消费国和原料供应者",中国的开发需要德国的工程师。② 德国外交部原则上允诺了经济合作的可能,只是再次排除了军事问题。然而,对邓(还有孙)来说,它们是不可分割的。邓家彦试图招募鲁登道夫(Ludendorf)、乔治·魏采尔(Georg Wetzell)*甚至冯·塞克特等数位将军做孙的顾问,但均未成功。③

朱和中与邓家彦在寻求孙最需要的领域——军事领域——支持努力的失败,无疑使他更迫切地转向俄国,孙中山对1923年苏联援助到来的感受是至为深刻的。然而,不同寻常的是,即使在米歇尔·鲍罗廷作为孙第三个广州政府的苏联顾问于1923年10月抵达后,孙仍在要求德国的帮助。

也许是钟情于德—苏在军事领域的合作关系,孙再次努力使中国也进入这一合作圈。他在1923年11月26日经由邓家彦转交给德国官员的信中写道:"要摆脱凡尔赛条约的束缚,没有比帮助中国建立一支精良、强大、现代化的军队更好的办法了。那时,让中国为你们说

---

① 法斯:《1921—1924年的孙逸仙与德国》,第139页;韦慕庭,第108—109页。
② 引自外交部政治档案(5):no.3, Bd.1,"瓦格纳(广州)致德外交部"(1922年6月5日);书信附件,"邓致瓦格纳"(1922年6月1日),该信写于邓赴德之前。英文原信载梁希辉(音),第19—20页。
* 据魏采尔说,雇佣军事顾问的尝试发生在1923年。这很可能表明这些尝试发生在1923年1月26日关于与苏联意向性合作的孙文—越飞宣言发表之后,而又在孙于当年夏天正式邀请一个苏联代表团之前,魏采尔进一步指出,更早的时候,孙也曾与埃里希·冯·法肯海恩(Erich von Falkenhayn)将军有过接触。
③ 联邦军事档案馆,W02/44—3,15,魏采尔将军:《给蒋介石的备忘录》(1931年12月)。

话……你们须在远东预先准备一支无形的军队,以备在任何情况下,响应你们求援的召唤。"①孙将此建议同一些经济合作项目联在一起,希望引起德国官员的注意。它们包括了德国人有权开发广西富川、贺县等地区的煤矿,在广西聘用德国的农业专家,运用德国专家在广州政府拥有的地区内实现国家对贸易的控制,还有将德国的投资"用来建设起以德国为榜样的,庞大的现代化的中国工业"。②

但是,这些主动行动的结果仍近乎为零。孙明显地夸张说,在他控制下的中国领土包括了中国华南的6个省(广东、广西、云南、四川、贵州、湖南),人口有1.5亿。德国的官员指出,孙甚至还未能对广东全境实施完全的统治。③

孙中山在1924年做了最后一次的努力。这次,他没有再犯与德国外交部打交道的错误,站在德国官方立场看,外交部要力图避免卷入中国各派系的政治纷争,以免触犯了凡尔赛条约。孙雇请西门子公司驻广州的工程师古斯塔夫·阿曼(Gustav Amann)博士做他的顾问。孙委任阿曼为"全权密使",派他回德国雇佣退役的军事人员,并直接和德国的公司谈判在广东的投资事宜。阿曼成功地聘到了海军上校瓦尔特·哈罗腾堡(Walter harlottenburg)、3名空军军官和10名步兵顾问。这批人于1924年秋季到达广州,似乎受聘于黄埔军校。在与德国"通信业"及"采矿业"的谈判中,阿曼显然也有些进展。然而,随着孙中山1925年3月12日突然逝世的消息传来,他的这些努力也被迫中断了。④

---

① 原文用英文撰写,波茨坦德国中央档案馆:德国驻华使馆,Nr. 2232, Bl. 31—32,引自法斯:《1921—1924年的孙逸仙与德国》,第145页,第41页。
② 同上。
③ 同上。
④ 阿曼,第128页;泽普斯,第26页。

孙中山对外国援助的寻求范围广泛。但是环境和他个人的倾向,使他在1920年代早期的实际选择仅限制在苏联和德国,而且只有前者愿意提供帮助。我们无法知道,在国民党根据列宁主义路线改组,及苏联军事顾问团在广州建立之后,他继续追寻德国的意图何在,是不是出于用另一个强国来制衡苏联的在华影响的深谋远虑。我们也不知道,给广州政府更多的是顾问而非资金的俄国人,在多深的层次上了解(如果有些了解的话),抑或鼓励他的对德谈判。然而,我们确切知道的是,孙中山要将德国人拉入其事业的决心至死不渝。在广州的最后日子里,孙仍对他的追随者们重申其信念,即德国是个能帮助中国进步的强国,而且中国无须担心它会带来帝国主义压迫。①

孙中山在1921至1925年间与德国人交往中,几乎次次受挫。他准确地预言了德国的工业品需要出口,并大胆宣称武装中国是德国的"唯一出路"。如本章前面已经提及的,一船又一船的德国武器确实被运到了中国,但大部分都送到了那些能支付现金而不是承诺将来的孙的敌人手中。其次,孙意识到,德国的战败意味着"它那因战争结束而闲置下来的组织天赋"将得到更广泛的运用。② 正如我们所知道的,在德国国防军和工业界的资助下,此种天赋事实上为全世界所广泛运用,尽管在中国尚未见到,孙缺乏一个足够强大而又稳固的地位来激发德国军方和工业界的兴趣。

尽管如此,孙依然为以后的合作奠定了基础。许多早年签订的合同将在国民党南京政府建立之后开花结果。对他的后继者来说,孙将其中国物质发展计划与德国经验中有益的要素有机地结合了起来。

---

① 孙中山:《国父全集》第4卷,台北第518—519页,引自韦慕庭书,第124页。
② 引自泽普斯,第24页。

他在《国际共同发展中国实业计划》(即《实业计划》)中制定了方针,在此方针指导下,外国(尤其是德国人)参与中国现代化建设的时刻正在悄悄临近。

第三章　联系的建立 1926—1931

1927年10月8日,马克斯·鲍尔上校装扮成"德骚号"货船上的一名通信官员前往中国,这艘船属北德意志劳埃德公司,通常是不载客的。11月15日,鲍尔抵达香港并旋即转往广州。在那儿,一位能说德语的教授朱家骅把他介绍给了李济深将军,李是广东国民党联军的统帅和广州的实际控制者。但李济深在当晚去了上海,数小时后,张发奎将军的部队便把他政府推翻了。鲍尔觉得,对如此混乱的局面保持一定的距离观察更好,他回到了香港。当李的军队于12月重占广州时,鲍尔又回到这座城市,正好赶上看到了1920年代中国共产党人最后的抗争——"广州公社"。在短短的几个星期里,鲍尔亲身观察到了他的新雇主们前进路上的两大障碍——军阀主义和共产主义。①

但谁是他的雇主呢?他们为什么要雇他?德国外交部的资料推测,李济深曾聘鲍尔为其执掌"总参谋部",②但实际上连鲍尔本人也不能肯定有这一任命。1926年3月,他从充任军事顾问的阿根廷返回德国,与德国、瑞士及荷兰的军火商们交往密切。1927年春,"广州"政府的代表们与他接触,征询他在军事和工业规划方面的建议并邀他去中国。他当即就承应了下来。出发前,他用了几个月时间与德国和瑞

---

① 联邦档案馆:鲍尔遗件,no.69,第153页;no.39,第26—29页。
② 外交部政治档案(17):Bd.1,"瓦格纳(香港)致德外交部"(1927年12月16日)。

士的工业公司商谈,以确保成为容克斯飞机公司和厄尔康军火企业在华的独家代理人。① "现在,我正在去中国的途中,"鲍尔11月1日在船上写信给一位受雇于容克斯公司的朋友,"我希望能在1928年初回来,到那时,事态会更明朗,我将有机会得到可能对我们有用的印象,听到可能对我们有用的消息。"②

鲍尔是位向命运挑战的勇士,他决心在中国为自己的军事—经济组织才能寻找一条出路,并在此过程中,使中国成为德国工业出口一个主要市场。在一个短短的时间里,他为中德合作的十年创立了制度化的框架,并刺激起德国工业界对闯出一条通往中国市场的全方位的新道路的兴趣。

在中国,对马克斯·鲍尔的聘用,反映了孙中山创立的国民党在内政和外交两方面转向新的开端。国民党在1926—1927年获得的令人震惊的成功,至少为中国的国家统一和发展奠定了基础。聘用鲍尔标明了未来发展的方向。因此,在讨论鲍尔的使命和伴随而来的德国工业界的努力之前,我们首先必须面对的是他被召到中国的背景和他受雇于中国的重要性。

对德国顾问的选择

1923年孙中山在苏联顾问帮助之下所开展的运动,是建立在国民党与初出茅庐的中国共产党及各类军阀之间的一个不稳固的联盟之

---

① 联邦档案馆:鲍尔遗件,no.69,第150—152,198页,no.47,第1—2页;no.41,第31页及以下几页;no.39,第14页;柏恩德·马丁访问朱国勋(1977年1月18日)。朱国勋将军是朱家骅的儿子。
② 联邦档案馆:鲍尔遗件,no.38,第15页,致迪斯特贝格(Düsterberg)中校信函(德绍)(1927年11月1日)。

上的。该联盟是由共同的民族主义和反帝情绪所维系。这一基础在北伐的第一阶段(1926—1927)充分发挥了作用,至少在名义上统一了长江以南的国土。但成功到来之时,联盟存在的基石随之消失。当1927年4月占领上海之后,国民党最具实力的军事将领蒋介石断然与左派决裂,并在地方军事将领的协助下,运用各种政治花招,在与共产党及国民党内左派的斗争中渐渐占了优势。共产党人1927年广州暴动的失败,使中共的活动只能局限在内地,尤其是华南中部的江西省农村地区。①

国民党与苏联的联系是国共决裂的受害者之一。与苏联的联盟在1926年3月变得十分紧张,当时蒋拘留了几个"不忠实的"左派分子和苏联顾问。然而,局势暂时平静了下来,"北伐军"于6月正式出发,蒋在苏联的支持下出任总司令。在广州的党和政府机构分别交由蒋的支持者张静江与谭延闿领导。② 可是,当蒋的国民党"右派"为一方和共产党及国民党"左派"为另一方的斗争在1927年1月初因南昌与武汉两个对立政府的建立而日益加深时,右翼分子已在秘密寻求苏联之外的援助。

1926年11月,受过德式教育并任教于广州中山大学的朱家骅博士写信给德国工程学会会长考拉德·马特楚斯(Conrad Matschoss)教授,恳求他为广州兵工厂的建设推荐专家。③ 当这封信1927年3月传到马克斯·鲍尔手上时,求助范围已大大地扩张了。马特楚斯将朱

---

① 对这些事件不同的看法可以在伊罗生(Harold. R. Isaacs):《中国革命的悲剧》,第2版(纽约,1968年);乔丹(Donald A. Jordan):《北伐》(檀香山,1976年);郭恒钰近著:《共产国际与中国革命》(帕德博恩,1979年)。
② 郭恒钰:《共产国际与中国革命》,第147—148页;鲍华德,第1卷,第75—76页。关于谭延闿在聘请德国顾问过程中的作用尚不清楚,但是他的儿子谭伯羽(Beue Tann)在中德关系中发挥了十分突出的作用,1928年成为附属于驻柏林公使馆的中国商务处第一任专员。
③ 作者访问朱国勋(1978年3月24日)。

家骅介绍给了埃里克·鲁登道夫(Erick Ludendorff)将军。据说鲁登道夫提供了高级军事顾问的名单。① 有一份资料表明,刚退役的冯·塞克特将军"大约在1926年"就被推荐为国民党军事顾问的候选人。据说塞克特拒绝了,将机会转给乔治·魏采尔将军,后者也拒而未受。鲍尔因此而获引荐。② 根据鲍尔文件中对此事不完全的记载,鲍尔是被邀请对华南的经济发展提供建议。但他在1927年4月为中国人写下的第一个备忘录中,却有一部分题为"一支现代化军队的组建",包括有关武器的详尽介绍及其他与此计划有关的基本要素。备忘录和其他的建议先给了朱家骅在德学习的侄子朱谦,由他转交给其叔叔。这清楚地说明,鲍尔从一开始就不仅与经济发展的问题有关,还可能与国民党军队的重建有关。③

鲍尔是应"广州政府"的邀请,并为它写下了第一份备忘录。可在广州的政府又是什么呢?当朱家骅第一次致函马特楚斯时,广州是国民党—中共联盟基础之上的"国民政府"的所在地。然而,到鲍尔前往中国时,以蒋介石和张静江为首的右派占上风的"国民政府"已先迁到南昌,后又迁至南京,留下李济深控制广州。但聘请德国顾问并不是李济深的主意。④ 是朱家骅以广州政府的名义与鲍尔接触,将他引进中国,可朱家骅又是什么人?他的行为又代表着谁的利益呢?

---

① 《字林西报》(1928年10月16日)。
② 华盛顿国家档案馆:MID 2657—I—357,"武官(南京)致国防部"(1933年2月27日)。
③ 联邦档案馆:鲍尔遗件,no.41,第81及以下几页,《现代德国国防军之组织机构》;访问朱家勋(1978年3月24日)。也参见泽普斯,第38页。
④ 李济深已在广州雇佣了几名德国文职助手,但他们大多是该市一所美国医院被解雇的内科医生。联邦档案馆,鲍尔遗件,no.39,第26页。关于李对德国人可能存在的看法,见泽普斯,第42页。

中间人

先回答第二个问题,朱是在张静江的建议下给马特楚斯写信的。① 朱在处理与鲍尔谈判时,"每一步"都与张静江和戴季陶进行密切的协商。其时,李济深作为在广州的总指挥,有颁发官方邀请的权力。是戴季陶以"使中国的军队国家化"为由,向他举荐了鲍尔。② 张静江和戴季陶的行为极有可能是代表着蒋介石的意图。

张静江与戴季陶都是国民党内"西山会议"派的成员,* 该派由一小部分国民党中央执行委员会委员 1925 年 11 月在北京开会而得名,会上要求解聘苏联顾问,将共产党从国民党内赶出去,张静江在巴黎接受过教育,是上海一位极为成功的银行家和商人。他是孙中山早年的支持者,是孙 1913 年建立的中华革命党的首批党员之一。在蒋介石 1914 年入党时,他是这位年轻的浙江同乡的入党保证人。各种著作中常常提及张静江代替遭谋杀的陈其美(1916 年)成为蒋的良师与榜样的事。有一段时间,蒋甚至还曾在张静江的上海证券交易所谋职。极有可能是张静江安排了蒋在 1918 年和孙中山的首次相见。对蒋介石来说,张静江确实是他的"好老师"。作为国民党内著名的四位"元老"之一,作为中央执行委员会的成员之一,作为在 1926—1927 年这段关键时期的中央执行委员会常务委员会的主席,张静江对日渐成功的蒋给予了持续不断的支持,当蒋到前线的时候,张便代表他来主政。③

---

① 胡颂平:《朱家骅先生年谱简编》,第 363 页。关于对朱的作用所作的精辟评价,参见泽普斯,第 47—49 页。
② 作者对朱国勋的采访(1978 年 3 月 24 日);柏恩德·马丁访问朱国勋(1977 年 1 月 18 日);胡颂平,同上书,第 363 页。
* 张静江虽系国民党右派,但未列名参加西山会议,似不能划为"西山会议派"。——译者
③ 鲍华德,第 1 卷,第 75—76、320—321 页;陆培涌:《早期蒋介石》,第 51 页;杜勉,第 756、736—737 页。目前尚无关于张人杰的传记,无论是中文还是英文;关于他在 1927 年的活动可参见陈果夫:《民国十五六年间一段党史》,载《陈果夫先生全集》。

如果说张静江是蒋的良师,那么,对蒋充满"爱戴"之情的戴季陶则是他的密友。① 戴的老家也是浙江,与张静江同为吴兴县人。也是由于张静江的推荐,戴才为孙中山所注意,并在1912至1925年间担任孙的私人秘书。戴与蒋介石的友情据说在1913年已经相当密切,当时两人均在日本,蒋当年就收养了戴的一个儿子。② 孙中山一死,戴成了国民党内头号反共理论家。正是在他的指导下,蒋首次研究了孙的思想。据一本关于戴的传记称,戴和蒋"在意识形态方面几乎完全一致"。③

朱家骅是张静江的亲信,戴季陶的密友,和他们是浙江吴兴的同乡。当朱16岁那年到上海去参加德属同济大学考试时,*他在张静江的通运公司得到了友谊及忠告。是张静江在1914年陪他到了德国,进入柏林冶金研究所(在那里,他首次见到了马特楚斯教授)学习。据中共在1940年代编纂的一批国民党领导人的传记指称,张静江是朱的"义父"。这大概只是一种比喻的说法,因为朱和他的妻子在1926年7月收养了张静江的四女儿。④ 这时,朱已完成了在德国的博士学位,任教于北京大学,他因组织学生示威和对公开支持国民党的行动,被迫在1926年春天离职前往广州,任教于中山大学。⑤

通过他的同乡张静江和戴季陶,朱家骅在广州政界的地位急剧上升。戴是大学的校长但常常因忙于其他事务而缺席,作为校务委员会的委员,朱因而成了中山大学的实际负责人。1927年4月国民党清共

---

① 陆培涌:《早期蒋介石》,第51页。
② 马斯特,第26、50—51页;秘密采访,台北,1978年。
③ 马斯特与塞韦尔;马斯特,第343页。关于戴季陶对蒋介石的更多的影响,参见本书第三章。
* 据朱家骅年谱,朱家骅当时考取的是德文医学校的自费生——译者
④ 胡颂平:《朱家骅年谱》,第355—356页;《民国人物传》,"朱家骅"条目;胡颂平,同上,第362页。
⑤ 胡颂平:《朱家骅年谱》,第362—363页;包华德,第1卷,第438页。

之后,朱成了省政府常务委员会的执行主席(实际上是文职的首长),国民党的中央政治会议广州分会的成员,而且在这年夏天,朱成了教育专员和学校的副校长。①

至此,朱深深地卷入了政治漩涡,他的命运与张静江、戴季陶,并通过他们与蒋介石连在一起了。他与戴的亲密关系引来了"戴朱小集团"的说法,一位十分了解朱的人说,戴季陶同朱简直就是"同一个人"。② 通过他与张静江的关系,朱也被列入由张资助下的,由受过外国教育的"成长中的政治家"们组成的松散团体的一员,他以后的事业从好的方面证明了这一称呼。③ 最后,通过他与另一位浙江吴兴同乡陈果夫的交情,朱成了"CC系",一份资料还将他列为1927年6月CC系的20位创始人之一。陈果夫曾与蒋介石、戴季陶同在上海的证券交易所工作过,在他们的帮助下,陈于1926年晋升为有实权的党的组织部的领导人,该部是CC系的据点,甚至是蒋介石对国民党控制的主要组织基础。④

朱作为浙江省长、交通部长和组织部长的生涯——这只是他众多职位中的几个——表明了他不同的兴趣和归属情况。然而,朱家骅与德国的交往比起他的其他成就更引人注目。据中共出版的那本传记,朱是最早的"以戴季陶和张静江做后台的亲德派头目"。⑤ 在十多年(1926—1938)中,他不仅充当了沟通中国高级官员与德国顾问的中间人,用一名德国顾问的话说,在很大意义上朱还是"德国在华事务的主

---

① 胡颂平:《朱家骅年谱》,第362—364页;包华德,第1卷,第438页。朱同戴季陶的首次晤面显然是通过张人杰,那是1925年在北京那所孙中山临终前住过的医院里。胡颂平,《朱家骅年谱》,第361页。
② 访问关德懋(1977年12月16日)。
③ 杜勉,第507页。
④ 波多野乾一,第461页。在《国民党领袖传》中,朱也被划入CC派。
⑤ 《民国人物传》(中共),"朱家骅"条。

要支持者。"①从 1926 至 1944 年,在中德关系的所有方面,都能找到他插手的影子。但是,在其政治生涯刚起步之时,他只是个中间人,新的稳健的中国领导层通过他,寻求在内政和外交政策上朝新的方向发展。现在,我们必须强调的问题是,为什么这个领导层会对由德国帮助完成这些任务特别地感兴趣?

动机

首先,从直接的意义上讲,问题并不难回答。极有可能是蒋介石、张静江和戴季陶对孙中山争取德国援助的不懈努力,和只有苏联和德国是大规模外国援助潜在来源的信念都十分的熟悉。1925—1926 年间的反帝言论和行动,虽然目标主要是针对英国的,但似乎也已排除了考虑那些仍在中国享有特权的帝国主义列强的可能性。现在,俄国援助已不再受欢迎,重新转向德国是合乎逻辑的。德国与苏联不同,在中国既没有国内的政治盟友,也没有大国的特权。

其次,从纯军事的角度来看,德国是蒋介石合乎逻辑的选择。1912 年和 1918 年,蒋曾两次准备去德国进行军事深造。在前一次,他甚至学习了德语,并在自己办的《军声杂志》上发表了关于德国军事实践的文章。②他对第一次世界大战后德国军事体制能够保持完整也存有良好印象。正如国民党官修史书中对德国军事使团的记载:"在过去的几个世纪里,德国的军事成就受到所有国家的钦佩。虽然它在一战中战败,但它坚定地规划自己的复兴,并在几年之中,在科学发展及军事科技方面超过了各国,……因而,政府雇佣德国专家以重建武

---

① 乔治·魏采尔将军,引自泽普斯,第 45 页。也参见《民国人物传》,第 47—49 页。
② 董显光:《蒋介石》(上海,1937 年)第 2 册,第 622 页;陆培涌:《早期蒋介石》,第 53 页;包华德,第 1 卷,第 320 页;陈布雷等编:《蒋介石总统年表》(台北,1954 年),第 6 页。

装力量。"①

再次,像其先导者孙中山一样,民国南京政府的新领导人们将德国视为"国际开发中国"中具有潜在价值的伙伴。在聘请鲍尔问题上,张静江和朱家骅所考虑的显然要比单纯重组军队更为深远。即将出任国家建设委员会负责人的张静江通过与上海商界的接触,意识到了德国在华投资方面日益增长的兴趣。早在与鲍尔在上海会面之前的1927年6月,他和朱家骅已向德国公司驻上海、广州的代表探询在广泛的领域内聘请德国顾问的可能性,包括经济规划、文官制度、警察工作、司法改革和社会福利。在上海有利益的德国人被告知,"南京正计划在所有部门聘请德国顾问"。② 在这些接触中,朱家骅提出的观点是,中国已经完成了它的"政治革命",现在所需要的是实现工业、技术、教育现代化的"第二次革命"。完成这次革命最"迅速而有效"的方法,是"追随一个现代化的国家的脚步",这个国家就是德国。③

最后,在更广泛的意义上,德国看来是1927年后中国的一个合适的伙伴。根据国民党官修史书对德国使团的记述,"德国民族的伟大精神是值得我们学习的好榜样。"④在后面的章节里,我们将探讨众多的中国人,尤其是蒋介石,是如何理解这种"精神"的。然而,在此我们要注意的是,蒋及国民党内保守派对需要外援的认识并未随着苏联人的离去而消失,他们所寻求的是一个发展准则与他们对新中国的构想相吻合的国家的帮助。

---

① 《德国驻华军事顾问团工作纪要》,第4页。
② 外文部政治档案(12):Bd. 1—4,威廉·瓦格纳(远东协会)致德外交部(1927年6月18日)。
③ 访问朱国勋(1978年3月24日)。
④ 《德国驻华军事顾问团工作纪要》,第4页。

国民党的保守主义

1927年"清党"后,国民党寻求政治经济的发展模式,这种模式要既能与其领导人的保守本能相一致,又适合由国内外形势造成的对经济和军事现代化的需要。

这里,"保守"一词的含义,不是迈斯垂恩(Maistrean)所称的那种为坚定不移地维护秩序原则,回到现状去的保守,也不是伯克思(Burkean)所关心的那种变化必须与健康的国家机制有机进步相协调的保守,它也不是——与国民党相对立的马克思主义关于阶级利益的观点——仅仅是对既得的特殊利益的维护。因为国民党的领导人曾是革命者,为推翻旧制度而战,献出了许多生命,活着的人在很大程度上以兄弟情谊联系在一起,其内部的纽带远胜过与外部团体的联系。1927年后,国民党作为执政党将重心转向"建国",并在相当程度上将其当成自己继续前进的动力,但却脱离了社会的实际。譬如,蒋介石并不像亨利·基辛格曾称俾斯麦的那样,是位"白色革命者"——俾斯麦一度曾用激进的手段来维持现存的社会政治秩序。①

蒋介石及其追随者是立场上的"保守",其保守实际上是曼海姆(Mannheim)和亨廷顿(Huntington)所说的"反动",因为比起同时代的共产主义者及其左派盟友来,他们不仅"进步性"微不足道,而且还有意识地与之为敌。② 易劳逸称其为"主观保守主义",意为"从时代

---

① 亨利·基辛格:《白色的革命者:对俾斯麦的看法》,《代达罗斯》(*Daedalus*),第97卷第3期(1968年夏),第888—924页。关于国民党同它想象中的上海商界的自然联盟关系所做的有洞察力的分析,参阅柯博文(小科布尔)书。
② 参阅卡尔·曼海姆(Karl Mannheim):《保守党人的思想,社会学对德国政治历史学思想形成的贡献》,载舒曼书;塞缪尔·亨廷顿:《保守主义思想体系》,《美国政治学评论》(*American Political Science Review*)第51卷(1957年),第454—473页。

背景来看,其行为与态度被认为是保守的。"①虽然国民党右派在民族主义方面并不逊于左派,但他们固执地将国家政治与社会变动割裂开来。它这样做部分是因为在其民族主义中,中国"种族"是一个不可分的整体。正像本杰明·史华慈所写的那样,可以称之为"文化保守主义",即坚持解决一个民族所面临问题的方法,应该在本民族的遗产中去寻找,而非主要靠引进外来的意识形态——而当时的共产主义者和自由主义者都是这样做的。②

对国民党领导人来说,这也是实行变革,实行"现代化"与"建国"的方式。戴季陶的著作在这方面是有指导意义的。戴是1920年代阐述孙中山的文化、反马克思主义和反帝思想的主要代言人,他强调中国的民族革命应根植于传统的道德体系,而不是阶级斗争之上。他的思想被称为"保守的理想主义",因为它预示中国将在对自身独特文化日益增长的民族自尊的基础上获得新生。像孙一样,戴也反对随意地将马克思主义仅仅归结为个人主义或唯物主义中的一种。但他最重要的暗示是——虽然是以一种相当令人困惑的方式——没有西化的现代化("科学的文化")是可能的。实现这种现代化需要的是政治集权和全民族的"统一、和谐与服从"。③

这样,国民党右派的两个基本构想变得明朗起来。戴关于"科学的文化"的思想不知不觉地接近了韦伯的"理性化"。但追求理性化并不在于理论本身,而更可能是因为它能加速中国强国目标的实现(一种猜测是,戴以类似的观点来理解孙中山寻求外国帮助发展经济的计

---

① 易劳逸:《政治保守主义》,第295页。正如易劳逸正确评论的那样,蒋成为保守主义的象征并不是由于他反对变革,"而是因为他决心要和他的政治集团一道控制改革的进程"。易劳逸,第297页。
② 史华慈(Benjamin I. Schwartz):《保守主义(尤其是中国)注解》,载费侠莉编:《变革的限度》,第16—17页。
③ 马斯特与塞韦尔,第88、95、96页。

划)。然而,国家财富和实力增长的首要条件是,国家能有一段安定统一的时间,为此就要有一个强大的中央政府及通过传统价值实现的民众忠诚。对戴及其朋友和学生蒋介石来说,它不只是"为政治整合的目的来操纵文化的符号"。① 当然,同后来新生活运动中的情况相似,对文化的注意可以视为是对现代国家的发展的补充,恰似林毓生(在不同背景下)曾提到过的那种政治和文化领域的传统的"有机整合"。②

对蒋介石来说,利用德国的援助符合他的那种被称为"保守现代化"的努力。③ 他 1912 年时希望去德国的原因很多,最主要的是要学习"德国成功的秘诀"。根据陆培涌的研究,在蒋介石的政治思想处于萌芽阶段时,他已从俾斯麦的"铁血政策"中找到了精神和实践两个方面的秘诀,并在《军声杂志》著文,力主将"铁血政策"作为中国的"指导原则"。④ 它将促成中国社会的"军事化",其目标不是保持现状,而是去创造现代工业化国家所需要的守法的公民。

马克斯·鲍尔和"民族布尔什维克主义"

蒋介石在 1927 年已对德国表示出了友善的态度,其目的包括,但远不止于对一支强大军事力量的迫切需要。他拥有张静江的亲信朱家骅这位僚属,朱钦佩德国,视德国为文明的、实行中央集权的、在经济和科学发展上居领导地位的国家。⑤ 朱与张静江和戴季陶共同努力,足以影响蒋的初期目标,并把德国人带到了他的面前。

然而,人们会轻易地猜到,如果马克斯·鲍尔不是如此恰如其分

---

① 杜维明:《熊十力对真实存在的探索》,载费侠莉编:《变革的限度》,第 247 页。关于戴季陶的工业化思想,参见马斯特与塞韦尔,第 75—76 页。
② 林毓生:《梁济的自杀:道德保守主义的歧例》,载费侠莉编上书,第 167 页。
③ 史华慈:《保守主义注解》,载费侠莉编上书,第 18—19 页。
④ 陆培涌:《蒋的思想追求》,第 232 页;陆培涌:《早期蒋介石》,第 53 页。
⑤ 朱家骅:《德国与中国》,《新中国》第 5 卷,第 33 期(1939 年 2 月),第 13—15 页。

地适应这一思想,并领悟蒋及亲信们的需要,后来的事态也就不会那么发展了。鲍奠定了延续到1938年的德国在华顾问们的使命,他是,在工业事务方面具有广泛经验的杰出军事人才,同时又是一位激进的文化保守主义者,他对西方自由主义、社会主义,甚至帝国主义的独到批评,与蒋介石的看法竟有惊人的相似之处。

马克斯·鲍尔(1869—1929)从1905年起在德国总参谋部服役,供职于鲁登道夫上校的战略动员处。尽管他因重炮方面的专业知识于1915年赢得了柏林大学的荣誉博士学衔,他在防御坦克方面的创新体系为他赢得了坦克专家的美名,但他还是以战时负责军事和工业界之间的联系最为闻名。战争期间,他作为鲁登道夫在战略动员处的得力助手,极成功地与工业界一道供应军需和装备,并因筹划"兴登堡计划"并为其保障装备供应而获得了盛赞和美誉。①

鲍尔被誉为是个"真正的'能干而有进取心的人'",而且并不只是在军事方面。他是鲁登道夫营垒中一个彻头彻尾的阴谋家,战争期间,曾试图推翻贝特曼·荷尔维格(Bethmann Hollweg)总理,甚至一度秘密策划反对德皇本人。据一位作者回忆,鲍尔极像埃古,*对阴谋有强烈爱好,这驱使他战后致力于推翻共和政府,并参与了20年代流产的卡普暴动。②

在鲍尔政治活动的背后,有一整套可称为"民族布尔什维克主义"

---

① 马克斯·鲍尔在《前线与故土上的大战》(蒂宾根,1921年)一书中描述了他的战时工作,不过,有关这一时期最好的论述是福格特书,第34—155页。也可参阅费尔德曼书;福克斯:《马克斯·鲍尔》,第23—25页,以及埃里希·鲁登道夫:《战争回忆录(1914—1918)》(伦敦,1919年)第1卷,第16、339、387页。
* 埃古是莎士比亚戏剧《奥赛罗》中的反面人物,性格奸诈狡猾。——译者
② 华盛顿国家档案馆:MID2657—I—357,"戴维斯(贝尔格莱德)致国防部"(1928年11月5日)。费尔德曼,第151页;福格特,第238—276页;约翰内斯·埃尔(Johannes Erger):《卡帕—吕特维茨暴动:对德国国内政策的贡献(1919—1920)》(杜塞尔多夫,1967年),第41页。

的信条。这套理论与魏玛共和国早期极右势力反对凡尔赛条约(也包括共和政体)的运动有关,它鼓吹与苏联达成强权政治的谅解,在德国确立一种用某种形式将民族主义和社会主义、共产主义相结合的意识形态,虽然并不与德国社会民主党或德国共产党携手(它的国内表现有别于塞克特的努力及传统上与苏联合作的理由)。也许,隐晦的"民族布尔什维克主义"意识形态与德国是一个"民族共同体"的"种族"观念之间的共同点,要远比它与任何一种真正的"布尔什维克主义"更多,但它在较广泛的意义上表达了如下的情感:德国的民族主义和其他活跃的国家社会主义形态有一个共同的敌人,那就是资本主义和"帝国主义"的西方。如克勒门斯·冯·克莱姆派瑞尔(Klemens von Klemperer)所写的,"民族布尔什维克主义,是建立在对西方怨恨和对东方强烈的爱与恨交织关系的基础之上的。"① 它依然保留在浪漫的禁区里。

鲍尔在1923至1924年间访问过苏联,其时,正是他在卡普暴动后的流亡期间。他1919年曾在柏林会晤过卡尔·拉德克(Karl Radek),自然知道1920年代初期德国国防军和苏联日益发展的联系。但没有证据显示他的访问与这些联系有多大关系,流亡期间,他在政治上仍然是与鲁登道夫及"巴伐利亚运动"联在一起的。② 无论鲍尔去俄国的动机是什么——他写信给鲁登道夫称,苏联人对他在坦克、重炮和防空武器方面的研究很有兴趣,他想去"为德国武器工业做些事"。③——德国国防军明确地向苏联人表示,鲍尔和他们无关。④

---

① 克莱姆派瑞尔,第139页及以下几页;德珀克斯,第1—34页。也可参阅许德科普夫:《合法的左派》。
② 福格特,第386—391页。
③ 同上书,第388页。
④ 同上书,第393页。

他这次旅行唯一的有形结果,是在归途中写了研究苏联共产主义的《红色沙皇的国土》,其中概述了他的政治哲学。① 鲍尔当然不赞成苏维埃体制的许多基本要素,他特别反对的是"用非自然的方法实行社会公平"和妇女权利平等的"性别理想主义"。但他发现布尔什维克的领导者们作为"行动的人"是"第一流"的。在战争期间强烈反对德国工会的鲍尔,以赞赏的文字提到苏联劳工的"军事化",禁止罢工及工人阶级中的民族共同体意识,他觉得最后一点是德国社会民主党所缺乏的。庆幸的是,这里尚未出现"在富裕与贫穷之间划下'致命界限'的垄断资本"。更重要的是,他为苏维埃重建表现出的活力,执政党赤裸裸的暴力及绝对权威所震撼。人们可以将苏联的手段与其目的分开,从中学习所需的东西。② 但在鲍尔看来,任何形式的"公有制"社会的未来都须建立在特定的"民族性"基础之上,以适合全体人民的民族与种族特性。鲍尔是一个赞成民族与种族间有差别和斗争的社会达尔文主义者,他强烈反对苏联关于共产主义的"国际主义"的推论。③

鲍尔在骚动中抵达广州后,又被护送到上海,1921年11月22日登岸,由此获得了直接将这些观点展示给蒋介石的机会。④ 在上海,李济深和朱家骅把他介绍给了蒋,此时蒋刚刚结束短暂的"隐退"从日本归来,并很快复职成为国民党军事力量的统帅和国民党中央政治会议的主席。鲍尔在经过与蒋、李、朱进行了为时一周的定期会议后,受聘成为蒋顾问。⑤

---

① 鲍尔:《红色沙皇的国土》。
② 联邦档案馆:鲍尔遗件,no.73,第89页;德珀克斯,第261页;福格特,第390、400、402—403页。
③ 联邦档案馆:鲍尔遗件,no.41,第31页;福格特,第402页。
④ 同上,鲍尔遗件,no.39,第26页。
⑤《德国驻华军事顾问团工作纪要》,第5页;克赖特勒尔,第90—91页;福格特,第422页。

第三章 联系的建立 1926—1931

鲍尔以一个内容广泛的政治性宣言,作为他对中国发展问题一系列建议的开篇。在他为蒋介石写的首批备忘录中,有一份是这样开头的:

> 世界正面临着一个社会利他主义的新时代,它是与帝国主义—唯物主义相对立的,这一点对一切人都明白无误。布尔什维克主义,共产主义,社会民主党等也有好的一面。不幸的是,……社会民主党和共产主义均否认民族共同体的强大纽带作用。
>
> ……其结果是,在所有国家里,那些赞成民族共同体,即健康民族思想发展的人们,都与国际主义产生了冲突。

鲍尔站在民族布尔什维克主义的立场上,不停地谴责"资本剥削"。在他的著作中,资本被描绘成"国际性"的,而作为"人民臂膀"的工人却是"民族性"的。他强调说,"每个国家必须建设它自己的社会主义,它自己的政府形式"。他说,所有这些都与孙中山的思想相吻合,因为孙也谋求将中国从帝国主义的"锁链"中解放出来,加强"民族思想","实现社会意义上的人民胜利,……反对任何阶级的统治"。他断言,"国民政府定会获胜,因为它的目标和中国自然发展的方向是吻合的"。如果说中国现在还面临着来自各方面的障碍——譬如"外国列强,内战和资金的缺乏"——那解决这些问题的办法已经存在于孙中山(还有他自己)提出的理想之中了。①

蒋介石肯定为鲍尔所提的方案所打动,因为很可能是在他的要求之下,鲍尔在1928年夏天又写了关于在中国制定宪法的第二份备忘录。在备忘录中,鲍尔更详尽地表明了其反唯物主义、反资本主义的

---

① 联邦档案馆,鲍尔遗件,no.41,第31—33页。该备忘录标有"第一号备忘录"字样,然而它的撰写时间显然是在1927年4月的《现代德国国防军》一文之后。该备忘录很可能是特地为蒋介石撰写的第一篇。

立场。他谴责了自1789年以后西方式的政治和社会发展方向,并指出,"白种人"正在把平等、富裕和科学的价值看得比"文化价值"更重要,因而执行了实为"种族自杀"的政策。他宣称,上一个世纪的西方文明史,是一种"技术发展"而"文化崩溃"的历史。中国的任务是追求物质和文化的同步发展,没有后者,前者就不值得去努力争取。①

比较起来,鲍尔用来规划中国宪政的理论背景,比他对中国未来宪政明确而又独具特点的建议更重要。譬如,他坚持国家通过保障妇女的地位来维护家庭,用分散工业的方法来避免城市无产阶级的增长。或许更重要的是,他将中国与其他"正在觉醒的"国家,如意大利、土耳其等放在同等位置。他力主应按合作的形式组织经济生产,并依孙中山的主张,对所有"要害企业"实行国有。此外,国家出于宣传和文化的目的,应垄断大众传播工具——出版、广播、电影。②

没有迹象表明蒋介石为实施这些建议采取了多少直接的行动。但蒋给了鲍尔个人很高的礼遇——他后来愿意花很长时间来与这位"唯一的欧洲朋友"进行私人间的会谈,并称鲍尔的去世"使他感到很孤独"③——据我们对蒋本人思想的了解,极有可能他同意鲍尔一系列建议的基本思路,尽管鲍尔对蒋的有形服务在于他受雇的军事经济部门,但他深信正在用自己的技术和组织才能来为蒋介石及其派系的政治未来效力,这就使他的服务具有了他人无法替代的价值。

鲍尔的政治备忘录,仅仅是他所坚持的有关中国须全面发展论述

---

① 联邦档案馆:鲍尔遗件,no.41,第108—109页。该备忘录的标题为《关于适当扩充宪法的想法》,注明的日期是:柏林,1928年7月。
② 同上,第112—118页。
③ 《一位返回故乡的老战士:同柯瑞伯中校的谈话》,《民族观察》(Völkischer Beobachter)(1933年8月26日);蒋介石曾对弗雷茨·林德曼将军谈到有成为"孤儿"的感觉,林德曼在他的《在华服务》一书中引述了这件事。关于鲍尔同蒋介石举行的时间较长的私下会谈以及蒋个人对鲍尔的尊重,参见联邦档案馆:鲍尔遗件,no.46,第28页;no.69,第197页;no.39,第85页a。

的一部分。事实上,他的官方头衔是"经济顾问"。部分原因是为了外国及德国官方的承受力,以避免"军事顾问"这一职位可能带来的恶名(和非法性)。他也努力使自己更像一位"经济顾问",在给知心朋友的信中也是如此描述的。① 但他的"经济"使命是广泛的,因为他不允许军事、经济和政治领域相互分离。

除了政治建议外,鲍尔在任职后的数月内写了有关军事调动与改组、经济发展规划、重工业化、航空运输、农业生产、财政改革和采矿业的大量详尽的备忘录。② 而且,他强调"所有的备忘录都以工业公司的建议和计划为基础,因为工业公司居于其所代表的行业中的前沿"。③ 如今,他个人已经确信中国"巨大的发展潜力",④并让蒋介石相信他能动员德国工业界和退休专家来中国,从事与"重建"有关的各式各样的工作。因此,1928年3月底他返回了德国。

至少有三个中国的官方代表团随鲍尔同时到了德国,总司令部军政部部长张治中将军(很快就被任命为中央陆军军官学校的教务长)率领一个代表团考察军事训练机构。作为最早接待鲍尔的人,广州的李济深将军觉得自己对鲍尔所提供的服务应享有一定的优先权,他派出一个代表团为该省的发展寻求德国的帮助。⑤ 最后一个是由蒋介石亲自委派的以陈仪将军为首的"考察团",它与鲍尔一同前往德国,其目标是研究"德国政治组织,军事系统和军工技术,并物色有经验的

---

① 福克斯:《马克斯·鲍尔》第40页;联邦档案馆:鲍尔遗件,no.44,第24页,"致俞大维信函"(1929年2月27日)。
② 大部分存于联邦档案馆:鲍尔遗件,no.41,但也可以在no.42,第24页及以下几页中找到;no.42,第24页;no.39,第43页;no.39,第30—32,46—47页;no.69,第208页;包华德,第1卷第42页。
③ 同上。
④ 同上。
⑤ 同上。

人才……为计划中的重组服务"。①

南京顾问团的建立

曾任中国外交部长的陈友仁多年后告诉一位外国记者,在德国顾问们被派往中国的初期,"德国人的想法是,蒋介石的历史使命是肃清军阀,并将中国改造成德国产品的巨大市场"。② 若将鲍尔来华的种种使命加以归纳简化,这一评价道出了此时及此后派往南京的德国顾问们各种活动的最主要侧面。在追溯鲍尔1928年及以后在德国的活动时,我们必须牢记他是以双重身份在开展工作的:为蒋介石,也为德国的在华利益。鲍尔在与德国工业界、政府和军队打交道时,总强调自己"正在为德国而战",为工业界的新市场而战。他主张,如果别的国家在中国拥有势力范围的话,那德国也应有自己的一份。而且这一势力范围与鲍尔对南京的责任并不冲突。据美国情报部门的记载,他的使命是"千方百计地增强蒋介石的实力"。③

1928年鲍尔在德国

1928年3月鲍尔重返德国,随行的有一个由陈仪将军率领的南京考察团。他们的目标有两个:适当地接触德国各类团体,以期他们参与中国的"重建";着手为蒋介石招募一个长期的顾问团。

代表团获得了双重的成功。由鲍尔做中间联络人,南京的代表团

---

① 联邦档案馆:鲍尔遗件,no.43,第6页,"蒋介石致鲍尔信函"(1928年3月1日)。
② 阿特利,第8页。
③ 《德国外交政策档案》第11卷,no.166,第373—376页,附件,"鲍尔(南京)致陶德曼"(北京)(1929年2月26日);华盛顿国家档案馆,MID2657—I—357,"马格鲁德(北京)致华盛顿"(1929年6月9日)。也可参阅福克斯:《马克斯·鲍尔》,第37—38页。

访问了一大批德国公司,其中包括克虏伯、西门子、尤利乌斯·贝尔格业务合伙组织、巴燕尔—伊发销售公司。克虏伯宣布愿意向中国提供整座的兵工厂;尤利乌斯·贝尔格业务合伙组织、棱茨公司、联合钢铁公司和德意志机车工业协会等数家公司展开了激烈的竞争,以争取签订提供铁路设备及铁路建设方面的合同;巴燕尔—伊发销售公司则对发展通信事业抱有兴趣。然而,当时签订的意向性合同(价值将近100亿德国马克),被严格地限制在武器和军需品方面,而且大多是与那些由鲍尔事先安排的公司签订的。①

德国的公司在将其对中国前景无可掩饰的憧憬转化为契约性质的合同时心存犹豫,这是有不少原因的。陈仪自己就承认,南京政府中(尤其是部长级官员中),充斥着"有知识但缺乏实际经验的人",他们制定的工业发展计划之中,包含着"许多愚蠢之见",而且经常相互抵触。但陈又说,蒋介石和他的外交部长黄郛已下定决心,"不惜一切代价推动中德合作"。②

陈仪率领的南京代表团与由广东李济深派出的代表团先后到达德国,已经暴露出中国重建工作的协调问题(实质上是国内的稳定问题)。率领广州代表团的不是别人,正是孙中山的前驻德国代表、现任李济深军需总监的朱和中。鲍尔因对李济深有许诺在先,也单独地将该代表团介绍给各方。在广东代表团购买武器、吸引德国为广东的企业投资,及为省政府聘请一个小型德国顾问小组等各项努力中,都有鲍尔从旁相助。尽管鲍尔坚信,他同时促成来自南京和广州的两个使

---

① 联邦档案馆:鲍尔遗件,no.40,第5—7页;no.42a,第125页及以下几页。代表团也拜访了鲁登道夫,由于年老体衰,他总是喋喋不休地警告说,蒋介石"将共济会成员排斥于中国之外。"同上,no.43,第11页。
②《德国外交政策档案》第8卷,no.166,第351页,"蒂尔(Thiel)(上海)致德外交部"(1928年3月15日)。关于黄郛,参见本书第六章。

团并无矛盾之处,但它们是两个独立的实体,从各方面来看都代表着独立政府这一事实,损害了德国人对"新中国"统一的想象(次年3月蒋介石拘禁了李济深,看来只会使鲍尔大吃一惊)。①

另一个中国考察团在1928年夏天突然地到达德国,使事态更加复杂化,该团由孙中山的公子孙科率领。1927年8月蒋介石宣布他要(暂时的)引退时,孙科进入南京政府任建设部长。* 1928年1月蒋复职后,仍保留着职位的孙与伍朝枢、胡汉民一道赴欧洲"考察旅行"。② 6月7日,孙科向德国外交部提交了一个精心设计的中国工业化和中德合作的计划,该计划很大程度上是根据其父的《国际共同发展中国实业计划》所定的指导纲领制定的。尽管威廉大街感到他是个"不管部的部长",但仍给了孙科相当的礼遇,并协助他与全德工业联合会建立了联系。全德工业联合会是个重工业和工业性银行的保护组织,孙科邀请其派遣一个工业代表团到中国。③ 这一使团实际上在两年后才到了中国。鲍尔也赞同孙的主张。然而,孙科使团的出现不仅没能加强反而削弱了鲍尔的努力。

鲍尔所带来的南京代表团并未受到德国官方给予孙科的那种高规格礼遇。这或许就是早日实现鲍尔计划的主要羁绊。当然,南京的代表团受到德国总统兴登堡的款待,代表团当面宣读了蒋介石致兴登堡的一封信,信中写道:"通过彼此间日益增长的同情与合作",中国和德国之间的友谊更加密切。"始终欣赏德国文化及其进步发展"的蒋,

---

① 联邦档案馆:鲍尔遗件,no. 69,第162—163页;no. 47,第4—5页;华盛顿国家档案馆;MID2657—1—357,"拉泰(Ratay)(在赴德途中)致华盛顿"(1928年7月19日)。

* 原文如此,孙科于1927年10月至1928年1月间任南京政府的财政部长,1928年1月调任建设部长,但他旋即出国,并未就任。——译者

② 孙科:《孙科文集》第3卷,第1116页;包华德,第3卷,第164页。

③ "国史馆":2—12.02,1/26,"孙科致行政院";外交部政治档案(14),"孙科致克普"(koepe,德外交部)(1928年6月8日);外交部政治档案(5),no. 3,Bd. 1,"卜尔熙(Borch)(北京)致德外交部"(1928年6月23日)。

现在希望通过与德国合作,"把中国和西方文化中的优秀因素融为一体"。① 毫无疑问,兴登堡和外交部并不反对在华寻求机遇,特别是后者。② 可是由鲍尔完成合作或通过他实行合作却是另一回事,鲍尔参加 1920 年代卡普暴动的经历仍使威廉大街将他视为不受欢迎的人。

此外,鲍尔之受雇于蒋及其一系列的公开活动,以一种令人不舒服的方式在德国挑起了争端,即德国对凡尔赛条约的责任问题。该条约禁止德国公民以其军事才能受雇于外国政府,还有向中国出售武器的问题,虽然德国不是 1919 年对华武器禁运协议的签约国,可作为对英国压力的妥协,它在 1928 年 4 月 27 日颁布了一项禁止此类贸易的法令。③ 鲍尔的所作所为直接触犯了上述两条禁令,而且采购武器的南京代表团出现的时机,对德国外交部来说是糟得不能再糟了。鲍尔的活动已经家喻户晓,是德国和英国报刊最热门的话题,就像那些外国人在中国办的报刊一样。④ 尽管外交部无权禁止他以"私人身份"为蒋介石效力,而且新的禁令也无法制止私下对中国的武器运输,但威廉大街能够,而且也确实拒绝了鲍尔的所有帮助要求。

使鲍尔沮丧的是,德国国防军部不再容纳他了。由于战时的经历,鲍尔为本德勒大街的高级官员们所熟知。一两年前,他曾有充分的理由期待他们的合作。可国内的政治变化打破了他的幻想。塞克特在 1926 年被确信向帝制复辟者做了令人难以接受的公开附和,接

---

① 引自外交部政治档案(1),Bd.5,1928 年 7 月 11 日备忘录。
② 《德国外交政策档案》第 8 卷,no.166,第 352 页 n,蒂尔(上海)致德外交部(1928 年 6 月 22 日)。
③ 卡斯特兰,第 284 页;FO371/13178,第 194—195 页,备忘录:"中国武器交易"(1928 年 3 月 1 日);全德工业联合会:《商务报告》(Geschäftliche Mitteilungen)第 10 期(1928 年),第 87 页。
④ 《柏林日报》(Berliner Tageblatt)1928 年 10 月 25、26、27 日;《泰晤士报》(伦敦)1928 年 10 月 24、25、26、27 日;《字林西报》1928 年 10 月 16 日;10 月 25 日;《中国晨报》(China Morning Post)1928 年 11 月 2 日。

着在 1927 至 1928 年显示国防军非正当活动基金的洛曼—福布斯丑闻曝光,他为这两件事受到猛烈的抨击,被迫辞职。在新部长威廉·格棱纳(Wilhelm Groener)的领导下,德国军方开始对来自公众,尤其是社会民主党方面要求对资金及以前在德国境内外的秘密活动实施更多的议会监督的压力做出反应。当南京的代表团提出观看德军演习的请求时,格勒纳一听到该建议与鲍尔联系在一起,就"被吓跑了"。据说他的看法是"鲍尔总是赌错了马,我不能相信他"。① 这次受挫,使鲍尔得出了"我们不再需要德国军方"的结论,他认为国防军正在沦为"民主力量"的俘虏。他将转而集中精力从帝国军队的退役军官中选择其顾问团的成员。②

此后的事态表明,德国国防军不感兴趣的并不是中国,而仅仅是鲍尔本人。本德勒大街对张治中将军的提议做出了积极的反应,张也是 1928 年春由蒋介石派往德国考察其军事的。只是因为鲍尔的出现和外交部的反对,才阻止了德国军方此时要把中国当成其原型武器实验场的企图。德国国防军部还是应张治中将军的请求,向他提供了训练手册,并修改了先前的一项政策,允许两名中国军官到设在德累斯顿的步兵学校学习——他们是此后十年中众多在德国受训军官中的第一批。次年,鲍尔过世,国内的政治压力也稍有减缓,德国军方便与在南京的军事顾问团建立了直接的联系。③

---

① 华盛顿国家档案馆:MID2657—I—357,"卡彭特(karpenter)(柏林)致华盛顿"(1928 年 12 月 21 日);外交部政治档案(1),Bd. 5,L464128f,引自福格特第 426 页。关于国防军的政治压力,参见卡斯腾,第 245—250,285—296 页;福克斯:《马克斯·鲍尔》,第 3 页。
② 联邦档案馆:鲍尔遗件,no. 44,第 88 页,"鲍尔致俞大维"(1926 年 3 月 15 日);访问瓦尔特·斯特涅斯(1977 年 1 月 30 日);"埃里希·施托尔茨纳尔(史脱次纳)致吉莱斯比"(R. Gillespie)(1966 年 1 月 28 日)。斯特涅斯和施托尔茨纳尔都是南京的军事顾问团成员。
③ 华盛顿国家档案馆:MID2657—I—357,"卡彭特(柏林)致华盛顿"(1928 年 12 月 21 日);联邦军事档案馆:RW6/86,OKW950(1),施莱歇尔(Schleicher)备忘录(1927 年 7 月 27 日);泽普斯,第 87—88 页。

第三章 联系的建立 1926—1931

为顾问团招募成员,是鲍尔 1928 年夏天两项确切的成果之一。最初顾问团人数包括鲍尔共 26 人。他们是由鲍尔推荐,经中国人同意后受聘的。其中的 10 人负责直接的军事训练,6 人与军械及供应有关,4 名充任国内政策的顾问,1 名化学工程师,1 名市政专家,1 名经济学家,1 位铁路专家,最后还有 1 位医生。①

与此具有同等重要意义的是,在鲍尔的提议下设立了一个附属于中国公使馆的贸易处,中国公使馆坐落在柏林市的选帝侯大街。该贸易处负责顾问团成员的筛选和聘用,但它同时还肩负着更重大的任务:集中了中国政府在欧洲全部的武器及工业材料采购活动。组织者希望以此来杜绝那些低标准与非标准的武器继续在缺乏协调的情况下流入中国各地。此外,它将使商务活动摆脱汉堡—不来梅贸易体系,把南京政府的大量订货单直接送交到德国大工业或军械制造公司的手上,那些公司据信能够生产出设计独特,适应中国市场的设备,由此摆脱收费昂贵的中间商人。②

该贸易处于 1928 年 9 月在俞大维的领导下开始工作,俞是浙江人,获得过哈佛大学的哲学博士学位(1922),并到德国继续研习数学及弹道学。俞后来在 30 年代担任过兵工署署长、军政部次长(1944—1945)、交通部长(1946—1948),到台湾后,曾出任国防部长(1954—1964)。在柏林,俞大维获得了鲍尔之子恩斯特(Ernst)及谭延闿之子谭伯羽的协助,谭延闿当时是国民政府主席、中央政治会议执行主席,不久后,(1928 年 10 月)成了行政院院长(相当于总理)。③ 直到 30 年

---

① 《德国驻华军事顾问团工作纪要》,第 16—27 页;联邦档案馆:鲍尔遗件,no. 49,第 96 页;no. 43,第 8 页;联邦军事档案馆:W02—44/9,第 95 页,"顾问名册"。
② 联邦档案馆:鲍尔遗件,no. 41,第 30 页;《备忘录:在欧洲的中国商务代办处》;no. 44,第 51 页,"鲍尔致俞大维"(1929 年 1 月 26 日)。
③ 许建施(音)等;"施托尔茨纳尔致吉莱斯比"(1966 年 1 月 28 日);包华德,第 4 卷,第 73—74,223 页。也可参见梁希辉(音),第 52—56 页。

代中期之前,贸易处并未能完全实现自己的目标,但它是中德经济交往不断走向垄断的制度化的第一步,垄断的一方是蒋介石政府,另一方则是德国工业界。

1928—1929 年鲍尔在中国

当鲍尔和首批顾问团成员尚在重返中国途中的时候,他正面临着指责,尤其是上海报纸的指责,说他正在帮助蒋介石"建立一个完全脱离国民政府的组织,……一个类似早年袁世凯那样的私人组织"。① 美国的军事情报机关也得出了相同的结论,即尽管鲍尔等人的活动并非"限制在军事事务,而是涵盖了工业和经济发展的各领域",但他们首要的工作是强化蒋的"军事实力"。② 与鲍尔和蒋均有私人交往的《赫斯特》(*Hearst*)记者库尔特·冯·维甘德(Kurt von Wiegand)则调门更高,他说鲍尔"曾力劝蒋介石走独裁之路"。③ 所有这些指责并非空穴来风。

尽管鲍尔本人提供服务时并未获得书面的合同,但其他的顾问都得到了一份为期两年的合同。在德语译本中,这些合同中的"中国政府"是指雇佣他们的党派,这是中文文本中"中国政府"的准确译法。然而,这并非意味着法律上,或事实上的中央,即国家政府的官方正式名称是"国民政府"。合同及顾问都是军事机构内的机密,合同是由军政部常务次长陈仪签署的。④ 根据中国官方史书对德国顾问团的记载,顾问们是在"蒋主席的直接领导下",蒋介石是国民政府军事委员

---

① 《上海泰晤士报》(*Shanghai Times*)1928 年 11 月 6 日,藏于联邦档案馆:鲍尔遗件,no. 55。
② 华盛顿国家档案馆:MID2657—I—357,"马格鲁德(北京)致华盛顿"(1929 年 6 月 3 日)。
③ 引注同上。
④ 合同藏于联邦军事档案馆,W02—44/10,第 2 页及以下几页。

会的委员长,该委员会1932年后是政权中的最高决策实体。① 但就是在军事委员会建立之前,顾问团也只受军方和蒋介石本人的控制。并非偶然的是,设在柏林中国公使馆内的贸易处也不属于外交部的管辖范围,而是受军方控制,或许这更符合它所充任的军事工业交易所的真正身份。②

这一情况反映出南京政府中军事和非军事机构权责重叠的实质,是鲍尔及其一个在军事机构方面的"德国模式"导致了这样的结果。作为蒋介石一名直接的奴仆,鲍尔清楚地知道,他的使命中所代表的"德国方面"成功与否,在很大程度上要依赖蒋介石权力巩固的程度。这可以通过军事力量和行政机器两种手段来完成。

为了同德国工业界接触,鲍尔在他的报告中有意缩小了中国1928—1929年间的国内冲突。他在1929年3月写信给一位可能的投资者,称"这里的一切都在向前发展",其实此时他正准备奔赴战场,为蒋镇压不顺从的桂系军阀所进行的"讨逆远征"出谋划策。③ 在那年春天协助蒋制服了桂系军阀后,鲍尔希望一个和平的时代能随之而来,因为他深知,"每一场新的战争都要破坏其他国家对国民党的信心,使获取外国贷款、资金和投资的希望化为泡影"。④ 鲍尔作为蒋在1929年春胜利的幕后"智囊"而赢得了声誉,⑤但他为南京政府初期的结构和发展方向方面所打下的烙印,意义或许更为深远。

如前所述,鲍尔曾应蒋的要求为有关中国的宪法问题提供建议,

---

① 《德国驻华军事顾问团工作纪要》,第13页。
② 访问关德懋(1977年12月16日)。
③ 联邦档案馆:鲍尔遗件,no.40,第24页,"鲍尔致佐恩德雷格尔"(Sonderegger)(1929年3月15日)。
④ 引自福克斯:《马克斯·鲍尔》,第41—42页;关于鲍尔在前线的时间,参见联邦档案馆鲍尔遗件,no.39,第93—101页。
⑤ 福克斯:《马克斯·鲍尔》,第42页。

他所提出的只是一个总体上的观念上的思路,其中很少有具体的意见。也许这样做是对的,因为任何一届的国民党政府都要按照孙中山制定的"五权分立"既定体系来行事:行政院、立法院、司法院、监察院、考试院。然而,孙从来就没有确切地规定军事在政府中的位置。

1925年广州国民政府建立时,曾设了一个独立的"军事委员会",蒋介石正是通过它才一步步地从非军事机构中争取到了相当多的自主权。1928年,蒋介石、戴季陶和王宠惠(王是研究德国宪法专家,曾把德国《民法》翻译为中文)等新政府的规划设计者们赋予军事在政府内的独立和事实上至高无上的权力。军事和非军事所以能联在一起,全系于总统(蒋介石)个人,*总统同时又是武装部队的总司令。①

军事本身的一套机构清楚地反映了德国模式,即借助于指挥权与行政权的严格分立使其自主权更为稳固。6个主要军事部门的划分绝大多数是直接从德意志帝国的军事系统翻版而来:参谋本部(相当于德国的"总参谋部");总统的军事参议院(相当于德国的"德皇军人内阁");训练总监部(相当于德国的"军事训练总监部");军政部相当于德国的国防部,仅有行政功能,而且是理论上唯一隶属于政府的军事机构。这一整套军事机构独一无二的灵魂是"总统—总司令"。这样,军事基本上从议会的干预中解脱了出来——如同德国的情形一样。②

在1928年夏所写的关于明确军事划分的一系列备忘录中,鲍尔尽了很大努力来鼓励对德国军事体系的直接模仿。③ 然而,由于受到中国国内政治形势的牵制,德国的这套体制在中国显然大打了折扣,

---

* 原文如此,蒋出任国民党政府的"总统"是1948年。——译者
① 王宠惠:《德国民法典》(伦敦,1907年);同上:《新近出现的五个强国的宪法之说明》,《密勒氏评论报》(1928年10月20日);刘馥,第68页。
② 刘馥,第64—66页。关于德帝国主义内部的军政与民政的关系问题,参见希尔格鲁伯尔,第1—48页。
③ 联邦档案馆:鲍尔遗件,no.41,关于"国防部""陆军建设"和"总参谋部"的备忘录。

第三章 联系的建立 1926—1931

即使在形式上学得惟妙惟肖,其实质精髓却差之千里。于是,军事参议院内所充斥的不是忠诚而又具有专长的军官,而是各派系的高级将领,这一职务成为一种荣誉奖赏的形式。参谋本部,也远非鲍尔所设想的那样,是受过多年训练军官的"至高无上的荣誉",[①]它一设立就形成了由李济深任参谋总长,他的和其他一些派系的下属军官充斥其间的格局。

利用分工明确的德国式制度来争取半独立的军人们合作,这一设想只有在他们同时被说服编遣自己的军队,并在此基础上允许建立一支统一的国家军队时才能变为现实。1928年,全中国大约有225万武装的军人。鲍尔在1929年1月召开的编遣会议上扮演了核心的角色,他在会上所要求的建立一个"军事编遣与整军委员会"的倡议几乎原封不动地被采纳了。鲍尔建议,南京政府只掌握一支新式的、规模较小的、用德国方式训练的中央军,而将其余军队遣返,改组为服务于地方治安和经济建设的民团。[②] 在编遣会议上所有的建议中,只有鲍尔所建议的民团系统使地方军阀们事实上的独立性有可能不折不扣地变为"合法化"。无论如何,它也从未得到贯彻,裁撤哪些军队?留下谁的军队?这一基本的问题导致了编遣会议的破裂,新一轮的内战由此爆发。

尽管普遍的裁军未获实行,鲍尔及其德国属僚们仍热情十足地在南京训练并装备了一个"模范师"(教导旅),使它成为蒋介石新军队的基石。张治中将军领导下的中央陆军军官学校从黄埔迁到了南京,与在北平的参谋大学一样,许多德国教官在军校内任教。还建立了一批

[①] 福克斯:《马克斯·鲍尔》,第36页。
[②] 《革命文献》第24辑收录了国军编遣会议的文件。关于鲍尔的作用参见克赖特勒尔第102—105页;福克斯:《马克斯·鲍尔》,第39页;泽普斯,第100页。

培训炮兵、坦克及通信等方面参谋人员和专家的专门学校。① 同样重要的是,鲍尔在编遣会议流产后,希望通过改组军事体系来强化蒋的中央控制功能。

这次采取的形式是让蒋介石以"民国政府总统"的身份正式地获得对武装部队的实际指挥权。鲍尔强调,需要设置一个独立的"决定性"的机构以统辖所有的军事组织。1929 年 3 月,蒋建立了陆海空军总司令部——它是 1932 年后国民政府军事委员会的前身。总司令部独立于国民政府,6 个军事机构中有 5 个直接归它统辖。按规定军政部要同时对总司令部和行政院两方面负责,但在实际运作中它只对前者负责。钱端升描绘了这一变化:"由此,军权更紧密地,几乎是完整地归于总统兼总司令一人了。"②

鲍尔明白他在军事领域的全部努力,要取决于经济发展及与德国工业界密切联系的发展程度:"在一个国家拥有工业之前,无法奢望其建立一支国家的军队。"③作为蒋介石的助手及自命不凡的"德国之斗士",鲍尔为自己那内容广泛的经济建议而呼号,要求兴建铁路、电信、采矿业、卫生保健事业,推动都市发展,他全部工作的焦点是通过创建现代化的军事工业来协调整个经济的发展。当务之急是扩建现有的兵工厂,并在上海附近兴建一家生产硝化甘油和炸药的工厂,以使中国人能因此而获得培训。1929 年 1 月,他向俞大维写了份建议,提议建一座钢铁厂,提供制造武器和钢轨所需的钢材。④ 这是他有关推动

---

① 《德国驻华军事顾问团工作纪要》,第 28 页及以下几页;联邦档案馆,鲍尔遗件,no. 42a,《武装部队的技术结构》;卡尔森,第 16 页。
② 联邦档案馆:鲍尔遗件,no. 41 第 119 页;泽普斯,第 102 页;钱端升:《政府与政治》,第 183 页。
③ 《北华捷报》第 169 期(1928 年 11 月),第 250 页;联邦军事档案馆:鲍尔遗件,no. 44,第 67 页,"致俞大维信函"(1929 年 2 月 27 日)。
④ 联邦档案馆,同上;也可参见 no. 41,第 99—100 页,以及泽普斯,第 107—108 页。

重工业和交通事业长程计划中的一个步骤,正如鲍尔在每份计划里都提到的,德国工业界是否愿意提供贷款和技术是该厂能否投产的关键。

鲍尔认为,要使这些努力有所成就,必须促成柏林中国公使馆的贸易处与德国工业界直接合作。但他那将贸易权收归中央的建议却遭到了一些德国进出口公司的拼命反对,鲍尔将这些公司视为国内众多反对他在华活动努力的渊薮。① 它们继续控制着德国工业产品的贸易,其中甚至也包括那些曾经委托鲍尔担任其在华唯一代理人的公司。② 更糟的是,有证据表明贸易处本身也在充当"中间人",通过转手抽取一定的"回扣"。中国驻柏林的公使明显地不尊重贸易处的独立性和军事性,反而通过售卖经公使馆转道的物资来满足自己的"个人需要"。对贸易处无实际管理权的中国外交部对此现象"熟视无睹",因为公使没有私人资产却要养活"一大家子人"的情况是"众所周知"的。③*

当然,也有一些德国工业巨子表示愿意配合鲍尔的计划。克虏伯准备在鲍尔觉得时机成熟的任何时候"向中国派出自己的工程师"。④ 1928年12月,鲍尔开始与好望冶金公司、氮业辛迪加及法本公司驻上海的代表们谈判。⑤ 次年3月,他与卡尔·杜伊斯贝格(Carl Duisberg)见面,卡尔·杜伊斯贝格既是法本公司的老板又是全德工

---

① 联邦档案馆:鲍尔遗件,no.44,"鲍尔致俞大维"(1929年1月21日)。也可参阅no.39,第84—84a,以及no.49,第9页。
② 同上,no.47,第1页;no.49,第36—42页;no.46,第21、53页;no.65,第10—11页;no.45,第109页。
③ 外交部政治档案(5),no.3、Bd.3,"比德尔(Bidder)(南京)致北京"(1930年6月9日)。
* 此时的中国驻德国公使为蒋作宾。——译者
④ 联邦档案馆:鲍尔遗件,no.47,第17—19页,"弗雷茨·威廉(克虏伯公司)致鲍尔"(1928年9月11日)。也参见威廉(Fritz Wilhelm)所附的论文:《德国机械工程的对外出口》;no.69,第187、196页,no.44,第90页,"致俞大维信函"(1929年3月15日)。
⑤ 同上。

业联合会的主席。他是鲍尔战时结识的老朋友,其对中国的访问极可能是前一年夏天鲍尔和企业家们磋商的结果。杜伊斯贝格赞成工业界应"直接地"与中国政府打交道,并告诉鲍尔,全德工业联合会已接受孙科的邀请,准备派遣一个工业考察团前往中国。鲍尔尽管对孙科本人怀有疑虑,但仍对前景感到欣慰:现在,事情"终于走上了正轨了"。① 经鲍尔撮合,杜伊斯贝格会晤了蒋介石,两人讨论了德国以何种方式参与中国工业化的问题。②

马克斯·鲍尔没能活着见到德国考察团的到来。在返回中国 7 个月后,他的使命就终结了。1929 年 4 月,鲍尔在武汉前线为蒋出谋划策时染上了天花。这是该地区唯一见诸报道的病例,有谣传说鲍尔是被蒋的敌人有意传染的。他 5 月 6 日在上海去世,他的葬礼被安排成国宾级的。③ 鲍尔所留下的,是后来十年中德合作的基础和无数未竟的抱负。

德国对华"工业外交"的诞生

令人啼笑皆非的是,鲍尔之死或许反倒成了实现他那中德经济合作庞大计划的前提条件。只要这样一个声名狼藉的人物存在于柏林—南京关系的核心,就很难指望德国官方会允许扩展与蒋介石政权的联系。

鲍尔本人也觉察到这一点,他在去世之前就已经分解了自己的经

---

① 联邦档案馆:鲍尔遗件,no.47,第 17—19 页,"弗雷茨·威廉(克房伯公司)致鲍尔"(1928 年 9 月 11 日)。也参见威廉(Fritz Wilhelm)所附的论文:《德国机械工程的对外出口》;no.69,第 187、196 页;no.44,第 90 页,"致俞大维信函"(1929 年 3 月 15 日)。
② 福格特,第 451 页。
③ 有关鲍尔病情的传闻,参见联邦档案馆:鲍尔遗件,no.62,第 1 页 b;no.40,第 52 页;no.58,第 69 页。关于蒋介石对鲍尔的关心,参见 no.63,第 43 页。

第三章 联系的建立 1926—1931

济和军事双重任务,将后者交给了男爵冯·万根海姆(Frh. von Mangenheim)将军。① 鲍尔死后,朱家骅代表蒋介石任命鲁登道夫集团中的另一成员赫尔曼·柯瑞伯(Hermann Kriebel)上校填补了军事顾问位置,而新分离出来的经济顾问一职则空缺。② 柯瑞伯在历史上最为人称道的是他在1918年作为德国停战代表团一员时所说的令人叫绝的临别赠言:"二十年后再见。"他在南京的任职短暂且不愉快。朱家骅最后到了几乎不得不劝说鲁登道夫亲自出任军事顾问的地步,幸而前帝国军队总参谋部官员、担任过"国防军军队办公室主任"的乔治·魏采尔将军愿出任此职,他于1930年5月以"总顾问"的资格来到中国。③

魏采尔从1930至1934年在中国任职的情形将在稍后讨论。现有资料表明魏泽尔在其任职期间不单单致力于军事训练及战场战术问题。他成功地通过柏林的"顾问办事处"确定了德国国防军部和南京的正式联系,这是鲍尔不曾做到的,由此,国防军推开了直接涉足南京事务的大门。④ 然而,他任职南京期间,这种联系限于聘用新顾问和协调中国的武器购买等事务,其在购置武器方面的竞争力常常使中国公使馆的努力前功尽弃。最重要的是,鲍尔在经济领域所做的努力完全被魏采尔弃置一旁。

鲍尔在中国"为德国而战"的最初动机,"曾经强固了蒋介石政权,反过来,这一政权将趋向偏好德国工业产品,并能吸收它们"。⑤ 由于

---

① 有关鲍尔病情的传闻,参见联邦档案馆:鲍尔遗件,no. 49,第123页,"致梁颖文信函"(1929年4月15日)。
② 胡颂平:《朱家骅年谱》,第22、22—23页;《德国驻华军事顾问团工作纪要》,第5页。
③ 同上。
④ 联邦军事档案馆:W02—44/4,第1—206页,"魏采尔(南京)致布林克曼(柏林),1931—1933年。
⑤ 华盛顿国家档案馆:MID2657—I—357,"马格鲁德(北京)致华盛顿"(1930年3月7日)。

79

鲍尔死后的德国顾问们只专注于这一平衡等式的军事性一面,经济渗透的任务就落到了全德工业联合会内那些富有创新精神的人肩上了。

中国考察团

1920年代末期,外国在中国的投资普遍处于停滞阶段。持续的内战,南京政府财政状况的不稳定,1929年之后美国贷款的取消对于欧洲(特别是德国)战后的恢复有严重的影响,所有这些,都侵蚀了国民党政治家们的宏伟计划与同一时期西方人对一个新中国市场的梦想。但在1929年底开始的经济大萧条到来之前及大萧条期间,德国工业界为一种信念所鼓舞,即现在是以其独有的地位,利用与南京政府的直接关系的时候了,这一关系经鲍尔的培育已有成果。大萧条期间,德国希望此一关系能发展成为出口市场,来缓解国内的经济压力。

自1920年代中期起,全德工业联合会即通过它的《国外报告》告诫自己的成员公司,对中国市场要投入比对其他任何的外国市场更大的注意力。[①] 联合会主席杜伊斯贝格在1926年9月就向按兵不动的工业联合会表明了自己对中国结束内战后进入该国市场的可能性抱有乐观的态度。[②] 在1927—1928年间工业联合会为解决德国对外贸易问题举行的一系列会议上,确认新市场的开辟是德国经济面临的"迫在眉睫的问题",自1913年后外贸已下降了75%。必须通过专家对市场的调查,政府的贷款担保,"如同已经与俄国开展的那样"与外国政府的直接贸易,及"为德国工业在海外进行有系统的宣传"等一系

---

① 科隆德国经济研究所:《施泰因穆勒尔(Steinmuller) k—12,外贸》,列举了全德工业联合会1926年的"国外报告"。中国有96家,美国66家名列第二,英国48家位居第三。
② 卡尔·杜伊斯伯格(Carl Duisberg):《德国工业的经济形势》,《全德工业联合会会刊》第32期(1926年9月)。

列办法来解决。① 中国在这一通盘的规划中占有特别的位置。卡尔·杜伊斯贝格1929年会见过鲍尔及蒋介石后对工业联合会说,"中国是可能变成我们巨大出口市场的唯一国家"。②

如果南京所发出的信号可信的话,杜伊斯贝格的乐观不无道理。孙科1928年夏天在德国时,曾为德国官员展示了一组使鲍尔当年的计划相形见绌的发展计划。孙"特别地"邀请德国人参与一系列庞大的项目,包括修筑10万英里铁路、新港口的建筑和重工业的基础建设——这些是从其父著作的相关章节中摘录的。孙强调"私人公司"没有能力提供中国所需的巨大贷款,也不能承担相应风险。只有一个获得政府支持的国营工业实体才能做到这一点。③

现在很清楚,孙的提议只是他那一派在南京政府内权力游戏的一部分。在此数月之前,他已邀请德国工业考察团访问中国,也得到了全德工业联合会的回应。但直到孙担任建设部长的最后一个月的1928年10月(那时他被任命为铁道部长),国民党中央政治会议才接受了他的"建设大纲草案"。蒋介石、戴季陶、张静江、胡汉民于次月接受了此一草案,④这是建立在孙科能从德国人那儿找到用来支付该草案所需资金帮助的前提之上的。因为要完成孙科的"十年计划"至少要花费未来政府全部收入的45%,而它还只是一个更长久的"五十年计划"中的一段。⑤

---

① 全德工业联合会:《德国工业通信》(*Korrespondenz Reichsindustrie*)(1927年9月2日);罗森泰特(P. Rosenthat);《扩大出口——一个迫在眉睫的问题》,《全德工业联合会特刊》(1928年10月20日)。
② 卡尔·杜伊斯伯格:《全德工业联合会的十年》,《全德工业联合会会刊》第48期(1929年10月),第20页。
③ 外交部政治档案(14),"孙科致克普"(KoePe)(德外交部)(1928年6月8日);阿曼,第132页。
④ 《革命文献》第32辑,第367—380页;《中央周报》1928年11月26日。
⑤ 杜勉,第423页;《中国年鉴》(1936年),第385页;《东亚评论》第12卷第15期(1931年8月1日),第391页。关于孙科1929年的铁道计划,参见《革命文献》第26辑,第117—135页。

孙坚持他曾亲自考察过德国战后的迅速复兴,因而相信"在工业的各个方面,及技术与质量问题上,德国人都是我们的模范"。① 他筹募到了一笔接待德国考察团及建立一个专门的"筹备委员会"所需的资金,"筹备委员会"将充实他的中德合作总体计划。② 他提议的时机绝佳,因为提议与 1929 年 1 月 1 日生效的新中德贸易条约是一致的,该条约确立了双方的最惠国待遇。③

全德工业联合会在 1928 年 9 月的一次主席团会议上接受了孙的邀请,并在 1929 年 1 月建立了一个特别的中国委员会,由联合会的副主席佛罗温(Frowein)出任主席,达姆施塔特国民银行的董事 A. 雅各比(Jacoby)博士任副主席。它的任务是为工业联合会的考察团前往中国做准备,并"以一种德国工业界积极投入的态度搜集所有与中国经济建设相关的信息,据此提出进一步的计划或项目"。④

与此同时,在中国方面,1932 年前渗入国民党所有重建努力之中充满竞争的达尔文主义,似乎随着德国考察团抵华日程的临近而首次抬头。1929 年 1 月 1 日,张静江任委员长的建设委员会正式开始工作。⑤ 尽管孙科也是这一委员会的委员,但他新近从撤销的建设部调至铁道部,预示了合作前景的凶兆。事实是,负责接待德国来访者"筹备委员会"办公地点设在铁道部内,由孙科出任主任。委员会的成员来自各个方面,成了分裂的导火线。它是由来自外交部、财政部、工商

---

① "国史馆":1—12.02.1/26,"孙科致行政院"(1928 年 10 月)。
② "国史馆":1—12.02.1/26,"谭延闿致孙科"(1928 年 12 月 27 日)。也可参阅《铁道公报》第 3 期(1929 年 2 月),第 143—144 页。
③ 《德国法律公报》(*Reichsgesetzblatt*)1928 年 12 月 29 日,TeilⅡ,第 646 页及以下几页,以及《东亚评论》第 10 卷,第 1 期(1929 年 1 月 1 日)。
④ 全德工业联合会:《商务报告》第 11 卷,第 2 期(1929 年 1 月),第 13 页;外交部政治档案(15),Bd. 2,米歇尔森(Michelsen)备忘录(1929 年 1 月 12 日)。
⑤ 《革命文献》第 22 辑,第 201—203 页。

部、农矿部、交通部和国家建设委员会各部门的代表组成的。① 1929年1月21日召开的第一次会议的记录上就充分显示了委员会内部的不和。委员们在如何应付德国代表团可能提出的条件,在哪些项目上给他们优先权,甚至何时召开下一次会议的问题上,均未达成一致意见。②

至2月10日,德国人被告知他们的考察团最好能在当年秋天以后再成行,而原先的计划是在春季。财政部长宋子文称,这样,"我们将向你们呈献更多的东西"。德国官员猜测,导致延期的真正原因在于部长们之间的倾轧(也许尤其是宋子文与孙科之争),宋希望整个的建设计划建立在财政改革的基础上并受财政部的控制,而孙则希望"建设项目置于他的部领导之下"。③ 作为铁道部长,孙科现在所强调的是将铁路的修筑置于较其他项目优先的地位,1929年初,他提议将政府年收入的50%充做铁路建设专项基金。④

考察团出发时间的延期给了工业联合会和德国政府一个机会,使他们得以系统地研讨当时两个具有迫切性的重要问题:谁在考察团中代表德国的利益?考虑到中国虚弱的财政状况,在西方国家中也是资金相对贫乏德国应如何资助中国,及从哪一个具体项目入手?

第一个问题以南京和德国工业界要求一致的方式找到了答案:汉堡—不来梅贸易集团对考察团的工作既无发言权,也不派出代表。

早在1928年1月,汉堡—不来梅东亚协会的F. W. 谟乐(Mohr)

---

① 《铁道公报》第3期(1929年2月),"孙科致陈伯庄"(铁路部建设局)(1929年1月16日),第54—55页;"孙科致各部"(1929年1月16日),第22—23页;"孙科致行政院"(1929年1月16日),第83—84页。
② 同上,《欢迎德国工业考察团筹备会第一次会议记录》(1929年1月21日),第143—177页。
③ 外交部政治档案(17);"埃德曼斯多夫(北京)致德外交部"(1929年2月10日)。
④ 《革命文献》第26辑,第117—135页;辽东情报处情报,南京,第1卷,no.6(1929年5月6日),第1—2页。

博士就曾谴责了"从生产者直接到消费者"的贸易观念。① 9月间,他将这一论点直接带到工业联合会,他在演讲中赞扬了小商人们在德国战后恢复中国市场中所取得的成就,警告新机遇所显示的前景"过于绚烂",并指责贸易商在这一领域造成了精力与知识的"可怕的浪费"。② 然而,次年工业联合会拒绝了汉堡—不来梅东亚协会和摩尔本人为考察团所做的持续不断的努力。谟乐成了不受欢迎的人,其缘由据说,"与其说是因为他与工业界反其道而行,不如说是由于他那老一代汉堡出口商谨慎与多虑的特性"。此外,在中国人眼中,他是一个典型的"中间商人"。③

在考察团最后组成时,除了一人外,几乎全是企业家或银行家。团长是全德工业联合会主席团成员海因里希·瑞滋曼(Heinrich Retzmann),他也是萨克森工业家联合会的主席。机械行业的代表是亨舍尔父子公司的 H. 冯·康塔德(von Contard),钢铁行业的代表是克虏伯的技术经理 K. 温特(Wendt)博士,铁路方面是国家铁路局的 P. 拉德马切尔(Radermacher),电力工业是柏林工业大学的教授 G. 德特马(Dettmar)博士。为调查中国的国家财政、货币和贷款等问题,代表团中还包括了德国国家银行的董事海因里希·席佩尔(Heinrich Schippel)博士和达姆施塔特国民银行的 A. 雅克比博士。代表团的秘书长是 M. Th. 施太维(Strewe),他是一位杰出的新闻记者兼出版商,有曾在中国从事外交和商务活动的经验。④

---

① 《东亚评论》第 9 卷第 2 期(1928 年 1 月 16 日),第 30 页。
② 莫尔(F. W. Mohr):《中国的经济政策问题》,1928 年 9 月 14 日演说,载《全德工业联合会会刊》第 42 期(1928 年 10 月),第 38—44 页;也可参阅全德工业联合会编:《商务报告》第 22 期(1928 年 10 月 2 日),第 183 页。
③ 外交部政治档案(16),Bd. 2,米歇尔森与阿尔腾伯格(Altenburg)备忘录(1929 年 1 月 12 日)。
④ "国史馆",2—12.02.1/26,"蒋作宾(柏林)致外交部"(1930 年 1 月 28 日);全德工业联合会:《商务报告》第 5 期(1930 年 3 月 11 日)。

关于第二个主要问题,即资助中国哪些项目,当然不得不等待考察团的调查结果。但柏林对于南京政府财政状况的感觉并不坏,1929年初南京政府的预算是其收入的两倍。① 就德国方面而言,任何项目都要求大量的启动资金,这只有在帝国政府愿意以某种形式为工业投资进行担保的情况下才能变为现实。基本上,有两种方式可供选择:政府为所有可能的损失担保,或只担保其中的一部分,即政府只为特定货物的订货单实行保险。第一种选择在1920年代曾秘密地运用在对俄国的项目上,但正如外交部所随即指出的,那"完全是个政治决定"。它被确认为不适合中国,德国在那儿"没有政治利益"。另外,这必将导致一些在华竞争的国家(英国和美国)的敌意,而德国正在赔偿问题上与它们纠缠不清。最后——如果工业界并不在意的话,外交部则很重视——在俄国担保权的授予,当时曾伤害了那些担保覆盖不到的商务活动,对现有的进出口贸易也有影响。因而,有限的部分担保成了最可能实施的解决方法。但这不能保证使之免受到意外事件的伤害,如政治环境的突变等,这在中国是不得不用极严肃的态度对待的。到1930年年中考察团返回德国之后,部分担保能否实行的问题,甚至政府能否从财政的立场去支持任何一种担保的问题,仍然悬而未决。②

考察团准备成行之前,有几个项目已经在谈判之中了。其中包括一笔3 000万元的德国贷款,用于修复北平—汉口和天津—浦口铁路,所需的筑路物资也由德国公司提供;一条四川境内重庆—成都的铁路建造计划,由达姆施塔特银行提供资助;由西门子公司参与完成广州—汉口铁路的施工;由不来梅的德国造船和机器制造公司向中国轮

---

① 《德国外交政策档案》第11卷 no.29,第48页,米歇尔森备忘录(1929年1月21日)。
② 关于这些选择,上书 no.40,第69—71页的阿尔腾伯格备忘录(1929年1月29日)中有详细的内容。

船招商局供应蒸汽船和设备;建立一个中方提议的国内电话机构。①这些是相对小型的项目,但它们大多处于英国公司已占主导性的地区之内,而且,主要是为未来探路的尝试。

在多次延期后,中国考察团终于在1930年3月1日启程赴华。②它的任务不是签订具体的合同,而是要获得中国经济状况的第一手资料,与中国领导人建立"私人联系",与他们探讨"那些基于孙中山设想,且有必要性和可行性的项目"。③

考察团在中国的时间共有3个月,在中央和各省官员的陪同下访问了若干省份的13个城市。④ 考察团的成员们在6月返回柏林后,在工业联合会主席团和董事会召开的特别会议上作了简要汇报。⑤ 此后的数月中,他们整理了中国经济各方面的详细情况。它完成了长达近200页,或许是当时有关中国经济最包罗万象的报告。⑥

考察团的报告于11月提交给了全德工业联合会,报告清晰地勾

---

① 《德国外交政策档案》第11卷,no29,第48页,米歇尔森备忘录(1929年1月21日);阿曼,第134页。
② "国史馆":2—12,02,1/26,"蒋作宾(柏林)致外交部"(1930年1月28日);同上,"国民政府致行政院"(1930年2月3日)。关于对到达上海的德国人的接待工作,见同上,2—12.02.4/2,"铁道部致国民政府"(1930年4月14日)。
③ 联邦档案馆:西尔维尔伯格遗件,no.243,第3—4页,全德工业联合会1930年11月1日备忘录。
④ 同上,第3页。由孙科安排的旅行线路显然没有改变,见"国史馆":2—12.02.4/2,"铁道部致国民政府"(1930年4月14日)。
⑤ 全德工业联合会:《商务报告》第16期(1930年7月),第154页。
⑥ 《全德工业联合会中国考察团报告》(1930年,柏林)。该报告主要分成十四个部分:关于政治发展,一般经济问题,法律,财政,货币,私营金融,银行,交通,电业,机械工业,煤炭与钢,第26、33、34、189—190页。该报告不仅在德国政府和商业界流传,而且许多同考察团关系密切的中国官员也读到了报告复本。下列人士收到了皮革封面的考察团报告译本:蒋介石、宋子文、王伯群(交通部长)、孔祥熙(工商部长)、王宠惠(司法院长)、何应钦(国防部长)、胡汉民(立法院长)、朱家骅、陈仪、张群(上海市长)、张嘉璈(中国银行)以及许多省级官员。"国史馆":2—12.02.4/2,"施太维(Strewe)(全德工业联合会)致蒋介石"(1930年6月19日)。

勒出当时中国政治与财政的不稳定景象,但对中国政府"即将到来的"稳定表示了乐观的态度。它预言,只要国内的和平能够维持下去,中国将"为外国工业和贸易提供异乎寻常的可能性"。中国目前正处在被完全"纳入世界经济"的过程之中,其工业成长及一个"易于消化工业产品"的市场的先决条件已经显现了出来。①

在逐一描述了中国经济的众多部门后,报告总结道,期望私人资本承担对中国市场的"密集渗透"的风险为时尚早。"更重要的是,我们的工作要从国家经济的角度出发,……为即将到来的中国经济重建时期,奠定中德经济合作广泛的基础"。② 这不可能在一夜之间完成,但着手对工业外交的全面研讨却是当务之急。

报告建议,德国工商业走向中国之路,应先由"国家在文化及经济上的宣传"来做"间接的准备"。③ 采取这种形式,是工业圈内经过长期讨论的结果及集中行动的目标。

"德意志文化宣传"的范围

"德意志文化宣传"包括了.但也大大超出了那些被认为是纯粹的文化方面的努力。如前所述,从最严格的意义上看,在第一次世界大战前德国人就认识到了以文化为贸易先导的重要性。那时,此类努力多局限于德国在华所设的学校里,倡导在华建立学校的人称其为"宣传学校"。④

---

① 《全德工业联合会中国考察团报告》(1930年,柏林)。"国史馆":2—12.02.4/2,"施太维(Strewe)(全德工业联合会)致蒋介石"(1930年6月19日)。
② 同上。
③ 同上。
④ 迪维尔,第66页。关于政府所支持的文化政策的局限性,参见特瓦多斯基,第18—28页,有关魏玛时期。关于中德间一般的文化关系,参见郑寿麟书。也可参阅张其昀《中德文化论集》一书中所刊载的论文。

战后,虽然德国所设学校只残留下了上海同济大学的技术和医学分部,"宣传学校"的观念并未彻底被放弃。同济尽管已成了国立大学,但它保持着亲德国的传统,并在一定程度上仍接受德国资助。经考察团的力荐,全德工业联合会决定资助该校,并为学校的发展制定了新的方向。用一位教育家的话说,就是要使"在(中国)工业界……和政府内居领导地位的工程师们,从他们所受教育的性质和由此导致的思想倾向出发,自然会寻求与德国更密切的联系"。① 设立了专门资助派往同济大学的德国导师及前往其他的中国大学任客座讲演人的基金。② 如考察团的秘书长 M. Th. 施太维所主张的,"通过学校进行宣传现在是,今后也仍然是,最重要的一种宣传"。③

现在,这项工作不仅在中国,而首先是在德国以各种各样的方式展开了,曾协助朱家骅聘请乌克斯·鲍尔的德国工程学会会长考拉德·马特楚斯教授,1930 年 11 月在工业联合会的中国委员会召开的会议上提出,中国留德学生的数目因为通货膨胀而大大滑坡,现在应有大量的增加,留学生要由德国的公司直接资助和培养。④ 这个问题,在 1931 年 1 月一次会议上由工业协会和另外 19 位政府及私人机构的代表之间进行了充分的讨论,外交部、文化部、贸易部、通用电器公司、亨舍尔机器厂和学术交流部都派代表参加了会议。与会者同意协调以财政帮助吸引中国年轻人的各项努力,让他们先在德国的技术院校学习,然而到德国公司里去工作。当时预料,这些初步的措施将

---

① 施密特和伯利茨,第 2 卷,第 232 页,这是全德工业联合会在讨论文化政策时(1930 年 11 月至 1931 年 1 月)的一项重要工作。
② 联邦档案馆:R2/9971;《全德工业联合会中国委员会 1930 年 11 月 28 日会议记录》,围绕这一决定进行了辩论。
③ 施太维引同上,第 42 页。
④ 马特楚斯(Matschoss)引同上,第 38—40 页。

会在十年后对中德贸易产生深远的影响。①

作为"德国工业和文化的前哨基地",②德国人移居中国也被当成了德意志文化宣传的一部分。1928年时,中国只有一家德文报纸,即在上海的一份名为《桥》(Die Bruecke)的独立周刊,令人伤心的是,它"也不能说是代表德国利益的"。在工业界的资助下,到1934年初中国出现了三份新的德国出版物,天津的《德中新闻》(Deutseh-Chineisehe Nachrichten,1931),上海的《中国导报》(China Dienst,1932),上海的《远东商务与工程日报》(Far Eastern Commercial and Engeneering Gazettg,1934)。与此同时,德国通讯社所提供的新闻也越来越多地为中国的传播媒体所采纳。③

所有这些努力主要是针对中国现在与未来的"权势圈子",而并非全体中国人民。④ 考察团的主要使命之一就是与中国的领导人建立"私人关系",德国人意识到"私人关系构筑了政治和经济关系的基础,这一点在中国较它国尤甚"。⑤ 代表团确实在此方面做了努力,但将来的问题是如何保持与扩大这些联系。在这一点上,在华顾问的角色是至关重要的。

蒋介石雇佣德国军事顾问团的举动,促使南京政府的其他官员和一些省政府的官吏——浙江省尤为突出——在从地质勘探到统计、治理洪水、无线电信工厂和空中地形勘探的广泛的非军事领域中聘请德

---

① 外交部政治档案(8):《安排中国青年在德国工厂和技术部门接受培训》,1931年2月17日会议备忘录。1931—1937年间,在德的中国学生人数增长了33%,至少有500名学生在学校注册。外交部政治档案(24),大洋彼岸的新闻报道(1937年5月14日)。
② 施内,第5页。
③ 外交部政治档案(15),Bd.1,《德国在华组织机构》(1928年11月2日);联邦档案馆:R2/9971,第46页;《汉堡—不来梅东亚协会》,第159—160页;外交部政治档案(6):"贝伦德(上海)致德外交部"(1934年3月19日)。
④ 联邦档案馆:R2/9971,第36页。
⑤ 雷茨曼(Retzmann),引同上。

国顾问。① 截至1930年底,有39名德籍的文职顾问受聘到中国任职,这一数字远比美国或英国的顾问人数为少。然而,与其所承担的职责相比,数字并不显得特别重要。就像施太维对工业联合会所报告的,"这些顾问——包括军事顾问——正处于中国工业界最能发挥其影响的绝佳位置上。"如果有必要,工业界决定自己资助德国顾问去选择(所要服务的)中国部门。②

最后,全德工业联合会决心通过中德合作的组织来促进中德交流。除了对联合会的各类尝试均抱有反感的汉堡—不来梅东亚协会外,一批有用的组织已经成立在先了:柏林的"远东协会",它始建于1912年,宗旨是加深德国和远东的"经济与文化纽带";法兰克福的"中国学院",它是文化与学术交流中心,1925年由汉学家理夏德·威廉(Richard Wilhelm)组建;1926年成立的"东亚艺术协会",1927年开始的"莱比锡德亚俱乐部";1930年成立的"德累斯顿德中俱乐部"以及"在德中国机械制造与电子技术工程师联合会"。上述的组织中,有一些自建立之日起就直接接受工业联合会的资助,如同1931年在北平新建的"德国学院"一样。③ 更重要的是,全德工业联合会利用它们的专业知识与交流关系,创建了属于自己的"中国研究学会"。

"中国研究学会"成立于1931年1月,其目标是"考察和深化使中德关系更密切的所有可能性"。④ 正如考察团成员瑞滋曼指示的,"研究中国的工业化问题,并与所有相关的团体合作,做必要的准备,以

---

① 《德国外交政策档案》第11卷,no.29,第57页,米歇尔森备忘录(1929年1月21日)。
② 联邦档案馆,R2/9971,第52及以下几页。
③ 外交部政治档案(15):Bd.1,《德中组织机构》(1928年11月2日);《东亚评论》第11卷第19期(1930年10月1日);第22期(1930年11月16日);第21期(1930年11月1日);第23期(1931年12月1日)。
④ 联邦档案馆:R2/10181,弗罗文(Frohwein,中国研究学会)致德外交部(1931年6月25日),副本。在同一卷宗中,也可以看到《中国研究学会的章程》(1931年1月29日)。

便……德国工业独享存在于中国市场显露出的机会"。①

有兴趣的公司每年缴纳3 000元德国马克的会费,即可加入"中国研究学会",其成员多是德国工业界和银行界的"名流",包括17家主要的工业公司和13家银行。② 自1931年直到1940年代中期,"中国研究学会"在德累斯顿银行的办公室定期举行的会议,吸引了来自工业界、财经界及政界精英集团中的领袖人物。

经济萧条与有限的成功

"中国研究学会"对一个巨大而尚待开发的中国市场表现得极为乐观。理夏德·威廉在1930年出版的《中国经济心理》,布鲁诺·里施(Bruno Risch)1930年出版的那本论述外国机器在华市场的著作,以及工业联合会考察团那份广为流传的报告,都是在往升高的期望上煽风点火。③

尽管考察团的报告和工业联合会的文化宣传活动均强调开拓中国市场需要较长的时间,但也面临着不少急功近利的压力。有人声称,中国现在正处于一个"转变的阶段"。如果德国工业界不能尽快在那儿扎下根来,那么它定会被关在未来的大门之外。④ 另外,当德国产品的出口需要随着经济萧条的到来而日益增长之时,渗透中国市场的需要也显得尤为迫切了。一位法国经济学家指出,德国工业界对中国市场"固执的乐观主义",是出于其"不惜任何代价逃避一场严重经济危机的愿望"。⑤ 德国国家银行董事,也是考察团成员的席佩尔说

---

① 《东亚评论》第12卷,第7期(1931年4月1日),第178页。
② 联邦档案馆:西尔维尔伯格遗件,no.243,第57—61页,《中国研究学会成立会议记录》(1931年1月27日)。
③ 威廉,里施。
④ 联邦档案馆:R2/16441,"国家信贷协会"的讨论(1931年4月23日)。
⑤ 外交部政治档案(14):"巴黎大使馆致德外交部"(1931年1月3日)。

得更直截了当:"只要在对中国出口上加一把力,德国巨大的失业率就能一举消灭,信贷问题也能因此澄清。"①

信贷确实是迫在眉睫的关键问题。一些公司曾要求国家为其参与中国建设的合同担保,但都遭到拒绝。② 自1929年初将可能实行的贷款策略明确表述之后,信贷的短缺就变得尖锐起来。从那年起,战后德国工业依赖甚殷的美国短期贷款降至1928年总额的20%,同时早期的贷款也到了偿付期限。③ 因而,德国大公司的工业投资从1928年的15亿德国马克降到了1929年的11.7亿,1930年再降至9.07亿,到1931年更降至只有5.22亿德国马克的低点。④

至1930年底,由德国政府为在华投资实行担保的问题,仍然停留在讨论的阶段,如席佩尔曾对财政部长冯·克罗西克(von Krosigk)强调,现在对德国来说,同"尚不发达而外国商品拥有良好市场前景的"中国从事贸易,是一个"生死攸关的问题"。⑤ 1931年3月,克罗西克的办公室又向德国总理布吕宁(Brueinng)强调,政府的担保是对中国出口的基本前提。⑥ 是年4月,隶属于政府的"出口担保委员会"成立,其职责是调查对华贸易和投资的担保问题。⑦

---

① 联邦档案馆:R2/16441,"席佩尔(Schippel)致全德工业联合会"(1930年10月11日);"国家信贷协会"讨论(1931年4月23日)。从1929年至1930年12月,官方统计的德国失业人数已从200万人以下上升到近450万人。参见兰德斯,第373页。
② 联邦档案馆:R2/16441,"克罗西克(Krosigk)致席佩尔"(1930年8月20日);同上,"德国经济部致外交部"(副本)(1930年10月10日)。
③ 施托尔贝尔,第113—114页;兰德斯,第371—372页。
④ 兰德斯,第371页。
⑤ 联邦档案馆:R2/16441,"席佩尔(德国国家银行)致全德工业联合会及财政部长克罗西克"(1930年10月11日);"财政部致布吕宁(Brüning)总理"(1931年3月18日);"出口担保委员会"报告(1931年4月23日),1931年4月30日呈送。
⑥ 联邦档案馆:R2/16441,"席佩尔(德国国家银行)致全德工业联合会及财政部长克罗西克"(1930年10月11日);"财政部致布吕宁(Bruning)总理"(1931年3月18日);"出口担保委员会"报告(1931年4月23日),1931年4月30日呈送。
⑦ 同上。

第三章 联系的建立 1926—1931

当年5月,以奥地利庞大的信贷体系崩溃为开端,欧洲银行业总危机爆发,使所有的一切都化为乌有。次月,德国发生"提款和清偿的恐慌",使德国国家银行在外币兑换上损失了20亿德国马克。6—7月间,柏林的大银行向储户兑付的现金超过20亿德国马克。对协约国的赔款也只能延期了,这就意味着如果仅仅是出于政治考虑的话,为对华出口担保的问题已经没有讨论的余地了。实际情况也是如此。7月13日达姆施塔特国民银行关闭,及随之而来为期3个星期的普遍的"银行假期",使经济尽早复苏的希望彻底破灭。① 如此的景况之下,在尚不稳定的中国市场投资不可能再据有优先的位置。人们只能像"中国研究学会"那样,着眼于未来了。

在中国,由德国考察团的到访所激起的乐观情绪也在次年消失殆尽,我们在下一章里就要看到,各部门各派系之间的纷争依然是通往全面而连贯的"重建"之路的障碍,也妨碍了外国投资发挥作用。这里,可以举一个与德国考察团有关的例子。根据孙中山最初的主张,外国投资的中外合资企业中,中国人应占有51%资本,大多数的董事和董事长也应由中国人出任,这一主张在1929年3月29日被定为法律条款。但中国在1928至1930年间的巨额赤字及不惜一切代价吸引外国资金的迫切需要,这些指导方针在与德国考察团的交往时被忽略了。该团成员们的报告说,他们得到了"确凿的保证",只要德国对中国不抱有政治野心,这些条件就可以"放宽"。② 消息传出,立即激起了来自政府内部和舆论喉舌的公开反对,其中包括声誉甚佳的《东

---

① 卡尔·埃里希·博恩(Karl Erich Born):《1931年德国银行业的危机:金融与政治》(慕尼黑,1967年),第65—67页;兰德斯,第375—379页。
② 联邦档案馆:R2/16441,"席佩尔致全德工业联合会和克罗西克"(1930年10月11日)。

93

方杂志》,官方不得不将那些保证收回。①

不管怎么说,德国考察团访问后的几年,不是在华投资的最佳时机。在1931年这一年当中,中国遭受了两次经济灾难:长江洪水泛滥和日本人入侵东北,后者动摇了中国对外贸易的基础,同时使中国商品丧失了一个最大的(国内)市场。这些事件,再加上全球范围的银价下跌,使中国货币在1932年初跌至其最低点。②

日本对东北的侵略也震撼了政治生活。1931年12月,蒋介石被迫第二次"引退",孙科成了行政院长,他与汪精卫的"改组派"密切合作。但这一联合是短暂的,在一个月内即被蒋介石、汪精卫和胡汉民的三人合作取代。* 蒋由此迅速地取得了支配地位。然而,孙科在其短暂的院长任内终于认识到了国家经济的可怕状况,这是几年前他那宏伟的工业化计划所忽视的:"留给我的是一份前所未有的遗产。不仅国库中没剩下一分钱,而且我的前任已经提前抵押出了未来四五年的每笔收入。"④

小　结

尽管20年代末30年代初的情况证明了鲍尔和全德工业联合会采用孙科的构想确实过于乐观了,但在1930年上半年之前,中德贸易增长的幅度也确实引人注目,此后的情况则反映了世界性对外贸易的衰退。德国自中国的进口价值从1927年的2.6505亿德国马克,升至1929年的3.7065亿,同一时期的德国对华出口值也从1.2102亿德

---

① 参见朱契:《德国实业联合会投资中国之计划及其批评》,《东方杂志》第28卷,第12期(1931年),第9—14页。
② 施特罗克(G. Stroeke):《1931年之长江大水灾》,《中国年鉴》(1931—1932年),第385—390页;易劳逸:《流产的革命》,第186页;《中国年鉴》(1931—1932年),第341—343页。
* 原文如此,实际上胡汉民此时没有参加与蒋介石、汪精卫的合作。——译者
④ 孙科:《国家面临的难题》,第124页。

国马克,上升至1.856亿。在这一增长中,重工业产品及设备的出口充当了重要的角色,其增幅超过了两倍。① 可惜的是,没有找到这一时期德国卖给中国武器的确切统计数目,尽管它们肯定是增加了。

没有什么力量能够阻挡从1930年到1932年的贸易大滑坡,尽管中德贸易下降的速度比起中外贸易总体的下降幅度要稍缓一点——大约下降了一半,而后者下降了2/3。② 衰退前,德国在中国对外贸易中的比例从1927年的3.7%上升到了1929年的接近7%。③ 虽然这些数字并不能给人留下多么深刻的印象,与30年代中期的同类数字比起来,更是相形见绌,那时德国占了中国近17%的外贸额,但它们和德国工业界新的毫不掩饰的对中国市场的兴趣加在一块,就足以震动英国和美国的在华利益,随着它的扩张,定能获取更大的收获。

美国的情报机构指出,德国军事顾问团和工业联合会的努力是一个"经济—军事"的统一整体,它对美国利益的影响已经足以"使我国政府调整措施以抗衡其盘根错节的垄断后果"。尽管军事方面"对我们来说相对不重要",但经济后果却有理由"引起我们的外交及商务官员们的高度警觉"。④

英国驻华公使在1929年写道:"我从本能上就反对用提供顾问和要求签合同的方式来缠住中国人。"⑤但对眼看着大不列颠所占中国进口份额从1913年的17%跌到1929年9.5%的英国工业家和商人

---

① 庞宾金(音),第51页。
② 同上书,第54—56页;《汉堡—不来梅东亚协会年鉴》(汉堡,1934年),第31及以下几页。
③ 沃德,第99页。
④ 华盛顿国家档案馆:MID2657—I—357,"马格鲁德(北京)致华盛顿"(1930年3月7日);同上,"马格鲁德(北京)致华盛顿"(1928年7月23日)。美国商业部远东处负责人对于美国人参与了那种他所想象的"大幅度增长的对华贸易"而感到担忧。联邦档案馆:R2/16441,"中国"(1930年11月),第7页。
⑤ FO.405/261/no.82,"蓝普森(北京)致张伯伦"(1929年5月3日)。

来说,①德国的异军突起不能不引起警觉。英国人为和德国竞争,在1930年向南京派了个海军代表团,并在次年仿照全德工业联合会考察团的模式向远东地区派了一个经济代表团。② 一场为争夺短暂的中国市场而展开的新战斗就这样交火了,这场战斗在1936至1937年达到高潮。

但那是将来的事。当时,除了来自南京德国顾问团源源不断的武器订单外,只有一项中德合作的项目有结果:由德国汉莎航空公司参与欧亚航空公司的建设。即使这个计划,也是起步维艰。曾经参照柏林—巴格达航线,筹划开辟了一条柏林—南京的航线。这一航线的缺陷在首次试航中就暴露了出来,苏联军机在蒙古上空将飞机迫降。德国的飞行员和机械师都摔断了骨头,并在一座蒙古监狱中被判刑五年。只是在西藏班禅喇嘛的仁慈干预之下,他们才获得释放。③ 这条线路在1931年下半年中止,同时也结束了中德关系中那段承诺多于实际的历史。

当然,承诺也是重要的。从1920年代中期的国内政争中挣脱出来的中国政府,在寻求其发展的各项努力中,力图广泛地利用外国的建议和资金,并倾向于与非帝国主义的,非革命的德国合作。透过由马克斯·鲍尔开创的军事顾问团和全德工业联合会的努力,德国在争取对南京政府施加深刻的特殊地位方面,斩获颇丰。

---

① 路易斯·比尔(Lows Beale)(发展会议特别委员会),引自杨洸生(音)书。
② 《东亚评论》第10卷,第8期(1929年4月16日),第208页;第10卷(1930年5月16日),第305页;第11卷,第24期(1930年12月16日)第759页;英国海外贸易部:《英国经济委员会关于远东的报告》(伦敦,1931年);《东亚评论》第12卷,第11期(1931年6月1日),第293—294页。
③ 维托夫,第103—130页;《东亚评论》第12卷,第17期(1931年9月1日),第437—438页。关于飞行员和机械师的艰苦努力,参见考西第191—192页;韩素音:《一朵枯萎的花》(*A Mortal Flower*)(纽约,1965年),第204—205页。关于欧亚航空公司后来业务的扩展,参见《中央银行月报》第4卷,第10期(1935年10月),第2277—2279页。

两国关系的未来走向将由两个相互关联的事件来决定:"满洲危机"之后,一个明确的国民党军事和工业发展战略的产生,以及1933年纳粹党攫取政权后所激发出的进入中国市场的推动力。

第四章　国民党的工业战略 1931—1933

中德欧亚航空公司在经历了一个非常困难的开端之后，在南京十年期间一直是中外合作和南京政府现代化努力的一个典范。从几个方面去看，中德欧亚航空公司都堪称是以上这两个过程的缩影，代表中德合作的一种模式。这一模式依据的是孙中山所主张的原则，又诞生在一个政治混乱、内部倾轧严重的时期。此后，它以超越所能预想的规模得到增长，并发现自身最大的价值，并不在于成为中国经济的一个组成部分，而主要是可被用来为中国政府的直接需要服务。

欧亚航空公司是根据孙中山为中外企业制定的原则设立的，股份的大多数和公司的关键位置均掌握在中国政府手中。因而，它是这样的一种本质上并不属于外国而为国有的企业。不过它的产生方式所反映的中国在规划上的自主决定，远不及中国政府机构内部的政争，而这些机构本身又是易受国际经济压力影响的。在南京政府正式确认建立民航公司的原则之前，它发现自己面对两个方案。一个是孙科自行其是，答应一位美国人所提的关于建立国内航空运输网的建议，此举结果是创建了中国航空公司，但这被交通部长王伯群认为是对他所控制领域的干扰。王从1927年起就一直与德国航空公司谈判，他用创设一个与德国人合作的相类似的航空网，来回应孙科的行动。王伯群后来因贪污而受到调查，但此时明显是与朱家骅合作，朱在1932

年取代王当了交通部长。①

随着这不祥开端而来的,是欧亚航空公司在1932年后相当大的发展。至1933年底,上海、南京、北平、汉口和重庆都通过空中航线被联系起来。到1936年时,一个人能在8小时内从北平飞往广东,从上海直飞新疆西部的塔城,而主要由德国容克斯制造厂所制造的欧亚航空公司的飞机,在世界上也是最新式的。②

人们一直在说:这些航空服务对中国经济的发展以及一体化大多并不相干。事实上,维托夫(Bodo Wiethoff)一直认为,远程航空邮政服务的发展意味着农村邮政服务的进一步恶化,因为,为有利于现代空中运输的发展,地面服务反而被削减了。③ 人们于是进一步认为这是一个很典型的例子,说明国民党不顾中国的具体环境而追求进口的、现代的方式。用维托夫的尖锐的措辞来讲,民用航空使政权"高高凌驾"于中国之上。④

不过,人们也可以争辩说,民用航空很好地适应了蒋介石政府所制定的高于一切的重点任务,即:1931年以后,为了有效地抵抗日本的侵略,作为前提的应是在南京政权领导下中国政治和军事的统一。空中联络首先被理解为实现政治一体化的工具,重要的政府邮件现在可以迅速地通过空中航线传递,足有40%的欧亚航空公司的旅客是公务乘机,欧亚航线也常常根据蒋介石的政治需要而动辄突然改变。⑤ 从

---

① 《东亚评论》第15卷,第21—22期(1934年10—11月),第492页;《德国外交政策档案》第7卷,no.12,第36页,科尔布(Kolb)备忘录(1927年6月6日);杜勉,第608页;胡颂平:《朱家骅年谱》,第28—29页。
② 《革命文献》第28辑,第440—442页;《东亚评论》第15卷,第21—22期(1934年10—11月),第489—491页;《中国手册,1937—1945》(纽约,1947年),第236—238页;维托夫,第145页。
③ 维托夫,第317页。
④ 维托夫,第318页。
⑤ 维托夫,第45、318页。

这一角度来看,南京把欧亚航空公司确认为成功的中外合作的典范,这一信念是可以得到理解的。

中国重工业的创立,是国民党发展努力的重心和中德合作的最主要的部分。关于那个过程的想法可以一直追溯到孙中山那里,而过程开始时同样也是一片混乱,如同鲍尔、孙科以及全德工业联合会最初发起时所出现的情况那样。仅仅是随着一个切实可行的国民党工业发展战略的制定,以及就德国工业在华投资方面来讲重新具有能力后,中德工业合作才得以开始认真进行。这些发展是互相联系着的,这里我们将对基本上被设计用来与德国投资相适应的这项中国工业政策的产生做一分析。下面一章叙述的即为1933年后,德国在华发起工业攻势的基础和手段。

直至1932年,国家工业政策所表现出来的发展机构和行动的混乱,本身即为蒋介石尚未完全巩固其权力的标志。1931年9月,日本对中国东北的侵略,在诸多方面都被证明是一个重要的转折点。尽管开始时蒙受了政治上的耻辱,但在1932年间,它使得蒋在南京的控制权得到加强,并给了蒋一个能够使其他人以他为中心集合起来的坚固的政策目标,这就是:为最终抗御日本而进行的工业和军事能力的创建。同时,东北事变还标志着一个时期的开始。在这个时期中,中国的许多最有才华的知识分子、科学家和技术人员首次进入了政府部门,为他们和蒋介石都视为中国最迫切的需要提供服务,这个需要即:**创建**一个有计划的国防经济。这些发展的一个重要结果是1932年11月国防设计委员会的创立。这个委员会是由地理学家翁文灏主持的,它属于蒋私人的秘密发展机构,它是为了计划与德国合作的中国工业化而成立的,它并将逐步实现对中国所有国有工业的控制。

1932年前的工业政策

在东北事变之前,发展民族工业的努力,是由总体上目标的一致性和关于由谁来将这些目标加以贯彻的持续不断的争执标志着的。所提项目在规模和花费之间存在着明显的差异,及其政策的特色,但这只是一个方面。从另一方面来说,收紧的国家预算事实上是很有限的。

总政策

总的经济发展的指导路线是孙中山所阐述的那些政策,每一项工业计划都强调它在实现孙中山的目标中的作用。如前所述,孙中山强调的是国家对经济发展的控制,是重工业和通信手段的国家所有,他还对国外资本的加入予以了重点强调。①

这些强调的重点是由国民政府加以贯彻的。正如蒋介石在1931年11月15日在全国经济委员会召开的公开会议上所说的那样:"国民政府设想委员会将希望在这样的考虑下开展工作,即中国在它仍明显为一个农业占优势的国家时,国家需要的是在一个相当大的范围内迅速发展工业的保证,这件事要在政府推动和帮助下,有计划、大规模地去进行。"②蒋介石强调:这件事只能在一个世界经济整体中去做,中国是"世界经济体系的一个组成部分,它深刻地影响着世界形势,同时也受世界形势的影响"。③

蒋的演讲对工业发展将优先取代其他经济部门的范围作了揭示。

---

① 孙中山:《三民主义》,第438—343页。参见第二章。
② 蒋介石:"1931年11月15日在全国经济会议上的讲话"(南京,1931年),引自阿瑟·扬格:《中国建设国家的努力》,第293—294页。
③ 同上。

他的设想是,尽管中国是一个极端贫穷的农业国,它的粮食进口达到25％,①但国家工业生产力的发展较之它的农业发展来讲,需要更为迫切。孙中山的关于以土地再分配来重新组织农业这一尝试性的目的被忽视了,而他的次要指示,即以实现机械化、控制病虫害,发展较好的运输和从事水土保持来使农产量得到改进,却得到重视。②

孙中山从未明确说过用改进农产量而获得的盈余来为工业发展筹措资金的可能性。由于非常实际的原因,他在国民党内的后继人也未曾有过这样的表述。在农业生产率和政府收益之间几乎不存在什么关系,为寻求那些尚未一体化省份的政治支持,以及承认政治的现实性,中央政府在1928年7月召开的全国经济会议上,正式放弃了对各省的土地税,中央政府就这样放弃了它向生产65％国民产值的经济部门征税的权利。③

正因为如此,工业发展的资本必须靠其他手段去获得:或通过鼓励中国小的私人工业和银行资本形成的政策,或靠国内征税的其他途径,或利用外国的投资。孙中山曾对后一种选择作了强调。因此,在南京政府建立后最初的十年中,几乎每一项工业发展计划都是以国外资本某种形式的卷入为基础的。

所以这样做的理由有几条。许多担任国民党领导的政治家们,包括孙中山在内,都对中国的小资产阶级有着深刻的不信任。孙中山曾论证说:"假如我们不是利用国家的权力去建立这些企业,而把它们留在私人手中,结果将很简单,这就是私人资本的扩张,以及随着社会不

---

① 陈公博,载《东亚评论》第16卷,第2期(1935年1月16日),第32页。
② 孙中山:《三民主义》,第456、457—458页。有关国民党在由南京直接控制下的一个省所进行的发展农村的努力,参见迈勒书。
③ 费维恺,第81页。

平等而来的拥有巨大财富阶级的出现。"①孙中山的这一担心肯定也为那些站在蒋介石左边的那些政治家,如孙科、汪精卫所共有,而正像前面章节中曾提到的,反对唯物主义偏见和国家统一超过阶级隔阂的观念,则是国民党右翼的特征。况且,有证据表明,一党政府出于政治的原因,害怕一个拥有财富的、独立的资产阶级的出现。② 而最为重要的是,在国民党看来,中国的资本家只是财富的源泉,而不是发展的原动力。

然而,恰恰是资产阶级,在需要为充实政府财源而寻求增加国内资本的新方式时,他们始终如一地为之作了提供。敲诈勒索这一标志着国民党在1927至1929年间对上海商人团体的政策,决不会完全重演。③ 但是,甚至大多数在与政府做买卖中收益的现代经济部门,如在1928至1933年间,靠购买政府以70%的面值公债而获得大量赢利的银行团体本身,也在1935年大部被政府取代了。④

在对中国的国家工业化需要有国外资本参与的强调中,南京的官员们对外国人表现出来的因受惠而感恩图报的心理,要比对国内资本家大得多。因为国外的投资将被直接用于国有企业,从理论上来说它并不损害中国的主权,而是增强了拥有最高权力的政府的力量。况且某些项目,诸如钢铁工业,并没有给外来援助以可供选择的方案。中国的棉花厂、缫丝厂和火柴厂老板不会成为克虏伯。至于现代化铁的

---

① 孙中山:《三民主义》,第438页。
② 据张嘉璈(1928—1935年中国银行总经理)说(访问录):"(国民党领袖)想让政府对每件事都施加影响。他们认为如果党的政府不过问生意(工业、银行、商业)的话,就会失去对国家的影响。一党制刺激政府出于政治目的而对大型企业加强控制。"方显廷在《中国的工业资本》一书第75页中,引用了一位日本观察家类似的评价:他推断"正像其他国家所经历过的那样,这已经对资本主义的发展产生了巨大的伤害。"
③ 柯博文,第1—24页。
④ 易劳逸:《流产的革命》,第231—233页;张嘉璈:《为了中国货币和金融的现代化,1927—1937》,载薛光前编:《艰苦建国的十年》第2版,第140—145、154—156页。

冶炼,中国所缺的是在项目开始起就需要的大量资本设备,数额庞大的启动资金不仅为中心冶炼设备所需要,而且也为所有相关业务,诸如矿产和燃料储备厂家所需要。① 加之,在技术和现代钢铁工业的规模方面也存在着问题,正如托马斯·罗斯基(Thomas Rawski)在论及中国钢铁工业发展时一直指出的:"通过经验和利润的积累而逐步实现的生产力不可能从小工场中产生现代大企业。"②

支持国民党发展工业企图的总原则,包括与外国投资相适应这一压倒一切的任务,明白无误地体现在1931年11月颁布的《关于国民生计建设之规定》中:

> 现代世界之经济关系,至为密切,一切经济生产之组织已超过纯正国民经济之时代,而入于世界经济之时代……中国为生产落后之国家,欲迅速发展其国民经济,及一切生产事业之建设,须谋利用国内与侨胞之资本,然尤非充分利用外国之资金与技能不可。总理之《建国方略》及实行其方略之方针,实为中国经济政策上不易之原则。③

然而,这一指导方针与其被看做将来行动的路标,不如更可被视为对1931年之前隐蔽于工业计划之后的种种情况的一个概括。如同这段话中"不易之原则"准确地反映了发展中的努力一样,它的含糊不清反映出来的正是它所做事情的混乱,因为工业政策的贯彻受到了种种阻碍,包括官僚内部争斗,发展重点不明确,和普遍不顾政权运作中财政紧张的现实。

---

① 托马斯·罗斯基(Thomas G. Rawski):《生产资料工业部门的增长,1900—1971》,见珀金斯,第213页。
② 同上。
③ 《关于国民生计建设之规定》,1931年11月17日颁布,引自徐龙宣和张明陔(音)书第60页。

第四章 国民党的工业战略 1931—1933

经济发展纲领

孙中山给南京政权早期阶段政策制定者们的遗嘱,不仅仅是利用外援发展国有工业部门的理想,也是一项尽快同时发展重工业,诸如发电站、铁路、码头设施等(仅列出其中要者)的嘱托。在一个由官僚负责,充满官僚习气的体制中,南京政权的各类机构都用提出一份相类似的、雄心勃勃的纲领来表明他们所做努力的正统性。存有一种通过使行政官员真正关心发展,来将孙中山工业纲领的所有方面尽快尽可能付诸实施的愿望,渴望以此来证明他们的正统性和他们均为不可缺少的人物,并决定他们和他们的职责机构将尽可能多地对这一过程进行控制。

这样的计划是不走运的,在1933年前中国几乎见不到外国的投资。像孙中山所想象的那种规模的项目,上马的先决条件是如此大量地缺乏,即便政府本身也几乎没有什么可由它支配的用于工业发展的基金。它的收入是有限的,并且继续花费在军事统一上,这是一个未曾得到解决的国债。国际支付和贸易的严重失衡也造成了长期的预算问题。总体上来说,在整个民国南京政府时期,政府用于军事目的和偿还债务两项一起,估算一下所占的百分率至少有80%。① 不过,南京政府初期的工业设计者们并没有在这些事实面前却步。

财政部部长宋子文1929年在年度报告中说,过去一年"政府的每一个部门都提出了它最为得意的方案,所有这些方案又都包括了巨额的费用。毫无疑问,方案中的许多内容他们自己说起来都是十分动听的,但由于所知资金的缺乏和他们不能与其他部门计划合作

---

① 鲍尔:《民国南京政府时期的中国国家支出》,第11页。

的事实,这些方案必然成为不可落实的"。① 的确,财政、铁道、交通、内政和工商这五个不同的部,在涉及工业政策的事务中均是负有责任的。此外,还有一些常设的委员会,如国家建设委员会、国家经济委员会等,但它们除握有泛泛的委托权外,并没有什么实权,除非能从其他部门获得这些权力。在全德工业联合会考察团访问期间,惯常的争斗在起着作用,这已在前述章节中做了讨论。在这里,对1928—1932年间围绕这些办公署的所有方案和争吵作出一一描述是令人厌倦的,对几个机构的工作做一分析,就足以证明宋子文对之的批评了。

甚至在孙科的1928年"十年计划"已被证明本身是不可能实施的之前,他作为建设部部长所需做的事,就已被全国建设委员会取代了。这个机关作为指导和协调所有"建国"企业的中央机构,形成于1929年1月。

张静江任国家建设委员会的委员长,而在1928至1930年间,他还担任了浙江省主席,这使委员会在那个省中显得特别活跃。在杭州,一个电力厂正着手创建,一条从浙江到江西的铁路线也做了计划,作为委员会"智囊"的浙江经济投资局设立了起来。但是,委员会甚至在成功地获得了对南京和杭州现存电力设备的控制时,也从不去将委托它的全国性的管理权付诸实施。在建设委员会最盛时,在它的职权之下也只有七个项目。至1930年为止,它已将其涉及的范围限制在电力工业、港口建设和新煤矿开采的范围内。在这些范围中,它的成就也极少。比如孙中山设想的巨大东方港口,仅以重建浙江渔港的形

---

① 宋子文:《财政部长1929年度报告》,引自汤良礼:《中国之重建》,第30页。

式成为事实。① 建设委员会的工作由于频繁地受到行政院积极性的干扰而变得更加复杂,孙科的例子仅为首例。

1930年1月,工商部长孔祥熙宣布了一个花费在二三亿美元范围的建立发电厂、钢铁厂、酒厂和化学厂的综合计划。② 而孔在那个部门的继任者陈公博,甚至有一个更宏大的计划,这就是他在1932年宣布的一个煤、铁、钢、铜、石油、酸、机械、汽车、造纸和制瓷企业发展的四年计划。③

这个计划的进展,要比早些时的尝试好些。计划中的国家管理企业被集中在长江流域,自从它宣布后,至少有3个项目吸引了国外的投资。一个是需花费300万法币,用来制造自来水管的小型机械制造厂,它是由英国庚子赔款基金会提供的资金,附带有这样的规定,即花费的2/3须用于购买英国的机器。中央机器厂奠基工程被拖延至1935年初,而等待着一家计划好的硫酸铵工厂的是一个更令人不快的命运。为了开办这家厂,工商部、英国的帝国化学工业公司和德国氮业辛迪加(Stickstoff-Syndikat)之间拟出了一个初步协定,中国政府打算提供所需资金1 500万法币中的800万。不过,那不是唾手可得的,结果英国和德国的商行终止了它们的投标。

---

① 张人杰:《国家建设委员会1930年计划》,《公报》,远东情报局,南京,第2卷第2期(1930年2月),第1—3页;阿瑟·扬格:《中国建设国家的努力》,第297页;汤良礼:《中国之重建》,第30—31页;访问李景潞(该委员会前职员)。如果我们将该委员会的活动同它最初的规章对照一下(参见《中央周报》1928年11月9日或《革命文献》,第22辑第367—380页)或是同刊登在《革命文献》第26辑,第54—106页上,它自己的充满乐观的报告对比一下,那是很有启发的。类似的夸大观点见张其昀:《党史概要》第2册,第997页以下几页。关于建设委员会的较好的文件选辑见《中国近代工业史资料》第3辑,第774—789页。

② 《公报》,远东情报局,南京,第2卷第1期(1930年1月),第6—8页;吉登·陈(Gideon Chen):《中国政府的规划与建设》,载拉斯克与霍兰德,第352—353页。关于1930年3月4日通过的孔的计划原文,见《革命文献》第26辑,第150—152页。

③ 《中国近代工业史资料》,第3辑,第790—794页;陈公博:《中国的新经济政策》,《民众论坛》第4期(1932年1月9日),第95—98页;《中国的四年计划》,《东亚评论》第14卷,第18期(1933年9月16日),第384页。

人们最抱有希望的,不过也是最令人失望的项目,是一家由德国建造的国家钢铁厂。由于东北的丧失,中国失去了仅有的现代钢的生产能力,这个项目的上马也因此更具重要价值。仅这一个项目,就会将中国煤的生产从每年 10 万吨提高到 27 万吨,使年产量增至原来的 3 倍,并能用之来年产 10 万吨的钢。原项目所需的总费用为 8 000 万,不过只是在它的规模被一分为二时,才吸引了一个投资者。德国好望冶金公司(Gute-Hoffnungs)同意预付 1 600 到 2 000 万法币贷款,这个数字稍低于项目花费的一半。而后,中国政府将发行年利为 7% 的公债,这些债券由德国人掌握作为保证金,本金则以分期付款的方式偿还,工商部并将送人去德国学习德国的钢铁工业,"监督和购买来自那个国家的机器和物质"。在这个项目中,预期所需的煤将来自安徽,铁矿来自安徽和湖北两省。然而,正在最后的合同被列入计划要签订时,却发现最初政府的估计一直就是错误的,由安徽煤所生产的炼焦燃料极为糟糕。而在对其他方案做调查时,正在执行的合同因未履行义务而失效了。①

在陈公博的四年计划宣布的前一年,财政部长宋子文再次谴责了"政府各部门任意的、互不联系的、不协调的方案"。他呼吁设立一个"真正的、有效率、有计划的组织,以指导国家的生产力,协调部门活动,并一丝不苟地制定出在几年的时间里每一不同组成部分必须.分别实现的基本目标"。②

部分是出于对宋子文批评的回复,部分是由于需要一个机构去与

---

① 吉登·陈:《中国政府的规划与建设》,载拉斯克与霍兰德,第 353—354 页;汤良礼《中国之重建》第 61 页;陈公博:《关于在中国实行国家经济统制的先决条件》,《东亚评论》第 16 卷,第 2 期(1935 年 1 月 16 日),第 32—33 页;《国家工业发展计划:钢铁工厂计划》,《中国经济杂志》(Chinese Economic Journal)第 15 卷,第 2 期(1934 年),第 204—227 页。
② 宋子文:《财政部年度报告》(1931 年 3 月 1 日),引自阿瑟·扬格:《中国建设国家的努力》,第 293 页。

国际上对1931年长江洪水泛滥所做救济努力进行合作,1931年11月,全国经济委员会在宋子文主持下建立了,并很快地公布了自己的"三年发展计划"。然而,它遇到了来自现存组织,特别是全国建设委员会的某种抵制,因为这一组织事实上的存在现在被置到了一个不确定的地位。结果,全国经济委员会直至1933年,才仅仅非正式地开了会。在它最终被允许成立时,它的职责被限定为以下几项。(1)计划(考察)和通过建设以及经济发展的项目;(2)批准这类项目所需的资金,并监督项目的完成;(3)管理和实施它自己的与经济发展有关的特殊项目。①

仅仅在最后一个目标上全国经济委员会是成功的,而这大半是因为来自国联的外援的涌入,委员会在这方面可以取得直接的控制。②尽管它在道路建设、蚕丝业、农业合作社,以及公共健康方面所做的工作,并不与现存机构的工作重复,但全国经济委员会从未去充当它被指定的中枢、协调的角色。

批评

至1932年为止,由于国民党工业计划在五年中缺乏具体的成果,从而使那些努力成了日益增长着的不满话题。正如一位燕京大学的教授所评论的:计划"把重点放在需要做什么上,却忽略了组织的方面,怎样去做它,或者落实计划所需的方法"。③ 在计划所建的钢铁联

---

① 《国民政府公报》(1933年3月29日)。关于三年计划参见吉登·陈:《中国政府的规划与建设》,第357页。
② 全国经济会议活动报告(1930—1935)以及同国联合作的尝试,见《革命文献》第28辑,第529—547页。详见陶秀(Tao Siu):《中国国家经济会议的工作》(*L'Oeuvre du Conseil National Economigue Chinois*),南锡(法)1936年;诺贝特·迈埃恩伯格尔(Norbert Meienberger):《国际联盟的发展援助工作》(温特图尔,瑞士,1965年)。
③ 吉登·陈,同前,第357页。

合企业中始终是杂乱无章的,为炼焦所需的地区煤矿是否适宜的问题明显被列为核对的最后一项,而这仅为部一级缺乏技术专家的一桩惹人注目的事例罢了。"计划的制作已成了各种各样的中央和省级政府机构的一种嗜好",南开经济研究所的方显廷写道,这表现出"对实际情况极少考虑"。① 地质学家翁文灏也这样写道:"每一天我都听到有关的许多计划,但它们的内容远离实际,……它们并不面对我们自己国家的现实状况。"②在翁和其他一些批评者看来,政府工业政策失败的一个主要原因,是由于党政方面跟学术团体的成员,尤其是那些具有先进技术专长专家们的关系相处得不好。

政府与知识分子及科学家的关系,在1928年著名教育家蔡元培受命主持国家最高学术研究机构中央研究院时曾有一个很好的开端。蔡的声望和在党内高层的地位成了政界和学术界和谐关系的很好预兆。然而,至1930年初时,大、中学校,却成了反对政权的一个源泉,以及强化中的政治镇压的主题。大学里的管理人员和教授经常在政府和学生的对抗中被抓,而政权看来也已很少利用无党派学术专家。搞政治的人,而不是精于业务的人,主宰了对领导经济人员的职务任命。政府中与经济有关的重要职位被不断地变动改组,以迎合暂时的政治需要,这在一定程度上使人联想起1929年初的军队改组。其结果,按翁文灏的说法,就是"每个人都是开路人,……而当工作做了一半时,政治形势变了,行政机构被改组,或者他们的领导官员被调换。每件事都被从头做起。……已经做了的工作又从头开始"。③

---

① 方显廷:《中国的经济统制》,第396页。
② [翁]咏霓:《建设与计划》,第10—11页。
③ 同上,第12页。关于政府对1932年前工业计划面临困难的描述,参见朱子爽,第96—98页。

第四章　国民党的工业战略 1931—1933

1932年开始的工业政策

1932年,中国的工业政策开始有了一个明确的中心,并被一直继续到1937年中日战争爆发。1931年9月,日本侵占东北,导致了学术界领衔人物和政府双方对中国工业发展重点等问题的重新评价,还终究导致了蒋介石权力的巩固,并锻铸了蒋与国内科学家和知识分子领衔人物的经营合伙人的关系。这一合伙关系在国防设计委员会平静的工作中得到最好的体现。确实,其他知名人士,比如陈公博,仍在继续发布着范围广泛而又毫无根基的发展计划,不过国防设计委员会是无可匹敌的,因为它的存在是蒋介石权力的直接延伸,是蒋试图在中国军事工业发展中获得德国人共同参与的继续。

独立评论派

那种以政治家与专家学者相脱离为标志的早期国民党发展工业的努力,在"九一八"事变后接踵而来的民族危机出现时,变得再也无法容忍了。任何人都不会过高地去估价政府和整个民族在1/5领土被日本人夺去后所蒙受的那种巨大耻辱。在这块领土上包含有国家铁路线的一半、铁产量的4/5,以及占消费预算1/10的利润。国民政府的反应是"攘外必先安内"的口号,即以空间来换取时间,特别是用"东北和华北的部分空间去换取建立军事实力和统一国家的时间"。① 政府的这一态度在大学生中是普遍不得人心的,他们所持的反对,成

---

① 韦慕庭:《军事割据与国民政府领导下的再统一过程,1922—1935》,载何炳棣与邹谠编:《危机中的中国》(芝加哥,1968年)第1卷,第1册,第261页。

了即将来临年份中政府"白色恐怖"的目标。① 而这一姿态,在主要知识分子,尤其是在携手联合在一家成立于1932年5月的时事新刊物周围的知识分子团体中,赢得了普遍的,即便是有区别的支持,这个团体就是《独立评论》。

自晚清以来,中国的知识分子在不再成为干人一学的单一团体并向专门化方向发展时,围绕《独立评论》的学者们保持了传统精英议论国事的独立立场和风格,并相信无党无派的知识分子应该在判定并且批评政策方面起核心作用。② 地质学家翁文灏、丁文江,历史学家蒋廷黻、傅斯年,生物化学家吴宪,以及教育家任叔永(鸿隽),他们和胡适结合在一起,形成了这家刊物的核心,稍迟加入的还有政治学家陈之迈和社会学家吴景超,所有这些人物在他们各自的研究领域中都是居首位的人,1932年间他们中还没有一人在政府担任官职,这也许是共同具有胡适的这一信念,即知识分子留在政府之外,以此保持一个公允无私姿态,也许能对国家做出更大的贡献。③

独立评论派的成员劝告在面临日本侵略时要耐心,期望政府将加倍增进其努力,并重新规定其"国民建设"战略,以便为最终有效抵抗日本作准备。蒋廷黻写道:"在军事、经济、外交领域中,没有做好充分准备时,现在去跟日本打仗,是比无用软弱更为糟糕的事。"④胡适极力主张,假如有必要的话,中国人为了重新恢复他们失去的领土,可以等待50年,而丁文江则提出了包括与日本签订一个布列斯特条约式的和平协定的可能性,以此去赢得发展抵抗能力所需要的时间。⑤ 在

---

① 参见约翰·伊斯瑞尔(John Israel):《中国的学生民族主义,1927—1937》(加州斯坦福,1966年),第98—100页。
② 见最近出版的蒋廷黻口述回忆录:《九一八事变与〈独立评论〉》,第103—109页。
③ 《胡适思想批判》(北京,1955—1956年),第3,60页,引自汪一驹,第409页。
④ 《独立评论》,第41期社论(1933年3月12日)。
⑤ 汪一驹,第411页;蒋廷黻:《九一八事变与〈独立评论〉》,第106页。

丁和其他人看来,那个能力首位的就是工业,"假如你想谈谈关于国防的事,那么除了提高钢铁产量之外别无选择"。对现代军事工业能力的发展来讲,是不存在"捷径"的,它需要有一段很长的时间,而"不管我们是如何奋勉"。① 如翁文灏所表述的:"据说,在古时候要去治愈一个七年的病,一个人就要花三年的时间去制药。现在我们也许可以说,一个五年的振兴计划需用五年的时间去做深长考虑,去调查和研究。"②只要计划是谨慎和内行地做了准备的。翁认为用五年时间来详尽拟订一项五年计划是必要的。对要求政府立即采取军事行动的大学生,丁文江和翁文灏强烈敦促他们,把自己培养成有本事的杰出人物,以便更好地为中国的国防需要服务。国防被赋予这样的含义,即它是如此重要,以致不能留给搞政治的人去搞,它需要受过训练的经济学家、工程师、化学家和技术人员的参与。③

用一种日益流行的观点来看,对这种使专家们本身承担义务的努力,会产生一种"统制经济"。而这个"统制经济"特别适合于国防。人们在有关"统制经济"问题上呼吁搞"多党制"的舆论,可在1932至1934年间有关这一主题的文章和译著激增上看出来。尽管政府的工作被指责为缺乏计划、控制和科学性,但这种观念使得中国各类政治主张在理论上同政府所奉行的国营企业变得一致起来。④ 丁文江要

---

① 丁文江:《关于国防的根本问题》。
② 翁文灏:《建设与计划》,第9、12页。
③ 丁文江:《抗日的效能与青年的责任》;翁文灏:《中国大学生的成绩与缺点》。
④ 《统制经济问题》,《国闻周报》第10卷,第39期(1933年10月2日);茹春浦:《实行统制经济的重要问题》,《前途》第1卷,第11期(1933年11月);丁文江:《实行统制经济的条件》,《独立评论》第108期(1934年7月8日);龙永贞:《我国工业经济之危机以及统制计划》,《中央银行月报》第3卷,第7期(1934年7月);张素民:《统制经济与计划经济》,《复兴月刊》第1卷,第12期(1933年8月1日);罗敦伟:《国难出路与统制经济》,《国闻周报》第10卷,第38期(1933年9月25日)。

求政府能"充分利用中国培养的人才",①翁文灏对丁的观点做出响应,他这样写道:由于"空洞的政治辞藻与这些企事业的性质不相符合,"政府必须重新确定它的建国机制和专门的努力方向,"这种部门和政治空话势不两立"。翁论证说:现在为控制工业发展项目而起的"官僚争夺",是"严重危害每一件事"的,中国需要以一种有计划、有组织的方式,来对专家治国论者的才能加以利用。②

政府的改组

按翁文灏观点的逻辑,他和独立评论派的其他成员,是一个能实行一个较为现实的政策,对工业化和国防途径有着较好见解的政府工作人员的一流候选人。实际上,这是在1932至1933年间才发生的事,东北事变除了对政府的批评者来讲,是一个重大转折点的标志,对政府也一样。在一场党派之间进行的剧烈、混乱、连续不断的长期争斗之后,蒋介石的政权较之以往强大和统一了,并日益乐意去实现一个按丁文江和翁文灏所极力主张的路线设计的军工计划政策。在这样做时,它修正了它对高等教育的态度,开始吸收有名望的专家进入政府,并更为严密地规定了今后工业发展集中的范围。

在日本袭击东北之前,蒋介石的政权处在紧张的国内压力之下。1931年5月,在汪精卫、孙科、唐绍仪领导下的一个分裂政府在广东成立。这个由他们那一派国民党员组成的"非常会议"是在6月1日开张的,只是在发生了9月间日本侵袭事件后,与南京的议和才开始进行。12月,为了证明自己对刚刚组成的南京新中央政府是必不可少的,蒋从政治活动中"引退"了下来。

---

① 丁文江:《民主政治与独裁政治》,第6页。也可参阅费侠莉:《丁文江》,第216页;汪一驹,第384页。
② 翁文灏:《建设与计划》,第12页。

第四章 国民党的工业战略 1931—1933

蒋进行了报复。正如前注中所记述的,孙科在 1932 年 1 月的短命行政院长职位上,一直被各种问题困扰。这些问题的相当部分,是由于蒋介石事实上仍继续掌握着中央财政和军事的权柄而引起的。① 当孙科的政府在 1 月底垮台时,蒋介石拒绝重新执掌权力,除非得到相当多权力扩大的保证。在他于 3 月 18 日正式复位时,汪精卫担任行政院长,以此作为新政府外表统一的象征。10 月底,实权十分有限的汪精卫,被迫赴欧度假。与此同时,蒋介石的权威则通过政府的重大改组,大大得到了加强。

蒋介石 1931 年 11 月辞去的国民政府主席职位被削去了权力,授给了避免抛头露面的林森。蒋介石任总参谋长兼更为重要的军事委员会委员长,这个职务现在已代替了以前的陆海空军总司令。这个委员会尽管在理论上为一包括行政院长在内的集体机构。但难得全体开会,而由它的委员长行使着他对所有军事事务的职权。② 委员会也允许蒋介石拥有的广泛的文职权力,在它的名义主持下,蒋介石于 1932 年成立了由他亲自担任总司令的"剿匪"总司令部。在有共产党活动的很多省份中,总司令在行政、党和军事机构之上行使着"充分的权力"。即便在蒋再次宣称他对南京国民党中央和政府机构的控制时,军事委员会仍然为他的一个额外的、决定性的支持点。行政集团与国民政府之间出现了脱离,政府真正的职权位置已越来越不在南京,而成为在南昌、武昌和重庆,或在蒋委员长设置其司令部的任何地方。③

---

① 参见詹克斯,第 113—118 页。
② 尽管国民党中央执行委员会仍然保留着过去所拥有的对军事事务作出最后决定的权力,但这实际上没有执行,同时,蒋介石也是这个九人常务委员会的一名成员,并且他的支持者在该委员会占有优势。参见田弘茂,第 41 页;杜勉,第 740 页。
③ 钱端升:《中国的政府与政治》,第 184 页;田弘茂,第 41 页。

"整个过程",田弘茂写道:"可称为国民党政权的军事化,"还可被视作马克斯·鲍尔在1928年至1929年间就已予以帮助的政治和军事巩固进程的扩展。现存的政府和党的官僚机构日益被弄得低效无能的,田说,军事独裁使得文职领袖以设立独立的政府机构和党的组织来对军方进行"制度取代"成为不可能。可以这样说——但似乎还不能得出结论,正因为如此,"其利在行政改革和现代化的文职领导人势必被孤立"。①

然而,有证据表明,在1932至1937年间,也即蒋的权力在1938年时正式与党和政府机构重新结合之前的那些年中,所发生的事是恰恰相反的。的确,在这些年中,由于没有蒋介石的直接支持,陈公博的那种官僚政治的做法是垮掉了,但是更为重要的发展是,那些以往一直回避政府职位的领衔的文人开始凝聚在一起,并受雇于蒋的军事管理机构。

从蒋介石的统治开始时起,他就特别强调军事在国家进一步统一和发展中的中心作用。我们应该记得,由于鲍尔是能够使军事和工业发展达成统一的一个人,所以蒋相当赞赏鲍尔的效劳。如同鲍尔曾强调及蒋所深信的那样:没有一个现代的工业基础就不会有现代化的军队,基础性的、与军事相关的工业将作为国家工业生产能力发展的第一步。对蒋介石来说,不幸的是,当由各种机构所发的工业计划泛滥时,他未能以一个协调的方式去贯彻这些计划。不过在东北事变后,蒋的想法已接近了那些呼吁以统制经济去建立一个对日具有军事抵御能力的工业基础的人士的信念。从1932年蒋重新恢复了他的实力地位起,蒋政权开始实行一项被设计用来促使他的政策贯彻的措施,首先的一个例子,即为他现在和将来的政府机构中提高技术专家的地位。

---

① 田弘茂,第43页。

人才的吸收

首先的变化是在教育政策上。值得注意的是,高等教育的改革被委托给了朱家骅,一位德国培养的地质学家,教育界的行政官员,和一位"开拓型的政治家"。朱家骅部分地得力于俞大维的协助,俞是从派驻柏林的贸易专员的职位上回到国内与朱一起工作的。简而言之,在朱家骅任教育部长期间(1932—1933),为高等教育重定方针,企图使大学教育离开"文科"方向向较为实利的科目发展。国外留学限于那些通过了政府考试、取得学位的人,或具备某些奖学金所要求的,有毕业后"实践经验"的人。从国内的学科来看,教艺术和社会科学的教员也不再比教科学和工程的教员拥有更多的学生。与此同时,政府对大学中研究生院的资助也明显增加,其数目从1931至1932学年的12所,到1936至1937学年底时,已增至23所,私人的科技项目,也通过政府给教派学校直接补助的方式,开始收到政府的基金。而各省的学校行政机构,则被要求将它们预算的35%用去发展职业教育。①

没有对较低教育作类似改革的意图,这也许反映了政府希望快速地引进新人才。高等教育将重点放在科学和技术上,一位历史学家说"今天在这些领域享有盛名的中国人"在很大程度上归功于此,但即使如此,结出果实仍需要时间。② 眼下,技术、计划和执行人才的短缺,只能用给政府机构补充已有人才的方法和不懈的努力去应付。

这一过程于1932至1933年间开始认真进行。到1935年底时,

---

① 朱家骅:《1932年中国教育之改革》,第393—417页;胡颂平:《朱家骅年谱》,第26—30页;朱家骅:《九个月来教育部整理全国之说明》;汤良礼:《中国之重建》,第76—78页;汪一驹,第373—374页;杜勉,第591页。

② 汪一驹,第374页;第384,414页;蒋廷黻:《九一八事变与〈独立评论〉》,第108—109页;费侠莉:《丁文江》,第222页;翁文灏:《对于丁在君先生的追忆》,第15—19页。

很多《独立评论》的著名人物已位居政府高位。胡适在 1931 至 1932 年间,参加了政府负责英国庚子赔款奖学金管理机构委员会的工作。蒋廷黻开始与蒋介石一起,就一系列咨询进行协商。丁文江则为一个由翁文灏当主席的,有关国防和工业计划的,新的政府委员会当顾问。① 翁的这个委员会改变了国家工业政策的方向,为国外对华工业投资开辟了途径,并在正在到来的十年中,逐步控制了几乎所有的中国国有企业。

国防设计委员会的由来

很长时间似来,国防设计委员会的沿革一直被秘密笼罩着。关于它的来历,它与其他官方机构的关系,甚至关于它名称的叫法,都有着很多冲突的说法。委员会的存在,在 1938 年它以国家资源委员会名义出现前,都一直不为公众所知。除仅一次例外,1938 年前的出版物上从未提及过它的名字。确实,在 1937 年 2 月召开的国民党第五次中央执行委员会第三次全体会议上,一个关于委员会活动的报告似乎是向党的高层领导人所作的首次汇报。②

委员会运作的秘密状态,导致此后官方国史对其身份的确认产生了不同的记载。一个出版于 1943 年的关于国民党工业政策的概要,和一位叫张其昀的历史学家都叫错了它的名字,分别称其为"设计国防委员会"和"国防计划委员会"。两者并都错误断言,这个委员会最初是在军事委员会领导之下的。③ 由于委员会成员和在编的雇员都

---

① 汪一驹,第 374 页;第 384,414 页;蒋廷黻:《九一八事变与〈独立评论〉》,第 108—109 页;费侠莉:《丁文江》,第 222 页;翁文灏:《对于丁在君先生的追忆》,第 15—19 页。
② 《经济部公报》第 1 卷,第 3 期(1938 年 3 月 16 日);周先庚,第 4—9 页,何应钦,第 1 册,第 19—22 页。
③ 朱子爽,第 94 页;张其昀:《党史概要》第 2 辑,第 914 页。这些谬误已经影响到了西方学术著作:参见杜勉,第 585 页;刘馥,第 78—79 页。

被禁止使用其真实姓名,委员会也只是以它的南京地址"三元巷二号"而被提及,因这样的事实,所有这些误称是可以被理解的。①

按国民党军史记载,这个委员会是蒋介石在1932年3月创设的。一些为首的文职人员被邀去制定一个综合国防计划。"专家和学者现在在一个屋顶下聚集了起来,在蒋主席亲自领导和指引下开展工作。"②在这些叙述中,尽管有关委员会创设的时间是有误的,但这是一个为蒋所辖的私家委员会这一核心事实是确凿的。它因此立即成了为蒋介石服务的"智囊团"组织,和蒋用来防止现存机构对工业发展政策的方向和执行施加影响和取得控制的手段。

事实上,委员会是在1932年11月,在参谋本部机构下创设的,它直接向蒋介石汇报情况,并以"私交"的关系与蒋合作。③ 它当务之急的任务是"对国防经济进行调研,以此为基础工业建设作规划,为经济动员作准备"。④ 委员会的秘书长和领导人是翁文灏,副秘书长是钱昌照,一位受过英国教育的经济学家,并曾于1932年时担任了朱家骅教育部的副部长一职。最初的班子集中了50个人,"他们中所有的人都可被认为是学术圈中最有名望的人物"。⑤

委员会活动由秘书处协调,委员会被分为8个部门:军事、国际、教育、经济与财政、原料工业、交通运输、土地粮食及人口,以及专门人才。军事部门负责调查军事状况和武装力量的需要,而外事部门则致力于对华现有的和潜在的外国经济企业的一般国际状况的来龙去脉

---

① 《中国近代工业史资料》第3辑,第836页;访问关德懋(1978年6月3日)(关氏是该委员会的前职员)。
② 《抗战建国史事研述》,第18—19页。也可参阅徐龙宣(音)与张明陔(音),第62—63页。
③ 孙拯,第3页;访问关德懋(1978年1月3日)。
④ 《资源委员会过去与现况》,第1页。
⑤ 《中国近代工业史资料》第3辑,第836页。关于钱昌照见珀勒伯格,第45页;《亚洲名人录》(1958年,香港),第689页。

作出调查。总之,这些部门试图去描绘出建立国防计划可做的考虑的初步轮廓。文化部门检查国防的精神基础,在委员会的工作中几乎不发挥什么作用。剩下的部门,如人口和粮食部门发挥的作用也极小。① 交通和运输部从使铁路、公路网建设与军事和工业的需要相结合的角度去进行研究,而经济与财政研究则集中在为公有部门企业提供资金的办法上。

显然,委员会是把原材料和专门人才两个部门,作为最最强调的重点的。与之相关的任务是测量、勘定和规划中国原料的开采,计划国有重工业基地的建设,并进一步为研究、规划,以及最终对国有工矿企业进行管理,补充、吸收人才。②

委员会与其他政府发展机构相比,在几个方面表现出不同。举一例说,它从最初起就单独地参与规划,一个1936年前开办的企业,位于山西北部的一个油田,就是它亲自试验去做的一件事。按翁文灏的说法,做计划的三年要赶在1936年三年计划制定之前。委员会还因它是蒋介石庇护之下的秘密机构这一事实而性质特殊,其秘密状态使之得以免除公众或官僚的压力去从事准备工作,直至它们完成。同时,在委员会试图去取代凌驾于现有公共机构以上的其他机构时,蒋的支持也给了它一个相对强化的地位。然而,委员会最为显著的标志之一,是它优秀、忠诚和无党派的名望,这是它的雇员从50增加至700,乃至在战时最终增至上万时,都一直享有的声誉,周先庚把委员会的工作视为政府复兴努力中的一项根本性的、期待已久的"启蒙"新芽,他的文章是写在1934年《独立评论》上的,这对一直保持秘密状态

---

① 孙拯,第3页;《中国近代工业史资料》第3辑,第836—837页。
②《资源委员会过去与现况》,第1—2页;《中国近代工业史资料》第3辑,第837页;孙拯,第3—4页。

的委员会的活动来说,是唯一的一次例外。① 迟至1947年仍可以说,委员会是全然"非政治的",保持了它"无懈可击的整体性"声誉。②

翁文灏在这方面也许是最可信赖的一个人,委员会不只是他的独立的"智慧产物",如同一则资料所坚称的那样。③ 翁文灏从1932年开始主持委员会工作起至1947年,正如他的成功和增长的权力使他在政界稳步升迁一样(他在1935至1936年间任行政院的秘书长,1938至1945年间任经济部长,1946至1947年间任行政院副院长,1948年主持行政院),他也在委员会的工作上,打下了他决定性的印记,并对中国总体发展规划也打下了印记。

翁文灏

翁是浙江宁波人,除了丁文江曾对翁文灏早年舍弃他奢侈浪费的家庭生活,有过一个简短的描述外,翁年轻时代的情况极少为人所知。在他还是青少年时,他在科举考试的最后几年中通过了县一级的考试,成为一个秀才。不久之后,他想必去了国外求学,因为在1912年,也就是他23岁时,他在比利时卢万大学(Louvain University)获得了物理和地质学博士的学位。④

就在这同一年里,他回到中国,成为中国地质学研究最早的开拓者。1912年,他主持了农商部的矿业课。1914年,他加入了丁文江的地质调查所,成了丁文江"最亲密的同仁和终身之交"。⑤ 他参加了中国地质调查,并与丁文江合作撰写了一部该领域的标准中国科技词

---

① 周先庚,第4页。
②《中国国家资源委员会》(1947年6月),第1—2页。这可能是资委会自身的官方出版物。
③ 同上,第3页。
④ 包华德,第3卷第417页;丁文江:《我所知道的翁咏霓》,第3页。
⑤ 费侠莉:《丁文江》,第42页。

典。翁在1921年接替丁文江成为地质调查所的主任,同时兼任清华大学地质系系主任。1931年,他成为代理校长。

尽管翁是无党派人士,但他经常被划进一个界限不明确的温和保守的"政学系"中,该派别由知识分子(包括《独立评论》的若干成员)、军界人物和浙江、江苏一带的银行家等名流组成,他们中的许多人曾在国外深造过。① 翁文灏抱着一种自身特有的、极重实用的政治观点,这与胡适的政治观极为相似,在他的一篇发表在1932年中期《独立评论》上的文章中有着详尽的阐述。他论证说,政府的存在就是为了去与实际的问题打交道,好的政府是由"好人"组成的,要做一个"好人",就是要成为"有用的"和"实际的"人。② 他对确立意识形态或"主义"极为不信任,认为对此最好保持"诚实的不可知论"的态度。翁强调,政府和制度会来来去去,而针对特定国家民族的基本问题仍然存在,这些问题的研究和解决,是比对任何有关政府形式的争论更为重要的事。③

正如上面提到的,翁文灏呼吁科学家与政府在中国面临挑战时携起手来,为政府能履行其责任提供帮助。④ 显然在1929年时,他认为像这样的情况还不存在。那时他婉拒了政府税务特派官员这一赚钱的位子。⑤ 这是一个中国科学家的"美德",他此后曾这样写道,他们并不盲目的试图"为了钱而去谋取官位"。⑥ 不过,在1932年底时,日

---

① 翁在这个非正式派别中的朋友包括丁文江、蒋廷黻、张嘉璈、吴鼎昌、吴铁城和熊式辉。访问关德懋(1978年6月3日)。关于这个集团的性质参见田弘茂,第66页。中国共产党ensure将翁划入这一集团:参见《民国人物传》,第3页;《中国近代工业史资料》第3辑,第1143—1144页。
② 翁文灏:《一个打破烦闷的方法》,第2—5页。
③ 翁文灏:《我的意见不过若此》,第3—4页。
④ 同上,第4页。也可参阅他《中国的科学工作》一文,第8—9页。
⑤ 丁文江:《我所知道的翁咏霓》,第3—4页。
⑥ 翁文灏:《中国的科学工作》,第8页。

第四章 国民党的工业战略 1931—1933

本侵进和中国政府改组这一变化了的情况,最终使他进入了官方机构。1932年10月,当教育部长朱家骅又被任命为交通部长时,曾给朱家骅教育改革以公开支持的翁文灏被提名为朱的接替人。他在教育部长任上不到一个月时间,辞去此职(公众以为),又回返他的地质工作,与此同时,朱家骅重新恢复了他的双重部长职务。但其实,翁文灏仍留在了南京,并随即担任了"国防设计委员会"秘书长的工作。看来好像蒋介石最先是把此职给丁文江的,丁依次又推荐了他的"铁哥儿"翁文灏。①

翁是带着睿智的声誉,带着在承担繁重工作时似乎无穷无尽的精力,带着个人的质朴以及无可置疑的廉洁,进入政府的。在他的朋友丁文江看来,他是一个"好人"的原型,而这却是南京政府所缺少的而又十分需要的。② 战时,在美国新闻记者白修德和雅各比看来,翁是"极少数几个未被任何人指控为腐败的内阁高级政府官员之一,他杰出的完美使他高出于一般政客"。③ 翁文灏成了南京在1932年后能成为明智而又值得信赖的政府这一可能性的象征,尽管一般说来这是极难实现的,虽然翁的个人品质无可置疑地是他工作委员会的一个财产,但是他最重要的贡献是他对国防工业发展新战略的系统阐述。

---

① 丁文江:《我所知道的翁咏霓》,第3页;包华德:《民国传记辞典》第3卷,第411页;访问关德懋(1978年6月3日)。关德懋暗示《申报》主笔陈景韩(陈冷血)和江西省主席熊式辉可能对这个任命也起了作用。如果是这样的话,该项任命倒是同蒋介石逐渐开始利用政学系分子的做法相一致。

② 丁文江:《我所知道的翁咏霓》,第2、5页。

③ 徐盈:《当代中国实业人物志》,第34—41页,"翁文灏"轶事;西奥多·怀特(Theodore H. White)与安娜利·雅各比(Annalee Jacoby)书第55页。关于翁文灏的不同看法可参见徐运舒(音)《翁文灏》;肖铮:《抗战后之土地改革与党政革新运动》,《传记文学》第34卷,第3期(1979年3月),第104页。

123

新的工业战略

翁文灏的委员会在 1932 至 1935 年间计划达到的基本目标，或许可概括如下：在华中一个新的"经济中心"，开发由国家经营的重工业和矿产业。这些将主要用于国防需要，并由经过训练的专家按照由第一步的全面计划朝着完全"计划经济"方向去进行管理。重工业的发展是与原料开采和新的能源生产能力联系在一起的，因为在所有这些发展中，外国的投资和援助都是必不可少的。一个垄断某些原料出口的国营企业将为之提供必要的外汇。

"重工业是国防的主要柱石"，翁文灏在 1940 年时写道，"这就是为什么世界先进国家不遗余力和时间，用来扩大和发展重工业的原因。"① 在翁的观念中，冶炼工业，尤其是钢、铁和铜具有最高的重要性。其次是电厂，它将被建在计划中的工业中心的附近。第三重要的是机械工业，它被分为五类：军事装备组（军火材料），能量生产组（发电机、蒸汽机、石油引擎），机器制造组（较为低级的工业），工业器具组（如为计划和训练用的工作台的生产），和交通工具组（卡车、汽车、轮船、马车）。第四是电力应用工业，打算用来与政府（主要为军事方面）的电报和电话通信相适应。最后是国内的化学工业，计划用以生产基本的化工产品和化学军火物资（氯化氢、硫酸、硝酸、纯碱、混合碱和氨）。②

这些企业将不建在中国现在的工业区域。以往中国的工业集中在沿海城市如上海、无锡、汉口、天津和广州附近通商口岸。由于战略、政府和较次要的经济原因，现在计划的中国未来的工业基地将建在内地。一个具有防御能力的内地经济中心将在湖南、湖北和江西这

---

① 翁文灏：《经济建设的三年》，第 566 页；第 566—569 页；翁文灏：《中国经济建设的前展》，载翁文灏《中国经济建设论丛》，第 7—22 页。
② 同上。

些由中央政府控制区域的中心省份建立起来。这样的一个计划是建立在假如东北和华北的煤将不能继续利用,而战时又将失去江苏、安徽、浙江的铁矿贮存这一设想之上的。湖南、江西一些相对小的煤矿的开采,和湖北南部、贵州北部铁的开采,以及对湖南、江西和广东北部(假如政治环境允许的话)丰富的钨、锰、锡、铜蕴藏的尽快勘探,也都作了展望。①

经过训练的专家已打算去研究、计划和着手开始这些尝试。1933年底,委员会作了一个全国性的人才调查,并增添了矿业、冶金和电力工业的专门人才部门。矿产蕴藏的规模和工业潜能是地质勘探和矿物学实验的研究课题。委员会不仅雇佣化学家、地质学家和工程师,还培训他们,为未来的机构设立了国内奖学金,选派个人去国外(如去国外的矿业学院)学习。②

对实现工业化来说,中央计划是必不可少的,这一观念是委员会工作的基本构想。按照翁文灏的观点,无计划的(和纯粹资本主义的)英美方式对一个"后起"国家实现工业化已不再可能了,这点已被19世纪后期德国和20世纪苏联的经历所证明。③ 在不同的国家中,"目标可能是不同的"。翁论述说,"但对于满足需要和实现理想来说,一个综合的,经过很好协调的计划总是不可缺少的。"④

在走向"计划经济"⑤这一最终目标的道路上,一个为国防所需的国有化的工业,在翁文灏看来,只是第一步。尽管翁所集中的那些建

---

① 见翁文灏:《怎样建设内地》,第2—5页;同前《中国的战时经济》,第205—208页;朱玉仑,第8—9页。
② 《中国近代工业史资料》第3辑,第837页;《资源委员会过去与现况》,第2页;周先庚(音),第4页;朱玉仑,第9页。
③ 翁文灏:《中国经济概况》,第8页。
④ 翁文灏:《中国的工业发展及其同外国合作的必要性》,第5页;同上,《国防经济建设之要义》,第69—70页。
⑤ 翁文灏:《日本的"新秩序"的经济意义》,第551页。

125

议,在视野(或规模)上与孙中山的计划大为不同(也就是南京政府早期的工业计划),翁文灏仍在孙的著作中找到了他自己工作的理论根据。像孙一样,他对从理论上来说,政府所应管理的仅仅是那些对国计民生来讲是必不可少的,以及政府能够很好进行管理的企业这点作了说明,在翁的概念中,这些企业被限制在5种类型上:(1)政府迫切需要和要求特殊管理的企业,(2)需要做大规模规划和进行控制的企业,(3)对私人企业来讲太大或太难负担得起的企业,(4)为国防直接需要(如兵工厂),但对私人企业来讲不能提供利润前景的企业,(5)为私人工业提供能量和燃料的企业。①

不过除了最后两项外,这只是一个含糊的,对将来来讲可能是很大规模的行动计划,对这个计划来说,翁文灏的委员会相当有限的活动或许仅仅是一个起步。而且,翁把国有企业和民有企业划为两类的论证也许是不正确的,因为国有企业实际上是属于人民的"国有之民有也"。② 当这项计划发表时,国家资源委员会的章程准许它去"发展和管理所有的国家基础工业、矿产和发电站"。③ 而它则将从那个基础上进一步向非常多样的方向和部门发展,直至目标的实现,即在战争时期,同自由中国的私人企业相比,能享有"支配地位"。④

最终,翁的计划如同在它之前的其他计划一样,它是以成功地吸收外资为基础的。翁认为,在国外投资者一时对中国的工业发展"失去信心",⑤并且自身很少提供贷款时,对外国机器和技术专长的引进,将只能用中国的出口来支付。这样,就必须要对中国通常的贸易

---

① 由翁文灏于1939年7月阐述的官方政策,引自吴元黎,第46页。
② 翁文灏:《中国经济概况》,第9页。
③ 《经济公报》,第1卷第3期(1938年3月16日);也可参见《中国年鉴》(1943年)第6版(重庆,1943年),第488页。
④ 侯继明:《中国的经济发展》,第211页。
⑤ 翁文灏:《经济建设与技术合作》,见《翁文灏》,Ⅲ。

平衡做出改善，以取得外汇，这是"我们防御力量的一个重要来源"。①从长远的观点看来，这些目标或许能用提高国内制造业水平，以便劝阻中国人对外国消费品的购买，和用出口高质量的农、畜产品和手工业品的办法去取得。② 但是，外汇的一个直接而又较大的来源是矿产蕴藏，尤其是钨矿、纯锑、锰和锡矿的有计划的开采和出口。这些矿产已日益成为全球性的需要，而中国华南南部中心地区，拥有的这些矿产已列入了世界最丰富的储藏之列。③ 这些矿的开采和出售，是委员会整个计划成功的主要先决条件。它们的重要性，反映在1935年委员会采用的新名称上，这个名称就是"国家资源委员会"。

当这个委员会在1935年4月被重新命名，并从总参谋部转至国家军事委员会时，它仍处在保密状态。这一转换，可能与为它增长着的活动提供基金的办法有关，或许也与蒋介石越来越多地通过军委会渠道工作这一嗜好有关，但这一转换在委员会与蒋的"私交"上绝不意味着有任何变化。④ 1936年初，在委员会通往权力路上的下一步中，委员会对所有的钨、锑产品实现了垄断，并对一个矿业和工业发展的秘密三年计划作了详尽的阐述。⑤ 准备时期结束了。

结　论

国防设计委员会暨国家资源委员会的成立，在国民党中国"国家建设"的努力中标志着一个转折点。从一个庞大的发展计划中（尽管

---

① 翁文灏：《经济建设的三年》，第569页。
② 翁文灏：《大家应努力的要事》，第2—5页。
③ 翁文灏：《中国的工业发展》，第1—2,8—9页；参阅王公秉（音）：《矿石资源》。
④ 显然连资委会职员也没有注意到隶属关系的这一改变。访问关德懋（1978年1月3日）。
⑤ 江鸿治：《资源委员会经办国营实业概况》，《资源委员会月刊》第1卷，第1期（1939年4月），第10页。

其中大多数在整个30年代都停留在纸上)通过委员会的媒介出现了一个大胆而又相当紧凑的工业发展战略。

翁文灏委员会的工作与蒋介石统治的政治、经济和战略需要有着不解之缘,所以它与更早些出现的,用于使政府能够工业自给(当然有可能的话,军事、财政也同样如此),同时又使中国成为"世界经济体系的一个完整组成部分"的计划有某种类似。"国民"的需要被等同于政府的需要,翁文灏自己承认,国有化工业的最终目标是"为国家创造财富"。[1] 不过,委员会将工业发展作为优先考虑对象,在为一个预计中的战争作准备时,把中国明确置于军事经济的发展取向中,并且把以往置身于外的一批学者、科学家和技术人员团体引进政府机构,从而使委员会自身的工作显出了特色。

不过,伴随翁文灏的战略而来的,也存有某些危险,特别是在企图同时去吸收外援和建立一个独立的工业基础。首先国外机器和技术的进口,有赖于中国迅速提高提供出口原料的开采能力,而这两者都来自现有的和新发现的矿藏。作为为湖南、江西地区矿藏开采计划所需的附加的运输装置——公路和铁路的建设,同样也需要国外的技术和投资。显然,与可能前来投资的人商定信贷安排的新形式,也要考虑到大量启动资金的投入。这些都将以此后原料出售所得外汇,或以原材料直接交货来支付。投资者势必要冒着这些物资实际尚在开采中的风险。如果那样做不成的话,整个计划中的采矿机构和新的工业发展,就会成为须向列强偿还的严重债务。

再者,在这些风险中,寻找国外合伙人,不能不与30年代日益增长的动荡的国际形势相联系,而形势的不稳定性给新战略带来了利端,也带来了弊端。世界对战略矿产的需要(尤其是钨)是"世界强国

---

[1] 引自吴元黎,第46页。

第四章 国民党的工业战略 1931—1933

军事准备的晴雨表"。① 一方面,国际形势愈危险,这些矿产的价格就上升得愈高;另一方面,世界的稳定恰恰是中国发展阶段所需要的。一场东亚战事倘早爆发,显然对整个计划的实现是个威胁。而敌对状态倘在欧洲突然开始,也会因丧失国外资本和潜在的出口市场而使中国的规划的基础受到削弱。

即便不发生战争,形势仍然是充满了危险。以中日关系的逐步恶化的设想为根据,就必须估计到,在中国军事工业准备工作就绪前,中国国内政策和外交政策全力以赴寻求的就是延缓对抗,并同时试着在国际大家庭中孤立日本(例如通过国联)。从概念上去看,假如没有其他经济和意识形态因素的介入,对工业发展中西方合作者的选择,应是与它们对日本的态度相联系的。从实际方面来看,人们希望,鼓励西方对工业化所需的资本进行投资,也将使西方列强关心中国的命运,②因为它们要保护其在华的新的利益不惜任何代价而必须完全避免的,就是在欧洲和东亚外交之间出现某种连接,那将迫使西方国家关注日本的抗议而放弃在华的投资,或更糟的是在东亚形势恶化时,放弃已经开始的项目。在两种情况下,这些目标在于维护中国独立的军事工业计划的成功,却十分依赖外国的卷入,其风险程度也要视国际政治波动起落的情况而定。

上述所有这些就是翁文灏工业战略理论上的可能性和存在的危险性。原则上来说,在这一计划中,外国的参与是向除日本以外的所有对中国有兴趣的国家开放的。不过,实际上,正如在下面一章中将很明白显示的,这一战略首先是规划用来在中国工业化过程中,推进德国的参与。在1932年底这一战略形成时,翁的委员会就为之设计

---

① 王公秉(音):《矿石资源》,第 625 页。
② 恩迪科特的《外交和企业》一书第 139 页对这一过程作了较好的描述。

了在1933至1936年间逐步实现这一战略的途径。在那些年里,能看到就德国军方和工业集团在华投资来讲,新的极富有戏剧性的努力;能目睹新的德国贸易政策的产生,在这个政策中,用工业设备来直接交换战略原料发挥了一个中心作用。此外,德国是那三年中唯一对中国工业投资表现出兴趣的西方国家。

不管中国新的工业战略内在逻辑如何,抽象去看,国家资源委员会1936年拟订三年计划的明确形式,也是与德国方面认真谈判的结果。例如,国家对钨和锑的垄断恰好发生于履行一项中德易货贸易协定之时。同时,由委员会送出国的经济专家、科学家和受过训练的人主要被派往德国,这都绝不是偶然的。

新计划中固有的某些危险,也尤为适用于德国。因为即使在1933年后,德国开始与中国结成更紧密的经济、军事联系时,德国政府中的新的、强有力的势力也明显对与日本亲密交往有着更大的兴趣。

不过,对最近的将来说,像这样的危险是被新的中德关系的发展遮蔽了。对于一个指定用来以国家防御需要来协调中国工业发展的委员会来说,由于德国军方和德国在华利益集团的一致性,从而使与德国的合作变得容易了。那个过程即始于德国军事顾问团1933—1934年到南京时的改组。

第五章 新的关系 1933—1936

一个遵循"国防经济"路线的、前后一贯的国民党工业发展战略显然是同1933年后德国在华新利益的出现相一致的。简言之,对于正在迅速扩展的德国国防经济来说,中国的重要性日渐增长,1933年后中德关系的发展,在很大程度上是建立在各自国防经济的互补利益基础之上的。

在魏玛共和国秘密地重整军备时期,中国就已成为德国武器和军火的主要销售地。在政治环境不同于1927至1928魏玛民主鼎盛期的情况下,马克斯·鲍尔使团——在许多方面与1920年代德国派往国外的其他"非官方"军事代表团相类似——可能已经引起了德国国防军的更积极的反响并转而促进了工业方面的投入。只是到了1930年代,德国国防军才开始在南京的德国顾问团中起直接作用,尽管这种作用很小。与此同时,由于政府无力为在华投资提供补贴或担保,德国工业界放弃了各自计划,只限于从事为未来打下基础的工作。然而,由于纳粹党人于1933年1月30日攫取了权力,围绕着进入中国市场的新途径,军队和工业界开始携手合作。

在纳粹政权之下,德国的重整军备进入了公开与加速的时期。然而,正像魏玛时期一样,在第三帝国的最初几年里,增长的军工产品并不能完全消费掉。结果,军事和工业对出口市场的需求,以及眼下在战略原料方面的需求,均十分迫切。与此同时,在秘密地重整军备阶段已发挥过重要作用的苏联被德国新的政治领导列为"禁区"。中国因而成为军队、工业界以及新任帝国经济部长沙赫特（Hjalmar Schacht）协调外贸政策时用来取代苏联的主要选择对象。

随着德国在出口市场和原料来源方面需求的扩大，一项有助于克服德国在华投资早期障碍的新的外贸政策应运而生。在这一过程中，一个由军方和与经济部一道工作的工业集团组成的强大的德国"中国院外集团"在对华政策的制定方面，日益起着支配作用。它的利益同蒋介石政府的利益结合在一起，铸造了新的中德关系。

中德之间关系的扩大，首先是建立在相互间的经济利益基础之上的。不过，这些也直接涉及军事企业。对蒋介石来说，国防设计委员会与德国军事顾问的工作只是整个工作的一部分；对德国人来讲，商业和军事关系长期以来一直被看做是中德交往的补充。这样看来，中德之间通过重组南京顾问团而开始了一种新的密切的关系，就不足为怪了。

甚至是在1933年以前，中德双方均把恢复顾问团的活力视为双方的共同需要。不过，它的重组方式和目标受到寻求军工合作新方式的共同愿望的支配，而这种新的合作方式只是在1933年以后才变得切实可行。领导了这一尝试，并开始就经济交易进行谈判的人是德国国防军的缔造者，汉斯·冯·塞克特。

即使是在经济和军事考虑处于支配地位的环境之中，塞克特的两次访华以及他同蒋介石良好的个人关系均显示出个人在中德关系中的重要性。就像蒋同他的首任德国顾问马克斯·鲍尔的关系一样，个人的和思想观念上的共鸣有助于创建一种工作中的伙伴关系。尤其是蒋按照塞克特的德国国防军模式重新组建其军队的愿望，以及他在此后所接受的一些政治、军事和经济设想，这些均融合进了翁文灏的军工计划中去，该计划打算为了中国的发展而设立一个特殊的中德机构,这看上去似乎对中德双方均有益处。

然而,在1936年的易货贸易协定正式确立了两国间的新关系之前的三年中,常常需要进行艰难的谈判。德国在中国的进一步卷入,给它带来了干涉中国内政的危险。德国支持蒋介石这件事本身固然就已被视为介入了尚不稳定的国内政局。但是在1934至1936年间,德国对战略原料的寻求使之与南京以及与那些同南京敌对而又表示愿意提供德国所需物资的省政府的关系均陷入一种矛盾的困境之中。结果,中德关系变得十分复杂,虽然这只是暂时的。

与此同时,南京和柏林都得克服各自方面对两国密切关系的反对之声。在中国,这种反对主要表现为官僚主义者对国防设计委员会声望上升的不满情绪。在德国方面,事情却更加复杂。德国国防军和经济部从来不能够完全左右德国的对华政策。遵循魏玛时代所制定的政策的德国外交部,在东亚继续奉行着一种谨慎的中立政策,视德国国防军和工业界在华的努力为一种危险的冒险举动。纯粹出于经济上的原因,在华的德国贸易商行也持反对态度。对德国官方愈来愈多地卷入对华贸易中去的这些担心——正确地——将会造成它们自身的排斥。

这些势力可以稽延,但却不可能阻挡中德之间更为密切的官方关系的发展,这种关系到1936年时看来似乎很可能致使德国在即将到来的中日抗争中站在中国一边。然而,正如本章最后一个部分将要指出的那样,未来的中德关系面临的反对势力更加强大。纳粹主义分子在亚洲的长期目标是同其他所有团体的目标背道而驰的。日本在希特勒外交政策纲领中所要起的作用是早有预兆的。此外,由于希特勒的外交纲领在军事和经济准备战略方面的设想与德国军方完全不同,从长远的观点看,中国在他的谋略中充其量只能是个配角。

德国在华的新经济利益

1933年前后德国的在华利益有相当大的连续性。然而,随着纳粹党人攫取了政权后重整军备的公开进行,刺激了德国在华的投入。同样重要的是,一个有益于德国在华新老利益集团的外贸政策亦随之而生。

用陆军国防经济办公室主任格奥尔格·托马斯上校(Colonel Georg Thomas)的话来讲,希特勒漠视《凡尔赛条约》而公开进行军备扩张的决心对德国军方意味着"将大量理论付诸实施的时代已经到来"。① 自1924年成立以来,托马斯的办公室就以各种形式承担着"集中和协调德国国防军在军备发展和采购方面所有活动"的任务②。该机构也是陆军同外国签订大量契约的后台。由于秘密重整军备的魏玛时代的结束,德国国防军,尤其是托马斯的办公室,试图推行其国防经济(广义上的国防经济)观念,并使之成为合乎逻辑的论断,即:为了赋予德国在第一次世界大战中所缺乏的那种经济持久耐力,必须对国家的生产能力进行有计划的、长期的动员,并为应付一场突发的持久而"全面"的战争贮存原料。③ 这就要求国内武装力量以及同军事有关的工业生产在超出和平时期军队增长速度的水平之上稳定增长,这就转而需要"尽一切可能的手段"增加这类产品的输出,包括在那些"有希望成为武器和军火进口国的国家里"雇佣"军官和退役军官"。④

---

① 托马斯:《德国国防经济史》,第62页。
② 卡罗尔,第56页。也可参阅韦特金德,第495—496页。
③ 同托马斯上书,第51页;古多·费舍尔,第20—21页;卡罗尔,第46—47页。
④ 联邦军事档案馆:Wi/IF 5.383,"档案记录"(1935年6月12日);同上,"合同记录"以及托马斯1935年6月28日在经济部部务会议上的谈话。最终于1935年形成了一份"国防物资出口合作协议";《德国外交政策文件》C辑,第4册,第791页,编者注释。

军方已打算在进一步扩大魏玛时代德国国防军和苏联合作形式的基础上将苏联作为军工投资的重要区域和原料产地。托马斯上校于1933年5月访问了苏联,回国后便向希特勒明确提出了加强德苏经济关系的建议。希特勒断然拒绝了该项建议,并决定立即中止德国国防军同莫斯科的一切联系,这是希特勒在其统治初期反对陆军政策的为数不多的几个事例之一。除了他不愿意哪怕是部分依赖这个他最终要加以征服的国家之外,希特勒还深信同这个国家的合作共事不可能获取任何的物质利益。① 于是,在德国国防军经济谋略中仅次于俄国居第二位的中国,②作为苏联的替代国,日益显现出她的重要性。

当然,中国除了已成为德国武器和军火的主要进口国外。同时也是该国重工业投资的潜在地区。据德国国防军部的莱谢劳将军(General Walter von Reichenau)说,从这两方面来看,由于需要"依靠外国的订货来加强中央德国在军备工业方面的生产能力,使之能应付各种急需",德国在华的地位现在不得不有所增强。③ 然而,这只是加强了中国在德国加紧扩充军备过程中的重要性。用冯·塞克特将军(他在1933至1935年间的两次访华有助于重新铸造中德关系)的话来说,"原料问题是我们政策的焦点"。④

德国在基本原料和粮食方面对外国资源的依赖,被恰当地看做是它在20世纪战争中"唯一致命的弱点"。⑤ 在其第一次世界大战以后

----

① 托马斯:《思想与事件》,第538页;《德国外交政策文件》C辑,第1册,no.252,第468—470页,附件:"哈特曼(Hartmann,驻莫斯科武官)致德国国防部"(1933年5月16日)。
② 联邦军事档案馆:Wi/IF 5.383,《机密指令》,"兵器部(托马斯)致陆军部和德国国防军负责人"(莱谢劳)(1934年4月16日)。
③ 《德国外交政策文件》C辑,第2册,no.262,第496页,"部务会议备忘录"(1934年2月16日)。
④ 《德国外交政策文件》C辑,第3册,no.180,第365页,"与塞克特会谈备忘录",附于"陶德曼致德外交部"(1934年8月23日)中。
⑤ 卡尔,第38页。

的疆界内,煤炭是德国能够自给自足的唯一的战争原料;85％的石油、80％的铁矿、70％的铜、90％的锡、95％的镍、98％—99％的钨和锑,以及20％的粮食来自国外。① 依照军事设计者的看法,德国在原料方面永远不会实现自给自足,因此,它只能通过国际市场来获取并加以储备。② 正如后面将要看到的那样,希特勒并不持有这种看法,他害怕在原料方面依赖于国外资源;但是他也认识到目前的原料短缺会妨碍重整军备的进行,故而他在好几年内没有干预军方的计划。

不难看出,中国的原料对于德国重整军备具有重要性。钨、钼、钒、镍和铬是生产优质钢材时不可缺少的合金材料,实际上,所有这些原料德国都得进口。在国防经济办公室1934年的一份报告中,这些铁合金被指定必须能在数量增长方面"有所保证",对锑、锡、铜、锰、锌和铅等有色金属的需求也是一样。③ 所有这些金属都可以从中国得到,其中可供出口量大的是两种最重要的战略金属——钨和锑。④ 1929年,德国工业界通过民间贸易从中国获得了其所需的88％的锑和53％的钨。⑤ 不过,在30年代初期可获得的东西并不确定,但到了1933年以后德国却指望能够保证从中国得到可靠的供应,这并不是不可思议的,因为那时德国对这两种矿的需求不断增长,特别是由于中国政府本身(国防设计委员会)在扩大这些金属的开发利用方面似乎也乐于合作。

---

① 耶格尔,第29页。

② 托马斯:《德国国防经济史》,第94—95页;卡罗尔,第46—47页;路易·洛赫勒尔(Louis P. Lochner):《巨头与暴君:从希特勒到阿登纳时代的德国工业》(芝加哥,1945年),第193页。

③ 联邦军事档案馆:RH8/941,《未来的原料(质量)监督与保证一览表》(1934年6月14日)。

④ 王公秉(音),联邦军事档案馆:Zug51/66, no.32,国防经济与装备部论文:《中国的经济力量》,第73—74页;陈炳繁(音)《中国的矿产资源》(台北,1954年),第163页及以下几页。

⑤ 联邦军事档案馆:Zug51/66, no.32,《中国的经济力量》,第73页。

第五章　新的关系 1933—1936

这些金属为什么如此重要？锑的一个重要用途在于使用于制造弹药的特种铅合金变得坚硬。稀有金属的化合物（如硫化物）被用来制造榴霰弹的弹片及弹头。中国锑的生产量占世界产量的60%以上，除了玻利维亚之外（它生产量占10%），中国是1934年间德国进口锑的唯一来源。① 此外，中国矿石质量较高，它几乎不含难以去除的杂质，纯锑的含量在55%—60%。中国锑的90%来自湖南省的北部和中部，这些地区完全处于国民政府的控制之下。②

对钨的全球性抢夺始于第一次世界大战期间，当时它首次被德国人用于切削工具并使军火生产大大增长。钨于"一夜之间成为所有战时金属中最重要的"。③ 在已知的所有金属中，钨的熔点最高。由于第一次世界大战期间钨铁的首次制造，以及克房伯公司在20年代生产出碳化钨，并取得了这种"军事金刚石"的专利，钨因此在精制钢的切削和磨刨过程中变得至关重要。它被进一步用来制造生产装甲板、穿甲弹、枪管和飞机所需的坚硬、抗高温的钢材，它也可以用来制造电话机、灯丝和钟表零件。④ 世界钨的生产统计数字反映出它的军事价值：1914—1918年间产量增长了4倍（达到32 000吨），这一产量水平直到1936年才再次达到。⑤

自从1915年在湖南省东南部的武陵山脉*发现了含钨量达79%

---

① 施皮戈尔，第253页。
② 美国商业部内外贸易局：《贸易情况公报》第827期（1935年），第41页；《国闻周报》第13卷，第11期（1936年3月23日），第5—12页。关于在湖南的早期锑矿企业，参见小安格斯·麦克唐纳（Angus W. McDo-nald, Jr.）：《农村革命的城市源头：中国湖南省的精英与群众（1911—1927）》（加州柏克莱，1978年），第67—80页。
③ 阿尔费尔特（F. Ahlfeld）：《锡和钨》，见《金属原料》（斯图加特，1958年），第2册，第152页；李国欣与王宠佑，xi；博尔金与韦尔西，第262页。
④ 耶格尔，第20页；李国欣与王宠佑，第262—267页；博尔金与韦尔西，第260页。
⑤ 李国欣与王宠佑，第418页。
* 武陵山在湖南省西北部，东南部应为武功山。——译者

137

的黑钨矿(钨通常是从这种矿中提取的),以及后来又在延绵于四省的整个南岭地区发现此种钨矿后,中国迅速成为世界上最主要的钨矿来源。1933年,中国生产的钨占世界产量的一半(6 100吨),1915—1937年间的平均产量占世界总产量的38%。① 气候和经济方面的条件也有利于中国的钨矿开采:钨矿地区温暖、潮湿的气候致使沉重的石头风化侵蚀,钨矿砂终年暴露在外,大部分能由廉价的手工劳动来开采。②

出于各主要强国的原因,德国不能够独自地完全或部分控制它本身的钨矿。③ 当时唯一可以用来替代钨的便是钼,但这种金属几乎为美国所垄断,因为美国钼的产量占世界产量的3/4。不过,这种矿在中国也可以找到,尽管数量不多,且通常与黑钨矿一起被发现。④

贸易政策

德国对外国原料较大的需求使其有必要制定一项外贸政策来加以保证。直接购买原料将需要大量的外汇。但由于原先指望可于1933至1934年间给国内经济带来复苏的公共支出的增长,以及外国信用贷款在同一时期内不断撤回,到1933年底,德国的外汇储备立即消耗殆尽。作为对策,德国国家银行总裁(1934年6月任经济部长)沙赫特于1933年秋提出延期偿还德国的外债,并依照1934年3月22日通过的《工业原料贸易管制法》而获得了对德国外贸政策的总控制权。

---

① 李国欣与王宠佑,xii—xiii;《贸易情况公报》,第41页;陈炳繁(音)第163页。
② 贝尔与王,第134页。
③ 美国的生产量占世界钨铁供应量的9.4%,英国控制着占全球总产量近20%的缅甸钨矿业。罗什,第141页;布洛赫:《德国在远东的利益和政策》,第28页。
④ 《远东观察》(*Far Eastern Survey*)第7卷,第16期(1938年8月10日)第191—192页;联邦军事档案馆:Zug51/66,no.32,《中国的经济力量》,第30页。

第五章 新的关系 1933—1936

正如在他的"新计划"中所确定的,沙赫特的政策是试图为外贸筹措资金——并继续重整军备——但不用外汇。这就是通过银行间的汇划结算协定、易货贸易筹办、进口许可和出口补贴等一套方法来进行。开放的多边贸易的传统方法让位于同那些愿意直接与德国交换出口产品的国家签订双边协议。这些方法使德国同初级产品出产国进行的贸易尤为方便,且这些出产国本身基本上也都受到交换的控制,而德国则根据它在重整军备方面的需求来挑选它们作为外贸伙伴。①

贸易互惠主义非常强调德国的贸易从西欧和美国等国际贸易中心转向南欧、南美和近东、远东地区。到1938年,德国外贸的2/5——是1934年前比例的2倍多——是在这些地区进行的,且在大多数情况下都保持着贸易上的顺差,这是因为重要的原料只是几个特定的国家才拥有。② 中德贸易大概也是这些新政策的受益者。与用德国武器和机器换取中国原料同时出现的易货贸易还有:巴西的咖啡换取德国的火车机车,墨西哥的石油换取德国的输油管道,土耳其的烟草换取德国的汽车等协定。③ 正如在中国一样,德国国防军在拉美的工业代理商,以及存在于拉美某些国家的德国军事代表团(由德国国防军在20年代培养出来的)在新的贸易发展中发挥了关键的作用。④

----

① 沃尔夫拉姆·费舍尔,第71—72页;施托尔贝尔等,第145页;佩茨那,第18页;卡尔,第39—40页。
② 施托尔贝尔等,第145—146页;德林,第66—70页。参阅米尔瓦德《德国贸易与世界贸易》,第475—480页。
③ 值得注意的是,在世界贸易分崩离析,形成经济"集团"——如英镑集团和日元集团——的时期,对其他实行管理外汇的国家来说,德国重返国际贸易市场也是这一全球现象的一部分。
④ 克劳斯·卡拉宾(Klaus Kanapin):《论1933—1943年纳粹在阿根廷的政策》及利赛洛特·克拉迈尔—卡斯克(Lieselotte Kra-mer-Kaske):《论1933—1941年德国法西斯在哥伦比亚的政策》,均见《1933—1945年德国法西斯在拉丁美洲》(柏林,1966年),第81—102、125—144页。克劳斯·福兰德(Klaus Volland):《第三帝国与墨西哥》(法兰克福,1976年)第83—164页;赖讷·波墨林(Reiner Pommerin):《第三帝国与拉丁美洲》(杜塞尔多夫,1977年),第20—27页。

德国在中国将寻找工业市场与原材料协调一致始于1933年塞克特的访华。由于同汉斯·克兰(1920年代活跃于俄国建设项目中的工业承包商)一道工作,塞克特试图把解决原料、武器输出以及德国参与中国工业建设等问题同蒋介石的需求直接联系在一起。有悖常理的是,塞克特同南京的德国顾问团发生联系之时,恰恰赶上顾问团正处于失掉蒋介石信任的危险之中。

塞克特和中国(1933—1935)

魏采尔领导下顾问团地位的下降

南京的德国军事顾问团对于(中德间)在并非纯粹军事性的各个领域中的合作来说,既是一种象征,又是一个有形的实体。不过,它从来未能实践最初在鲍尔领导时期所曾允诺过的诺言,而且在1930至1934年格奥尔格·魏采尔将军担任蒋的总顾问期间,它受到了严重的削弱。维持这一机构,对于中德两国相同的利益来说,已成为一个应予优先考虑的事情。

魏采尔是带着一个"甚至连布隆堡和弗里奇(Fritsch)这样杰出的军事人物都相形见绌"[1]的声望来到中国的,但是或许他根本没料到他所面临的竟是这么落后的军事状况,没有做好思想准备。在1930年,中央军没有坦克,仅有一个野战炮团以及几架用于侦察和绘图的飞机。实际上没有可供使用的地图。没有中央补给系统,对中国军官

---

[1] 刘馥,第75页。

第五章 新的关系 1933—1936

来说,赴上海的进出口贸易货栈购买军需品是极其平常的事。① 在这种状况之下,魏采尔把顾问团人员的精力集中在正规的军事教育方面,与此同时,他在战场上为蒋介石出谋划策。

他在1930年蒋介石对冯玉祥、阎锡山的战役中所提的建议已证明是最有价值的,这场战争中首次使用了由德国人训练的军队。他住在蒋的私人专列里,据一位中国译员说,在作战计划的制定方面,他起了决定性的作用。② 然而,到了1931年底,他同蒋的关系已经不太融洽,或许是由于江西的反共战役没能取得胜利的缘故。

在1931年6月开始的第三次"剿匪"战役期间(这是首次由蒋亲自指挥),魏采尔提出了一个对江西根据地实行快速合围的战略,即"从四面八方毫无限制地向前推进",③如果该战略得以迅速执行的话,中共军队的大部分就会被孤立在福建省东部地区。他的战略在原则上被采纳,但在实际上却受到忽视。他所谋求的快速的运动战变成了一个费力而缓慢的、鲁莽的突进,结果使得共产党人占据了魏采尔称作"金色桥梁"的地区,并得以越过该地区而重新集结。当战役毫无效果地拖至同年秋天时,魏采尔公开发泄他的不满。④ 尽管后来的反共战役采用了魏采尔计划的某些内容,但德国顾问们在江西作战中大概未能再次发挥重要的作用。⑤

---

① 沃尔什:《埃里希·施托尔茨奈尔》,第58、71页;访问埃里希·施托尔茨奈尔(史脱茨纳);联邦军事档案馆:W02—44/1,第135页,"勒曼(Lehmann)和默伦霍夫(Moellenhoff)致克鲁姆马切尔"(1930年5月29日)。
② 王洽南,第26页。
③ 联邦军事档案馆:W02—44/2,第97页,魏采尔关于江西战役的笔记(1931年6月24日、6月26日);第121页(1931年7月11日),第133页(1931年7月22日)。
④ 同上。
⑤ 关于德国顾问在第五次"围剿"中发挥了最主要作用的神话已被瓦尔特·佐默尔所打破,见《德国顾问在1930至1934年封锁与围剿华南苏维埃共和国中的作用》,第287—289页,也可参见怀特森与刘,第9—10,17页。

141

除了战略上的分歧之外,魏采尔性格率直并经常粗暴地批评中国指挥官,这使得国民党军事部门的整个上层指挥集团都对他怀有敌意,为此,后来将他同美国的史迪威将军相比拟。① 由于他谋求直接同财政部长宋子文商定在江西修建公路和简易机场的合同,②从而使局势趋于复杂,因为这样一来便断绝了中国军政机构惯有的"收益"。③ 从这以后,他被反对他和其僚属的阴谋所纠缠,并最终毫无根据地指控他的助手是日本间谍。④

　　魏采尔同宋子文的密切关系似乎最不能为蒋所接受。早在1931年12月初,魏采尔已迫于压力向蒋提交了一份长达32页的备忘录,以为他的顾问团的继续存在辩护⑤——蒋在12月15日暂时引退这件事必然已使顾问团的地位发生动摇。在蒋下野期间,魏采尔愈来愈多地通过财政部长来做工作,而宋本人同蒋的关系一直在恶化。在宋子文的力促之下,魏采尔于1932年1月日本人进攻上海之后奔赴前线,并在那里共同决定(开始之时遭到蒋的反对)把由德国训练的委员长"嫡系"部队第87师投入战斗。⑥

　　蒋介石于1932年3月复职之后,立即开始物色替换魏采尔的人选。蒋要寻找的是这样一个人,他所拥有的地位要能够协调一支现代化军队的军事和经济活动;魏采尔独独将精力集中于前者。蒋从上层

---

① 刘馥,第76页。
② 包括何应钦、朱培德以及陈仪;联邦军事档案馆:W02—44/3,第118—119页;44/1,第71页;44/2,第103页;访问朱国勋(1978年6月6日)。
③ 《德国外交政策文件》C辑,第2册,no. 157,第292页;"陶德曼(北京)致德外交部(1933年12月30日)"。
④ 参见联邦军事档案馆:W02—44/3,第45—60页。
⑤ 见联邦军事档案馆:W02—44/3。
⑥ 联邦军事档案馆:W02—44/2,第35—92页,特别是1932年2月1日与15日笔记;华盛顿国家档案馆:塞克特遗件(微胶),Roll24,no. 203,信函:"魏采尔致塞克特"(1932年3月14日)。关于魏采尔与宋子文见同上,第131页,"魏采尔致布林克曼"(1933年4月24日)。

入手,试探由德国国防军部长威廉·格棱纳(Wilhelm Groener)替代魏采尔的可能性。①

格棱纳谢绝了。可是德国国防军对军事代表团所承担责任的逐渐削弱感到担心。鉴于这一点,德国国防军部便不再有理由对魏采尔感到满意了。魏采尔同本德勒街(Bendler-strasse)的关系恰当而又冷淡,他们感到从其他国家驻北平武官那里获得的情报要比德国从它在中国首都的顾问们那里得到的还要好。② 最重要的是,魏采尔是德国经济利益的拙劣的拥护者,甚至是在他的活动领域中(如军事购买方面)也如此。他自夸在购买武器方面"毫无偏见",并且更喜欢通过上海的进出口贸易商行采办军需品,而宁愿得罪德国工业界和中国驻柏林的贸易办事处。③ 最后,他同他的德国僚属间产生的种种纠葛——更不必说他的中国雇主了——是众所周知的。④

一条摆脱这种局面的外交途径找到了:魏采尔愿意(无意地)邀请他自己的继任者来南京。根据朱家骅的建议,魏采尔于1932年3月底邀请汉斯·冯·塞克特上将访问中国。⑤

塞克特与中国(1933年)

在德国,塞克特根本没有感到大吃一惊。在1920年代,他曾同国民党政府接触过好几次,而且几年来同魏采尔保持着断断续续的通信

---

① 外交部政治档案(7):Bd.6,"陶德曼(北京)致德外交部"(1932年4月17日)。
② 联邦军事档案馆:W02—44/4,第21页,"塞克特致魏采尔"(1933年6月30日)。
③ 华盛顿国家档案馆:T—120,Ser.9078,Roll3515,E637457,"陶德曼(北京)致德外交部"(1933年6月23日);访问埃里希·施托尔茨奈尔。魏采尔也透过德国贸易商行同法国和英国的公司做生意:联邦军事档案馆:W02—44/4,第137页。
④ 联邦档案馆,鲍尔遗件,"富克斯(Fuchs)致恩斯特·鲍尔"(1930年12月6日);联邦军事档案馆:W02—44/4,第103页,"魏采尔致布林克曼"(1933年5月28日)。也可参见林德曼,第378页及以下几页。
⑤ 华盛顿国家档案馆:塞克特遗件,Roll24,no.203,"魏采尔致塞克特"(1933年3月29日)。

联系,在这些信中,他曾表示过对顾问团工作的兴趣。

自1926年退休以来,他的兴趣一直放在三件事上:他创建的德国国防军、国家政治以及他自己的财政状况。他想成为德国共和国总统的政治抱负在1925至1926年间已经放弃。① 他则是作为极右翼的德国国家人民党(DNVP)在德国国会的代表而进入政界的。但是当该党在1931年后开始同日益增长的国家社会主义运动融合之时,对此持较大保留态度的塞克特最终站到了一个由年长的、具有高人一等优越感的人组成的少数派一边,即使是在国家人民党内部,他们也是少数派。② 对塞克特来说,受邀到中国去做一次考察旅行,不仅报酬丰厚,同时也使他可以从国内政治的软弱状态中逃脱出来,并且又向他提供了一次机会来帮助德国国防军的利益,对他本人来讲在经济上也会有所收益。

正当塞克特要赴南京支撑起顾问团的地位时,他也被卷进了一项在广州单独进行的,据说是"秘密的"冒险活动之中。这项后来使德国国防军在南京的工作变得复杂的计划始于1932年6月10日,当塞克特这天收到安德烈亚斯·迈尔-马德尔(Andreas Mayer-Ma-der)上尉信时,恰恰魏采尔的信函尚在途中,迈尔-马德尔声称代表广西省政府。

迈尔-马德尔是一位雇佣军人,他于1930年抵达中国,在一家叫做派尔茨-中国公司(Pälz-China Company)的进出口公司工作。一年之内,他受聘为(广西)南宁军校教官,并通过派尔茨公司建议由德国公司在这个省会建造一座兵工厂。他说服了留德的梧州大学校长马君武教授,使之确信这项计划的可行性,于是,他和马受广西领袖李宗

---

① 卡斯腾,第205—206页。
② 迈埃尔·韦尔克尔,第643页。

仁将军委派赴德,就有关必需的信贷事宜进行谈判。①

迈尔-马德尔在德国尽力兜售他的计划,他声称广西是中国的"普鲁士",最后必将统一全国;德国在该省的经济渗透必将导致对全中国经济的支配,导致德国重新成为世界大国,特别是德国在中国西南的军事存在最终对法属印度支那和英属印度构成威胁。② 然而,在访德期间,他发现几乎没有人接受他的这项宏大的计划。塞克特把他介绍给汉斯·克兰,克兰转而盗用了这个在中国西南进行经济投资的想法,而将迈尔-马德尔撇在一边。

汉斯·克兰从20年代起便同塞克特有了交往。第一次世界大战前他在东非殖民地经商,1924年他加入了柏林恩格尔哈特银行(Engelhardt Bank),该银行深深地卷入了武器交易之中。在那里,他开始在德国国防军国外事业中广泛活动,最初在苏联,然后又在土耳其。为了控制德国国防军在土耳其的活动,他最终成为"施塔玛格"(Stamag)的"影子"首脑。到1930年时,他已成为一名百万富翁,并且同塞克特很熟悉。③

克兰使马君武确信,由于他同德国国防军的联系以及和塞克特的友谊,所以比起迈尔-马德尔,他能够更好地满足广西的需要。他最初开价是10万德国马克,这仅仅是一个考察团赴广西的费用,但对广西当局来说是太昂贵了,这时,邻近的广东省政府似乎也已插手这件事,他们自己提供了一笔费用。④ 这对塞克特来说显然多了一份经济上

---

① 联邦军事档案馆:W02—44,第1—11页,"迈尔-马德尔(Mayer-Mader)关于他活动的报告"(1933年3月22日);访问关德懋(1977年12月16日);珀勒伯格,第159页。
② 联邦军事档案馆:W02—44,第11页。
③ 访问齐焌;黑尔费里希,第111—112页。
④ 马君武同广西与广东两省政府均保持着良好的关系,偶尔地他也调停两省间的政治分歧,保持着调解人的身份,埃思特,第9—12页。我非常感激路德维希·维尔讷、弗里德里希·布塞(Friedrich Busse)和约瑟夫·施木克(Josef Schmuck)诸先生,是他们使我得以利用到这些有关中德易货贸易谈判的内幕材料。

的诱因,他被要求在往返南京途中在华南作短暂的停留,以向这项冒险事业提供支持。

虽然直接同自治的广州政府进行接触已成为克兰本人的想法,不过,他从一开始就得到了德国国防军坚定的支持。① 由于魏采尔顾问团连一份重要的工业订单都不能弄到手这一事实使德国国防军有所醒悟,他们便不打算放过向广州提供一座兵工厂的前景,或许这仅仅是作为一种能在南京产生更重大成果的手段;如果塞克特在南京获得成功,作为一种"相应的报偿",广州的任何计划都可能被放弃。②

塞克特对中国的访问是一个胜利。他在广州的"秘密"使命以及在取得蒋介石的信任,并借助蒋显赫的威信维护和扩大德国在南京的地位,这一更重要事务这两方面均取得成功。协调这两方面的成果有待于今后做出努力。

在允诺对华南进行礼节性的访问之后,塞克特于1933年5月8日抵达上海,朱家骅以国民政府的名义举行了盛大的欢迎仪式。在南京期间,他下榻于魏采尔将军的寓所,此时魏采尔因外交事务出差在北方。从5月28至31日,塞克特在江西牯岭(庐山)蒋的山间别墅同蒋介石举行了为期3天的深入细致的讨论,由朱家骅担任翻译。在这些讨论结束时,蒋已充分表示愿意请塞克特担任"高级顾问"一职,以对政治、军事和经济事务提出建议,并监督德国顾问团的工作。③ 塞克特谢绝了这一提议,如果能够以另一种方式来实现扩大同南京的联系的话,他不愿意束缚自己的手脚。不过,他同意就中国军事现代化

---

① 根据汉斯·克兰的一位密友透露,德国国防军部答应在1932年度向克兰提供4 000万马克的出口信用担保金,访问齐竣。
② 《德国外交政策文件》C辑,第2册,no.262,第497页;各部门会议记录(1934年2月16日)。
③ 《德国驻华军事顾问团工作纪要》,第6—8页;国防部史政局:"蒋介石致塞克特"(1933年8月5日);迈埃尔-韦尔克尔,第642页。

问题向蒋递交一份内容详尽的备忘录。①

在访问了山东和北平之后,塞克特返回南京。在南京他还会见了汪精卫、戴季陶和黄郛等政府其他领导人。6月30日他提交了《致蒋介石元帅的备忘录》,这是他首次访华的主要成果。在中国期间他的确没有见到多少中国军队。正像他的副官后来所叙述的那样,塞克特本人同中国军队的直接接触仅包括:南京附近所看到的一队正在行进的士兵;乘坐了几次中国炮艇;以及在北平附近正式检阅了一营部队,他在那儿发现士兵们试图用沙子和金属丝来擦拭枪支。② 因此,既然撰写这份备忘录(据刘馥说,该备忘录被证明"对中国后来的军事发展有着显著的影响"③)需要时间,那么从表面上来看,塞克特对于自己所做出的结论似乎并没有切实的客观体验。魏采尔指责说:"它仅仅是我从阳台上来了解中国的产物"。④ 然而,塞克特的备忘录并不是一份肤浅之作,相反,这份备忘录是他自己主要通过讨论和阅读得来的,认为适用于中国的各方面经验的积累。对于有效地扩大德国参与中国的军事和工业发展来讲,它也提供了有力的证据。这份文件不仅仅是塞克特此次使命的产物,而且是他长期以来累积的意见的反映,通过间接地集中思考后,这些意见首次被最好地理解。

从他退休期间(1927—1932)所发表的大量出版物中发现,塞克特的兴致已转移到军事和政治理论领域,并且试图推广他的有关国家及军队在国家中的作用的概念。他的政治观念几乎没有新的东西,反映了他所珍视的并已为之效力的保守而浪漫的传统。⑤ 对塞克特来说,

---

① 联邦军事档案馆,塞克特遗件,第247/135,"旅行日记"(1933年7月30日);第67/9,"海因茨致拉宾劳"(1937年10月21日)。
② 同上。
③ 刘馥,第93页。
④ 联邦军事档案馆,W02—44/4,68,"魏采尔致布林克曼"(1933年11月9日)。
⑤ 古斯克:《冯·塞克特将军的政治思想》一书非常深刻地论述了塞克特的思想。

普鲁士国家已成为"这个国家本身的象征"。① 固然,并不存在一种对一切时代和一切人民都行之有效的绝对的国家形式,然而普鲁士样板体现了放之四海而皆准的"基本原则"。这些原则中首要的是站在国家前列并成为国家化身的"领袖人物"观念,以及"像金字塔一样"不可分割的领导阶层的国家思想,这个领导阶层存在于一种同顺从的并能恪尽职守的民众有着共同责任的关系之中——"在最佳意义上的民主政体"及反对"1789 年的思想。"②他的理想是具有自主政治意志的君主独裁主义的强权国家。③

作为德国国防军的创建人,塞克特在国家的外部"形态"已发生变化时所做的工作,是为了维护这个理想化的(普鲁士)结构。塞克特把军队看做是"国家的表现形式"和"民族团结的象征"。④ 从根本上说,军队是"政治的工具"及"统治力量的基石",它的关键成分是一个统一的、有能力的军官团,这个军官团不能够卷入引起分裂的派系政治中去。"军队为国家效力且只效力于国家,因为军队就是国家"。⑤

当然,塞克特创建的精锐陆军并不单纯是他政治哲学的结果,同样也是凡尔赛体系束缚的实际后果。然而,塞克特做了一件在理论上非做不可的事,却装成出于高尚的动机,他的军事思想的主要成分是重视质量甚于重视数量,重视训练有素的领袖甚于军需设备。此外,从战略的观点看,第一次世界大战已使塞克特认识到了小规模、快速机动且又得到充分支援与装备精良的军队的价值。这样一支部队的核心可以在和平时期加以训练,使其具备"未来扩展的胚芽"。⑥ 这支

---

① 塞克特:《德帝国的未来》,第 99 页。
② 古斯克,第 96—97 页;塞克特:《德帝国的未来》,第 191 页。
③ 古斯克,第 132 页;塞克特:《一位军人的思想》,第 113 页。
④ 同上。
⑤ 塞克特:《德国国防军》,第 78、67 页;塞克特,《一位军人的思想》,第 116 页。
⑥ 塞克特:《德国国防军》,第 30 页。

部队在人数上的精小,可以使其进一步摆脱对大量陈旧物资的依赖,使得兵器工业可以按照当前和未来的需要来协调生产。①

简单地说,这些就是这位普鲁士君主制度拥护者的一些基本观点,他在1920至1926年的几年中曾领导了德国军队,用高登·克雷格(Gordon Craig)的话来说,这支军队"从一个有着愤恨不满、士气沮丧的军官团的种类不同、缺乏协调的各种部队的集合体变成了一支品质纯一、训练严格的部队,至少从质量上来看,在欧洲无有匹敌者"。②当然,那方面的成功也是现在蒋介石企盼听到他的建议的原因。

在其《致蒋介石元帅的备忘录》中,塞克特巧妙地将其经验中的中心思想同在他所认为蒋可以接受的那些领域中加强德国影响的坚决主张结合起来。③ 3个基本思想被从普鲁士—德国的场合下搬进了中国重建军队的任务之中,并且形成了塞克特备忘录的构架:(1)军队为"统治权力的基础",(2)一支军队的威力在于素质上的优良,(3)"一支军队的价值取决于其军官团的价值"。④

塞克特的建议包括了以下内容。他写道,军队是"中国国内安定的基础",但现在的中国军队与其所承担的任务极不相称。最迫切的是一支"统一训练的军队,它只听命于您(蒋介石)一人"。事实上,"包括训练、管理和调动权在内的整个军事系统都应只属于一个人,"总司

---

① 戈德弗雷·谢尔(Godfrey Scheele),《魏玛共和国:第三帝国的肇始》(伦敦,1945年),第110页。
② 克雷格,第382页。
③ 塞克特已注意到蒋制定的宏大计划和目标中带有"乌托邦色彩",以为塞克特的每一项建议都可以立即实行。与此同时,他也注意到蒋非常厌恶授权予人。在掌握了领袖人物所通常具有的这些令人讨厌的性格之后(迈埃尔-韦尔克尔,第652页),塞克特便试图提出一套坚持了蒋的最终目的的、行之有效的计划目标,并且允诺最大限度地恢复蒋的个人权力。
④ 刘馥,第93页。塞克特备忘录的全文可在这些地方找到:华盛顿国家档案馆,塞克特遗件,Roll24,no.205;爱泼斯坦《塞克特与蒋介石》一书。我引以为据的是后者。

令要高居于由军令和私人关系构成的有机统一体之上。①

这支军队不必过于庞大,有 10 个师就可以了。中国根本的问题在于军队太多而精锐部队又太少。塞克特告诫蒋介石,想要将名义上归南京政府节制的全部军队都加以训练是"根本就办不到的",他还特地提到了自己在第一次世界大战后缩减众多政治上不可靠的帝国军队的经验。指出应该首先建立一支新式忠诚军队的"核心",该核心用最现代化的武器装备,日后一旦需要,它能迅速扩展,同时它仍保持其作为一支精锐突击队的特性。未来精锐部队成员在经挑选后组建成"教导旅",他们将配备最好的武器,领高薪,享受高标准的营房与伙食,而且穿着与众不同的军装。这一设想最先是由鲍尔提出来的,当时的主要目的是介绍新式武器的使用。②

组建一个严密的军官团是尤为困难的事。德国毕竟有着这样的传统,且始终存在着一个武装力量特殊领导集团的社会基础。而在中国,一个德式结构的"教导旅"的战斗力,大约只相当于同等规模德意志帝国军官团的 20%,与处于萌芽时期的德国国防军差不多。然而,总的来说中国将不得不靠标准化的管理方式来缔造一支职业军官队伍。塞克特在中国的时间不长,却也深受中国军队上层的私人关系之扰:"我曾被告知,在军队中有一个极普遍的现象,即一位调防的将军会带走他的一批下属军官,甚至整个参谋班底。"③根除这种弊端的办法是严格地将军事任命制度化,所有军官都直接控制在蒋的手中,根据"统一的原则和标准"确定军官的任命。④

塞克特军事建议的最后一个要素涉及政治在军队内的作用。塞

---

① 爱泼斯坦:《塞克特与蒋介石》,第 538、541 页。
② 同上书,第 538 页;《德国驻华军事顾问团工作纪要》,第 51—52 页。
③ 爱泼斯坦:《塞克特与蒋介石》,第 539 页。
④ 同上。

克特来自曾是"非政治化的"德国国防军,在魏玛共和国之前军队是不能参与政党政治的;实际上,它的政治性是内在的,军队本身就一种政治力量——从理论上说,它效忠于国家。魏玛共和国是国家,但在军方眼里,它只是一种国家的变体。德国军队这种潜在的政治性,在中国透过武装力量内部的地域性与政治性派系折射了出来。塞克特认为,要达到目标,必须实行"非政治化",军官们要宣誓只效忠于蒋介石而不是某个派系(因而,作为中国领袖人物的蒋所起的作用,要像普鲁士君主政体在帝国武装力量中,及其思想在国防军中所起的象征性作用那样)。与此同时,必须把"那些和健全的国家体制格格不入的因素,毫不留情地清除掉"。[①] "最终的目标是国家利益,而非个人获益。"[②]

在关系军事重建的所有方面,塞克特均建议要大大扩充德国顾问的权限。一个经过充实的顾问团将控制"教导旅"的发展;聘请一位德国精于管理的参谋人员来改组中国的军政部;要将军政部中负责财政的办公室从该部分离出来,聘请"合适的德国管理者"将其改建成类似德国"总审计署"的机构。[③] 那些在他们执行任务时必然会碰到的障碍必须排除:"您……元帅先生(指蒋介石——译者)……必须保证德国顾问们的影响力是卓有成效的。"[④]当然,德国人在推动军火工业方面所起的巨大作用超过了其在别的方面的成就,塞克特备忘录的最后一部分即与此有关。

据塞克特说,中国兵工厂所生产的武器中,"有75%—90%"不适

---

① 爱泼斯坦:《塞克特与蒋介石》,第539页。
② 《德国外交政策文件》C辑,第1册,no. 412,第773页,"陶德曼致外交部"(1933年8月26日)。
③ 爱泼斯坦:《塞克特与蒋介石》,第538、540—541页。
④ 同上书,第538页。

合现代军队的需要。"如果你给予士兵劣质武器,你就会失去他们对你的信任与尊重。"①在中国自己的兵器工业建成前,新式军队需要的装备一定要从外国购买。在此期间,立足国内基础又能吸引"欧洲的"军火公司参加的中国(兵器工业)建设也将起步(它是与内容广泛的工业现代化项目结合在一起的)。更可取的是,这些军火公司最好就是向其购买武器的公司,以确保武器的标准化。塞克特继续写道,"这类公司是极易找到的"。② 最后,发展兵器工业必须"态度坚定,要编列较长时间的预算",首先要在德国顾问监督下奠定长期发展的基础,然后再交给受过德式训练的中国人来管理。③

塞克特的备忘录强调,达到此目的要有两个先决条件:一是在蒋的绝对领导之下使军事系统中央集权化,二是让德国无所不在的影响力渗透到军事重建和工业发展计划中去。这一设想最先是由鲍尔提出来的,它是德国利益与蒋介石军事现代化和发展工业雄心壮志结合的产物。然而,几种因素加在一起,使得塞克特的备忘录格外引人注目,比以前的建议更受赏识。第一,塞克特是德国军界最具权威的人物,备忘录的理论依据是军事—政治互相作用的观点,1920年代德国军事的复兴证明了这一理论是卓有成效的,而蒋介石对德国的复兴钦佩之至。④ 塞克特日后在给妹妹的信中写道:"我在这儿被当成是军事的孔夫子,一位充满智慧的导师。"⑤第二,塞克特在德国国防军中的地位,使他比以往任何一位顾问都更易争取到德国的物资帮助,以完成其建议的项目。第三,尽管在中国军队内的实际经验十分有限,

---

① 爱泼斯坦:《塞克特与蒋介石》,第537页。
② 同上书,第539页。
③ 同上书,第540页。
④ 见第六章。
⑤ 拉宾劳,第707页。

第五章 新的关系 1933—1936

但塞克特却已经清晰地洞察了蒋的雄心与人品；与尖刻的魏采尔不同，塞克特从不批评蒋的治军方法，哪怕是委婉的批评都没有，塞克特总是责辱中国年迈的军官，不忠诚的下属，及国内各方面的局限使进展远远达不到预期的目标。最后，塞克特建议中有关工业的内容与国防设计委员会刚开始的工作有不谋而合之处。以中国的原料换取德国工业产品的方案也恰在此时首次公之于世了。①

塞克特在提交了建议，给人留下了深刻印象之后，在朱家骅陪同下从上海登船返国，船上还装着34件珍贵的礼物及蒋介石夫人赠送的花篮。他曾在广州做短暂停留，以支持克兰在华南的冒险活动。然后，塞克特在茫茫大海上开始系统地为德国军界和经济界的领导人写下他的建议——这些建议是1938年之前德国国防军对华政策的基石。塞克特预见到在远东将有一场围绕贸易和资源的竞争：

> 至于德国吗？它不能也不应（在亚洲）作战。而是应该着手准备在那儿的开拓发展，我们要设想当中国在所有领域的各个方面都能强大起来时，德国仍能确保自己的在华地位。德国与日本站在一边不会失去什么，但所得也甚微……（如同从前在俄国所做的那样），今后的努力还须再一次从军事方面着手，而不是为了取悦于外交部。②

事实证明，塞克特在南京取得的成功甚至超出了他自己的预料。蒋介石在5月间与他一块探讨问题时就对这位将军留下了难以忘怀的印象。③ 蒋命令朱家骅负责把塞克特的两本书《德国国防军》和《一

---

① 联邦军事档案馆，塞克特遗件，no. 62/9，43，"罗伯特·齐焌致拉宾劳"（1938年8月3日）。
② 迈埃尔-韦尔克尔，第662—663页。
③ 联邦军事档案馆，塞克特遗件，no. 62/9，43，"罗伯特·齐焌致拉宾劳"（1938年8月3日）。

个军人的思想》译成中文。① 更为重要的是,塞克特的"建议书"立即成了中国军队重建的蓝本。②

1933年8月5日,蒋介石写信给塞克特,称他不仅接受了塞克特的建议而且已经着手实行了;教导旅已经开始组建,由受过德国教育的桂永清将军指挥。③ 随后,南京政府改组,人们看到较温顺的孔祥熙取代宋子文出任财政部长,④宋反对不断增加军费支出。* 当年10月,塞克特被邀请重返中国去看看执行他建议的情形。朱家骅在致塞克特的信中强调,蒋已"无条件地相信您那超人的人格力量"。⑤ 当塞克特为是否要再次登船远航而犹豫不决时,蒋介石的压力不断增加。中国的代办告诉德国政府说,塞克特已经给蒋介石"留下了深刻而强烈的印象",并坚持说,"蒋已铁了心,塞克特绝对要回到中国去"。蒋甚至威胁,一旦塞克特拒绝他的恳请,他将不得不转而聘请法国的贝当(Petain)元帅。⑥ 最后,塞克特满足了蒋的愿望,国防军也赞赏他的

---

① 朱家骅编:《中德文化协会》,第7页。
② 刘馥,第93页。
③ 国防部史政局,"蒋介石致塞克特"(1933年8月5日)。
④ 联邦军事档案馆,W02—44/4,"魏采尔致布林克曼"(1933年4月24日);《德国外交政策文件》,C辑第1册,no.357,第643页,"米切尔森(Michelsen)备忘录"(1933年7月10日);多麦斯,第501页。
* 宋也反对由国家主办国防工业,据魏采尔称,他是怕"把太多的钱白白扔到河里。"参见联邦军事档案馆,W02—44/4魏采尔致布林克曼(1933年4月24日)。1933年7月宋子文访问德国时曾努力争取用贷款方式向莱茵金属公司购买机关枪和150毫米榴弹炮,这说明他并非反对为所有的"新军事"项目花钱。参阅《德国外交政策文件》C辑第1册,no.357,643,米歇尔森(Michelsen)的备忘录(1933年7月10日)。那时,宋子文也试图从德国或其他国家得到大宗的贷款,可除了一笔5000万美元的棉麦借款外,他一无所获,这是导致他丢官的主要原因。见杜勉书,第501页。
⑤ 迈埃尔-韦尔克尔,第667页;《德国驻华军事顾问团工作纪要》,第8页;胡颂平:《朱家骅年谱》,第34页。
⑥《德国外交政策文件》C辑,第2册no.48,第85页,"比洛(Bülow)备忘录"(1933年11月8日);no.473,第856—857页,"劳藤施莱格尔(Lautenschlager)(北京)致外交部"(1934年5月29日);no.63,第113页,"诺伊拉特备忘录"(1933年11月11日);no.48,第85—86页;no.63,第113页。

抉择,保证给予他"广泛的支持"。① 11月11日,他接受任命,担任蒋的总顾问。

塞克特考虑到自己的情况,也照顾到德国外交部对其新职可能会引起日本反应的担心,决定只在中国做短期逗留,然后就把军事使命移交给此次随他去南京的亚历山大·冯·法肯豪森(Alexander von Falkenhausen)将军,塞克特本人则在柏林继续其在经济领域的使命。这一安排事先并未通知蒋介石。② 敦促塞克特重回中国的谈判是秘密进行的,可怜的魏采尔将军几个星期后才知悉自己实际上已被抛弃了,告诉他消息的人正是塞克特。1934年4月,塞克特重返中国,魏采尔当即辞职。他心怀不满地对一个随员说,"这一切纯粹是按照中国人的方式进行的"。③

然而,魏采尔的抱怨有点不公正,因为他不只是中国利益的牺牲品,也是德国利益的牺牲品。由于塞克特重返中国充任德国在华努力的领军人物,一个崭新的规划德国未来在华利益的组织便建立起来了。

"合步楼"的形成

德国重整军备的诸多需要,包括工业产品的市场与原材料两个方面,预示着国防军与经济部要携手走向中国市场。其中的某些需要能够(也将要)由沙赫特(Schacht)贸易控制政策资助的私营工业来满足。但是,一般人认为,在华的德国贸易团体主要由汉堡和不来梅的

---

① 《德国外交政策文件》C辑,第2册 no.48,第85页,"比洛(Bülow)备忘录"(1933年11月8日);no.473,第856—857页,"劳藤施莱格尔(Lautenschlager)(北京)致外交部"(1934年5月29日);no.63,第113页,"诺伊拉特备忘录"(1933年11月11日);no.48,第85—86页;no.63,第113页。
② 同上。
③ 联邦军事档案馆,W02—44/5,57,"魏采尔致布林克曼"(1933年12月4日)。

进出口公司控制的状况,已经难以适应为满足国内需要而进行的大规模贸易拓展行动。托马斯上校呼吁,"在中国设立一个代表德国工业界的统一代理处",以便在官方(或半官方)的水平上处理今后的贸易。① 作为结果,便有了1934年1月24日"工业产品商贸公司"(简称"合步楼")的诞生。

"合步楼"明显地模仿了1920年代分别在俄国、土耳其掌握了德国国防军工业生意的"盖福"和"施塔玛格"的组织形式,它的建立,为了解这些企业提供了难得的机会。由于当时的保密和争吵,它在1930年代中期中德贸易方面的重要作用很少为人们清晰地知晓。应该仔细地寻找它的渊源。

从任何的法律意义上讲,1934—1936年间的"合步楼"都只是一家私人公司。它是参照了"施塔玛格公司"的方式创立的,这一方式衍生出了"合步楼"和简称"格拉普"(Gerap)的"机械设备商事公司"(the Geraete-und Apparate-Handelsgesell Schaft),"施塔玛格"可能是想继续从事对土耳其的贸易。② 汉斯·克兰是"合步楼"的大老板,在它最初20万德国马克的资金中,他提供了19.9万马克。③ 该公司的开张协议书现存于大柏林贸易登记处,从中可以看出它规定的业务范围较广泛,包括"国内国际机械、工具和各类日常用品的贸易,"不久,又改为"从事汽车和农业机械制造业的工具及成套设备的国内外贸易"。④

单从这份法律本身文件,谁也不敢断言这家公司会与中国或德国国防军有多大关系。所以要有意识地遮遮掩掩,是基于下列几种考

---

① 联邦军事档案馆,Wi/IF5.383,"机密指令",(1933年12月4日)。
② 华盛顿国家档案馆,T—120, Ser. 9078, Roll3515, E637497,"屈尔博恩(Kühlborn)备忘录"(1934年6月23日)。
③ 前合步楼公司官员路德维希·维讷收集的关于合步楼历史的未加标题的文件中发现了这些资料。这些文件后来被认同为"维尔讷合步楼文件"。
④ "维尔讷合步楼文件",1936年。

虑:曾任"合步楼"南京办事处负责人的瓦尔特·埃克特(Walter Eckert)在其回忆录中写道:"由一家私营公司而不是外交部或经济部等官方机构来签订(一份中德易货贸易协定),是明智之举,它有利于对世界上其他国家保守(协定)的秘密。"①——这大概是想避免激起其他在中国有利益的国家的敌对情绪。协定同时规定,在其价值得到证明之前,允许德国国防军对有关项目不承担正式的责任。当然,"合步楼"明显的"私营"性质也反映出企业家汉斯·克兰进取而又稳健的经营风格。据德国驻日本大使赫伯特·冯·狄克森(Herbert von Dirksen)说,克兰曾号称如果他能自由行动,他可以确保从中国获得相当可观的原材料。② 没有确凿的证据说明究竟克兰期望从"合步楼"得到何种利益,或事实上已经得到了什么。但他以前与德国国防军方合作时获利甚丰(他在瑞士拥有一座号称价值75万瑞士法郎的别墅),很有可能他想通过"合步楼"博取一定的经济补偿。③

尽管克兰刻意强调其事业的私营性质,尤其是与多疑的德国外交部毫不相干,但德国国防军介入其间却是毫无疑问的。克兰在"合步楼"的代理人是库尔特·普罗伊(Curt Preu)上校,塞克特首次中国之行时,国防军曾推荐普罗伊出任随行助手。④ "合步楼"和"格拉普"都由柏林的恩格哈特银行资助,这家银行长期活跃于德国国防军主办的企业中,1934年克兰也拥有了它的少量股份。⑤ 克兰首次与外交部打

---

① 埃克特,第24页。
② 德克森,第171页。
③ 黑尔费里希,第112页,克兰别墅价值之评估。根据截止期为1937年3月31日的"合步楼审查报告",克兰获得了销售总额的1%,但这是克兰将合步楼移交给国防部后的第一年所得。路德维希·维尔讷对黑尔费里希就克兰财产所作的估计提出了质疑,并注意到1957年克兰逝世时"极端贫穷"。见维尔讷致作者的信(1981年9月6日)。
④ 维尔讷合步楼文件,"合步楼资料"。
⑤ 华盛顿国家档案馆,T—120,Ser. 9078,Roll3515,E637497,"屈尔博尔恩备忘录"(1934年6月23日);黑尔费里希,第112页。

交道是经国防军的一位军官引荐,又是托马斯上校亲自将他介绍给了柏林的中国公使馆。① 最后,与克兰同在恩格尔哈特银行供职的海因里希·罗伊斯(Heinrich Reuss)皇子1935年对外交部说:"汉斯·克兰按照国防军的命令行事,这是千真万确的。"②

克兰早在"合步楼"组建之前就已在中国获得了成功,他从迈尔—马德尔公司手中接过了与广东地方当局的谈判。塞克特1933年两次在华南的逗留支持了克兰,使他获得了在广州以北30英里的潖江口承建一座兵工厂的合同,该厂将生产三种大炮。这是一宗价值650万德国马克的直接现款交易。③ 自然,这笔交易,尤其是塞克特对南京的成功访问,为日后的合作开辟了更宽阔的道路,"合步楼"的建立显示了克兰的野心,他要作为促成直接与中国中央政府签订易货和贷款合同的中间人,获得由财政部长沙赫特提供的信用贷款和德国的投资保证,克兰此前已得到过沙赫特的帮助。④ 塞克特重返中国后,再次成了克兰的庇护人,所不同的是,这一次他的保护是来自南京。

塞克特第二次在华使命 1934—1935年

塞克特第二次在华期间,享受到前所未有的崇高地位,他的权威与影响是以往的顾问不能望其项背的,甚至使所有在外国的德籍顾问都望尘莫及。到1934年底,一切都走上了正轨:按照塞克特依国防军的建制重组中国中央军的工作进展顺利,与翁文灏合作的工业计划已

---

① 《德国外交政策文件》C辑,第2册,no.89,第154—155页,"阿尔腾贝格(Altenburg)备忘录"(1933年11月27日);同上 no.235,第445页,"阿尔腾贝格备忘录"(1934年2月2日)。
② 同上,C辑,第3册,no.476;第900—901页,"福斯(Voss)备忘录"(1935年2月2日)。
③ 埃克特,第15页;路德维希·维尔讷致作者信函(1978年9月11日);《德国外交政策文件》,C辑,第3册,no.291,第929页,"埃德曼斯多夫(Erdmannsdorff)备忘录"(1935年2月14日);陈景训(音):"第四十二兵工厂",联勤总部(1),第261—262页。
④ 合步楼活动计划经过同塞克特和沙赫特的密切接触后于1933年冬至1934年制订出来;埃克特,"小结"2(参见本书第145页注④)。

第五章 新的关系 1933—1936

经着手进行,"合步楼"主持的第一个易货协定已经草签。

塞克特1934年4月4日抵达中国,除了每月2 000美元工资外,还享受豪华的食宿款待——其工资是魏采尔的三倍,这是南京政府付给一位外国顾问的前所未有的高薪。① 一位常住中国的德国顾问说,塞克特"在各方面受到中国贵宾般的照顾。"他的房门口有礼仪卫兵站岗,平日有四位保安军官形影相随。他外出旅行时乘坐的是政府特供的车厢。当蒋介石不在南京而塞克特又代表他行事时,他会坐在蒋的办公室内总司令的办公桌前召见中国军官。②

塞克特不仅是国民政府总顾问,他也是军事委员会委员长的信托的人。③ 这些头衔使他能正式参加蒋介石及其高级军官们在庐山牯岭举行的谈话会,为期一周的谈话会从1934年4月28日到5月4日。

在这次异常重要的谈话会中,蒋介石与塞克特讨论了如何在中国贯彻塞克特的主张,尤其是其备忘录所涉及的问题。为了抵御日本的入侵,蒋希望能有两套国防计划:一套短期的"应急"规划,一套长期的"基础"规划。两人在前一个规划上稍有分歧,而在第二个规划上则有完全的共识——尽管有某些中国军方领袖加以反对。

在讨论对付日本攻击事件的"应急"计划时,蒋介石清楚地向塞克特表明了他的意图,即牺牲华北,集中几乎所有的资源防卫长江流域。④

---

① 联邦军事档案馆,W02—44/6,第41页,"塞克特致李蕭"(1934年6月1日)。
② 联邦军事档案馆,"塞克特遗件",no. 62/9,第53—54页,"克鲁姆马切尔致拉宾劳"(1939年11月18日)。
③ 国防部史政局,"塞克特致蒋介石"(1934年5月5日)。
④ 蒋告诉塞克特,下一年度的军事预算将仅有16%用于长江以北。华北的防御将仅仅有选择地修建几座防御工事。当塞克特争辩道,日本人只要绕过这些防御要塞,就可以轻而易举地长驱直入时,蒋的回答是:"那么日本就不能够占领这些战略要地"。蒋告诉塞克特,这不仅仅是一个军事问题。同华北形成对照的是,华北在政治上是未知数,华北的军人"没有任何军事价值"。联邦军事档案馆,W02—44/5,第209、237、217页,"塞克特同蒋介石会谈备忘录"(1934年5月4日、5月2日、4月28日)。

然而,即使这样做,也要等到在江西围剿共产党的作战结束后才能开始。① 虽存有疑虑,塞克特仍同意构筑沿长江的防御工事,尤其是修筑从上海至南京一线由碉堡构成的防线,它后来以中国的"兴登堡防线"而出名。②

当时有一种反对声音,不同意塞克特在备忘录中提出的要"彻底地"重组中国军队。但这并非来自蒋而是来自一些军事领袖,他们正确地预见到,要组建一支精锐部队,只能靠对现有各师的改造,而不是另组新的师级单位来完成。塞克特带去了他拟订的一份详尽蓝图:通过两个预定的步骤来确立新军队的基础,在和平时期,军队规模是6个师(10万人),战时达到18个师(30万人)。③ 在德国时,国防军曾授权塞克特在德国军事院校和部队内对"年轻的军官"进行广泛的训练。④ 陈诚将军提出了相反的议案,陈是庐山军官训练团的负责人,他主张驻江西的30个师在结束军事行动后,立即就地整编。这使得塞克特担忧自己整套的建议会因此而被否定,他提出要立即返回德国以示威胁。⑤ 蒋基本上站在塞克特一边,谈话会最后的结论是,江西

---

① 对塞克特建议一旦出现紧急情况,军队应从江西战争中解脱出来,蒋介石回答说:"在江西战役结束之前,不可能对日本采取任何行动。剿匪必须首先完成。"同上,第207页(1934年5月4日)。

② 在同意了这一点之后,塞克特显然已清楚他对蒋的华北计划不负有任何责任。同上,第235、237页,(1934年5月2日,5月1日)。

③ 建立一个适合于装备18个师所需武器的军事工业的"塞克特计划"在俞大维的文件中发现:见联勤总部(2)。

④ 联邦军事档案馆,W02—44/5,第231页,"塞克特呈蒋介石"(1934年5月1日);第203页,"塞克特致蒋介石信函"(1934年5月3日)。军政部次长陈仪将军可能也卷入了这一阴谋:访问朱国勋,台北,(1978年1月18日);第199页,"塞克特对德国顾问的讲话"(1934年6月5日)。

⑤ 联邦军事档案馆,W02—44/5,第231页,"塞克特呈蒋介石"(1934年5月1日);第203页,"塞克特致蒋介石信函"(1934年5月3日)。军政部次长陈仪将军可能也卷入了这一阴谋:访问朱国勋,台北,(1978年1月18日);第199页,"塞克特对德国顾问的讲话"(1934年6月5日)。

的战事结果后编练6个新建师,现有各部队也要按相同比例压缩。在新编师完成整训前,现有部队的军官要到庐山受训,某些"旧"师也将以较好的武器来装备。①

与会者对军事工业领域的总体发展达成了共识。塞克特精确地计算出装备6个师、12个师和18个师每个月所需的武器及军用品,他提出了一份军工建设的详细规划,以满足部队需求,规划包括建立数家兵工厂、一座钢铁联合企业、一家机器制造厂、一个汽车和卡车制造厂。② 蒋介石对他的建议极为赞成。塞克特还将与翁文灏的国防设计委员会及兵工署商讨如何去实施。兵工署是专门负责与购置武器和军事工业发展相关事务的机构,原先由柏林的中国贸易处管辖,经塞克特建议,已改由俞大维将军领导。③ 这些计划制定前都和德国国防军磋商过。蒋同意增加顾问团内负责与国防军联络的办公室的经费,也同意将所有军事和工业物资的购买权集中交到一个"合适的"德国人手中。④

塞克特6月初返回南京,他在顾问团的全体会议上说:"大元帅(蒋介石——译者)走得比我期望的还要远……我能以他的名义发布各种命令,做各种必要的安排。至于那些大元帅自己不知该如何处置

---

① 联邦军事档案馆,W02—44/5,第231页,"塞克特呈蒋介石"(1934年5月1日);第203页,"塞克特致蒋介石信函"(1934年5月3日)。军政部次长陈仪将军可能也卷入了这一阴谋:访问朱国勋,台北,(1978年1月18日);第199页,"塞克特对德国顾问的讲话"(1934年6月5日)。
② "塞克特计划",联勤总部(2)。
③ 联邦军事档案馆,W02—44/5,第183页,"塞克特致俞大维"(1934年5月22日);同上,第151页,"国防部致塞克特"(1934年6月26日)。
④ 《德国外交政策文件》C辑,第2册,no.454,第825页,"陶德曼致德国外交部"(1935年5月17日)。

的情况,我必须独自承担下来,用这样或那样的方法解决这些问题!"①尽管塞克特本人也承认发布命令和执行命令之间并不能画等号,他还是有理由乐观的。

塞克特告诉顾问们,他已经让蒋介石相信顾问团是一个"条顿骑士团",*蒋可以依靠它"把自己的思想直接传输到部队中去"。②为达此目的,他对军事顾问团实行了彻底的改组,严格了责任划分。只有一个小规模的联络组在李鼐将军领导下继续负责中德军官间的协调工作,同时,建立了一条新的渠道,使蒋介石的命令能通过塞克特经过总顾问的参谋班子(由刚到中国的冯·法肯豪森领导),最后直接下达给每一个顾问,顾问团当时共有61人。顾问们被分成三部分(分别负责新建师,装备和兵工厂,现有师的工作),另有两个部门,一个为顾问团招募新成员,一个负责翻译外文著作,后者由50位中央陆军军官学校所属翻译学校的毕业生组成。③

塞克特随即利用其已经得到加强的地位,来同中国军事行政机关密商。6月上旬,他以蒋介石"助手"的名义主持了一系列会议,着重研讨落实牯岭会议决议的问题,与会者包括军政部长何应钦、参谋总长

---

① 联邦军事档案馆,W02—44/5,第199页,"对顾问的讲话"(1934年6月5日);第194页;第71—77页,"雇佣顾问的规定"(1934年6月1日);访问王洽南将军;第7页,"塞克特会客一览表"(1934年6月4—9日;11—16日);第139—143页,同贺耀组将军、王洁及其他人的通信;第189—191页,"塞克特致朱培德将军"(1934年6月22日)。《德国驻华军事顾问团工作纪要》,第11页。

* 相传条顿人系日耳曼人的一文,条顿骑士团是中世纪十字军的一种组织。——译者

② 联邦军事档案馆,W02—44/5,第199页,"对顾问的讲话"(1934年6月5日);第194页;第71—77页,"雇佣顾问的规定"(1934年6月1日);访问王洽南将军;第7页,"塞克特会客一览表"(1934年6月4—9日;11—16日);第139—143页,同贺耀组将军、王洁及其他人的通信;第189—191页,"塞克特致朱培德将军"(1934年6月22日)。《德国驻华军事顾问团工作纪要》,第11页。

③ 同上。

朱培德、参谋次长贺耀组和中央陆军军官学校教育长张治中。① 在塞克特确定了基本的原则后,他的参谋长法肯豪森接手了顾问团的日常工作,如规划长江沿线防御工事的构筑及对新编师的训练工作。② 从7月开始,塞克特全身心地投入到有关国防经济的事务中去了。

"合步楼"同南京的协议

6月底,塞克特从南京到了北方的疗养胜地北戴河。他将一直在广州等待消息的汉斯·克兰召到那儿会商。努力争取签订大笔经济协定的时机已经成熟,"合步楼"就是为此而建立的。克兰正是德国方面协调军事工业合作的"合适的"人选,他被推荐给蒋时,被说成是塞克特的"密友",拥有组织才能与"丰富的建设经验",在德国政府内享有相当高的信誉。③ 7月底,克兰在经蒋同意后到了牯岭,经过四个星期的谈判,1934年8月23日在那儿签订了"中国原料和农产品与德国工业和其他产品互换的协议"。④

在这个"须严格保密"的协议序言里说,协议是由蒋介石和塞克特"为增强两国实力"而着手合作的产物。其条款规定,中国政府向德国输送矿产及农产品,直接换取德国的工业产品。在成船的矿产品运出之前,克兰将用赊账方式向中国提供包括采矿业在内的各类专家与机械。他也承诺向中国政府提供一笔1亿德国马克的贷款,这笔钱无须兑现,中国政府用此款来订购德国的工业产品,日后也将用海运的原

---

① 联邦军事档案馆,W02—44/5,第199页,"对顾问的讲话"(1934年6月5日);第194页;第71—77页,"雇佣顾问的规定"(1934年6月1日);访问王洽南将军;第7页,"塞克特会客一览表"(1934年6月4—9日;11—16日);第139—143页,同贺耀组将军、王洁及其他人的通信;第189—191页,"塞克特致朱培德将军"(1934年6月22日)。《德国驻华军事顾问团工作纪要》,第11页。
② 同上。
③ 联邦军事档案馆,"塞克特遗件",no. 62/9,第43页,"齐焌致拉宾劳"(1938年8月3日)。
④ 原文藏于华盛顿国家档案馆,T—120,Ser. 6680,Roll2988,Ho96105—110。

材料来偿还。协议的条款中并未准确地点明送到德国的"原料"具体指的是什么,但塞克特告诉德国大使陶德曼(Oskar Trautmann)说,首先是指"高品位的"矿物。① 其他的资料表明,中国得到的报酬是:德国企业在克兰调配下参与中国的重工业基地的建设,包括一家钢铁联合企业,矿石加工设备,和能够满足中国陆军、空军与海军装备需要的兵工厂。② 在中国方面,除兵器工业的发展归俞大维的兵工署领导外,易货协议包含的项目都划归一个促进"军事工业发展的特殊机构"——翁文灏的国防设计委员会领导。③

易货协议的性质和所涉及的领域都是前所未有的。尽管协议并未规定偿付的期限,1933年和1934年两年间,德国从中国的进口年平均值为4 600万德国马克,同一时期,德国对中国的年平均出口值是7 400万马克。④ 两者都以异乎寻常的速度增长,而且如果一切顺利的话,这笔1亿德国马克的易货协议仅仅是个开端。对汉斯·克兰来说,协议只是一种"手段",它使中国"依赖"于德国,为德国工业界创造了一个其他国家无法涉足的广阔天地,为德国国防军开辟了一个"独立的原材料市场"。⑤ 对蒋介石来说,易货协议提供了实现其工业化规划的手段,该规划鼓励外国列强参与他的军队重建工作。对一个不能从国际金融市场获得借款的中国政府来说(它在1933年靠以海关收入作为抵押,才从美国借得一笔应急的农业贷款),协议确定了一种经济交换关系,中国第一次成了完全平等的伙伴。中国供给德国的货

---

① 《德国外交政策文件》C辑,第3册 no.180,第365页,"陶德曼备忘录"(1934年8月19日)。
② 埃克特,第24、36页;国防部史政局,"塞克特致蒋介石"(1934年8月22日)。
③ 国防部史政局,同上;联邦军事档案馆,W02—44/5,第99页,"梁颖文(蒋介石秘书)致塞克特"(1934年9月16日)。
④ 布洛赫,《德国在远东的利益和政策》,第27页。
⑤ 华盛顿国家档案馆,T—120,Ser.6680,Roll2988,Ho961 87ff,克兰,"谈判报告"(没有日期,但德外交部档案中的日期为1935年1月)。

物与德国供给中国的一样重要。这表明,中国不必再靠乞讨国际救济金度日了。①

对汉斯·冯·塞克特来说,"合步楼"的协议是其在中国最后的一项成果。他曾经拯救了顾问团,曾以其在军队建设方面的经验帮助过蒋介石,现在又推动了中德在经济领域的广泛合作。他在中国只待到次年的 3 月,那时他为能尽早回国,不惜用外交手腕托词称病,将顾问团的工作留给了法肯豪森。当然,直到 1936 年 12 月去世前,他在名义上仍是蒋介石的总顾问,并在柏林继续推动"合步楼"易货协定的履行。

围绕着"合步楼"和钨展开的斗争

克兰—南京协议的签订,并不意味着以货易货行动的立即开始。1亿马克的货款还须得到德国政府的批准,并与南京签订一个附加的协定才能生效。事实表明,1934 年 8 月的签订手续只是一个艰难过程的开端,由于德国外交部和德国传统贸易商行的反对,再加上克兰和德国国防军的勃勃雄心,使得以后的事情更加复杂起来。

克兰以国防军和经济部长沙赫特为自己坚强的后盾,但他却得不到外交部的信任。外交部一直沉湎在自己能主导德国对华政策的幻觉之中,威廉大街始终对克兰的谈判过程一无所悉,直到事情结束后才从塞克特那儿得到了消息。陶德曼大使在发回国内的电报中推测,克兰似乎受到政府内有影响的人支持,外交部长康斯坦丁·冯·诺伊拉特(Konstantin von Neurath)曾在电报的边上写道:"他们是谁?"一

---

① 迈埃尔-韦尔克尔,第 683 页。朱家骅也确信塞克特的病根更多在于外交;访问朱国勋(1978 年 1 月 18 日)。

位谨慎的下属在空白处写下了答案:"据我所知,是国防军部。"①在确认情况属实后,德国外交部便将克兰视为冒险分子,他是一种威胁,可能会破坏德国小心翼翼地在中国与日本之间维持平衡的远东政策。它也害怕克兰的协议会使目前对德国有利的中德贸易发生大的逆转。更进一步看,易货协议似乎将危及在华的广大德国商行,德国在华贸易是在商行的努力下才得以在从20年代初期的低起点上重建起来,它们部分是靠自己的力量与中国政府签订合同,这在当时是个有风险的事业,德国黄金贴现银行的董事对此回忆说,"完全没有保障"。②威廉大街因此投入了坚决反对克兰协议的阵营,该阵营是由德国对华贸易的主导机构——汉堡—不来梅东亚协会所领导的。③

然而,外交部和私人贸易商们的担心可能很快就屈服于沙赫特和国防军部长韦尔纳·冯·布隆堡(Werner von Blomberg)对易货贸易的强烈要求,只是他们不再允许克兰过分地插手与广州下一个协议的谈判。④ 如果说克兰1933年签订的那项为陈济棠将军的政府建设一座兵工厂的合同,在一定程度上是想以此来与南京讨价还价的话,那1934年夏天在广州签订的新协定则完全是出于其自身需要的考虑。因而激起的反响也特别大。

广州,南京,以及钨

塞克特1933年7月在广州逗留时,曾认为它是个"不幸的城

---

① 《德国外交政策文件》C辑,第3册,no.180,第365页,"陶德曼备忘录"(1934年8月19日);no.488,第923页,"埃德曼斯多夫备忘录"(1935年2月11日)。外交部的反对集中反映在《德国外交政策文件》第5册,no.238,第347,"福斯备忘录"(1936年3月31日)中。
② 同上。
③ 黑尔费里希,第107—140页。
④ 《德国外交政策文件》C辑,第3册,no.488,第922—923,"埃德曼斯多夫备忘录",(1935年2月11日);同上,no.554,第1042页,"布隆堡致诺伊拉特"(1935年3月23日)。

市"。① 克兰(自然还有德国国防军)仍在广州拼命活动,部分是由于对中国国内复杂的政治局势缺乏深入了解,部分是因为德国人在中国恢复了大国地位的傲慢心理。当然,最重要的还是其对战略性矿产的急切需要。所有这些因素一度曾侵蚀了与南京的关系,使德国卷入了中国政坛即将爆发的一场风暴。

1934年的广东和它相邻的广西一样,实际上是独立自主的。它拥有自己的军队,自行征集税收,推行自己的经济发展计划。名义上的统一仍然存在:如果能换回相同数额的补助拨款的话,两广会向南京上缴某些税收。蒋介石急于要把西南置于自己的控制之下,除共产党之外,西南地区是他统一进程中的最后一个挑战者。

早在1934年2月,南京就对克兰在湛江口的兵工厂建设项目做出了反应,声称反对德国人和广东及"南天王"陈济棠将军打交道。可克兰对此置之不理。尽管他在理论上承认中国应完成统一,但同时又强调每个省就是一个"经济上的独立体",执行发展项目时无须"获得中央政府的批准"。何况陈济棠对他"许诺",兵工厂出的武器只会用做抗日。② 德国国防军部长冯·布隆堡则坚持,只要德国人觉得合适就有权与广州交往:"像我们这样的强国,没有义务为自己在国外的行动向别的国家解释什么。"③

当然,比这些考虑更重要的,是对矿产品的需求。克兰相信,广州在提供矿产品的能力方面丝毫也不逊于南京。他说,广东不仅是中国"最富庶的省份",而且还与相邻的省份广西、贵州、湖南和云南结成了"联盟",和江西的关系也相当不错。相比之下,南京实际能控制的地

---

① 联邦军事档案馆,塞克特遗件,no. 247/135,"旅行日记"(1933年7月16日记载)。
② 克兰,"谈判报告"。
③ 《德国外交政策文件》C辑,第3册,no. 554,第1042页,"布隆堡致诺伊拉特"(1935年3月23日);同上,第5册,no. 495,第872页,"费舍尔(北戴河)致德国外交部"(1936年8月8日)。

167

区似乎还不及它在。① 这实在是对"西南政务委员会"实际力量的一种错觉(顺便提一下,湖南不是西南政务委员会的成员),它那时基本上只是一个反对南京的工具而已,而且只在广东和广西有些权威。黛安娜·拉里(Diana lary)就指出,政务委员会"在两省处理内部事务时,根本就不能起作用。"② 可克兰的错觉很容易地就使他相信广州有提供钨的能力,他以为中国的所有金属矿藏都蕴藏在"岭南地区",它包括了云南东南部、广西北部、广东北部、湖南南部和江西南部在内的广大区域。克兰所以坚信广州每年能提供 8 000 吨的黑钨矿,肯定是从下列事实中推论出来的:即 1933 年中国出口钨产品总数的 90% 是经广州的港口运出的。③

这是一个易使人产生误解的事实,它既不能反映西南地区的钨矿储量丰富,更不能说明广州政权有供应钨的能力。广东省本身的钨产量极为有限,广西和云南当时所占的份额也不大,到 1934 年底至 1935 年初之前,在两省内的勘探结果并不尽如人意。已经开发而且质量上乘的钨产自湖南和江西。湖南的开采量逐年递减,江西的钨矿占了全国蕴藏量的 80%,总产量的 70%,它是中国和全世界钨矿的中心所在。④ 1928 年前,产自江西省西南部的钨用最经济的方式运出,从赣江北上运至九江,再沿长江顺流而下,到达上海。但是共产党在井冈山建立了根据地,井冈山恰好位于盛产钨的赣州的北面,原先的路线只得关闭,钨产品改由费用昂贵的陆路运往南方(目的地是广州和香

---

① 克兰,"谈判报告"。
② 拉里,第 160 页。
③《德国外交政策文件》C 辑,第 3 册,no. 488,第 924 页,照会(4),"阿尔腾贝格(广州)致德外交部"(1935 年 1 月 31 日)。阿尔腾贝格注意到 1934 年广州黑钨矿出口的官方数字是 1 866 吨,非官方数字是 4 075 吨,那个 8 000 吨的数字是想象出来的:陈炳繁(音)第 167 页。
④ 李国欣与王宠佑,第 23 号,第 47—50 页;"湖南:经济调查",《中国经济杂志和公报》第 18 卷第 4 期(1936 年),第 575—576 页;"广西最近之发展",同上,第 20 卷第 4 期(1937 年)第 402 页;王公秉(音),《中国的矿石资源》,第 626 页。

第五章 新的关系1933—1936

港)。有证据说明在1933至1934年间,江西的苏维埃政权至少控制着部分通往南方的出口贸易。① 这种情况到1934年中克兰与南京和广州谈判时依然存在。当然,大家都在猜测,它可能持续不了多久,因为当时蒋介石的军队在大举进攻,就要把共产党赶出江西了。

没有迹象表明克兰已经体认到江西贸易的复杂性,人们很容易地推测出,他是被广东当局声称的拥有贸易"垄断权"所打动。② 广东省政府确实在1933年宣布了实行统制的命令,可各种外部条件使命令的效力极为有限。它难以应付钨产品贸易过程中的各个环节。大矿区被划成小片,分别掌握在独立的矿主手中。钨矿"公司"大多是由商人们组成的,他们直接进入矿区收购产品,然后安排将其陆路运出(或走私)。广东省政府试图控制整个过程中的每个环节——甚至将向远远超出本省边界的崎岖山岭地区派出了军队,但这是个困难重重的尝试。实施贸易统制的最佳办法是对资源直接而牢靠的控制,这一点广州政权从未做到过。总体上看,广州只能在矿产品从陆地转为海运时征税,即使在这一环节上也是有缺陷的:每个月都有相当数量的钨走私到香港。③

但是,克兰本人认为广东拥有取之不竭的财富,从这种观念出发,他在与南京谈判签订1934年8月23日协定时,"努力问蒋介石,说明

---

① 《江西的特产》,第19—20页;《江西经济问题》,第249—250页。华盛顿国家档案馆T—120,Ser.9077,Roll3515,E637440,"柯瑞伯致德国外交部"(1935年1月23日);同上,Ser.6680,Roll2988,Ho96214,"阿尔腾贝格(广州)致德国外交部"(1935年2月1日)。此外可见,柯伟林,《国家政策和地方政治:南京十年时期的江西钨矿贸易》,美国中西部关于亚洲事务会议论文(1981年10月2日)第6—11页。
② 克兰,"谈判报告"。
③ 《经济旬刊》第2卷,第16期(1934年6月1日);法贝尔,第122页;华盛顿国家档案馆,T—120,Ser.6680,Roll2988,Ho96214,"阿尔腾贝格(广州)致德国外交部"(1935年2月1日)。

169

协定也必须在广州执行。"①事实上,他已经与广州打交道了。

7月20日,克兰与陈济棠签订了一份秘密的易货协定。这份协议几乎与南京协定完全相同,只是在广州协议中计划提供双倍贷款,即2亿德国马克。②贷款协议于7月21日签订,要求克兰提供全长946英里的四条铁路的全部建筑材料(其中最长的是广汕铁路),还要求在黄埔帮助建造现代化的轮船码头并提供设备。③在南京协定签订后两周,克兰与陈济棠又进一步签订了3个协议,作为双方易货贸易的一部分:其一为湛江口的兵工厂建造一座火药炸药厂,其二对该兵工厂进行重要扩建,其三在广州对面的河南岛建一个防毒面具厂。④这些工程至少有一项肯定已在1933年秘密地拟订出来,因为1934年4月从事码头建设的工程人员就已开始抵达广州了。⑤

到1934年秋季,克兰在广州的新计划广为人知时,在南京和柏林引起一片反对之声。克兰则声称蒋介石并"不曾反对"他与广州方面打交道。但是在11月份,蒋介石电示中国驻柏林公使刘崇杰,声称他从未同意过,这种交易应该"禁止"。⑥德国外交部通过南京的抗议才首次获悉那些协议。这就引起了一场为废除那些协议而发生的激烈争论,从而使陶德曼对"所有那些正在重新发现远东的"极不信任的观

---

① 塞克特在同陶德曼的一次会谈这样说的,记录于《德国外交政策文件》C辑,第3册,no. 180,第364页,"1934年8月19日备忘录"。
② 原文藏华盛顿国家档案馆,T—120,ser. 6680,Roll2988,Ho96097—105;Ho96111—117; Ho96131—144。
③ 同上。
④ 同上。
⑤ 埃克特,第18页。也见《1934年经济情报》(1934年)。
⑥ 《德国外交政策文件》C辑,第3册,no. 301,第575页,"迈尔(Meyer)备忘录"(1934年11月6日);no. 504,第959页,"陶德曼致德国外交部"(1935年2月22日);"迈尔备忘录"(1935年2月20日)附在"诺伊拉特致沙赫特"(1935年2月27日)信函中,同上 no. 508,第966—968页;no. 554,第1042页;外交部政治档案(21),Chi,Bd. 1,"法肯豪森致南京大使馆"(1936年8月27日)。关于兵工厂和码头设备,见埃克特,第29页。

点得到了支持。亚洲司司长迈尔概括了外交部反对克兰一切方案的理由：(1) 武装广东损害了南京的利益；(2) 武装南京会引起日本的反响；(3) 从经济上说，所有那些协议都是建立在中国经济的脆弱基础之上的。①

但是，克兰及其在国防军和经济部的支持者们并没有被吓倒。至1934年后期，扩建兵工厂和修筑黄埔码头的工作仍在顺利地进行着。1935年初，情况有了新的转折，以退休将军泽姆斯道夫为首的6名德国军事顾问抵达广州，根据与陈济棠签订的"纯私人合同"，他们要工作三年。泽姆斯道夫成了陈济棠的"总顾问"。②

就南京政府方面来说，它对自身所签订的易货协定仍然极感兴趣。1928年广州—南京对聘用鲍尔一事所产生的混乱记忆犹新，在此情况下，广州政府和南京政府在1934年都派遣了一系列赴德经济考察团。③ 很明显，蒋介石不能容忍德方另与广州进行交易，而这种事态可能使德国和南京的关系产生问题。④ 1935年4月，塞克特在离开中国前已经不再插手广州计划，他的继任者冯·法肯豪森将军与克兰及合步楼本无关系，因此密告陶德曼大使，在广州的冒险行动将危及南京顾问团的地位。⑤

---

① 《德国外交政策文件》C辑，第3册，no. 301，第575页，"迈尔(Meyer)备忘录"(1934年11月6日)；no. 504，第959页，"陶德曼致德国外交部"(1935年2月22日)；"迈尔备忘录"(1935年2月20日)附在"诺伊拉特致沙赫特"(1935年2月27日)信函中，同上 no. 508，第966—968页；no. 554，第1042页；外交部政治档案(21)，Chi, Bd. 1, "法肯豪森致南京大使馆"(1936年8月27日)。关于兵工厂和码头设备，见埃克特，第29页。
② 同上。
③ 《东亚评论》第15卷，第11期(1934年6月1日)，第264页；同上，no. 17(1934年9月1日)，第407页；《柏林交易所报》(Berliner Börsen-Zeitung)，1934年10月13日。
④ 《德国外交政策文件》C辑，第3册，no. 366，第694—695，"陶德曼致德国外交部"(1934年12月1日)；照会(1)和(2)；辛达谟，《传记文学》，第19卷，第5期，第88页。
⑤ 《德国外交政策文件》C辑，第3册，no. 366，第694—695，"陶德曼致德国外交部"(1934年12月1日)；照会(1)和(2)；辛达谟，《传记文学》，第19卷，第5期，第88页。

与此同时,蒋介石对江西苏区的第五次"围剿"已成功地把共产党逐出该省,后者于1934年10月被迫进行"长征"。南京的军队在贵州、云南和四川追击红军,这三个省份第一次处于南京的直接影响之下。由于中国共产党被驱逐出境,广东、广西便失去了缓冲的省份,在各方面都面临着蒋介石部队的威胁。

在正常情况下,江西苏维埃的结束意味着该省蕴藏的钨矿将会再次北运,这样就使克兰在广州进行冒险的主要理由得以消失。但是,在1935年初,江西南部的情况仍不正常。一部分地区为忠于南京任命的熊式辉将军的部队所占据。熊氏谋求江西省对矿石的垄断,以此来筹集建设本省的部分资金,因此在1935年1月11日成立了省钨矿局。然而,在该省边远的西南部靠近大余的一块矿藏最丰富的地区,却掌握在余汉谋将军及其指挥的广东第一军手里。尽管余的任务是尽力满足广州的需求,但他却另有打算,企图建立个人的垄断。余汉谋当时正准备在南京和广州之间做一笔最大的买卖——这就迫使陈济棠在3月份取消了广东省的垄断——翁文灏的委员会则在为计划中的国家垄断做准备。由于办法悬而未决,余汉谋为便利起见,大部分矿石仍然是从广州南下出口。①

且不管垄断的争端如何解决,但问题十分清楚,就是说转运到广州出口的情况不久就要停止,而克兰对广东的期望则是大大夸张了。②1935年4月间,德国驻沪总领事赫尔曼·柯瑞伯插手结束广州的工程。人们可能还记得,柯瑞伯曾经短期担任过蒋介石的总顾问。作为一名国

---

① 《经济旬刊》第4卷,第5期(1935年2月15日);第4卷第12期(1935年4月25日);华盛顿国家档案馆,T—120, Ser. 6080, Roll2988, Ho96214,"阿尔腾贝格(广州)致德国外交部"(1935年2月1日)。也见柯伟林,《国家政治和地方政治》。
② 见本书第168页注③。他们也担心假如南京控制了广东之后,兵工厂和其他项目将被无偿接管:联邦军事档案馆,W02—44/7,第61—62页,"劳腾施莱格尔(南京)致北京"(1935年5月15日)。

第五章 新的关系 1933—1936

家社会党党员,1934年由希特勒将其安排在这个新岗位上的。柯瑞伯插手钨矿问题,曾于1934年12月与熊式辉在南昌做过一次讨论,调查德国直接和江西打交道的可能性。① 然而,1935年5月17日,在法肯豪森和德国驻南京公使馆负责人劳腾施拉格尔的敦促下,柯瑞伯直接打电报给希特勒,说明在最明确的条件下与南京合作的重要价值:

> 德国武器和军火工业与南京政府之间的交易的先决条件……是继续发挥德国驻南京军事使团的作用。任何危及该使团作用的行动都会釜底抽薪地毁掉政府交易的基础。因此也同样地损害了克兰—南京计划的基础。……在广州的德国顾问使南京顾问团面临被召回的危险。……南京政府和蒋介石的地位从来没有像现在这样稳固,这就意味着广州不再是真正的竞争对手。任何与广州进一步发展关系的愿望都有可能使迄今为止在南京所做的一切前功尽弃。我们正在破坏南京政府对我们的信任。如果我们认为可以一方面支持我们所承认的政府又可以同时支持其潜在的敌对方面,这样会产生两头落空的危险。我建议一种大度的解决办法:即召回广州的德国顾问,或将他们转派至南京;放弃克兰与广州的武器和军火交易,转向与南京进行大规模的交易。②

希特勒的答复无案可查,但一周后国防军部的冯·莱谢劳将军及外交部长冯·诺伊拉特签发了一份致南京使馆的急件,内称克兰应把他的

---

① 华盛顿国家档案馆,T—120,Ser. 9077,Roll 3515,E637440,柯瑞伯"旅行报告"(1934年12月7日)可在他1935年1月23日致德国外交部信函中找到。
② 《德国外交政策文件》C辑,第4册,no. 94,第167页,"柯瑞伯致希特勒",附在"陶德曼致德国外交部"信函中(1935年5月17日);联邦军事档案,W02—44/7,第63页,"劳腾施莱格尔致法肯豪森"(1935年5月13日);no. 101,第192—193页,"迈尔致陶德曼"(1935年5月24日)。这对莱谢劳来说是一个重大的转变,因为他之所以支持在广州的冒险举动也有其个人的原因:他那不中用的兄弟受雇于涟江口工程。埃克特,第31—32页。

173

工作从广州转向南京,如要与广州继续打交道,必须征得蒋介石同意。①

1935年6月,克兰再次赴华,在成都与蒋介石会晤,关于初期的广州兵工厂工程(克兰称之为小事一桩)和黄埔码头设备问题显然获得蒋氏的默许。不管怎样,这两项工程此时正顺利进行,已快要竣工。② 7月间,克兰与翁文灏及其代表钱昌照(此时正全权负责合步楼协议中国方面的事务)做了长时间的讨论。为了显示南京方面现已充分控制了钨矿供应,翁文灏甚至在中国易货贸易尚未正式开户之前,就答应在秋季把2 000吨黑钨矿运往德国。③ 这样,广州问题就不再成为争端了。尽管在1935至1936年的冬春之间,对广州方面防毒面具厂仍存在着不同意见——该厂的建设在秘密进行着,蒋介石误认为这是一座毒气装置④——但就整体来讲,蒋介石采取置之不理的态度,他毫不怀疑,广州的工程不久一定成为其囊中之物。在1936年4月签署合步楼贷款协定之前,蒋介石来个官样文章,说"传闻向广东交货之事,纯属子虚乌有"。⑤

1935年春,兵工厂扩建工程停止时,轮到陈济棠抱怨德国的背信弃义了。⑥ 南京和广州的公开对抗终于在1936年夏季发生,陈济棠抵

---

① 《德国外交政策文件》C辑,第4册,no.94,第167页,"柯瑞伯致希特勒",附在"陶德曼致德国外交部"信函中(1935年5月17日);联邦军事档案,W02—44/7,第63页,"劳腾施莱格尔致法肯豪森"(1935年5月13日);no.101,第192—193页,"迈尔致陶德曼"(1935年5月24日)。这对莱谢劳来说是一个重大的转变,因为他之所以支持在广州的冒险举动也有其个人的原因:他那不中用的兄弟受雇于湛江口工程。埃克特,第31—32页。
② 埃克特,第36页;《德国外交政策文件》C辑,第5册,no.156,第202页,"陶德曼关于同蒋介石会谈致外交部的报告"(1936年3月19日)。
③ 采访关德懋,1978年6月3日。"布隆堡致蒋介石的感谢电":华盛顿国家档案馆,T—120,Ser. 6660,Roll2988,Ho96334,"埃德曼斯多夫备忘录"(1935年11月13日)。
④ 《德国外交政策文件》C辑,第5册,no.156,第202页,"陶德曼关于同蒋介石会谈致外交部的报告"(1936年3月19日);no.254,第384页,"蒋介石致布隆堡"(1936年4月3日);第4卷,no.432,第864页,"陶德曼(广州)关于同陈济棠会谈致德外交部的报告"(1935年12月28日)。
⑤ 同上。
⑥ 同上。

挡不了拥有现代化军事装备的蒋介石,而那些现代化军事装备正是陈济棠原来希望通过他与克兰签订合约得到的。陈济棠的6名德国军事顾问因为将被解聘,在蒋介石进军西南期间,都采取一种低姿态。首席顾问泽姆斯道夫将军选择了一个最适合的时机——敌对行动开始之前——死去。① 到8月份,陈济棠下野了。余汉谋倒戈投靠南京,被正式任命为归顺的广东省最高军事长官。以前德国与广东签订的所有协议,不是取消,就是代之以与南京签署的新协议。②

最后协定

体现合步楼易货贸易内容的信用贷款协定,是在柏林和南京两方面的国内反对被平息之后签署的。

在德国一方,汉堡—不来梅东亚协会的活动总是滞后,该协会对德国国防军关于克兰与南京打交道,最终会使德国各方面都能参与更大规模的贸易的许诺置若罔闻。③ 尽管塞克特预言在贷款协定签订后"一些公司也许能再次间接地参与贸易",④但是德国国防军决定直接控制这宗易货贸易。⑤ 原来以为克兰会组建自己的海运公司从事这项贸易,但最终却选择了梅尔歇尔贸易公司及代表北德劳埃德的海运公司经营全部的易货贸易,从而排斥了其他的公司。⑥ 东亚协会所代表的公司被打乱了阵营,其事业亦因此受到影响。此外,中国方面

---

① 辛达谟,《传记文学》,第19卷,第5期,第88页;外交部政治档案(21),Bd.1,"法肯豪森致德国国防部"(1936年6月6日)。
② 外交部政治档案,R2/16442,"费舍尔(南京)致德外交部"(1936年8月21日);外交部政治档案(21),Bd.1,"德外交部致中国研究学会"(1936年10月10日);法贝尔,第141、143页。
③ 黑尔费里希,第107—111页。
④ 《德国外交政策文件》C辑,第3册,no,180,第365页,"与塞克特会谈备忘录"。
⑤ 克兰,"谈判报告"。
⑥ 《德国外交政策文件》C辑,第5册,no,495,第871页,"费舍尔(北戴河)备忘录"(1936年8月4日);访问路德维希·维尔讷。

也希望排除其他公司。蒋介石在1934年对塞克特说,"他不想和私人打交道"。① 尽管德国国防军部继续许诺,要想办法让进出口公司"参与"其中,但那些公司仍然被排除在外,随着易货贸易的开展,它们的生意逐步趋向衰落。

1935年下半年,德国外交部意识到与南京之间进行易货贸易不可避免,逐步改变做法以调和态度处之。但克兰在威廉大街却成为不受欢迎的人,对外交部长诺伊拉特来说更是如此,克兰自称在广州事务中表现忠实,诺伊拉特则将之形容成"废话",并斥之为"中国老虎灶边的饶舌鬼"。② 1935年合步楼在法律上仍然是克兰的私人公司,但是就连他本人也认识到这种机构不再有用了。③ 因此,从1936年4月8日,即签署信用贷款协定的那一天起,对合步楼的控制权便从克兰手中转入国防部(德国国防军部现在的名称),国防经济办公室的托马斯上校成为该公司的董事长,资本从20万德国马克增加到300万。克兰继续以"独立方式"工作,但合步楼却变成一家国有公司,根据国防部部长布隆堡的说法,它以后要"按照我的指令"进行工作。④

在中国,反对合步楼协议的几种力量在1935年就已形成。塞克特回柏林以后,德国军事顾问团成员,特别是法肯豪森,公开地敌视克兰。克兰的秘密行动引起人们的担忧,害怕合步楼会从德国工业利益

---

① 《德国外交政策文件》C辑,第3册,no.180,第365页,"与塞克特会谈备忘录";第4册 no.517,第1032—1033页,"诺伊拉特和克兰会见纪要"(1936年1月24日)。
② 同上。
③ 克兰在1935年11月就已致函布隆堡,声称合步楼对"伟大的德国利益"至关重要,"个人的私利将不再起作用"。他因此打算退出。联邦军事档案馆,Wi—IF5.370,"克兰致布隆堡"(1935年11月20日)。
④ 维尔讷合步楼文件(1936年),"合步楼资料";《德国外交政策文件》C辑,第5册,no.206,第283页,"布隆堡(柏林)致蒋介石"(1936年3月24日)。信用贷款协定原文见《德国外交政策文件》C辑,第5册,no.270,第411页。克兰后来的作用在他致布隆堡的电报中已详细阐明。

出发运来中国不需要的军事装备。① 兵工署署长俞大维似乎也有同样的担忧,他发现自己发展兵工厂的计划逐渐为合步楼的建议所代替。②

激烈的反对来自财政部长孔祥熙,他代表南京政府签署了最初的合步楼协定。不过,孔参与1934年的谈判,似乎只是由于翁文灏遭遇车祸,重病卧床。③ 1935年6月,克兰回到中国与翁谈判时,国防设计委员会已于4月份正式改名为国家军事委员会下属的国家资源委员会。德国人被明确地告知,国家资源委员会是实施中国工业化的主要机构。④ 据推测,孔祥熙之所以不大热衷于克兰的易货计划,多半是因为国家资源委员会的权力越来越大。翁和孔之间的关系日趋紧张,似乎并不在于决策的分歧,也不在于是否赞同与德国的合作。争执的关键是由谁来控制合步楼贷款,在1935年,这项贷款是为国家新企业提供资金的唯一可靠来源。

这个问题在翁文灏妥协的情况下于1935年间获得了解决。在1934年的易货协定中,中国中央银行被指定为易货增值的中国方面授权支付机构。当时,中央银行是政府的主要银行,而总裁就是财政部长孔祥熙。1935年重组银行,政府控制了较大的中国银行,又另外组建了一个政府银行,即中央信托局。尽管信托局从属于中央银行,但却享有较大的主权,可以看做是国家资源委员会的金融臂膀,信托局除支配公共信托资金外,还主管官方(特别是军事方面)的海外采购业

---

① 辛达谟:《传记文学》第21卷第1期,第66—67页;华盛顿国家档案馆,历史部分,美军、欧洲,MS.B—289,"冯·法肯豪森,(1922—1945)","法肯豪森对美国审讯官之供词"(1950年12月21日),第6—7页;法肯豪森:《回忆录》,第60页及以下几页。
② 埃克特,第58—59页。
③ 古拉·安德森(J.Gunnar Anderson):《中国为世界而战》(伦敦,1938年),第16页;丁文江:《我所知道的翁咏霓》,第2—5页。
④ 吴相湘,第1册,第293页;埃克特,第41页。

务,控制出口政府统制物品的资金供应。① 合步楼贷款的财务也委托该局处理。②

翁文灏的国家资源委员会地位的加强还体现在它有权力控制特定的矿产资源。这从翁文灏有权在1935年10月运送2000吨黑钨矿至德国一事上得到了证明。翁此举,既是一种对德国表示友好的姿态,也显示了自己的权威。③ 翁文灏与德国合作的国家工业发展战略在1935年11月中国国民党第五次全国代表大会上得到批准。大会支持工业国家化原则的广意界说("凡一切与国计民生关系重大之事业,应以国营为原则")。④ 大会在关于工业化资金条例的详细决议中,支持了以与德国贸易作为理想手段的论点,并敦促国民政府据此行动。⑤

1935年12月,翁文灏的权力得到扩大,其时行政院长汪精卫已遇刺受重伤,蒋介石自任行政院长。在一项反映蒋重用"政学系"和无党派知识分子的动议中,蒋介石组成了"人才内阁"或"行动内阁"。在此内阁内,翁文灏就任行政院秘书长,主持实际工作。《独立评论》圈子内的几个成员也参加了内阁。吴鼎昌任实业部长,王世杰任教育部长,蒋廷黻任政务处长兼翁文灏在行政院的副手,张嘉璈任铁道部长,他曾作为中国银行总裁于1934年与德国奥托·沃尔夫财团就主要的铁路建设合同进行谈判。新内政部长是前驻德公使蒋作宾。⑥

翁文灏在行政院任秘书长一职,严格说来是一种行政管理。但

---

① 阿瑟·扬格:《中国建设国家的努力》,第263—264页。
② 埃克特,第61页,访问路德维希·维尔讷(1977年8月8日),访问关德懋(1978年6月3日)。
③ 采访关德懋(1978年6月3日)。
④ 朱子爽,第64、65—66页。
⑤ 同上。
⑥ 蒋廷黻:《行政院》,第94—96页;蒋作宾,《蒋作宾回忆录》(台北,1968),第54页。

是,在行政院长握有实权时(如在蒋介石任职期间),秘书长只管辖行政院内的众多人员并协调各种行政活动,这就差不多如钱端升所说的"掌握院内各部和各委员会"了。钱氏对秘书长这一职位做了最好的描述:"行政院秘书长是一个特别重要的官员。如果他有能力并获得院长的器重,他就能够很好地控制中央和地方的行政机构,虽然他多少要退居幕后。他是行政管理的关键人物,能施加巨大的影响。"①

翁文灏1935年12月时就处于这样的地位,他同时还保留了国家资源委员会秘书长的职位。1936年初,该委员会正式确立了对战略矿藏的垄断。1月1日在湖南长沙建立了锑矿专卖局,2月28日在赣南建立了钨矿专卖局。②

1936年2月派往德国签署合步楼信贷协定的谈判代表团既说明了翁文灏的影响也体现了中德合作的框架。代表团团长是时任国家资源委员会委员的地理学家、天津开滦煤矿总经理顾振。其他成员包括中央信托局的经理凌宪扬,黄埔第一期毕业生、派往德国与布隆堡共事的武官酆悌,国家资源委员会一位未提及姓名的钢铁工业专家,*以及翻译兼秘书齐焌,他曾任塞克特的中国副官。④

1936年4月8日信贷协定由顾振和德国财政部长**沙赫特在柏林签署。这标志着双方曲折谈判过程的结束和中德关系新篇章的开始。相信这一笔1亿德国马克周转信贷会很快加以利用,因为中国的订货单的金额是此数目的数倍。③ 那些订单构成了国民政府1936年

---

① 钱端升:《中国的政府与政治》,第172—173页。
② 吴相湘,第1册,第294页。
* 据吴兆洪回忆,此人是王守竞。——译者
④ 联邦军事档案馆,Wi/IF5.370,"翁文灏致塞克特电报",附于"塞克特致布隆堡"(1936年1月8日)信函中。
** 原文如此,沙赫特应为经济部长。——译者
③ 埃克特,第48页。

6月所宣布的重工业三年计划的基础。三年计划的结果将在后面讨论。

新的中德关系因冯·莱谢劳将军7月访问南京而得到象征性的保证,该代表团受到了高级的外交礼遇。莱谢劳向蒋介石赠送了一把荣誉佩剑,向当时已表示支持易货贸易的孔祥熙赠送了红十字勋章。德国公使馆的一位副官把那枚红十字勋章称为"预先支付的月桂花冠"。①

莱谢劳在访问期间,寻求推进中德关系的进一步发展。他提议增加德国对中国军备的支持,并和蒋介石讨论了在政治领域内合作的可能性,目标是搞一份中德反共联合声明,就像希特勒助手里宾特洛甫和日本人当时正在做的那样。② 莱谢劳的访问表明德国军方希望保护它与中国的联系。9月间莱谢劳离华返德时,首次提出要帮助中国"反对日本霸权"。③

在这一进程中,中德关系能继续维持多久呢? 就军事来说,南京和德国国防部的共同看法是,在中国的军事和经济因素增强到令日本不能容忍之前,应该先闯一闯"危险区"。危险情况何时发生,有各种

---

① 《德国外交政策文件》C辑,第5册,no. 495,第874页,"费舍尔(南京)致德国外交部"(1936年8月4日)。
② 根据蒋介石之子蒋纬国(莱谢劳帮他获得在德接受军事教育的担保)说,莱谢劳计划在两年内用德国武器装备80个师,但"第三种力量"破坏了这一计划:采访蒋纬国。莱谢劳的翻译,资委会的关德懋提出的数目是60个师,并认为蒋介石夫人是实现该计划的障碍:采访关德懋(1977年12月16日)。在南京的一名德国顾问说,由于蒋担心德国使中国成为德制武器的试验场,莱谢劳关于德国国防军在南京发挥积极作用的建议成为这种忧虑的牺牲品:访问埃里希·施托尔茨奈尔(Erich Stoelzner)。关于政治协定,关德懋说蒋对莱谢劳的建议态度不明朗,这可能是因为他早先参加反共产国际协定的努力失败的缘故。另一方面,合步楼的瓦尔特·埃克特写道,对于莱谢劳德中"结盟"反对苏联的计划,蒋的反应是赞同的。据说蒋介石坚信,由于中俄接壤,从长远的观点来看,俄国对中国形成的危险比日本更大。埃克特,第45页。
③ 《德国外交政策文件》C辑,第5册,no. 536,第966—967页,"同莱谢劳会谈备忘录","费舍尔(南京)致德外交部"(1936年9月14日);no. 363,第607—608页,陶德曼:"《德国与中国》"(1936年6月10日);no. 495,第873页,"费舍尔(南京)致德外交部"(1936年8月4日)。

各样的推测。1936年中，莱谢劳和他的中国东道主认定只有半年。塞克特估计得过分乐观，认为至少也要有三四年。① 不管怎样，问题很清楚，随着合步楼协定的签署和德国代表团对南京的访问，此一进程有了新的势头。对此种情况，德国外交部甚至用谨慎的口吻警告说："谁也难以预料日本是否允许这种进程不受干扰；但是由于步子迈得太快而增加不安定，这完全是自找麻烦。"② 这种危险不仅来自东京，也来自德国政府内的另一股势力。

国家社会主义党人在东亚的努力

造成德国在华军事工业政策复杂化的因素不难列举。外交部和私人贸易公司的反对已如上述。此外，个别富有的军人（如在广西的迈尔·马德尔上尉，辞去南京顾问职务之后先为陈济棠效力后又担任华北第二十九军指挥官冯治安将军顾问的弗里茨·林德曼将军）一直努力从事贸易活动。③ 有些企业冒险家则与克兰竞争，意欲夺得在协助中德经济贸易方面预计能够得到的利润。这类人中最突出的是安德鲁克斯博士。他是国社党技术部主任。他那异想天开的计划和十分讨厌的个人品质，使德国形成一种罕有的团结以共同反对他及其虚构的公司——"世界经济建设电业协会"。④ 然而，情况很明显，德国重新致力于同中国贸易的最大障碍则在于最上层，即希特勒本人。

---

① 《德国外交政策文件》C辑，第5册，no.536，第966—967页，"同莱谢劳会谈备忘录"，"费舍尔（南京）致德外交部"（1936年9月14日）；no.363，第607—608页，陶德曼："《德国与中国》（1936年6月10日）；no.495，第873页，"费舍尔（南京）致德外交部"（1936年8月4日）。
② 同上。
③ 林德曼，第288、308、502页。
④ 华盛顿国家档案馆，T—120，Ser. 9078，Roll3515，E637469及以下几页；Roll2987，Ho95689—941；德国经济研究所，科隆，帝国工业组织，"通函"（1936年1月8日）。

希特勒的计划

1933—1938年间,希特勒对远东没有多少具体的构想,尽管柏林—罗马—东京三角轴心的强大敌手深信德国已制定了此类规划。不过,希特勒确有一项德国扩张的具体计划。在此计划中,日本将发挥重要作用(即使不是核心的作用)。

希特勒扩张主义的目标,在20年代后期业已明确制定。虽然他在统治期内采取了许多策略性的变化,但他仍坚定不移地为实现既定目标而努力。简而言之,他的计划是:首先和英国达成全球性的妥协,以便德国能在欧洲大陆上自由行动。不管英国同意与否,德国都要增强本身的军事力量,保证足以压倒任何一个与它接壤的邻国。然后逐个孤立其邻国,以"闪电战"方式将其一一击败。扩张后的德国再挥戈东向,击败种族上和思想上的敌人"犹太布尔什维克主义",武力夺取地理上的原料基地,即俄罗斯的整个欧洲部分,从而使德国成为自给自足的"世界强国"。俄罗斯的欧洲部分将处于根除犹太"细菌"的殖民奴隶地位。最后,也许在下一代,拥有强大舰队的德意志大陆帝国,将最终对抗英美的海上力量。到那时,世界上只有美国是有能力与"伟大的德意志帝国"争夺世界霸权的"世界强国"。[①]

亚洲在此计划中所扮演的角色还没认真加以考虑,得视不同阶段的具体需要再做决定。这就构成了德国对亚洲政策矛盾性。希特勒在一般情况下同意让不同的权力中心追求各自的利益,推行各自的政策,只有当他那项计划的中心原则受到威胁,或者当那些为了实现其目标的重大政策改变在其执行进程中趋于不利的时候,他才进行干

[①] 希尔格鲁伯尔,第49—55页;希尔德布兰特,第19—23页;埃伯·哈德·耶克尔(Eberhard Jäckel)《希特勒的世界观》(密得镇,康涅狄格,1973年)。

预。因此，直到1938年德国至少同时推行着几种不尽相同的亚洲政策，所有这些政策都自称具有那种神奇而朦胧的力量，即"支持元首"。然而，早有迹象表明，如果非要在中国与日本之间挑选其亚洲朋友的话，希特勒将会选择后者。

希特勒重新武装德国的想法，根本上不同于军方和国防经济负责人托马斯上校的想法。除了上面曾提到过的希特勒不愿意与俄国交换原料之外，其"闪电战"的总体设想也与军方"强化军备"的希望背道而驰。尽管在重整军备初期希特勒认识到出口工业品和储备原料的重要性，但他决不承认有必要与中国建立长期的友谊关系，因为他并不打算打一场军方所设计的那种战争。①

至于中国人本身，希特勒决不因中国某些人对他的谄媚而给予回报（见第六章）。尽管中国人和日本人在希特勒眼里都是"弱小种族"，但在他的"种族"价值天平上，日本人似乎稍重一点。例如在《我的奋斗》中，只在一处提到了中国人，还是在种族方面将他们与黑人并提。在希特勒看来，尽管日本的进步在很大程度上归功于"雅利安人的影响"，但这个对"国际犹太民族"的阴谋无动于衷的国家，却于1904—1905年彻底打败了俄国。书中对日本所取得的成就不得不表示又妒又羡。② 日本可能成为对苏联施加压力的工具，这种想法促使希特勒在其统治的初期就对东京采取行动，当时，他告诉德国海军负责人说，他希望和日本和平相处。③ 后来又进一步于1936年11月就反共产国际协定与日本进行谈判。

---

① 托马斯：《历史》，第98—99页；托马斯：《思想与事件》，第538—539页。
② 阿道夫·希特勒：《我的奋斗》，R.曼海姆译（波士顿，1943年），第388、291、158页。
③ 希尔德布兰德，第28页。

德日在政治上结为伙伴关系的坎坷进程已经得到了充分的研究。① 但其经济方面的原因却往往被忽视。经济上的结果必然对当时德国在华的利益有较大的冲突。赫伯特·冯·狄克森于1933年被希特勒派往东京任大使,奉命执行与日本建立更友好关系的政策,他说过"政治第一"的话。"不过,或许正是因为这一点,我充分意识到自己面临的(德日)经济关系方面的任务"。② 他的意思是说,改善与日本方面的经济关系,也包括与傀儡政府"满洲国"的经济关系,有可能促进政治上的了解。这种考虑,便是希特勒在亚洲第一次做出具体努力,即派遣费迪南德·H. 海耶使团(Ferdinand H. Heye)去满洲的原因。

海耶使团

1933年3月6日,费迪南德·海耶由帝国部长戈林推荐来到了威廉大街。海耶陈述了他的计划,即用德国资金在"满洲国"组建一家银行,凭借德国资本和工业产品开发满洲和内蒙古。他说,日本人将承担该项计划1/3的费用,"他熟悉的蒙古王公"将承担其余的2/3费用。为实现这些目标,海耶考虑,可以强迫定居的中国人用作新工业城市的劳工。海耶恬不知耻地继续说道,到那时将说服日本人采取行动进攻符拉迪沃斯托克,越过西伯利亚"给布尔什维克主义以致命打击"。③

---

① 普雷塞森:《德国与日本》;佐默尔:《德国与日本》;马丁:《德国与日本》;梅斯基尔(Johanna M. Meskill):《希特勒与日本:虚假的联盟》(纽约,1966年)。然而,关于希特勒在1935年以前对日本的态度还缺乏充分的研究。
②《东亚评论》第14卷,第1期(1933年11月),第474页。
③《德国外交政策文件》C辑,第1册,no. 50,第104—107页,"迈尔备忘录"(1933年4月6日);第2卷,no. 97,第172页,"迈尔(柏林)致驻华和驻日外交使团"(1933年12月2日);no. 241,第454页,"狄克森(东京)致德外交部"(1934年2月7日);no. 269,第510页,"乌利希(Ulrich)备忘录"(1934年2月19日);no. 312,第582页,"比洛备忘录"(1934年3月10日);no. 438,第797页,"狄克森(东京)致德外交部"(1934年6月7日);第3册,no. 22,第53页,"诺伊拉特致狄克森(1934年6月21日);no. 478,第904页,"诺伊拉特致黑斯"(Hess)(1935年2月4日);第2册,no. 429,第785页,"里特尔(Ritter)备忘录"(1934年4月27日)。

第五章 新的关系 1933—1936

外交部对此建议十分反感,打发掉海耶,禁止他把这种建议写成书面文字。可是海耶并不是轻易打发得掉的。他本是在满洲贩卖军火和鸦片的走私犯,而且与戈林关系密切。希特勒本人可能对他也有好感。实业家弗里茨·蒂森(Frifz Thyssen)对其也颇感兴趣,便伙同戈林,出资让海耶于1933年夏天前往满洲和日本。①

海耶在日本时与日本陆相荒木讨论了政治和经济问题。他在满洲会见了"满洲国"主要官员,也拜会了日本参谋本部负责人小矶将军。海耶对所有的人都宣称他此行具有代表希特勒的"特殊身份"。②小矶相信了海耶的官方地位,请他带给希特勒一封信。内称德国如果想要在"满洲国"获得"特殊经济地位",必须以承认傀儡政权为交换条件。③

1933年11月,海耶返回德国,尽管遭到外交部和国防军部的强烈反对,他却成功地使希特勒任命他为"德国临时特派员,在建立德国与'满洲国'贸易关系方面充当前导"。④

海耶回到满洲后,只因为他一次单独的不负责任的行径就阻碍了1934年德国与日"满"集团之间一项重要协议的达成。1934年3月9日日本大使拜访威廉大街,解释日本为何"不再重视海耶"的原因。海耶要求德国在"满洲国"享有的特惠待遇,甚至超过了日本。日本政府

---

① 《德国外交政策文件》C辑,第1册,no.50,第104—107页,"迈尔备忘录"(1933年4月6日);第2卷,no.97,第172页,"迈尔(柏林)致驻华和驻日外交使团"(1933年12月2日);no.241,第454页,"狄克森(东京)致德外交部"(1934年2月7日);no.269,第510页,"乌利希(Ulrich)备忘录"(1934年2月19日);no.312,第582页,"比洛备忘录"(1934年3月10日);no.438,第797页,"狄克森(东京)致德外交部"(1934年6月7日);第3册,no.22,第53页,"诺伊拉特致狄克森(1934年6月21日);no.478,第904页,"诺伊拉特致黑斯"(Hess)(1935年2月4日);第2册,no.429,第785页,"里特尔(Ritter)备忘录"(1934年4月27日)。
② 同上。
③ 同上。
④ 同上。

既不喜欢也不相信海耶。他企图为自己走私鸦片的历史开脱,这只能进一步毁坏他的名声。现在人们提到他的名字,总是和20年代一起未破获的谋杀另一名鸦片走私犯的案件联系起来。最后,他在贸易关系方面的实际知识显得极其有限与浅薄。①

可是,海耶继续独行其是。他宣称自己是"德国第一个派到'满洲国'的外交使节",继续和那些与他交往的"满洲国"高级官员进行谈判。海耶宣布1934年6月5日与新京签订一个虚拟的协定,但又不将协定副本送交柏林,此事无疑地在德国和日本激起了义愤。到1935年2月4日,希特勒正式将他免职。②

海耶使团虽然干得十分糟糕,但其意图却是十分明显的。蒂森在同外交部官员讨论总政策的前景时引用了海耶的看法。"从长期打算,就德国和俄国、日本、美国发展关系的全程来看,德国在亚洲必须倾向日本,而不是中国"。蒂森向希特勒详细汇报了讨论情况,"元首"同意了讨论中的一些基本原则。蒂森最后说,"若扩大视野",海耶事情"仅是一个枝节问题"。③

德国—"满洲国"易货协定

海耶使团预示了德国与日元集团之间新的经济联系,这种联系反

---

① 《德国外交政策文件》C辑,第1册,no.50,第104—107页,"迈尔备忘录"(1933年4月6日);第2卷,no.97,第172页,"迈尔(柏林)致驻华和驻日外交使团"(1933年12月2日);no.241,第454页,"狄克森(东京)致德外交部"(1934年2月7日);no.269,第510页,"乌利希(Ulrich)备忘录"(1934年2月19日);no.312,第582页,"比洛备忘录"(1934年3月10日);no.438,第797页,"狄克森(东京)致德外交部"(1934年6月7日);第3册,no.22,第53页,"诺伊拉特致狄克森(1934年6月21日);no.478,第904页,"诺伊拉特致黑斯"(Hess)(1935年2月4日);第2册,no.429,第785页,"里特尔(Ritter)备忘录"(1934年4月27日)。
② 同上。
③ 同上。

过来又促进了德日进入政治合作阶段。

在经济萧条之前,德国与华北贸易的基础是需要满洲的大豆;结果,德国成了满洲经济最大的市场之一。这种交易成为德国—满洲—日本三角贸易关系的一部分,德国购买大豆主要通过日本公司,支付办法是用德国对日贸易中出口的多余部分抵偿。1931年,日本脱离金本位,使日元贬值1/3,从而危及这种贸易关系。德国采取立法的反措施,减少猪油和植物油进口。① 因此贸易在1933年处于停滞状态。从经济方面来看,当时海耶使团去执行任务,可能是赶上了最坏时机。

由于同日元集团的相互往来失去了经济基础,再加上德国国防军在南京越卷越深,纳粹领导人便谨慎地设法减轻日本的忧虑。1934年5月,在塞克特第二次到达中国后,希特勒邀请日本海军中将松下访问德国港口。1935年5月,法肯豪接替塞克特主持南京顾问团时,希特勒和戈林接待了第二支日本海军的舰队。同年秋,由尚和钢铁厂总经理率领的日本兵器代表团考察了克虏伯各厂,并就购买克虏伯的直接制钢工艺的事宜展开谈判。不过,只是到了1935年底,才有了第二次试图把德日关系建立在原料基础之上的重大尝试。

那时,增加贸易的经济前景已有一点好转。在德国,重整军备的急速发展,已开始影响到油脂消耗。但是,自1933年起,德国也已经开始发展替代资源,即利用满洲的大豆。② 当1935年秋一个中国研究学会代表团由海路去中国的时候,随即又派出以奥托—基珀博士为首的德国远东经济代表团前往"满洲国"。1936年4月30日,就在同南京的合步楼协定签约三周后,基珀宣布了德国、日本和满洲国之间的易货贸易三角体系。

---

① 德国的大豆进口从1933年的1 148 000吨下降到1936年的457 000吨:琼斯,《满洲》,第201页。
② 布洛赫:《德日在东亚的伙伴关系》,第243页。

根据协定,德国向"满洲国"购货的总值为 1 亿满洲元,约为 7 200 万德国马克;"满洲国"购买德国产品,价值为 2 500 万满洲元,弥补差额的办法。由德国以四对一为基础向日本出口和进口货物。不过在法律上讲,对"满洲国"可能出现的亏空,日本并无义务做出担保。①就经济方面来说,这就是整个问题所在。

协定的结果使"满洲国"大为满意:日益增加的需求迫使大豆价格在年内上涨了 50%。但是,"满洲国"和日本向德国的购货量并未达到预期之数(实际上,从上一年起的绝对期限内,购货量就已下降了),而德国却以高价购买了更多的大豆。德国与满洲国的贸易赤字在 1936 年 5 月 31 日为截止期的年度里为 2 890 万马克,而到了 1937 年 5 月 31 日为截止期的年度里却增加为 3 850 万马克。②

尽管协议执行的结果对德国来说相对地不利,但在第一年"试行"后,合同还是得到续定,而且在 3 个不同的时期内又予以扩大。这样一来,同"满洲国"的贸易赤字便年复一年地增加,该协议真正的重要性在于政治。协议的实际形式是承认了"满洲国",从而构成了对日本的重大让步。

希特勒以巡回大使约阿西姆·冯·里宾特洛甫和小岛将军在柏林进行的谈判又加强了德满协议重要的政治意义。谈判于 1935 年春季开始,到 1936 年 11 月签订了反共产国际条约时达到高潮。里宾特洛甫认为这是有限的反共联盟,但日本则对之做了比较广义的解释,说对日中关系具有直接的影响。正如枢密顾问官荒井在 11 月内阁会议上说:"利用这一形势,促进日中谈判向有利于我们的方向发展,并非没有希望"。③蒋介石在德国军方的支持下,曾经想在 1935 年末和

---

① 《远东评论》(1937 年 6 月),第 219 页。
② 《远东年鉴》(东京,1941 年),第 670 页。
③ 弗兰克·伊克莱(Frank IKlé),《1936—1940 年之德日关系》(纽约,1956 年),第 37 页。

1936年初参加这种尚未证实的反苏谈判,但被日本断然拒绝。* 正如前面已经提到的,冯·莱谢劳将军在1936年中期曾经提议单独签订中德反共条约,也未能实现。

  德国对亚洲政策中的矛盾,既无法解决,而且还十分复杂,至1937年6月9日象征性地达到顶点。那天晚上在柏林,经济部长沙赫特宴请来访的孔祥熙,他宣布:"德国作为主要的工业国家之一,可以用磋商和行动站在中国一边。"孔致答词时说:"中国把德国视为最好的朋友。……我期盼德国将参与中国的进一步发展,如开发中国的资源和原料,建设中国的工业和交通运输业。"②同一天晚上,在5 000英里以外,德国贸易特派员则在新京设宴庆祝德满易货协定续定。他又宣称:"协定虽不理想,但牺牲是必要的,因为高于协定所追求物质目的的是一种发展亲密友谊的愿望。"③

---

* 要求德国调解中日关系和德中日在经济领域与反共方面的合作,是汪精卫于1935年10月首先提出的;蒋介石于1936年1月参与此议。尽管德国和日本(小岛将军在柏林)最初是赞同的,但中国反对日本所发动的华北五省(河北、山东、山西、察哈尔、绥远)自治运动,就又使东京的态度强硬起来。见《德国外交政策文件》,C辑,第四册no.416,829,"埃德曼斯道夫1935年11月18日备忘录";no.433,864,"狄克森(东京)致外交部"(1935年11月18日);no.493,997,"柯瑞伯(上海)致外交部"(1936年1月13日)。

② 《东亚评论》第17卷(1937年6月16日),第330—331页;(1937年7月17日),第360页。
③ 同上。

第六章 朴素、法西斯主义和"新生活"

从1933年开始的中、德新关系,集中体现在经济和政治两个方面。然而,中国之所以乐于与德国合作,还另有重要原因,这是基于中国对德国的一种观察,即研究了德国过去和现在的发展情况,认为它所取得的经验有可能被中国取而用之。如果说德国向中国输出武器和工业设备,中国向德国运送战略矿产,是中德关系纽带的物质方面的话,那么,中国对德国国民性、历史与政治生活的感知,则构成两国关系的另一个无形却是重要的方面。

如前所述,个别人物,如孙中山和蒋介石对德国的认识,就影响过国民党与德国的初步接近。1933年以后,随着中德关系的日益强固,德国在中国政界和知识界的活跃分子中所产生的魅力则变得颇为普遍,而国民党和政府的领导人物又都认为,除了中德合作的军事—经济基础之外,还可以从德国本身不断获得启示和鼓励。德国的这种魅力,值得专门讨论。本章暂且不谈中德关系中"无形"的一面,先来具体而集中地叙述一下30年代中国人对德国的种种观感。

"国家形象"这一问题本身很难说得一清二楚。近年来有不少著

第六章 朴素、法西斯主义和"新生活"

作都试图分析某种文化如何认识其他文化问题。① 西方学者研究"德国心理"时,常常寻求解答德国为什么会从一个"诗人和思想家"的国家转变成一个"法官和行刑者"②的国家。然而,美国人对德国曾经有过一种完全不同的看法。克里斯托弗·拉什(Christopher Lasch)指出,在1914年以前,美国的一代改良主义者认为,德国"所代表的就是进步"。③ "国家形象"的中心问题,根据约瑟夫·德·里维埃拉(Joseph H. de Rivera)所云,乃是一个思想的问题:人们很难理解,是人创造了他们在其中活动的现实。"我们把自己对世界的认识视为当然。……我们知道什么是真实的。我们生活在这个现实中,并相应地行动。"④

但在中国,发展过程却比德·里维埃拉所说的还要复杂。不能说,30年代的中国人已把他们对世界的看法视为当然。他们生长的时代是其帝国及帝国的文化支柱倾塌的时代,他们见到1911年以后那段时间的政治体制——立宪主义和军阀主义——具有固有的不稳定性,而国民党革命本身的困难处境又从蒋介石于1934年提倡"新生活运动"而得到证明。⑤ 促成中国如杰克·格雷(Jack Gray)所云去"寻

---

① 韦杰(B. M. Wedge):《来美国的访问者以及他们如何看待我们》(普林斯顿,新泽西,1965年);布兰查德,第143页;霍尔斯蒂,第246页;阿克·比耶尔斯德特(Ake Bjerstedt):《世界性的自我卷入,民族形象以及研究方法》(Journal of Conflict Resolution)第4卷(1960年),第185—192页;亨利·惠勒(Henry Wheeler),"神话制度在美苏关系中的作用",同上,第179—184页;欧内斯特·贝克爵士:《民族性格及其结构因素》(第4版,伦敦,1948年);阿克拉·艾丽(Akira Iriye)编:《共同的形象:美日关系之尝试》(麻省剑桥,1975年)。
② 科恩(H. Kohn):《德国的思想》(纽约,1960,1965年);迪克(I. Deak),《魏玛德国的左翼知识分子》(加州柏克莱,1968年),第44页。
③ 克里斯托弗·拉什(Christopher Lasch):《美国人的自由主义与俄国人的革命》(纽约,1962年),第26页。
④ 约瑟夫·德·里维拉(Joseph H. de Rivera):《外交政策的心理尺度》(哥伦布·俄亥俄,1968年),第21页。
⑤ 黎安友,《北京政治》;齐锡生,《军阀政治》。

找政治模式",①并在寻求中明确认识了德国的形象的原因,并不在于不自觉地接受现实,而是在于自觉地不满现实。

关于1930年的中国人如何看待德国问题,我们将集中在3个主要方面来论述。首先要谈的,是南京政府十年间颇为流行的中方对德国"国家形象"和德国近代历史的看法。其次,将以较大篇幅谈论中国国民党内各政治派系人物眼中的德国国家社会主义的形象问题。我们将说明,对纳粹主义给予的广泛肯定的评价中,包括对纳粹主义在中国适用性问题提出的各种不同看法,而不同意见本身又是阻挠出现"中国法西斯主义"的基本原因。最后,要谈谈蒋介石的新生活运动,探讨一下蒋介石把他从德国经验中所认识到的价值与观念融入自己政治思想和行动的复杂手段。

中国人眼中的德国国民性和历史

德国国民性

一位美国作者曾写道,根本就不存在什么德国国民性:

> 所到之处,都可以听到人们说,德国人是沙文主义者,傲慢自大,感情用事,古板拘谨,缺乏幽默,好走极端,办事有条有理,盲目顺从……一会儿盛气凌人,一会儿驯服谦恭。德国男人……兼有家长专制的性格和自怜、殉道的心理,而女人则被说成是清扫住房、铺地毯、晒床垫的狂热爱好者,终身解不开的束缚是……孩子、教堂和厨房。②

---

① 杰克·格雷(Jack Gray)编:《现代中国寻找政治模式》(牛津,1969年)。
② 沙尔克(A. Schalk):《德国人》(英格伍德克利夫斯,新泽西,1971年),第48—49页。

另一位作者认为德国人的处世接物有3个基本原则,即和蔼、忠诚和幸灾乐祸。① 一位身经第二次世界大战的美国军官的观感是,德国乃是"文明的基督教的民族"。但是法国人[史达尔(de·Staël)夫人除外]对德国的看法,一般说来却不那么友好,他们说:"德国人是屠夫和音乐的混合体",或者如戴高乐所说,德国人是"天生的艺术家,却无一点欣赏能力"。②

非西方人士对德国人的看法,就不像欧洲人和北美人的看法那样富有争议性。③ 30年代中国人对德国人的定型看法,则强调其具有执着、有条理、忠诚和思想深奥等特点。一位中国观察家说:"德国人具有一种务求精确的精神,这也是一种神秘的品质。"他们做事,不论巨细,均投入充分而无比的热忱。德国人是一个具有持久耐性和充沛活力的民族,他们缅怀过去,但精神上却保持年轻。④ 到过德国的中国人特别赞扬德国人的整洁、真诚和遵纪守法的习惯。⑤ 德国人办事极其缜密也表现在德国产品的质量上,按标准的中国说法,"其水平永远超过其他国家"。⑥ 但是,供职于兵工署专司购买德国军火的李祖冰说,德国之有别于他国者,不在于技艺之超越,而在于精神之完美。按李氏的说法,美国货"也不错"。但他认为美国人"太浪费",这不仅就金钱而言。中国贫穷,德国的"精神"是强调节俭。不像美国人,德国

---

① 约翰内斯·格罗斯(Johannes Gross):《德国》(法兰克福,1967年),第17页。
② 米切尔·席夫(Michael Schiff):《典型的德国人》(慕尼黑,1966年),第71、81页;海尔曼·艾奇(Hermann Eich):《令人讨厌的德国人》,格伦尼(M. Glenny)译(纽约,1965年),第17页。
③ 布吕尔;法兰西斯·邦迪(Fran ois Bondy):《他们这样看德国:来自东西方的政治家、作家和新闻记者所持的看法》(斯图加特,1970年)。
④ 李长之:《介绍"五十年来的德国学术"》,《国闻周报》第14卷,第31期(1937年8月9日),第39—40页。
⑤ 任振威:《旅德印象撷忆》,《外交评论》第8卷,第2期(1937年3月),第97页。
⑥ 舒新城等编:《辞海》第1卷(上海,1938年),第1119页。

人是"老古板",世代相袭的特性就是诚实、率直和简朴。①

相对而言,蒋介石赞同这种看法。他对将去德国学习的儿子说:"中国应向一个稳健扎实而不是充满幻想的国家学习。我们不能凭幻想办事。从日本人那里,我们没有什么可学的——他们的产品制作太低劣了。美国人太爱幻想。英国人太迟钝。德国是唯一的可以从中学到一点东西的国家。他们可以给我们打下底子,从而培育发扬我们自己的稳定坚实的作风。"②

德国历史

对德国国民性的看法也给中国人对德国历史的解释蒙上一层色彩。1936—1938年间的中国驻德大使程天放写道:作为一个优秀民族,"毫无疑问,德国人在科学艺术诸领域内享有最高声誉"。由此而产生的德国国家的飞速发展,乃是"世界历史上的罕见之事"。③ 从政的历史学家蒋廷黻也认为,德国人享有"世界上最高水平的知识和专门技能"。这一点与他们的"责任感和守纪律"的品质相结合,构成了德国战后复兴的基本因素。④

中国人对德国过去的认识,在短时间内就有了重大的发展。直到1911年,有一份关于德国历史的报告,其内容还充满了根本性的错误。⑤ 到1929年,就有一篇较有见地的文章把德国历史描绘成民主、独裁、军国主义和社会民主主义诸势力之间的一种巨大的"矛盾冲突",在敌视的国际环境中为生存而进行斗争——但是这种敌视环境

---

① 采访李祖冰。
② 采访蒋纬国将军(1978年1月5日)。
③ 程天放,引自《新中国》第2卷,第2期(1936年1月18日)。
④ 蒋廷黻:《欧游随笔》,第22页。
⑤ 《普通百科新大辞典》(上海,1911年),引自克劳斯(F. E. A. Krause):《当前中国对欧洲历史的了解情况》,《亚洲专刊》第9卷(1933年),第154—157页。

往往是由德国人的行动造成的。①

然而,在30年代,学术观点上的细小分歧并不是大多数论述德国历史的文章的明显特征。德国是一个独特的、飞速发展的国家,既是西欧政治的一部分,又与之存在着矛盾,是一个受诸帝国主义压迫的帝国主义国家,最为重要的是这个国家具有唤醒民族意识,调动国民力量,度过困难时期的特殊能力。对中国来说,它的历史是一本重要的教材。

有关中国革新的刊物如邵元冲的《建国月刊》、黄郛的《复兴月刊》均对德国的理想主义和国家主义哲学作了指导性的分析。一位作者写道:"从德国历史上,我们可以找到一个教导我们的人,他名叫费希特。"费希特(Fichte)大力引发德国人的智能与情感,人们信服他,因而德国得以"东山再起,既强且胜"。作者接着问道:"中国的费希特在哪里?"②其他人则把整体的德国理想主义思想视为"新民主哲学",视为一种"以国家为最终目标的国民意志运动"。问题不在于这样一种哲学是否合乎理想,而是在于中国是否也能产生一种哲学。"我们必须像德国那样唤起民众的爱国之情,支持那种能使中国团结一致,协力同心的哲学。"③

从19世纪初期的德国历史中也能吸取实用的政治经验。有位作者在《建国月刊》上谈到普鲁士改革运动时,建议对政府机构、教育和军事作一系列改革,他说,这些改革再加上明智的外交政策和牺牲精神,正如挽救普鲁士那样,也会挽救中国。④

---

① 张世禄,第1—3页,第163—164页。
② 章渊若:《1936年之欧洲大陆》,《复兴月刊》第2卷,第5期(1934年1月1日),第11—12页。
③ 庄士宗(音):《略言"新民族之学"》,《德国的内幕》;蔡可成:《德国唯心派的政治思想》,《建国月刊》第9卷,第3期(1933年9月)。也见张群力(音)。
④ 袁道丰:《德法两大民族之复兴经过》,《建国月刊》第9卷,第4期(1933年10月)。

中国评论德国的另一个老生常谈的话题,是俾斯麦促使德国的统一,从《从德国外交活动中我们应该学习些什么》《德国统一时期的外交及我们从中吸取的经验》等文章标题中,我们可以发现其说教的意图。俾斯麦被誉为伺机运用权力,宽严得体的领袖人物。他统一德国各邦的手段,对当前的中国领导来说,既能引以为戒,又可获得启迪。①

众所周知,蒋介石企图统一中国,并不像俾斯麦那样具有坚固的国内基础。② 或者,如广东有篇评论蒋介石对日采取"绥靖政策"的文章指出的那样,1866年普奥战争和1870—1871年的普法战争的实例证明了击败外敌乃是国内统一的先决条件,而蒋介石所奉行的政策正相反。③ 在俾斯麦身后可以启迪中国的经验中,《外交月刊》的一位作者挑选出以下几条,即"孤立敌人""策略联盟""盟国间调停""利用外交政策消灭内敌"以及"欺骗政策"。关于欺骗政策,作者指出,当今只有日本人在运用,中国人太诚实,当然无法做到。④

对蒋介石来说,俾斯麦时期的经验稳重沉着,更符合他自己的政策。运用俾斯麦的实力政策,确实能够统一国家,但必须建立在坚固的基础之上。关税同盟的经济统一、普鲁士军事和经济力量的增长、北德联邦所取得的政治统一,所有这些,都是战胜法国的先决条件。"由此可见,军事和政治的统一,乃是抗敌战争的基本先决条件。"⑤

俾斯麦提倡普遍竞争,与他所奉行的不甚明确的"铁血"政策有关。俾斯麦的"铁血"一词被中国人拔高为一种"主义",成了"铁血主义",并被认为是俾斯麦取得成功的主要因素。一位论述国民党政策

---

① 周还,第22页;卓敏(音),第108页。
② 周还,第26页。
③ 蒋介石在《统一与救亡》第5页中,将批评归咎于"广东和广西的军事负责人"。
④ 拙民,第108—111页。
⑤ 蒋介石,《统一与救亡》,第5—6页。

的左翼评论家认为,中国对九一八事变反应之软弱,说明了缺乏铁血主义,缺乏作战之准备与意愿。政府的反抗对策只是"发表讲话与通过大量决议"。① 更进一步来说,"铁血主义"可能是蓝衣社保护下的彻底军事化的一种口号;蓝衣社这一组织的原名是"中国国民党铁血团",戴笠的"特工部",在国内往往被称为"铁血队"。② 最后,在第二次世界大战期间,"铁血主义"和俾斯麦的经验(如果说具有讽刺意味的话)在中国词汇里轻而易举地融合为"血汉主义",这个词的发明权属于丘吉尔。③

中国对德国人严谨性的崇佩,多数表现在军事领域之内,这也影响了中国人对第一次世界大战历史的看法。即使在战败后,德国的军事机器仍被视为是世界上数一数二的。战争期间中国驻柏林公使回忆说:"他们组织得如此之好",一旦被投入1914年8月的战争,"就毋须人从高层来指挥调遣"。④ 特别在国民党人眼中——人们会记得,孙中山在1917年就曾反对中国对德宣战——德国并不是敌人,而是一个同占优势的敌方进行英勇战斗的国家。⑤ 而中国30年代发表的大批文章中,都盛赞德国战时财力物力的动员,认为是中国学习的典范。⑥

凡尔赛条约从两方面增加了中国对德国历史的研究。条约要求

---

① 拙民,第108—109页。
② 易劳逸:《流产的革命》,第60—61页;田弘茂,第59页。
③ 杨杰,第554—555页。
④ 颜惠庆,第91页。
⑤ 联邦档案馆,鲍尔遗件,no.39,第39页,《旅行报告》(1928年1月17日)。
⑥ 罗仲言(音);(日)小岛精一,赵如珩译《德国战时产业统制组织》,《复兴月刊》第3卷,第10期(1935年6月),第1页;不同的意见可参见尹以瑄:《战时之经济统制》,《国闻周报》第11卷,第34期(1934年8月27日),第1—9页。卡尔·黑尔费里希(Karl Helfferich)的《世界大战》一书中有关经济动员的一段也由王光祈翻译出版,书名为《经济战争与战争经济》(上海,1932年)。

德国放弃其特殊权益和特别优惠,这就使中德两国在平等基础上重建关系。① 同时,条约的签订又使中国和德国同样处于被剥夺的地位。像强加在中国身上的赔款一样,这条约乃是一张"抵押未来的空白支票"。②

魏玛政府政治上的不稳定及其早期和晚期经济上的困难,都被说成是赔款负担和凡尔赛条约所导致的后果。③ 然而,德国在逆境中所取得的惊人的"复兴"成绩也被夸大了。蒋介石的顾问及心腹黄郛1932年创办《复兴月刊》时,在创刊社论中强调中国有必要向"全世界"学习。该刊第一期就登载了一篇论述德国战后恢复的长文,④文中着力阐述德国如何打破凡尔赛条约的"枷锁",变成现今国际社会中的领袖之一,取得如此成就的原因在于精心的计划安排和存在于人民之间的一种"和谐精神"。在阐述那些导致德国从被压迫中寻到"出路"的政策时,作者希望那些政策可以使中国人得到"启迪和鼓舞"。⑤

魏玛政权得到毕业于哈佛大学的政治学专家钱端升的高度赞扬。钱氏深入细致地研究了魏玛政体,认为那种共和体制是若干世纪以来德国政治发展的顶峰,能够经受得起最为沉重的打击。不巧的是,正

---

① 协议原文在《外交文牍》中发现。
② 圣辅,第10、15页。
③ 参见袁文章(音):《德国的经济恐慌及其社会的结果》,《北京半月刊》第4卷,第14期(1930年7月);《德国失业人数繁多》,《工商半月刊》第2卷,第6期(1980年3月);谷滨泉:《德国之现状》,《黄埔月刊》第1卷,第5期(1930年)。
④ 黄郛:《发刊词》,第3页;孙几伊,第135—137页。
⑤ 孙几伊,第137页。对德国战后复兴的积极反应可参见《德国的复兴》,《东方杂志》第27卷,第20期(1930年10月),第49页及以下几页;《德国经济复兴的努力》,《东方杂志》第27卷,第22期(1930年11月),第55页及以下几页;《德国经济的复兴》,《社会科学杂志》第2卷,第2期(1931年6月),第279页;冯华德:《战后之德国经济》,《南开大学周刊》第113期(1931年9月),第2页;《战后之德国合作运动》,《东方杂志》第26卷,第22期(1930年4月),第49页;董汝舟:《德意志预算制度之研究》,《建国月刊》第7卷,第1—2期(1932年6—7月)。

第六章　朴素、法西斯主义和"新生活"

在纳粹推翻该政权的 1933 年,他的书付印了,真可谓生不逢时。①

　　蒋介石和一批以德国军官为顾问的军事人员,对于魏玛政权以及中国应从该政权吸取什么经验的问题,却多少有些不同的看法。德国军事顾问们——有些是政治流放人员——对魏玛政权普遍抱着反感,他们用自己的观点来宣传德国的复兴。鲍尔、柯瑞伯及其他人都认为他们本身就是真正的德国精神(虽然暂时被抛弃了)的保持者和复活此种精神的先驱。弗里兹·林德曼将军在北平陆军大学对中国军官们说,德国精神是"不可摧毁、强大有力的"。保存此种精神的,不是魏玛政府,而是德国军队。作为"德国军人精神的代表",顾问们可以用"最大的个人参与意识"②支持中国争取自由的斗争。蒋介石也作了同样的表示。他对德国顾问们说,中国和德国"处境相同",均受"外国势力压迫",必须"让自己挣脱锁链"。③

　　中国人对德国人和德国近代史的看法,是既崇拜又同情。总的印象是十分肯定的,尽管仍存在不同见解。但是,更使 20 世纪 30 年代中国的评论家和政治家们着迷的,不是德国的过去,而是德国的现在。德国国家社会主义的兴起,在中国得到广泛的赞许,其原因不仅仅是这与中德关系的重大发展同步一致。对许多中国人来说,法西斯主义是中国借来用于本身争取国内统一和国际自主的某种手段。德国法西斯主义是中国最能了解的一个品种。而所谓的"中国法西斯主义"的历史则在很大程度上就是中国对德国国家主义领悟的历史。

---

① 钱端升:《德国的政府》,第 83 页,第 334 页。
② 林德曼,第 39—40 页。
③ 在北平陆军大学对德国顾问的讲话(1929 年 9 月 11 日),引自林德曼,第 84 页。

德国与"中国法西斯主义"

大概没有哪种政治或历史术语能像"法西斯主义"这样具有多种含义。当然,解释这一术语最简易的办法是用于说明墨索里尼活动的思想体系,即"法西斯蒂所持诸原则的总体"。① 然而,到了 20 年代,此术语显然已在意大利以外通用了,而且有了"国际法西斯主义"的概念。德国的一位作者在 1928 年以此为题写了一篇文章,他说,"我们区别国际法西斯主义的思想与方法,就思想而言,它既具有国家性,也具有国际性。国家主义思想作为此时此地的宗教信仰,**它是国际性的**,而在某个具体国家内,集合和发展民众的力量则是**国家性的**"。他继而指出,在 20 世纪,通向现代国家之路,"便是建立法西斯国家之路"。②

"全世界民族主义者,联合起来"这一口号常常被认为是根本不合逻辑的。但这并不意味着这是一种没有势力的思想。1937 年墨索里尼在柏林对希特勒说:"尽管我们两国的革命过程可能多少有些差异,但两者所追求和达到的目标则是相同的,即民族的统一与伟大。"③"统一与伟大",是中国许多崇拜法西斯主义的人所看到的结果。对中国来说,法西斯主义变成一种普遍观念,只是在德国国家社会主义获胜之时。

"法西斯主义"一词是在 20 年代以"泛牺"进入汉语词汇的,显然是译自意大利语。早期还译作"棒喝",这个词的含义并不令人十分愉快,即"持棒喝打,振顽起愚"。这两个词语仅用于意大利法西斯党,例

---

① 《韦伯斯特新大字词典》(斯布林菲尔德,麻省,1965 年),第 302 页。
② 赫尔穆特·弗兰克(Helmut Franke):《德国法西斯主义》;见兰道尔和霍内格,第 40 页。
③ 引自马丁·基琴(Martin Kitchen):《法西斯主义》(纽约,1976 年),第 83 页。

如"棒喝党",或按原文音译为"法西斯蒂"。1933年以后,后者又特地缩略为"法西斯",泛指法西斯主义,很少具体运用于叙述意大利的情况。法西斯主义如今已变成一种跨国运动,作为"主义",它与"泛牺"或"棒喝"已不属一回事了。① 确切地说,希特勒德国的崇拜者也可能就是墨索里尼意大利或凯末尔土耳其的崇拜者——人们从严厉的政府控制、有计划的经济增长和国家使命感等方面着眼,往往把表面上相似的一些国家归为一类。② 但是,德国的法西斯主义则是中国人潜心研究最深的。

在研究中国人对国家社会主义的理解以及在此过程中的"中国法西斯主义"的性质时,我们将把注意力集中在国民党内不同的政治派系方面。除了一个集团——到1936年中期仍未与政府一致的两广西南政委会——其他各政治派系一般都对纳粹主义反应良好,这一情况促进了中德关系的不断发展。然而,由于对法西斯主义的共同崇拜存在着分歧,这就足以阻碍该政权采取任何真正的"法西斯化"步骤。正如卡尔·曼海姆(Karl Mannheim)所说:"即使在同一国家里,当词语被不同的群体使用时,也不能表达相同的含义,而语义上的细微差别,则为某一社会里不同的思想潮流做出最好的提示。"③在中国,也正如在纳粹掌权时的德国,不同的人物对法西斯主义都有不同的认识。

国家社会主义的信息来源

受过教育的中国人士并不难获取德国国家社会主义信息的文献

---

① 这一分析是建立在对涉及"法西斯主义"内容的文章标题进行考析的基础之上的,这些文章汇集于1930至1935年《人文月刊》索引中。
② 程师罡(音):《中土(耳其)相似之处》,《民众论坛》第9卷,第2期(1935年4月16日),第81—84页;薛光前:《中意关系概述》,《中国季刊》第2卷,第3期(1937年夏),第482—486页。
③ 卡尔·曼海姆(Karl Mannheim):《保守思想》,载于库特·沃尔夫(Kurt H. Wolff)编,《卡尔·曼海姆文选》(纽约,1971年),第135页。

资料。从30年代的期刊目录索引中,可以看出人们对这一专题普遍地深感兴趣,《人文月刊》即是如此。例如在1933年11月份的目录索引中,有1/3以上论及"外交政策"的文章都谈到德国、希特勒或国家社会主义;在"政治"类目里,几乎有半数的文章谈到法西斯主义;而在"政党"类目里,有一半是论述法西斯主义与国民党关系的。①

除了每年有数百篇关于德国和纳粹主义的文章在报刊发表以外,中国人还自由选择,翻译了各种各样德文原著和英文转译的著作。军学编译局为中国军官翻译德国的军事科学著作,还在1934年末大量出版发行戈特弗里德·费德尔(Gottfried Feder)1920年的《德国国社党党纲》,称之为"法西斯主义圣经"。② 在一年之内,《我的奋斗》也被译成中文,在"各大报摊和书店"都有出售。③ 作为德国商界和学术界"文化宣传"努力的一个方面,费希特《(论)德意志民族的演说》被译成中文,并附有一篇确当的国家社会主义的引言。莱尼·里芬斯塔尔(Leni Riefenstahl)拍摄的1934年纽伦堡党代会的电影《意志的胜利》在放映时加上了中文字幕。④ 中国的期刊杂志也经常翻译希特勒的外交政策演说和第三帝国的重要法令,诸如《权力法案》《纽伦堡法》等。⑤ 1937年外交学会(南京)出版了一本国社党官方文件和声明的选集。⑥

---

① 《人文月刊》第4卷,第10期(1933年11月)。
② 联邦军事档案馆,W02—44/45,第123页,"吴光杰将军致塞克特"(1934年5月22日);黄公安译:《德国国社党党纲》(庐山,1935年)。
③ 引自辛达谟:《传记文学》第21卷,第1期(1972年),第66页;关于《我的奋斗》在中国的出版,参见《新中国》(Das Neue China)第2卷,第4期(1936年2月20日)。
④ 《新中国》第3卷,第18—19期(1937年5—6月),第38—39页。
⑤ 参见《最近德国国会之重要决议案》,《黄埔月刊》第4卷,第4期(1935年10月15日),第148页;《希忒拉的和平一席谈》,《国闻周报》第13卷,第8期(1936年3月2日);《希忒拉国策演词全文》,《国闻周报》第12卷,第31期(1935年8月12日)。
⑥ 《希特勒执政后之德意志》。

第六章　朴素、法西斯主义和"新生活"

中国的报纸主要依靠英美新闻社的材料报道国外消息。但从1933年以后,则更多地采用德国越洋新闻社的消息,该社从1929年起,渐渐变成竞争强手。① 德国政府也力求在中国媒体上反映德国的观点。德国外交官们知道,中国公共租界以外的新闻界是受政府监督的,所以他们就进行干预,阻挠发表"煽动文章",鼓励刊登有利于"新德国"的各种报道。②

在德国学习或前去访问的中国人士有可能获得关于国家社会主义的第一手材料。1936年,有1 600多中国人客居在德国,其中多数是留学生。③ 1936—1937年间,南京政府还资助大批技术"学习代表团"前往第三帝国。在此期间,不少高级政府官员和重要人士也越洋赴德。若开列一份很短的名单,就有张学良、胡汉民、汪精卫、汤良礼、戴季陶、张君劢、蒋廷黻、翁文灏、张发奎、宋子文、孔祥熙诸人。④

蒋介石虽然不曾去过德国,但却有自己的渠道获得有关国家社会主义的讯息。他的两位顾问鲍尔和柯瑞伯与国家社会主义运动是有密切联系的。1932年夏,纳粹主义得势时,蒋介石转而向已故的马克斯·鲍尔的儿子获取纳粹党的信息。受雇于柏林中国公使馆商务处的恩斯特·鲍尔(Ernst Bauer)说,蒋介石"特别"感兴趣的,是国家社会主义的组织和管理方法,特别想了解党的领导人物怎样能够"在众多追随者中维持最严格的纪律,怎样对可能出现的党的敌人或异己派别采用严厉的制裁措施,从而使那些措施获得完全成功"。⑤ 1932年

---

① 外交部政治档案(6),Bd. 4,"卜尔熙(Borch)(北京)致德外交部"(1929年8月28日)。
② 参见外交部政治档案(6),Bd. 6,"吕特(Rüdt)(上海)致德外交部"(1933年3月2日);《中国评论》(China Press)(1933年3月1日;4日)。
③ 《东亚评论》第17卷(1937年8月1日),第193页。
④ 程天放,该书中处处可见。
⑤ 联邦档案馆,鲍尔遗件,no. 62,第229—230页,"恩斯特·鲍尔(Ernst Bauer)致保罗·兴克勒尔"(Paul Hinkler,纳粹党国会领袖)(1932年8月3日)。

12月,蒋介石获得情报,于是派遣两名"执行秘密使命"的密使去柏林,亲身了解国社党的组织和领导。他们可能在12月底与当时的国民议会主席戈林见了面。①

希特勒被任命为总理,蒋介石获取纳粹主义讯息的需要也随之增长,于是通过梁颖文(蒋的秘书,前中国驻柏林公使馆商务参赞)与鲍尔联系。蒋所需要的讯息,涉及一般的军事教育、体育、青年为国服务的形式等方面。鲍尔满足了蒋的所有要求,并且增加了他自己所偏爱的关于国家社会主义章程的报告。他说:"你不能想象……情况变得有多么好。"②

背景:对独裁的争论

蒋介石对恩斯特·鲍尔的要求,反映了1933年政府内外一种普遍的关心:如果中国要变成一个现代化的、能够抵抗日本侵略的国家,除了军事和经济方面的努力之外,党和政府必须大大加强对国家的政治控制。随着1932年国民政府的重建,蒋介石的个人权力无疑地不断增加了。然而,他所领导的,却是一个派系林立、缺乏1926—1927年间那种革命热情的党。蒋氏1933年秋在庐山对军事将领说:"最重要的任务是恢复已经失去的革命热情!"③在严责国民党是一个"毫无生气的骷髅"的同时,蒋介石赞扬了"西方国家正在向上的政党",这些政党的革命精神已经指引它们完全控制了自己的民族。④ 越来越多

---

① 联邦档案馆,鲍尔遗件,no.62,"E.鲍尔致戈林"(1932年12月19日)。
② 同上,第185页,"E.鲍尔致梁颖文"(1934年8月20日)。还可参见第224页b,"梁致鲍尔"(1934年9月11日);第163页,"梁致鲍尔"(1933年12月19日);第171页,"鲍尔致梁"(1934年3月15日);第175页,"鲍尔致梁"(1934年4月13日);第177页,"梁致鲍尔"(1934年4月17日);第179页,"鲍尔致梁"(1934年4月27日)。
③ 蒋介石:《庐山训练集》第1册,第5页。
④ 引自"社论",《民众论坛》(People's Tribune)第12卷,第5期(1936年3月1日),第302页。

的人,众口一词,谴责国民党,并提出中国是否像德国和其他国家一样,建立强有力的独裁政府问题,蒋介石仅是其中之一。

这个问题已由不少领袖群伦的知识分子非常明确地提出来了。1932—1933年之前还一直赞慕魏玛民主的钱端升,到1934年跑出来拥护"集权政府"了。他说:纳粹主义的胜利,法西斯主义在意大利和共产主义在苏联的胜利,都"给民主以致命的打击,民主的弱点已暴露无遗"。① 他的观点得到哥伦比亚大学毕业的哲学博士陈之迈的赞同。陈氏承认,在"当前形势"下,一个集权政府更加适合、更加有效。② 他的观点又与丁文江的观点接近。丁氏倡导一种"新模式",即专家型的独裁,他说:有一个为国家谋利益的坚强领导来统治,就可能最有效地使用训练有素的中国精英。③ 1933年末,当时任教于清华大学的历史学家蒋廷黻明确地道出这种呼吁独裁的原动力。为了倡导他那独特的、以现代欧洲早期国家为模型的中央集权独裁政体,他采用了明确的现代说法:"我们要办实事。我们要修路治水,建钢铁厂,办更多更好的学校。……谁办了实事,我们就支持、崇拜谁。"④

知识界趋向于拥护独裁,其势力之加强,也许是一个最好尺度,可以用来衡量为民主观念辩护的力量之薄弱。国民党"训导"全民,最终目的莫过于此。胡适是少数几个仍然支持民主的人士之一。但是,这位中国最著名的知识界人士,是以脆弱的根据进行争辩的。胡适和批评他的人都相信中国民众在政治上是"无知无能"的,但胡适却认为这一点正是不能实现独裁的原因,而是实行"幼稚园式的政府",即民主

---

① 钱端升:《民主政治乎?》,第18页及以下几页;也可参阅切斯特·C. 谭(Chester C. Tan):《20世纪的中国政治思想》(纽约,1971年),第240页;易劳逸:《流产的革命》,第147页。
② 陈之迈:《论政治贪污》,《独立评论》第184期(1936年1月5日),第2—6页;同前,《再论政治的设计》,《独立评论》第204期(1936年6月14日),第4页。
③ 参见费侠莉(Furth):《丁文江》,第216—218页。
④ 蒋廷黻:《民族复兴的一条件》;同前,《革命与专制》,第2—5页。

的理由。他说,独裁若要成功,亟须高度的智力和技术,而这正是中国所"奇缺"的。既然他认为没有杰出的人能做独裁者,那么由"平庸之众"构成的这个国家,势必要由平庸之才来领导。对这类人来说,还是去领导轻松的共和制政府比较合适。① 事实上这是用无力的表扬来责难民主,在1935年以前,这种声音不过是荒野里的呼唤。

在《独立评论》《国闻周报》和《东方杂志》上发表争论文章的作者中,只有钱端升明确号召仿效欧洲的集权主义。但他们的信念助长并反映了一种思想氛围,在这种氛围里提出的中心问题,并非"是否实行独裁",而是"实行什么样的独裁"。张卫浜概括了众人的观点。他于1935年6月写道,现在不再是独裁与民主的选择,而是独裁与分裂的选择,因为一人统治(独裁)的反面是地方割据的多人统治(多裁)。②

占主导地位的知识分子相互之间的争论,有时带有浓厚的理论色彩。但他们的争论却与那些具有更直接的政治关系和责任的人们对这同一问题的争论相呼应。中国是否能够或应该仿效德国建立一个"中央集权政府",这个问题则是党内不同派别的重要议题,而派系分裂本身又是国民党问题的一部分。

蒋介石政权是由许多派系组成的,而这些派系又各从其私人关系或依附关系隶属于蒋。在辅佐蒋介石巩固其统治方面,他们起过不同的作用,但各派系却持有不甚相同的思想观念——尽管内涵并不总是一致。派系成员虽有很大的流动性,但效忠于派系则是个人参政的一个重要方式(对30年代的中国人来说如此,现在的历史学者亦作如是观)。③

简单地说,有三大派系隶属于蒋氏。黄埔军校系,起始于蒋介石在广州任黄埔军校校长之时。该系是支持蒋氏个人军事力量的最早

---

① 胡适:《我们需要或想要独裁吗?》,第92—93页;同前,《再论建国与专制》。
② 张卫滨:《中国现阶段所需要的政治形态》,《国闻周报》第12卷,第21期(1935年6月3日)。
③ 《民国人物传》,"前言",第1页。参阅齐锡生,第一章;黎安友,"导言",第一章。

的核心,控制着军队的政治教育,并且通过秘密的蓝衣社从事于搜集情报、灌输思想、制造恐怖政治等任务。① 第二是 CC 系,该系可能因陈立夫、陈果夫兄弟而命名。该系控制着党的组织和干部任命事宜。该系的领导成员共同信奉"全民思想再塑造"的理念,再造则依靠传统道德为基石和"推动力"。② 陈氏兄弟在南京政府期间,不遗余力地推动了尊孔之风的复活。第三是所谓的政学系,这是由政客、官僚、学者和技术专家组成的松散团体,因相互间有依存关系及与蒋介石有依附关系而凑合在一起。如果不怕把它归纳得太简单,政学系的成员可以称为精英,他们往往是经过西方训练的解决问题的能手,与其他派系相比,该系则显得组织较差,影响较小。然而,他们诚实正直,又有专门技能,蒋介石可以依赖他们去执行他个人的外交使命,解决经济发展问题。③ 不受蒋介石直接控制的派系有两个,其领导人是蒋的敌手,要求实现孙中山的遗愿。一派是汪精卫的改组派,仍是南京政府的一部分。另一派是聚集在胡汉民周围、划分不太明确的一群,胡汉民本人与实际上半独立的粤桂两省西南政务委员会有联系。

所有这些派别都出版刊物,这些刊物由其重要成员编辑,或至少从一般意义上说表达出各派观点。从这些刊物发表的有争议文章中,可以收集到各派系对独裁、"法西斯主义",尤其是对德国国家社会主义的种种观点。

黄埔系和蓝衣社

从 20 年代中期蒋介石控制黄埔军校时起,该校教官和毕业生陆

---

① 易劳逸:《流产的革命》,第 31—84 页和田弘茂书第 52—65 页对蓝衣社作了较好的一般性的叙述。陈少校则就其内幕作了最好的论述。
② 见易劳逸:《1930 年代的国民党》,载费侠莉:《变革的限度》,第 199 页;田弘茂,第 47—52 页。
③ 包华德,第 2 册,第 191 页;田弘茂,第 67—68 页。一般地说,有关所有的派系集团可参见《民国人物传》序言。

续在政府和军队里取得了职位,他们可以算作蒋介石最忠实的拥护者。作为军队基本力量来源的"黄埔系",在蓝衣社*组成之后,仍力求在党和国家内充分扩大其影响。

成立蓝衣社的建议显然来自何应钦将军的机要秘书刘健群。刘氏设想在党内成立一个能"产生党的灵魂"的精英团体。该团体的成员将是一心一意的"革命者"和可望严格效忠于领袖的理想主义者。② 成员要向蒋介石宣誓效忠。其组织形式更像是传统的秘密社团,并不似现代的政治团体。吸收成员的程序严格。以至到1935年,成员人数还不到14 000名,形成众多分支和小组的网络,行动秘密,每周开会一次。蓝衣社的活动包括以下诸方面:向党的基层组织、学生团体和地方军阀的部队进行渗透并灌输思想;在刚刚夺自共产党之手的地区内进行宣传;广泛地进行收集情报、侦察监视和制造恐怖活动。③ 但是,该组织的权力基础仍保留在中央军事机构中,由于蒋介石始终掌握着国家军事委员会,因此蓝衣社的领导人便控制了中央军事机构。④

蓝衣社的信仰是民族主义、军国主义以及就广义而言掺杂着本土化了的马克思主义的"国家社会主义"这三者的混合体。他们反对资本主义、唯物主义、个人主义、共产主义和民主。他们所寻求的是,全国上下服从"领导原则",思想统一,行动统一,实行教育"军事化",工业国家化,还有饶有趣味的农业集体化。⑤

刘健群写过赞美墨索里尼、凯末尔和希特勒的文章,这三人都是在他所谓的"国家社会主义"舞台上起家掌权的。但在中国能否引进

---

* 关于蓝衣社,请参阅易劳逸《流产的革命》中译本附录(陈谦平等译,中国青年出版社1992年出版)。——译者
② 刘健群:《贡献一点整理本党的意见》,载于《复兴中国革命之路》一书,第57—112页。
③ 田弘茂,第57—59页;易劳逸:《流产的革命》,第64—77页。
④ 田弘茂,第61页。
⑤ 易劳逸:《流产的革命》,第47—52页。

他们的成功之道这个问题上,他推诿说:"我们必须坚持民族立场……中国仍然是中国。"①但是,与此相关的其他人则比较明确地号召公开仿效欧洲的法西斯主义。正如一位编辑所写的,"法西斯主义是国家濒于崩溃时唯一的自救工具。……中国不得不仿效意大利和德国……的法西斯精神"。②

在一些较著名作者的议论中,蓝衣事业的代言人用伪历史观来解释实行独裁的必要性。在蓝衣社刊物《前途》上,有位作者说,民主是资本主义早期自由市场的政治反映。自由市场的那种竞争,最终要为卡特尔化和垄断所代替,这就使议会制那种混乱的政治竞争无法控制社会。最后会出现一个希特勒,将"民主斩草除根",并集中国家政治权力,以便与集中化的经济结构相一致。作者尽管无法就当前中国资本主义的发展"自然"产生独裁问题作出论断,但却声称中国的病症如经济、政治、文化的混乱,恰似一个国家的民主处于痛苦的最后阶段。因此,这就需要独裁。"这是一个新时代,独裁是这个时代……进步的手段"。③

蓝衣社运动因强调军事服从和军事行动而使该社成员鄙视中国的传统习俗和价值观,认为它们不适合于"新时代"。④ 这种鄙视也表现在希望机械地照搬欧洲独裁主义"经验"方面。在蓝衣社的某个刊物上,有位作者写道,历史既不是由伟大运动,也不是由伟大人物创造的,而是由既靠天才又靠手腕拥有权位的"中心偶像"创造的。"天子"统治中华帝国,并不是因为他本人具有"任何奇品大德",而是因为他

---

① 刘健群:《复兴中国革命之路》,第8、10页。
② 《国民党与法西斯蒂运动》,《社会新闻》第4卷(1933年8月24日),第274页;也可参阅易劳逸:《流产的革命》,第41页。
③ 伊仁:《民主与独裁》,《前途》第1卷,第8期(1933年8月),第1—4页。
④ 梁园东:《中国民族之特点》一文是较好的例证。

成了大众所崇拜的偶像。这一经验,现已被中国置之脑后,而意大利和德国却正在运用。作者问道:"在意大利的法西斯主义者中,有多少人真正知道(墨索里尼的)才干?……他们崇拜的不是他本人,而是他的形象,他的精神。"希特勒、斯大林和凯末尔,皆属这种情况。对当时的中国来说,创造一个新的中心偶像,是国家统一和强盛的前提。该作者还直言:"我们无需隐瞒,我们正需要中国的墨索里尼,中国的希特勒,中国的斯大林!"①

与蓝衣社有联系的刊物阐发了这样一种观念,即国家社会主义德国是与他们"法西斯主义复兴"的信仰相一致的。《社会新闻》在1933年初介绍了希特勒及其追随者,把他们说成是德国的救星、经济的恢复者、德国人民的导师和纪律的训练者、国民精神的宣传员。总而言之,他们"做任何事情都是为了变弱国为强国所必需"。② 如果这意味着要压迫犹太人和终止个人自由,那也只能这样了。该杂志社驻柏林记者以赞美的口气说:"如果任何言论或行动有害于国家……政府则将进行干涉,迫使那些人回头踏上德国政府和全民所规定的统一方向。"③

1933年4月,《前途》月刊报道了希特勒为应付国际政治经济压迫夺取政权的消息,并预言他的成功是全欧法西斯化的前兆。《前途》在后几期中还翻译了在国家社会主义统治下,德国工人阶级状况转好的报道。接下来,该杂志几乎用好几期来报道欧洲法西斯主义进展情况。

---

① 《组织与领袖》,《社会新闻》第3卷,第16期(1933年5月18日),第242—243页。
② 许思邦:《德国之法西斯蒂》,第235—236页。
③ 许思邦:《德国政闻》,第362—393页;也可参阅《社会新闻》第3卷,第24期(1933年6月12日)续篇,第378—379页。

在外交政策方面,《前途》的编辑们则认为希特勒是个能使其他国家政策按他个人意志转动的"怪杰",他太伟大了,因为他熟练地运用外交政策,巩固了国内形势,恢复了德国人民的自豪感。① 另一篇社论说,希特勒是德国人民的一个"英雄",他战胜了各种各样的困难,制服了形形色色的小人。"在任何情况下,他总是统治着别人而不为他人所控制。"②

蓝衣社成员反复引用德国的例证来支持他们在中国进行激进变革的论点。《前途》的编辑刘炳黎写道,德国的成功可供中国效法,尽管两国的客观情况不同。③《前途》的另一位作者孙伯謇说,德国的范例清楚地说明了独裁、中央计划和经济复活三者的相互关系。④ 另外,孙氏还说,德国国社党党纲已掌握了"组织革命群众"的技巧,这类技巧可以有效地运用于中国。⑤ 还有一些人认为,国家社会主义的种族政策,为复兴的人民指出了一个有希望的必要方向。⑥ 最后,对反民主的蓝衣社不无讽刺意味的是,国家社会主义德国可以被看做是一个个人需要服从国家需要的国家,不然,德国人民何以**投票**支持一个强有力的独裁政府呢?⑦

在中国的军事教育领域内,从实际目的出发,德国和法西斯主义的有利形象便成为所设课程的一个组成部分了。这方面,只能部分地

---

① 张慕霖译:《德国劳动状态与工业生产的景气》,《前途》第 1 卷,第 10 期(1933 年 10 月);关于法西斯主义的译文可见该刊第 1 卷,第 11、12 期(1933 年 11 月,12 月);俊:《希特勒外交宣言与欧洲政局》,《前途》第 3 卷,第 6 期(1935 年 6 月)。
② 《德国国民之特殊性质》,《前途》第 3 卷,第 6 期(1935 年 6 月)。
③ 刘炳黎:《民族复兴的意义》,《前途》第 1 卷,第 6 期(1933 年 6 月),第 4 页;《民族图存的基本条件》,《前途》第 1 卷,第 8 期(1933 年 8 月)。
④ 孙伯謇:《统制政策》,《前途》第 1 卷,第 11 期(1933 年 11 月),第 3 页。
⑤ 孙伯謇:《今日的中国革命》,《前途》第 1 卷,第 11 期(1933 年 11 月),第 2 页。
⑥ 陈普,第 62 页;卫聚贤,第 17—18 页。
⑦ 陈普:《民族复兴与中国政治》。

归因于中央军校中的德国军事顾问的教导,因为顾问们大部分待在技术领域里,即使在1933年以后,这些顾问当中也只有很少几个国家社会主义者。尽管有些课程确实由国家社会主义者任教,如林德曼将军教授过《政治基础》,但政治教育基本上是由中国人担任的。①

最重要的是蓝衣社的活动范围。国民党中央组织部军队党务处就是蓝衣社活动的中心机构,它控制着各个军事教育分部,负责挑选各地的教官和干事。该机构不接受CC派控制的国民党组织部所下达的指令,反而服从复兴社指挥。复兴社是蓝衣社的另一称号。② 贺衷寒将军——"蓝衣社寡头政治集团的主要人物"③——就任中央政治训练处处长,从而保证了蓝衣社对军事教育和出版物的控制,而蓝衣社另一重要人物康泽的"别动队",其职责中有一项是负责在军队中进行宣传工作。④

南京中央军校的刊物《黄埔月刊》的主要任务之一,是"介绍其他国家的政治、经济和军事体系"。在"政治体系"方面,讨论的问题有:"民主与独裁","独裁及其领袖","法西斯主义的政治思想","法西斯主义的政治机构","墨索里尼的独裁政府","希特勒统治下的德国独裁"及"独裁政府与中国"。⑤ 上述问题观点十分明确。有位作者说,通过法西斯主义,一个国家就能迅速地"摆脱苦境",实现军事化和统一。⑥

中央航空学校的期刊也提供了同样的宣传内容,除了向读者展示

---

① 林德曼,第161页。
② 陈少校,第41页。
③ 易劳逸:《流产的革命》,第41页。
④ 陈少校,第48页。
⑤ 《黄埔月刊预定编辑》,《黄埔月刊》第4卷,第5期(1935年11月15日)。
⑥ 马星野:《法西斯蒂意大利之新武力》,《黄埔月刊》第4卷,第5期(1935年11月15日),第116页。

纳粹党如何"战胜阶级冲突"的详情细节,还常常报道德国编写的国际事件,例如1936年挺进莱茵兰。①

军事现代化是中国军事院校关心的焦点,这些院校的刊物都集中报道30年代德国军队建设方面数量增加及质量提高的详细情况。不过也未忽略政治方面的经验与教训:一个国家,只有具备了不容置疑的强有力的中央领导,才能有效地"操纵"经济为国防服务,并确保其所需的牺牲精神。②

CC系

若论对欧洲法西斯主义的倾心仰慕之情,其他任何政府团体均无法与蓝衣社和黄埔系并驾齐驱,而这两个派系又是那样渴望从根本上解决中国问题,其急切之情也是其他派系所未有的。这两个派系之存在,以及它们努力想向党的各种机构的渗透,就是对CC系或改组派的一种威胁。正如田弘茂所指出的,后者是用比较保守的方式"使国民党成为蒋介石掌握权力的有效工具的"。③

CC系不允许蓝衣社独家崇拜法西斯主义。蒋介石前顾问纳粹分子赫尔曼·柯瑞伯以驻上海总领事的身份向柏林报告了在中国"法西斯思想的扩散"。在1934年秋的报告中,他集中谈了邓文仪领导的蓝衣社前沿组织中国文化学会与上海有CC系背景的政府官员吴醒亚、

---

① 志青:《国社党"国民革命"之正体》,《空军》第82期(1934年6月17日),第13页;《法西斯蒂的考察》,《空军》第183期(1936年7月28日);沈民九:《德国第二次炸弹宣言与欧洲之新局势》,《空军》第176期(1936年4月16日),第39—40页。
② 泗清:《德国重整军备及其经济情势》,《黄埔刊月》第3卷,第6期(1935年6月15日);雷锡龄:《中国战时工业统制论》,《黄埔月刊》第3卷,第5期(1935年7月15日);德恒:《统制经济与中国》,《空军》第108期(1934年12月30日)。
③ 田弘茂,第52页;也见杜勉,第596—597页。

潘公展和吴开先等领导的中国文化建设协会之间互相倾轧的情况。① 这两个协会几乎在各大城市都有分会,加上蓝衣社的另一个前沿组织中国文化协会,互相之间为争夺地盘和吸收会员展开了剧烈的斗争,并直接向蒋介石告状。可是 CC 系的中国文化建设协会的幕后指挥者,不是别人,正是陈立夫自己。②

和蓝衣社一样,陈立夫所关心的是秩序和控制问题。他派出一个党的代表团去欧洲调查法西斯党的组织情况,并编辑发表代表团对德国、意大利和土耳其执政党的研究报告,对国家社会主义的组织、领导原则和吸取青年成员的方法评价很高。③ 在波多野乾一所鉴定的 CC 系最初 20 名成员中,还有几个是公开的"新德国"崇拜者,朱家骅便是其中之一。他在 1927 年向蒋介石推荐过德国顾问,1934—1944 年任国民党组织部部长。另一个是程天放,曾任驻德大使,号召中国"追随德国榜样"。④ 但是,与蓝衣社不同,CC 系最赞美的或许是德国国家主义的"民族"特色。所谓德国的榜样,若归源于大众的和日耳曼的思想体系,那么就可以说复兴是植根于一国人民的文化传统之中的。

尽管 CC 系缺乏一个严格的思想体系,但公正地说,其重要成员还是与陈立夫具有共同的信仰,即认为要使中国社会复兴完成得最好,必须凭借传统道德来做变革的工具。因为,如果中国人民能够再次以自己往昔的辉煌为荣,他们也许会克服阻碍进步的民族自卑感。自信和对辉煌往昔的信念——这是多数蓝衣社成员所蔑视的——会使中

---

① 外交部政治档案(11),"柯瑞伯(上海)致德外交部"(1934 年 9 月 24 日);"陶德曼(北京)致德外交部"(1934 年 10 月 4 日);"贝伦斯(Behrens)(上海)致北京"(1935 年 1 月 31 日)。
② 陈少校,第 42—43 页,第 45—46 页;外交部政治档案室(11),"柯瑞伯(上海)致德外交部"(1934 年 9 月 24 日)。
③ 张冲等:《意、德、土访问录》,陈立夫辑(1935 年,南京),第 2 册。
④ 波多野乾一,第 461—462 页;参阅田弘茂,第 200 页;程天放的陈述可在《北平纪事》(1935 年 7 月 5 日)中发现。

国具有心理力量去吸收西方最新最好的东西。陈氏的中国文化建设协会的各个分会在与蓝衣社开展的竞争中,也许想探讨如何把学习新政治思想和技术与继承中国传统糅合在一起。

邵元冲也是CC系最初的20名成员之一,曾任蒋介石机要秘书,他也持上述见解。邵氏反对西方民主和个人主义,强调"民族心理建设"之必要,并将此作为革新的先决条件。① 他主办的《建国月刊》,是最早也是最强烈地赞美法西斯主义在欧洲的重建的。有位作者写道,国外法西斯主义运动的勃兴,乃是"假民主"和共产主义因无法实现人的内心需要而招致失败的结果。法西斯主义的显著特点是能够聚集调动一个民族的力量和共同精神去进行改革重建。②

从1933至1936年,《建国月刊》具体地讨论了德国复兴精神在国社党政权下是怎样被转化成经济、政治独裁、政府机构改革和军备诸方面的政策的。③ 然而,值得吸取的可贵经验是,这种复兴是在一国的历史环境内产生,是具有民族根源的。"第三帝国"这一称号,就可追溯到德国的中世纪。程石泉指出,有两种类型的法西斯主义,即帝国主义式的和民族主义式的。日本属于第一类,德国属于第二类。第二类的目标是恢复一个民族的意志、独立和力量,然后"精力充沛地去重建国家"。此外,将德国式的法西斯主义反民主的一面视为"反动",这是一个错误;相反它是实现"真正的民主"的必要阶段,也就是民族自由的阶段。④

---

① 参见邵元冲:同前,《个人主义与思想改造》,《建国月刊》第8卷,第5期(1933年5月)。
② 程石泉:《论法西斯蒂的起缘及其前途》,《建国月刊》第7卷,第5期(1932年10月)。
③ 寿昌:《德国复兴运动下的经济实况》,《建国月刊》第11卷,第6期(1934年12月);蒋绍炎:《德意志的政党与独裁制度的由来》,《建国月刊》第9卷,第6期(1933年12月);缪钟彝:《德国之经济政策》,《建国月刊》第14卷,第3期(1936年3月);祝世康:《德国之公务员保险》,《建国月刊》第11卷,第5期(1934年11月);胡少米:《最近德国的军备概况》,《建国月刊》第15卷,第5期(1936年11月)。
④ 程石泉。

政学系

　　该系重要成员对德国法西斯主义及其对中国的关系具有一种与众不同的看法。该系成员越来越多地担任政府内的高级职位,有些人还广泛参与了中德外交关系的事务。张嘉璈作为铁道部部长,与德奥托·沃尔夫公司协商签订了重要的铁路合同。翁文灏作为行政院和国家资源委员会的秘书长,完成了复杂的1936年易货贸易协定,在这方面,他得到蒋廷黻的支持。蒋氏在1935年12月之后任行政院政务处处长。这些事实证明,寻求与德合作的动机,不是出于意识形态,而是实用主义。实用主义(一般地说),或许是政学系的主要特点。

　　该系成员所写的文章中,纳粹主义之所以得到好评,倒不完全是因为法西斯主义天生优于别的思想体系,更多地是因为它看上去能够满足当时的需要。黄郛是政学系一位学识渊博的领导人,他的刊物《复兴月刊》集中介绍了别国的"复兴"经验。1933年1月以后,该月刊认为国社党政体使德国在复兴过程中又迈进了一步,是继续而非中断。在《复兴月刊》的文章里,纳粹主义被大大抬高,甚至说它能减少失业,增加生产。到1934年,该刊经常以赞许口吻详尽介绍第三帝国处理失业、劳动管理、义务劳役、军事防空等等具体的政策。在这些方面,德国被认为是值得中国学习的领先国家。[①]

　　除了偶尔抨击个人主义外,[②]《复兴月刊》小心谨慎,避免卷入政治独裁的争论。但经济独裁,则是另一码事。不少作者大谈学习"法

[①] 郑独步:《德国劳动统治的现实》,《复兴月刊》第4卷,第11期(1936年7月);吴文英:《希特勒之救治失业政策》,《复兴月刊》第4卷,第11期(1936年7月);怀雅:《德国的劳动服役制度》,《复兴月刊》第5卷,第9期(1937年5月);叶乐群:《希特勒统治下之企业制度》,《复兴月刊》第4卷,第10期(1935年10月);《德国政府指导下的民间防空》,《复兴月刊》第2卷,第12期(1934年8月);张素民。

[②] 胡善恒:《个人主义思想之嬗变与没落》,《复兴月刊》第2卷,第8期(1934年4月)。

西斯经济控制",学习计划经济策略的价值。① 国社党对待托拉斯和卡特尔的政策一经透彻介绍,就可明显地看出,德国经济计划所面临的问题与中国方面所面临的问题大相径庭,但他们却强调这样一个基本点,即政府控制经济增长确实有利于中国为实现工业化所做的"准备工作",诸如机械化、商品标准化、使生产活动适合国家利益等等。该刊还进一步指出,在这方面值得大力学习的国家,不是像苏联那样实行"计划经济",由政府全面控制生产的国家,而是实行不怎么过死的"控制"或"指导经济"的国家。这样的国家允许私营企业存在,纳粹德国就是一个重要的例子。②

汪精卫的改组派

把中国引向新的专制政体的观点在30年代所受到的欢迎程度,可以从汪精卫领导的改组派的态度来衡量。汪精卫自称是孙中山"民主"遗产的继承人,1927年他曾和国民党左派站在一起,1931年以后,他与蒋介石的合作很不顺利,作为行政院院长,只是名义上负责南京政府,实权则掌握在蒋介石的军事委员会手里。

汪精卫自视为南京政府内的进步力量,公开攻击独裁运动。③ 1936年,他在德国居留了很长时间,欧洲法西斯主义所取得的明显成果也给他留下了印象,他曾说:"一些先进国家已增加了国家活力和人民力量,不再害怕外国侵略了。"④汪精卫集团里的一个主要评论员汤

---

① 例如,郑独步:《法西斯统制经济的认识》,《复兴月刊》第2卷,第7期(1934年3月)。
② 叶乐群:《希特勒统治下之企业制度》;荫南:《统治经济在中国》,《复兴月刊》第2卷,第5期(1934年1月);郑独步:《苏俄计划经济的批判》,《复兴月刊》第2卷,第6期(1934年2月);张素民:《1933年英美之统制经济运动》,《复兴月刊》第2卷,第5期(1934年1月);同前,《统治经济与计划经济》,《复兴月刊》第1卷,第12期(1933年8月)。
③ 参见汪1934年11月27日通电原文,载胡适:《我们需要或想要独裁吗?》,第89页。
④ 汪精卫:《在主要工业中的国家资本主义》,第206页。

良礼在1937年写道,"对法西斯主义和纳粹的手段和政策,不管我们抱有何种想法,都必须承认这样一个事实,那些领袖已经得到各自民族的热情支持。"尽管他们为完成德意两国人民政治前景的巨大改变,已经做出了许多"愚蠢的、不明智的,甚至残忍的事情",但是,汤良礼仍清楚地看出,希特勒和墨索里尼在几年内所做的要"比许多国家在几十年内所做的还多"。汤良礼强调说,他不是在鼓吹中国法西斯主义,不过,在中国,如有必要,强迫推行压倒一切的"国家纪律"还是需要的。①

汤良礼在他的《民众论坛》上开辟专栏刊登拥护纳粹的评论,其着重点有别于其他杂志的是强调国家社会主义的"社会主义"特征。这一观点与汪精卫所拥护的"国家资本主义"和改组派们时常关注的社会和经济变革论比较一致。② 佘绍备(音)写道:"在中国,我们听到太多的有关纳粹的'民族的'和其他沙文主义的活动,却很少听说他们正在做的'社会主义'工作。"佘氏印象颇深的是德国工厂里改善工作条件的报道,例如通过娱乐增长精力的假期、雇用者和被雇用者的良好关系、公用事业服务团、青年的"社会主义"活动等。言外之意,是说国社党党纲中的"社会主义"同孙中山的"民生主义"相类似。③《民众论坛》的另一位作者提出,"社会一体化"是国家社会主义哲学的中心目标,这个中心目标是寻求怎样把"工人群众……与国家社会主义的国家融为一体,废除……现代资本主义的罪恶因素"。④ 一位德国作者的话被引用来支持这个观点:中国领导人"要做的工作,与希特勒(在

---

① 汤良礼:《今日之国际问题》,第23—24页。
② 参见汪精卫:博伊尔,第26页。
③ 佘绍备(音),《中国能向德国学什么?》《民众论坛》第15卷,第4期(1936年11月16日),第241—246页。
④《中德文化关系》,《民众论坛》第13卷,第6期(1936年6月16日),第376页。

德国)已做而取得成就的工作,相差无几",那就是让"自私的"个人利益服从于"社会福利"。①

中国人眼里的德国种族主义

前面所谈到的各个派系,都从国家社会主义理论中发现了一些有价值的东西,尽管对什么才是有价值的东西这一问题各方持有不同意见。由于存在众多不同的原因,大部分中国领导人都赞羡德国致力于国际自主和国内政治团结,并指导全国发展军事和经济。但在另一方面,对纳粹所谓的"优秀种族"则不敢苟同。

马克斯·鲍尔在1928年致鲁登道夫的信中说,中国没有犹太人,因此"丝毫不理解(我们的)种族问题"。② 如果确实如此,那不是因为中国人对"种族问题"根本不关心。事实上,大多数崇拜国家社会主义的人,对纳粹的种族主义几乎都没有异议。许多人发现,纳粹所关心的是种族的健康与有活力,这对于国家的复兴肯定有利,势在必行,从"中国人种的未来"来说,他们赞成纳粹的国家改革纲领。可以肯定地说,他们对国家社会主义思想体系中"民族"与"种族"之区别,了解得并不全面,前者被认为是一种输入的政治概念,而后者则被视为团结人民大众的主要根源。两者与中文的"民族"一词混淆在一起了,因为中文"民族",其含义既可是前者,又可是后者。③ 不管怎样,中国人中没有几个反对德国的纳粹民族主义政策,许多人甚至公开号召仿效德

---

① 《德国对中国发展的称赞》,《民众论坛》第15卷,第4期(1936年11月15日),第229—230页。
② 联邦档案馆,鲍尔遗件,no.38,第297页,"鲍尔致鲁登道夫"(Ludendorff)(1928年7月18日)。
③ 《辞海》将"民族"解释为"在种族、生命、语言、宗教和风俗方面有密切联系的人们"。《辞海》第一册,第1620页。当将之翻译成"nation"时,意思便有些模糊不清,因为"nation"一词在英语中,有时是"Country"(国家)的同义词。

国对"种族"的关注。

德国的反犹太主义,相对而言,几乎没有人去注意。居留柏林的中国学生认为,他们亲眼所见的反犹太主义似乎比外国的报道要温和一些。① 《外交评论》在1935年发表了《纽伦堡法》的文本,却无任何评论。享有盛誉的《国闻周报》仅把此法看做国社党纲领的目的和经济策划者的目的之间的矛盾,而经济策划者则被视为与此法对立。②

中国的确有些人持反对意见,那是因为希特勒把中国人和其他"弱小"民族混为一谈。但这种反对多半限于驻柏林的中国外交使团。《我的奋斗》中有一段特别冒犯了侨居德国的中国人。希特勒写道,相信"一个黑人或中国人"能够加入德国生活,这是错误的,言下之意,是说他们不配享受此种荣誉。中国驻德大使刘崇杰就此段文字提出抗议时,德方对他郑重宣告,希特勒从来不想伤害中国人的感情,而且答应再版时删去此段。③

另一个争端是纳粹把异族通婚等同于"种族背叛"。1933年9月,异族通婚被第三帝国认定是一种要加以惩罚的罪行,此时中国代办谭伯羽要求德国权威方面予以解释。尽管德国外交部声称这不是意在对"远东具有古老文化的种族,特别是中国人"的歧视,但将来的德中婚配就不是一件容易事了,需要官方同意,得到普鲁士司法部特殊的豁免许可。④ 30年代歧视事件不断发生。1936年,中国人被禁止参加一年一度的柏林圣诞节。⑤ 不管怎样,对中国外交人员来说,关于

---

① 采访黄佑。黄佑曾是柏林警官学校的学员。
② 奉生:《德国国社党第七届全国代表大会纪》,《外交评论》第5卷,第4期(1935年11月),第179—183页;《国闻周报》第12卷,第37期(1935年9月23日)。
③ 外交部政治档案室(4),"1935年12月20日备忘录"。这段话可在希特勒《我的奋斗》(柏林,1933年)第2册,第429页中发现。
④ 福克斯:《德国的远东政策》,第87—88页。
⑤ 外交部政治档案室(22),"普罗茨(K. Protze)致德外交部"(1936年10月19日)。

第六章 朴素、法西斯主义和"新生活"

德国种族歧视的争端是个次要问题,而种族歧视问题从来不像在日德关系中引起争端那样变成中德关系中的争端。① 在外交圈子之外,这方面甚至算不了什么问题。

不少中国人所共同关心的是纳粹关于一个统一而充满活力的种族的问题。在军事干部学院里,军官们听过"种族对政治之影响"的报告。② 蒋介石本人就把统一国家的困难归咎于"种族情况之糟"。③ 在蓝衣社刊物《前途》看来,为保护汉族,中国有必要多学纳粹优生学,因为只有保存和完善汉族(区别于少数民族),才能抗击其他国家的文化、军事和经济的侵略。④

蓝衣社的半月刊《社会新闻》力图以赞赏态度去描述国社党德国反犹太主义的情况。据该刊驻柏林记者说,德国反犹太主义仅是德国人民正当感情的流露。毕竟,"德国的银行、报纸及其他商务事业几乎全被犹太人控制住了"。⑤ 1935年,《前途》上的一篇文章,号召中国直接仿效纳粹的种族排外政策:"我们必须认识到种族的崇高和优越的地位,恢复其古老的荣耀,排斥破坏种族的畸形变种……像在德国那样,打击犹太人和非日耳曼人。"⑥

在学术界,对纳粹的种族政策,可以找到相似的理解。蒋廷黻(也是政学系)公开表示接受纳粹对于除犹太人以外的种族政策的解释,并对德国自称尊重中国人感到满意。⑦ 有时候,中国学者也谈到中国需要"种族统一"。当时任南京中央大学史地教授和中央政治学校讲

---

① 福克斯:《德国的远东政策》,第92页。
② 林德曼,第161页。
③ 林德曼,第264页。
④ 卫聚贤。
⑤ 许思邦:《德国政闻》,第362页。
⑥ 陈普,第62页。
⑦ 《东亚评论》第15卷(1935年3月1日),第137页。

师的张其昀在1935年写道,需要作地缘政治学的种族分析,来汉化中国的少数民族:"必须尽快完成中国种族统一任务,特别是考虑到这样的事实:那些少数民族都聚居在边境地区,他们所占的共和国领土与其人口比例极不相称。"①

总而言之,没有证据表明当时中国人像国际社会那样反对纳粹的种族政策和种族学说。相反,他们按照自己的(不见得是刻毒的)文化主义和种族偏见以及民族复兴的愿望去解释德国的种族主义。

独裁运动

1934年秋,关于独裁、法西斯主义和仿效纳粹德国的争论具有直接的重要政治意义。一场政治大合唱运动兴起了,目的是要在预定于11月召开的中国国民党第五次代表大会上授予蒋介石以独裁权力。早些时候,蓝衣社和其他组织曾经呼吁实行中央集权控制的新形式,现在又增加了其他众多呼声。东北"少帅"张学良于1931年被日本人将其部队赶出家乡后,1933年出洋考察德意两国,归来宣称,独裁是解决中国问题的唯一途径,而堪当此任者非蒋莫属。为将此想法付诸行动,他组织了一个小小的"国家社会党"(国社党)。② 国民党元老张继竭力拥护蒋介石为"中国的希特勒"。③ 早在1934年3月,20个省市的中国国民党党部公开敦促蒋介石就任党的总理或总裁。这本是孙中山的头衔,他过世后一直无人担任此职。有时也用以翻译德语的

---

① 张其昀:《民族的危机》,第169页。
② 吴天威,第5页;高金宣(音):《中国需要独裁者吗?》,《民众论坛》第8卷,第1期(1935年1月1日),第12—16页;外交部政治档案(11),"贝伦斯(上海)致北京"(1935年1月31日);"普勒森(Plessen)(北京)致德外交部"(1935年1月18日)。不可以将1935年1月遣散的张学良的小党误作为张嘉森(君劢)大的国家社会党。
③ 易劳逸:《流产的革命》,第173页。例如"Führer"一词的翻译参见《希忒拉国策演词全文》,《国闻周报》第12卷第31期(1935年8月12日)。然而"Führer"一词更通常地被译作"元首"。

Führer(元首)。①

中国国内明显涌出的支持法西斯式独裁的潮流,在外国人的评论中也有所反映。一名德国新闻记者指出,"国民政府和德国国家社会主义政府之间的活动",一来一往,互相对应,不断增加。② 美国人编辑的《中国每周评论》对蒋介石"在中国推行法西斯主义"表示忧虑。③ 日本的军事情报发现"中国似乎正在进行一场公开的法西斯主义竞争",并对此感到"不安"。④

然而,这公开的独裁运动却失败了。它之所以失败,也许主要是因为这场运动被视为是一幅帷幕,人们担心黄埔系会在蒋介石的公开独裁下取得新的显赫地位。失败的直接原因,是西南政务委员会大有反叛之势,因为他们实际上的自治受到了独裁的威胁。然而,除蓝衣社外,甚至在南京政府内部也极少有人支持此项运动。其他主要派系,没有哪个愿意公开支持这种独裁政权,他们的政治交易是,以本身的政治影响去换独裁的原则,而对于独裁的具体实质,他们并未达成一致意见。结果,国民党第五次代表大会推迟一年召开。独裁式的统一运动宣告结束,说明中国仍然是四分五裂。蒋介石认清了这一局势,于 1934 年 11 月 27 日做出特别安排,接受一名日本记者的访问,说:"中国的情况与德国、土耳其、意大利不同,所以不需要独裁。"⑤

---

① 易劳逸:《流产的革命》,第 172 页。例如"Führer"一词的翻译参见《希忒拉国策演词全文》,《国闻周报》第 12 卷第 31 期(1935 年 8 月 12 日)。然而"Führer"一词更通常地被译作"元首"。
② (佚名)"汉堡通信";《中德文化关系》,《民众论坛》第 13 卷,第 6 期(1936 年 6 月 16 日),第 377 页。
③ 《密勒氏评论报》(China Weekly Review)第 68 卷,第 10 期(1934 年 5 月 5 日),第 387 页。
④ 《日中战争》;《现代史资料》(东京,1964 年)第 8 册,第 385—387 页。
⑤ 引自胡适:《我们需要或想要独裁吗?》,第 89 页。关于该运动的失败也可参见易劳逸《流产的革命》,第 175—176 页。

胡汉民对"中国法西斯主义"的批评

独裁运动的失败导致了第一次对所谓的中国法西斯主义的有条理的批判。诚然,西南军事长官们也反对独裁,却不能用思想体系来解释。他们最关心的是地区自主权问题(陈济棠本人就迷恋纳粹主义,如前所述,他有自己的一大批德国顾问)。另一方面,胡汉民本人虽与西南政务委员会有联系,但他仍然是国民党内部的一位主要的反对派理论家,于是他对实行法西斯式独裁发起严厉的批判。

胡汉民不是民主派。他一贯反对颁布临时宪法,认为有必要实行扩大的一党统治。1928年他去欧洲考察,公开表示赞慕凯末尔的土耳其。① 但他个人对蒋介石独裁主张表示藐视,使他和他的支持者们在其主办的《三民主义月刊》上系统地阐述了反法西斯主义的理论。此举不仅仅是基于反蒋,而且是出于他自己对德国法西斯主义的理解。

胡汉民及其追随者,《三民主义月刊》的撰稿人,为达到自己的目的,借用了马克思主义者批判法西斯主义的原理。他们的论点由刘芦隐教授阐述得非常明确。② 刘氏是同盟会老会员、国民党员,获约翰·霍普金斯和哈佛学位,1928年曾随胡汉民赴欧洲考察。在同独裁拥护者进行论战的高潮时期,他写过一篇《从三民主义立场批评法西斯主义》的文章,③他承认法西斯主义显然是时代发展的趋向,但他问道,这是进步的吗?不。它的盛行,并非因为本身具有种种优点,而是因为资本主义议会制政府遭到失败,因为"假民主"给社会带来了种种弊端。再者,它反映了西方政治思想在资本主义最后阶段中的破产。

刘氏将欧洲法西斯主义与孙中山的民族、民权、民生三大主义进

---

① 包华德,第2册,第164—165页。关于胡汉民的思想见小肯尼迪书。
② 珀勒伯格,第145页。
③ 刘芦隐,第15—20页。

行了一番比较。他说,法西斯主义是用民族主义伪装的军国主义,希特勒利用民族主义的言辞为扩张主义的独裁作辩护。法西斯主义也明显地反对"民权";没有一条法律保护德国人民。至于"民生",尽管纳粹经济政策可能在表面上增进了社会福利,但在实际上它是为大资本家的利益服务的。人们只要把1933年以前希特勒的"社会主义"辞令和他现在与德国工业界的良好关系做一番比较就一目了然了。德国法西斯主义不单是"国家资本主义",而是比以往更强大并给国家"套上锁链的"资本主义。

刘氏总结说,在中国,法西斯主义只能是没有资本主义基础的军国主义——换句话说,乃是军阀主义的还魂。再说,欧洲的法西斯主义虽有可能暂时激起民族主义者的热情,但是中国的法西斯主义(独做蒋介石的领导)只能是进一步走向四分五裂,从而使民族精神丧失殆尽。

《三民主义月刊》上连珠炮似的文章都支持这一批判,并宣告说,想把法西斯主义移植到中国来,实属"荒谬"。胡汉民来了个修辞性的发问:谁会是中国法西斯主义的"元首"呢?当然不是蒋介石,他已经演坏这个角色了。[①] 徐天一写道,蒋介石是"画虎不成反类犬也",这是说,他心向往之,而力不逮。[②] 最有力的是许大川的批判,他把刘芦隐的论点推进了一步,问道,"中国法西斯主义"是否"真正代表这场运动"? 然后批判矛头直指蓝衣社,他说他们不同于欧洲的法西斯运动,没有群众支持的基础,宁可说他们是一个"没有经济、社会或历史基础

[①] 引自钱实甫:《法西斯蒂给中国的是什么?》,《三民主义月刊》第4卷,第5期(1934年11月15日),第49页。参阅胡汉民,第18—22页。

[②] 徐天一:《不伦不类的中国独裁政治》,《三民主义月刊》第4卷,第5期(1934年11月15日),第33—34页。也可参见"西烛":《法西斯蒂主义辨伪》,同上,第50—72页。"森元"(音):《意大利法西斯蒂与中国》,同上,第73—84页;刘大白:《希特勒统治下德国经济之现状》,《三民主义月刊》第4卷,第3期(1934年9月15日),第96—103页。

的独裁的军阀集团",因此无扩展指望,也无前途。他们只是向欧洲借来口号做空洞的宣传,他们是"无本之木,无源之水"。①

"中国法西斯主义"的现实性

许大川的批判构成了坚实的根据,可以提出这样的问题:在中国历史环境里"法西斯主义"确切地说意味着什么? 在一方面,对许多当代的辩护者和批评者以及某些以后的历史学家来说,法西斯主义看上去是一个一般概念,是一种具有多民族表现形式和某种基本原则的普遍现象。在另一方面,30年代被称作"法西斯"的往往是表面上与德国或意大利正在发生的情况简单相似的东西。如前所述,中国的各种团体和个人对国家社会主义德国普遍持肯定看法,但他们的理解却截然不同。诚然,很少有人自视为是"法西斯主义者",即使有些人自视是法西斯主义者,那也不一定就真的成了法西斯主义分子。

20世纪上半叶出现了许多法西斯主义理论,但中国的法西斯主义崇拜者很难从中找到一种合适的理论。1933年共产国际对法西斯主义下了这样的定义,它是"金融资本最反动和最具有帝国主义性质的公开的恐怖独裁",这当然不合适,关于此议题的最新的各种定义也不合适。② 不可能想象一种普通的理想主义方法会广阔得既包含"文化危机"——弗里茨·施特恩(Fritz Stcrn)、乔治·莫斯(George Mosse)和克勒门斯·冯·克莱姆派瑞尔(Klemens von Klem Perer)等人把"文化危机"看做是德国法西斯主义的前兆,同时又包含20世纪中国在政治和道德信仰方面的危机。与德国情况最相似的中国情况,可能是CC系企图把"法西斯主义"的思想迷恋引入民族文化的渠道,就像

---

① 许大川,第21,28—29页。
② 约翰·卡迈特(John M. Cammett):《法西斯主义的共产主义理论,1920—1935》,《科学与社会》(Science and Society)第31期(1967年春),第155页。

中国文化建设协会所做的和《建国月刊》上所写的那样。不过,这种努力部分是对抗蓝衣社的一种反应,因为蓝衣社不想承认而且不想恢复早期的文化遗产。按照《前途》月刊的说法,这种对历史和传统的态度将会招致"某种毁灭"。①

试图与"现代化"相联系的法西斯主义理论,也难以适合中国的国情。极权主义学派的思想显然不能运用于中国,因为它首先是现代技术发展的产物,它把全面控制的体系看做是在结构上进行的法西斯主义和共产主义混为一谈。② 比较起来更可置疑的是"中国法西斯主义"与现代化进程的关系问题。

诚然,在中国普遍推行"法西斯"思想,不能解释为是丧失社会地位者的一次群众运动。在德国,丧失社会地位者是指那些在工业化进程中遭受损失的中产阶级人士。③ 寻求仿效德国和意大利的人很难说是中国前现代化的生产者,倒不如说是中国的知识界、军界和政界的精英。再进一步说,不管"法西斯主义"还意味着别的什么,它对中国人并不像恩斯特·诺尔特(Ernst Nolte)所说的,意味着"对人类庸俗化进程……和国际一体化的反叛"。④ 恰恰相反,对于具有同情心的中国人来说,法西斯主义是通往现代化的一个阶梯。其第一原则,如《前途》一位撰稿人所云,"是组织强大的民族和建立强有力的政

---

① 施特恩:《文化政治的绝望》;莫斯(G. Mosse):《德国意识形态的危机:第三帝国初期的知识分子》(纽约,1964年);克莱姆派瑞尔:《德国的新保守主义》;梁园东书。
② 弗里德里希(C. J. Friedrich)和布热津斯基(Z. K. Brezinski):《极权主义专政与独裁政府》(麻省剑桥,1965年,第2版)一书或许是最好的实例。也可参阅汉纳·阿伦特(Hannah Arendt):《极权主义的起源》(纽约,1951年)。但是最先提出这一看法的是汉斯·科恩(Hans Kohn),他在《共产主义与法西斯主义的专政:比较研究》;《现代世界的专政》(*Dictatorship in the Modern World*),明尼亚波利斯,1935年。关于文学方面的评论可参见西德尔和迈克尔书。
③ 参见绍尔:《国家社会主义》;第413页;参见诺尔特(Nolte):《法西斯主义三面观》。
④ 同上。

府"。① 稳健的政学系成员,对国家社会主义德国所重视的,精确地说,是它的现世的成功,即有计划地把经济与国家目标结成一体。

这些看法与本章开初引述的观点近似,就是说法西斯主义可以是通向现代国家的途径。亨利·A. 特纳(Henry A. Turner)就曾试图把法西斯主义纳入现代化理论。特纳认为,近代历史的根本力量是"用一种前所未有的彻底而迅速的改革进程去取代传统社会,不论在哪里,情况基本相似,包括工业化、现世主义文化和理性化"。② 但特纳总结说,至少在德国,法西斯主义是"乌托邦的反现代主义",把现代工业和军事力量看做可以复兴前现代社会的工具。③ 只有把特纳的看法倒过来,如同伦佐·德·弗利斯(Renzode Felice)或特别像 A. 詹姆斯·格雷戈(James Gregor)那样,把法西斯主义看做通向发展中国家特别重视的现代化的一个步骤时,人们才能开始谈论"中国的法西斯主义"。*

格雷戈概括了法西斯主义的思想,把它与现代化直接联系起来。格雷戈不仅根据意大利语原义把法西斯主义看做"在行动和动机方面是一种工业化和现代化的运动",而且把法西斯主义的特征概括为一种"适用于部分发达或不发达国家的发展性的独裁"。④ 格雷戈认为遵循"法西斯主义信条"是民族运动多样化的表现。他承认了民族运动的差异性,但民族运动是否与他所称的"典型法西斯主义"有相似之处,他则持不同意见,他对"典型法西斯主义"下的定义是:它的"目的

---

① 陈秋云,第1页。
② 特纳,第548页。
③ 特纳,第555、557页。
* 伦佐·德·弗利斯说,法西斯主义运动主要发生在"那些处于落后状态⋯⋯经济、政治畸形、面临着变革的国家里"。他还说,这体现了正在出现、并非走下坡路的中产阶级的愿望。德·弗利斯书第46页。
④ 格雷戈:《法西斯主义与现代化》,第383—384页。

在于建立一种极权主义的政治体制,在一个不可分割的社会秩序中,其中所有的人、所有的阶级和所有的生产门类将集合起来奔向一个目标,即在一位具有非凡魅力的领袖领导下的集权主义国家的民族及其发展的'理想目标'"。①

把上述主张运用于 30 年代的中国,存在着两个问题。第一,如吉尔伯特·阿拉迪斯(Gilbert Allardyce)所指出和格雷戈所承认的,如果对法西斯主义下那样的定义,那么,带有反现代化偏见的纳粹主义就不是法西斯主义,而像佛朗哥的西班牙那样不同的政权就可能被称为"法西斯主义的"了。② 国家社会主义实际上并不是法西斯主义,这一事实会给 30 年代的中国带来极大的震动。第二,格雷戈的定义认为要具有群众动员和群众参加的要求,这在国民党的法西斯主义的崇拜者当中是十分缺乏的。就法西斯主义崇拜者对国家社会主义德国的各种不同感性认识而言,他们大多数唯一能够同意的一般化标准是一种有用的控制方法,即对全民的控制(蓝衣社所主张的),对党组织和民族文化的控制(陈立夫所主张的)和对经济的控制(政学系所主张的)。可他们对于应该控制什么和如何实行控制却未能达成一致。如果说法西斯主义似乎允许控制层次的多样化,这是因为中国的崇拜者们一般都把已有的法西斯主义政权视为自己的典范,而并不把法西斯主义运动看做典范。如此,他们只着眼于现存的"权力集中"的政治制度,而对在这种制度之前就有的并帮助它获取权力的,通常又是无政府的那种社会革命的力量却视而不见。毫无疑问,蒋介石在纳粹即将夺取政权之前的确对纳粹主义很有兴趣,他对此运动感兴趣的是它的可以称为政权式的性质,它的"组织",它的"纪律"以及它对"异己分

---

① 格雷戈:《法西斯主义者在激进政治方面的主张》,第 398 页。
② 阿拉迪斯,第 375 页。

子"所采取的"严厉措施"。迷恋欧洲法西斯主义的人,没有哪个真正愿意致力于动员群众或支持社会动乱,而这两点正是德国国家社会主义在夺取政权前的年代里所显示出来的特征,在他们号召仿效法西斯主义时,常常出现矛盾对立,但他们对话的对象确系国民党内部的各个派系,而不是人民大众。他们通过出版、争论,而蓝衣社则不时通过高压手段,来寻求表达各自的观点。他们不想唤起低级阶层。如果说蒋介石企图通过1934年开始的新生活运动(下面将要讨论)来建立群众支持的基础,那将是一项预先做好精心安排并加以控制的运动。

研究法西斯主义的历史学家们几乎都会同意,如果法西斯主义并不意味着别的什么的话,那么,它就包含着这一点,即对以前不曾参加过政治活动的社会各个组成部分的发动。但是,在法西斯问题上很少能取得一致意见的中国人却在下面这一点上完全一致,即他们无视欧洲法西斯主义的这一中心内容。就连最称得上公开信奉法西斯主义"楷模"的蓝衣社,最多也只是在"思想轨迹"上与欧洲法西斯主义接轨。[①] 蓝衣社的活动受到本身组织秘密性的限制,即使在国民党内部也绝难取得优势。

如此看来,"中国法西斯主义"并不是各部分的总和。中国的各种各样的法西斯主义崇拜者,意见分歧,互相对抗,对定义的解释各不相同,因此没有一种对法西斯主义的一致观点可以调和他们的纷争。

在中国,并不存在"法西斯主义运动",而只有一种与中德密切关系的出现相符合的风尚。法西斯主义和胡汉民的反法西斯主义一样,都是根据国内的政治安排所做出的定义,或如前所说,是根据对当代

[①] 易劳逸:《流产的革命》,第80—81页。关于同其他受到公认的"法西斯主义运动"对照起来看,参见阮·林兹(Juan J. Linz):《用社会历史学的观点对法西斯主义比较研究的注解》,和阿列斯苔尔·亨内西(Alistair Hennessy):《拉美之法西斯主义和民粹主义》,均见奈奎尔书。

德国现象时常产生的模糊概念而得出的定义。

蒋介石,德国和新生活运动

如果正式独裁是蒋介石1934年的目标,那么,他的企图遭到了失败。1938年他接受了总裁的头衔,表面上看,可能是抗日战争的需要产生的推动力量。蒋介石从未放弃"领导原则"或个人使命的信条。在战争期间,他对埃德加·斯诺说:"不管我走到哪里,哪里就会有政府,有内阁,有抵抗中心。战争的结局并不决定于几座城市的失守,而是决定于领袖如何指挥人民抵抗。"[①]但他永远不会变成希特勒式的领袖。

如果说他当年建立蓝衣社是希望形成一种"法西斯主义运动"去重振中国的话,那么,他就是第二次打错了算盘。这个组织的秘密性导致其他政治派别怀疑和夸大了它的活动。其最为人知的那些活动,例如戴笠特工部的恐怖活动证明,这支部队不是促进团结,而是加速分裂。举例来说,广州的统治者陈济棠发动反抗,于1933年逮捕了74名蓝衣社嫌疑分子,并处决了9名。[②]

很有可能,在蓝衣社成立两年后发起新生活运动之时,在叫嚷独裁甚嚣尘上之际,蒋介石本人逐渐认识了这个问题。尽管新生活运动可以视为企图给予蓝衣社所缺乏的组织群众的基础——最初,蓝衣社确实是站在新生活运动的最前线的,但这也几乎可视为企图超越一个政治派系去扩大民族复兴的运动。

---

① 埃德加·斯诺:《为亚洲而战》(纽约,1941年),第116页。
② 易劳逸:《流产的革命》,第78页。

德国与中华民国

  1934年2月19日,蒋介石在江西南昌发动新生活运动,成立"新生活运动促进会"。简而言之,发动这个运动的目的是结合孔孟之道和现代军事伦理学,通过宣传礼义廉耻儒家之道和"全国人民生活军事化"来慢慢地向全国人民灌输一种新的社会意识和政治意识。① 蒋介石说,这种结合是古代齐楚两国的治国之道,也是"当今德意两国力量的主要根源"。蒋氏把德中两国的经验作了一番对照比较。和中国一样,德国也曾丧失军事地位,承受不平等条约和巨额赔款。但它又不同于中国,它迅速地恢复了自己的地位,正在逐步废除那些不平等条约。原因何在?蒋介石断言,在于"精神"。一个外国能够强盛,而中国却仍衰弱,这是因为前者有一种"适当的生活方式",特别是把一种特有的精神灌输给它的人民②的缘故。

  蒋介石希望恢复中国人民的精神,通过实行中国传统的道德价值来铸造温顺服从而又"军事化"的公民,这在任何人看来,似乎有些道理。蓝衣社推崇新生活运动,是因为这项运动强调社会"军事化"。如果说不能指望他们在强调传统道德方面达成共识,即使把儒教的礼义廉耻加以淡化也不能。那么仅这一要素也能与陈立夫及其CC系的观点相协调。甚至基督教青年会以及基督教的其他部分都被引入这个运动,以示其兼收并蓄,包罗广泛,尽管不可避免地产生混乱。1934年期间,蓝衣社和CC系的两个不同的"文化协会"也都被更大范围的新生活运动所吸收了。新生活运动看似矛盾纷呈,但其目的仅有一个,就是要把蒋介石送到一个既包括党政军三界而又超越其上的国民运

---

① 蒋介石:《新生活运动之要义》,第13—23页。
② 蒋介石:《新生活运动纲要》,复制本藏外交部政治档案室(13),柯瑞伯(上海)致德外交部(1935年1月23日);同前,《新生活运动之要义》,第20页。

动的领导高位上去。①

就新生活运动的内涵来说，究竟是受外国，特别是德国影响的呢，还是基本上遵循中国传统的思想要求，这是一个长期以来一直争论不休的问题。在30年代，西方观察家普遍认为纳粹德国是新生活运动的幕后影响者。② 1934年德国总领事柯瑞伯电告柏林，说这项运动的"理想"，是"本质上的……法西斯主义"。③ 甚至中国驻欧洲的外交官*一开始也不能肯定"新生活与法西斯之间的关系"。④ 在另一方面，有几位历史学家和政治学家则宁愿选择运用具有本土特质的说法，例如，在蒋介石所使用的孔教口号里有19世纪中期同治中兴的回响，或者说这个运动在诸如三民主义青年团那里可能有具体的外国先例可循，但就整体而言却是独特的中国式的，因为运动的理想是要回归到传统哲学。⑤

但也可以这样说，蓝衣社对待新生活运动的军国主义立场和陈立

---

① 上海总领事柯瑞伯密切注视着"文化协会"间的斗争这些并已被带入了新生活运动；外交部政治档案(11)，"柯瑞伯(上海)致德外交部"(1934年9月24日)；"贝伦斯(上海)致德外交部"(1935年1月31日)。据陈少校说，蒋介石最终命令蓝衣社文化协会解散，解除了邓文仪的职务。陈少校，第45—56页。
② 哈里·佩克斯顿·霍华德(Harry Paxton Howard)：《希特勒在中国的失败》(*Hitler's Failure in China*)，《中国季刊》第3卷，第3期(1938年夏)，第299页。
③ 外交部政治档案(11)，"柯瑞伯(上海)致德外交部"(1934年9月24日)。
* 中国驻德国全权公使在否定新生活运动与国家社会主义完全类似的同时，也强调蒋介石的目标与国社党领导人的目标之间的相似性，《刘崇杰访问记》，1934年3月17日无标题新闻剪报，科隆德意志经济研究院收藏。中国驻荷兰大使金问泗承认了新生活运动与希特勒主义类似的这一看法"广为人知"，但他却使用外交辞令回避此问题。金问泗书第188—189页。
④ 同刘崇杰会谈，无题剪报(1934年3月17日)，藏于德国经济研究所，科隆。也见金问泗，第188—189页。
⑤ 赖特(芮玛丽)：《从革命到复辟》；塞缪尔·朱，第15页。芮玛丽和雅各比(A. Jacoby)《来自中国的惊雷》(*Thunder Out of China*)(纽约，1946年)均认为三民主义青年团有"法西斯"色彩，德国驻华大使陶德曼亦然：波茨坦德国中央档案馆，Bl.243(引自德累回斯勒尔，第40—41页)。青年团是体现蒋介石想通过训诫、教育和控制的方法来革除国家的陈规陋习(下文讨论)的综合看法的极好证据。

夫强调复兴必须植根于中国传统的观点,这两者之间的不一致,在当时的观察家们和以后的分析家们看来要比在蒋介石本人眼里表现得更为明显。就蒋氏而言,吸收外国思想和组织形式与根本依靠"中国"道德来建设一个新国家,两者并非不相容。他致力于新生活运动,是以这样两个坚定信念为基础的,其一是道德原则(及其规定)能够把一个国家团结起来;其二是这一真理已在像德国那样的外国得到最好的实现。

要想更好地评估蒋介石理解和运用中外思想,努力从中国人民之中锻造出一个民族的复杂做法,可以通过以下三种途径:首先要了解一百年前的中国政治思想对他的影响;其次要分析他对德国经验的看法;最后要研究他是怎样把不可比较的各种要素糅入新生活运动的。

蒋介石和现代中国发展的思想

蒋介石在现代中国政治思想里贯彻一种可以称之为浪漫的气质,其特点是主观的,道德力量被视为优越于客观的物质力量。可以肯定地说,他并不是最后一个这样做的人,他的新生活运动被某些人称为中国"文化大革命的国民党版"。[①]

蒋介石和太平军起义后恢复礼教的政治家们一样相信道德榜样的改革力量。1924年当他第一次研究同治中兴(1862—1874)的历史时,就得出这样的结论:太平军领袖们的才能之"卓越"并"不低于"中兴时期的政府官员,然而后者却在道德方面更胜一筹,结果就能"改变公众的道德,恢复国家的元气"。[②] 蒋介石的观点与曾国藩(1811—1872)的观点尤为一致。曾氏也许是同治年间最杰出的官员。他们两

---

① 德利克,第945页。
② 毛思诚:《民国十五年以前之蒋介石先生》第8册,第37a—40b,引自陆培涌《思想追求》,第215页。

人都相信杰出人物。曾国藩在《原才》一文中说,少数道德完善的人可以通过榜样的力量改革社会习俗。这种思想运用于军事方面,就有了这样一句中兴名言:"夫为战者,在于人,而不在于器也。"①在蒋介石方面虽有差异,但他对曾氏理学仍奉行不悖。在这种理学里,传统的礼被认为是得体行为的内在实质和外在表现的一种整体概念,因此成为道德哲学的中心。正如李文逊(Joseph Levenson)所说:"无礼,就内在观之则无道无德,即无形而上学的真理或正直;就外在观之则无政治无统治。"②

曾国藩强调以德对物,这种观点为20世纪早期的文化巨人梁启超(1873—1929)所响应,并予以现代化。新民主主义的精神充斥于梁氏在1902年所写的《新民说》一文之中。梁氏说,国家的力量有赖于人民的力量,而人民的力量就是人民的道德力量。蒋介石不同于曾国藩,而颇似后起的梁启超,他发现中国人在道德上有缺陷,与"私"德相比,"公"德尤显不足。要恢复中国的力量,有赖于发展"精神思想",这其中包括自律而服务于群体,如今是服务于国家。③

与此相反,孙中山并未提出解决中国问题的精神方法,但他也不能被视为一个唯物主义者。他所持的是广泛的折中主义的态度,自由地吸取东西两方思想,在这方面不同于曾国藩的儒教之大成,因此他的发展纲领就变得最为乐观,也许最为浪漫了。孙氏主要是借用西方社会的例证来阐述他的三民主义,但他也主张在将来会需要那些一度

---

① 芮玛丽:《同治中兴》,第68—69页,第305页;林毓生:《梁济自杀事件:道德保守主义之歧例》,载费侠莉《变革的限度》,第161页。
② 李文逊,第1册,第56页;参见黑尔穆特·威廉(Hellmut Wilhelm):《曾国藩思想的背景》,《亚洲研究》(*Asiatische Studien*)第3—4卷(1949年),第95—97页。
③ 参阅汪一驹,第214页;张灏:《梁启超和中国知识分子的转变,1900—1907》,麻省剑桥,1971年,第214—219页,第301页;李文逊:《梁启超与现代中国的思想》(麻省剑桥,1953年),第88页。

曾使中国伟大的孔教道德。"我们应该保留我们过去有用的东西,只抛弃不好的东西"。① 对孙氏而言,一个国家的崛起,固然需要军事手段,但要保持强大,只能靠实行完好的道德原则。②

从1925年末到1926年,蒋介石在戴季陶的影响下研究过孙文思想。戴氏的《孙文主义的哲学基础》(1925)使蒋介石坚信孙中山是一个精神主义者。③ 蒋氏在他本人的著作中认为孙中山所说的"简而言之,凡非物质者均可视之为精神"这句话的意思是,诸如衣食住等物质的东西既有赖于、又应该用来为更高级的"精神"领域服务。④

蒋介石和梁启超都认为中国人民在道德上已经退化了。蒋氏和梁启超、曾国藩一样,相信"精神的"解决办法。如果说蒋介石在强调孙中山的"精神主义"方面向孙学习是有所选择的话,那么,在自愿将西方思想和经验的成分融入本人的意识观念这一方面,蒋氏则更是孙中山的信徒。

蒋介石和德国:体与用

不论在蒋氏的个人生活还是在他的政治思想中,蒋介石都是把东西方结为一体。他与一个西化的基督教徒结合,并不认为淡化了自己的原则,而且相信基督教义正体现了"那些与振兴中国息息相关的原则"。⑤ 蒋介石并不是一个十分严格的文化主义者,基督教义对他之所以重要,仅是因为它证实了孔教各种真理,二者并行不悖。他对德

---

① 孙中山:《国父全集》第1卷,第62—63页,参见汪一驹,第322页。
② 孙中山:《国父全集》第1卷,第62页,参见汪一驹,第322页。
③ 戴季陶在《孙文主义》一书第34—35页引用的轶事证明了这一事实,后来蒋介石转述这个故事的各种途径包括在陆培涌《思想追求》,第222—223页。
④ 陆培涌:《思想追求》,第224页。
⑤ 引自董显光:《蒋介石:军事家和政治家》(上海,1937年),第595页。陆培涌认为蒋显然是要将基督教"用"于中国的"体"上:《思想追求》,第231—232页。

国的看法,亦复如此。

关于法西斯主义在欧洲的得势,蒋介石的理解在某种意义上与蓝衣社的理解不同。蓝衣社在开展其最简单的运动中呼唤着"中国的希特勒",他们最残酷的政策则是由"中国的希姆莱"戴笠一手执行的。蒋介石的确赞慕纳粹所具有的对内控制和引导人民力量与对外再张国威的能力。但他从国家社会主义的兴起中却看到了德国"国民精神"的复活。20年代末期,马克斯·鲍尔曾向蒋介石解释说,魏玛民主的危机,说到底是一种文化危机。在此危机中,国民文化之根遭到了自私的唯物主义的摧残。① 蒋介石能够看出,这种危机可以部分地通过重新强调民族传统和习俗的办法来克服,比如在意大利,墨索里尼有意识地宣扬罗马帝国;而第三帝国,其称号本身就同中世纪的过去有联系。② 蒋氏还能看到,复活国民精神能够表现在物质方面,例如在德国就表现在军事方面。

蒋介石在青年时期就崇拜和研究过德国军事理论,曾经有七年时间接受过德国军事顾问的指导,而且对普鲁士保守派和国家社会主义派评价甚高。对蒋介石来说,最小的公分母便是国民精神,是在魏玛时期受到"压制"的那种精神。纳粹之所以受到崇拜,固然是因为它能够激发某种(已经存在的)精神,但它的最真实源泉仍然是德国的军队,在蒋介石看来,这种精神最明显地表现在对他最具有影响力的德国顾问冯·塞克特身上,即传统的普鲁士——德意志价值形式之中。

塞克特说,"军队是国家力量的核心",蒋介石也同样接受这样的前提,即国家是缔造在传统和国民价值之上的。塞克特在特别为蒋氏翻译的他自己的著作中说,这种传统"不是死的东西,而是活生生的。

---

① 联邦档案馆:鲍尔遗件,no.41,第109页,1928年7月备忘录。
② 在这一点上,鲍尔告诉蒋要研究"墨索里尼在很短的时间内就理解了他的……完全颓废了的人民"。联邦档案馆,鲍尔遗件,no.41,第114页。

它日日新……而且创新"。国家并非"冷冰冰的概念",而是有血有肉的东西,它所需要的是一种个人从属于整体并为祖国尽责的信念。①一个优秀的军官团不但体现这种概念,而且要在保卫国家中使之发扬光大。从广义上说,塞克特赞成另一个顾问向蒋介石提出的关于中国军队之作用的定义,即"人民的教员"。②

相信人和"人的精神"优于物质,质量胜于数量,这是塞克特军事理论的核心,并从十万德国军队中找出许多例证。他认为,必须建立一支精锐的攻击部队,不但在道德上而且在技术上(因规模不大可以做到)都要胜于对手,这对中国和德国都应如此。这支部队,是"依靠而非消耗"国家的人力和物力资源的。③ 蒋介石以双重态度接受塞克特的观点,一方面同意建立一支核心的精锐部队,另一方面在新生活运动中又否认单靠军事力量就足以维持统治。④ 他企图把建立这种新力量的价值观用以教育人民大众,从而使举国上下"军事化"。

"古板的"普鲁士人塞克特及其继任者法肯豪森的私人影响,使得蒋介石对德国的国民性做出肯定的评价,这一点在本章的开头已经提及了。蒋氏对其子蒋纬国的教育就是德国的军事教育(他甚至甘冒可能陷于政治上尴尬处境的风险,让其穿着德国军服陪伴首批入侵奥地

---

① 塞克特,《德国国防军》,第63—64页,第67页。
② 林德曼,第87页。
③ 塞克特:《军人的思想》,第85—86页,第90—100页;同前,《德国国防军》,第30页;华盛顿国家档案馆:塞克特遗件,roll24,no.205,《关于蒋介石元帅之备忘录》,第1页。
④ 塞克特与新生活运动有着更直接联系的可能性同一个叫做齐焌(Robert Chi Tsun)的人有关,他曾在波茨坦理科中学和慕尼黑大学学习,并成为塞克特的中国副官。齐声称在1933年秋向蒋呈交的计划几乎一字未改地成为蒋1934年2月的新生活运动宣言。齐后来成为蒋的秘书以及翁文灏在资源委员会的助手。尽管还没有确切的证据来证实这一说法,但也没有证据证明那些声称该运动最初的思想来自杨永泰或黄郛的断言(见欧阳纵(音)《中国内幕》第17页)。齐焌、齐燮访问录(1978年4月11日);关德懋访问录(1977年12月16日)。关于齐的父亲齐如山,见包华德《传记辞典》第1册,第299—301页。

利的德军,还参加德国对苏台德高地的占领)。① 他告诫儿子说:"我们应该有一个坚实的而非虚设的国家",这一点是与新生活运动的重要主题一致的。蒋介石写道,新生活之"新",并不意味着现代"风格"。相反,"简单"和"朴素"是最有价值的内容。②

因此,蒋介石对30年代"新德国"的崇拜决不局限于德国的法西斯主义,他对普鲁士军事伦理学的崇拜实际上更加强烈。在他心目中,这种伦理学与他自己所珍视的中国传统完全一致。他的中国传统并不是19世纪二分法的、可能通过西方技术之"用"来保存不变而神圣的中国之"体"。相反,蒋氏企图使中国之"体"与当代相适应,并用以挽救中国。他在致力于统一国家和发扬国民精神的过程中,发现德国之"体"中有许多方面很合他的胃口。这些方面,再加上传统的中国思想,就可用来改造已经变质、缺乏纪律秩序和效率的中国精神了。

李文逊写道,在30年代,不再有人坚信世界上有一种"实体"可以因为它是所谓的"正道"而必须加以保护,然而中国的"体"需要保护,因为它是中国的体,是"国粹"。虽然李文逊认为蒋介石抓住"中国精神"不放,是要在引进西方的阶段中维持一部分平衡,③如果我们把它看做在某种程度上解除国家和人民的束缚以便通向新"体"的一种手段,则更加正确。如果这种"体",如蒋氏所说,一度存在于中国古代的齐国和楚国,而当今又发现于德国的话,那么,能够把外国经验和中国历史融成新的混合体的过程,就可以被认为是一个辩证的过程了。

---

① 蒋纬国将军访问录,台北,1978年3月22日。
② 蒋介石:1936年1月广播词,引自《民众论坛》第12卷,第2期(1936年1月16日),第105页及以下几页;同前,《新生活运动三周年纪念训词》,第58页。
③ 李文逊:《儒教中国》第2册,第116页。也见劳伦斯·施奈德(Laurence A. Schneider):《国粹与新的知识界》,载费侠莉:《变革的限度》,第57—89页。

新生活运动

蒋介石在新生活运动中是怎样使这些要素互相结合的呢？蒋氏在发起这一运动时说过，运动的目标是"改革社会，保国保种"。要完成此项任务，就必须"使全国公民的生活彻底军事化"。蒋氏说，这样做，并不意味着军队本身专司此责："在国家民族生死存亡之日，军队只能担负部分责任"，而大部分责任则应由公民来担负。

德国的"卓越榜样"在蒋介石的思想中始终占有重要位置。他进一步论述对"德国复兴"的看法。德国在第一次世界大战中战败后，已完全听任敌人摆布，在重整军备问题上，不得敌方许可则"不能迈进一步"。其实际军事力量削减得"几乎等于零"。但是，尽管没有武器，在不到15年的时期内，德国却"奇迹般地"站了起来，现在可以与最强的国家分庭抗礼了。这其中有什么经验？比较而言，德国的军队、人口和土地远远不如中国，何以德国能够成功而中国却遭到失败？因为德国人民意在必胜。"人民要求军事平等，于是就获得了军事平等。人民要求取消战争债务，于是就取消了战争债务"。其他国家也许会加以猛烈谴责，但最终只好默然同意一个民族的统一意志。如果中国人民做不到这一点，那是因为他们的"知识和德性"不如德国人民。

蒋介石深入分析德国成功的经验，并将其与中国的传统道德相结合，以后者界定前者。尽管看起来似乎自相矛盾，但外国人正在做的"一切"却与"礼义廉耻"协调一致。它是古老的道德，又是从人民的衣食住行这些简单的事情上做起的，可是蒋却使之产生现代的更为直接的关联，引导人民"按照现代公民的义务行事，激发爱国忠种之情"，成为救国要方。"这便是德国有能力要求平等而别国无力拒绝的经验总结"。①

---

① 蒋介石:《新生活运动之要义》，第15—17页。

接着是"军事化",动员并组织训练整个社会去追求国家的目标。在蒋看来,这样做并不有悖于礼义廉耻,相反的正是体现了它的实践。实践四德可以先从个人不在公共场所吐痰做起,但最终却会培养出"勇气和速度,忍受疼痛的耐性,承担艰苦工作的能力,尤其是养成统一行动的习惯,准备为国牺牲"。蒋氏说,"真正的军事化,是植根于礼义廉耻的。"①

这种看法,蒋介石在其以后的演说和文章中,除了加以发展,从未有所改变。1934年3月,他问道:"土耳其意大利及德国一直把它们的革命引向胜利,而我们的革命现在反而好像走向失败,这怎么可能呢?"他说,区别就在于一国人民知礼而另一国人民不知礼。德国和意大利显然是知礼之邦:"在他们的全体公民中,没有哪个不尊重和不遵守社会秩序,没有哪个不严格按照集体的法规办事。其结果,不仅降服了国内敌人,而且使所有的外国人见此情势不得不敬而畏之。"②

曾国藩道德思想基础的"礼",就这样变成了蒋介石改革动力的中心要素,现在一经普鲁士化,可以说就意味着要遵法守纪。它在此时的着眼点,指的是现代化国家。蒋介石在大约十年后的《中国之命运》中写道:"如果人民不能履行其对国家的职责,则国将不立,民将不存",只有引导人民像"完全合格的……现代公民"那样行动,才能使国家"新生"。③

蒋介石的新生活运动是彻底地失败了。它动员中国人成为"新公民"的努力未获成功,哪怕仅就从来没有去发挥群众的主动性这一点

---

① 蒋介石:《新生活运动之要义》,第21页;蒋介石:《新生活运动的意义和目的》,第34页。
② 蒋介石:《新生活运动之中心准则》,第25页。
③ 蒋介石:《中国之命运》,第201页。阿里夫·德利克注意到新生活运动关于"礼"的概念同荀子对"礼"的权力主义的阐述有相似之处,它们都"强调通过外部的严格规章来达到改进"。德利克,第966页。

而言也是如此。对儒家道德规范和普鲁士式纪律的双重强调,决不能促使人民大众自愿地参加运动。"动员"的真意就是"组织训练"。运动因缺乏一个人民大众的发动机而失去了动力,"动员"也就逐渐变成仅限于遵守一小套公众卫生的规则了。在新生活运动两周年时,蒋介石抱怨说,就连这一小套规则也无人遵守了。①

这种融合中西的运动并非蒋氏的独创。他是个知道自己的力量和局限性的人。他取得个人成功的方法是"谨小慎微的自制"和行动的能力,②他正企图把这种特性传之全民。他自知不是一个精深的理论家。正如他在《中国之命运》里所说的"我对国家、民族和革命建设的主张是坚定不移的,但在任何理论和组织方面,我却没有确定的观点"。③

然而,他一旦冒险涉足理论,就寻求把不同现象的特定方面结合成一个图表式的标语口号化的整体。新生活运动的基本概念非常明晰简单,足以画入小学生的图册,但又非常宽广,足以概括使其产生的各种根源。

南京的十年是史无前例的引进外国事物——既有原原本本的又有象征性的事物的时期。在这个时期内,蒋介石与其说是他后期自称的严格传统主义者,不如说更像卓越的他山之石的借用者。在他的思想和个人生活以及管理作风上,他总是从东西两方选择他所需要的东西。他身上所留存的最强烈的儒家传统成分,便是相信道德伦理乃社会之基础。但是,这一点似乎在国外得到了最好的证明。在国外,个人道德是由独裁主义的国家来引导和控制的。蒋介石的思想在相当

---

① 德利克;第952页。
② 陆培涌:《早期的蒋介石》,第44页。
③ 蒋介石:《中国之命运》,第224页。有关对蒋介石嗜好的"明确的、基本的解释",可参见陆培涌上书第44、64页。

第六章 朴素、法西斯主义和"新生活"

大的程度上归根于他对外国情形的洞察。

有许多中国人通过部分地参照外国民族发展模式来寻求一条使中国成为现代化国家的道路,蒋介石仅是其中之一。在德国成为中国最亲密朋友并处于重建民族自尊之际,各种(时常是矛盾的)德国模式都被视为特别适合于中国国情。蒋介石以及其他一些人都是有所选择地引进德国经验,接受那些似乎与他们的信仰和政治形势相吻合的东西。但是,他们有所选择的借鉴,往往基于他们对之缺乏全面了解的所谓"楷模",而这些东西同时也是在外国独特的历史、政治及社会诸条件下产生的结果。在赞赏德国民族性格的明显力量、有效的独裁统治以及人民的顺从的同时,常常忽略这样一个问题,即这些方面的引进,并不像输入武器和工业设备那样简单。值得赞赏的是,蒋介石即使在向外国寻求指导时,也认识到这些方面最终必须产生于一个国家的内部,所以他要发起新生活运动。即使如此,他的政府在引进设备方面却远比引进外国伙伴的思想要成功得多,这一点现在可以看得一清二楚了。

第七章 德国与中国的现代化 1935—1937

"中国同德国有着比其他任何外国列强更密切的关系",伦敦《泰晤士报》(Times)驻上海记者在1935年11月写道,"她的整个经济——商业上的、政治上的和军事上的,对这里的德国人来说是了如指掌"。① 这段引述暗示着当时的一种看法:即塞克特1934年对中国的第二次访问开始了中德交往的重大变革。

表1 1933—1937年德国对华贸易(包括东北)(百万马克)

年份	出口	进口	进出口总数
1933	75	41	116
1934	73	51	124
1935	90.5	56.2	146.7
1936	125.8	69.8	195
1937	168.9	93.8	262.7

资料来源:贝弗莉·考西(Beverley Causey),《1918—1941年德国对华政策》(哈佛大学博士论文,1942年),第231页。

从表1我们可以看到中德贸易有了显著的增长,而与此同时,这两个国家同外国的贸易额均有所减少。从1929年以来,德国的对外贸易已经丧失了2/3,中国的损失亦在一半以上。但当这两个国家在

---

① 《泰晤士报》(伦敦)1935年11月27日,第14页。

1934年以后同外国贸易处于低水准时,它们相互间的贸易却戏剧性地增长起来。

正当德国1936年的出口总值比1933年有所减少之时,它对中国的出口价值却增长了67%。1929年,中国在德国欧洲以外的出口市场中占第七位,德国对华出口价值仅仅是对它最主要的非欧洲贸易伙伴美国的18%。到了1937年,中国成了德国欧洲以外的第三大贸易伙伴,从德国的进口总值是德国对美输出的80%。① 在从中国进口方面,德国进口的中国物资比重不断上升,从1929年占进口总额的5.2%上升到1933年的7.9%,后来又有了惊人的增长,1936年达到15.9%。1936年上半年,德国输入中国的产品总值已经超过了英国和日本,在美国之后居第二位,仅仅同美国相差不到一个百分点。② 1936年4月,在中国的出口市场中,德国取代英国而位居第三。③ 尽管中德之间易货贸易的性质,加上德国在华没有治外法权,使它不能相应地增加雷默(C. F. Remer)所说的"直接投资",这种投资使财产保留在外国控制和经营管理之下,但是,德国在华投资总额(包括间接的商业性投资和中国政府偿还的债款)还是从1931年的8 700万美元上升到1937年的3亿美元,在外国在华投资总额中的比例也从2.7%上升到6.65%,在外国在华投资中的地位从第七位上升到第三位,仅居英、日之后。④

---

① 整个德国外贸从1929年的269亿马克下降到1932年的104亿马克,到1933、1934和1935年,分别是86亿、84亿和89亿马克,整个中国外贸也从1931年高达23亿海关两的数额下降到1932年的12亿海关两、1935年的9.6亿海关两。全部的统计数字以及欧洲以外的德国贸易参见考西,第231、235、232页;第280、285页;《1934年经济情报》,第83页;《抗战中的中国经济》,第219页;罗恩(Th. M. Rohn):《中德贸易》,《中国经济杂志》(Chinese Economic Journal)第16卷,第4期(1935年),第360—367页。
② 同上。
③ 《中德贸易发展》,《民众论坛》第13卷,第6期(1936年6月16日),第395页;武堉干:《近十年来的中国国际贸易》,第241—242页;《抗战前十年之中国》,第247页。
④ 雷默,第65、651页;高平叔和丁雨山,第9—12页。

有关中德之间某些特有商品的交换将在以后详加讨论。这里要特别提到的是,尽管在 1931 至 1938 年间这些商品一般来说没有变化,但其品种已有很大的侧重。例如,尽管德国对中国输出的制成品的优势(1932 年占总值的 93％)没有改变,但是相对于成套的机器设备和铁路器材出口来说,化学和金属制品的输出已经失去市场。然而,恰恰在贸易的结构发生变化之时,对华化学品输出在某一绝对期内仍有增长。1931—1937 年间,染料和颜料的出口仍保持在较稳定的水平之上,但却由于硝酸铵(用于炸药)的出口增加了 35 倍而相形见绌。① 德国对华军事输出的构成也有了变化,整师的中国军队用上了全套德国装备,重炮、飞机,甚至连潜水艇也加入了中国军队的行列。

中国对德出口的产品依然是她所独有的未经加工的原料。在 1932 年以前,满洲的大豆和豆制品在对德出口中占据统治地位,但日本占据了东北之后,它们在中德贸易中不再占有重要地位。为了补偿这一损失,1934—1937 年间中国芝麻、花生以及其他油料对德出口成倍地增长,蛋类产品也是如此。② 然而,最引人注目地改变还是金属矿方面的出口。表 2 所显示的是 1936 年合步楼(Hapro)* 物物交换协议中关于德国从中国进口金属矿的数量。在这些金属矿石中最主要的是钨(关于它的特殊地位将在后面详述),当然也包括少量的锑、锡和铜。

下面首先叙述中德贸易的实际结果,它使德国在中国的重工业和

---

① 何炳贤,第 1096—1098 页;联邦军事档案馆,Zug51/66,no.23,Wi Rü Amt Study,《远东的经济建设及其对德国国防经济的意义》,统计表,Bl.13。
② 何炳贤,第 1104—1107 页;联邦军事档案馆,Zug51/66,no.23,Bl.12;库尔特·布洛赫:《德国在远东的利益和政策》,第 28 页。
* Hapro 为德文"Handelsgesellschaft für Industrielle Produkte"的缩写,意为工业产品商贸公司,是垄断中德易货贸易的专营机构。——译者

军事发展方面取得了事实上的势力范围,即使其时间持续不长;然后我们将分析它对南京政府发展方向及其成就的影响。要讨论的第一个中心问题是始于塞克特第二次访华的德国工业攻势,它得到沙赫特(Schacht)外贸政策的激励,并试图使刺激贸易发展的非经济的、文化的潜在因素得到充分发挥。接着,将考察在国家资源委员会的三年计划(那是对国家工业基础的规划和建设)中的中德合作。然后,再探讨德国在中国军事现代化过程中的作用,并就外国对德国在中国获取市场后的反响加以评估。最后,还要就中德合作对民族主义的中国所产生的潜在影响和遗产进行讨论。

表2 1932—1937年德国进口中国金属矿的数量

年份	从中国进口总额 (百万马克)	从中国进口的金属矿 (百万马克)	金属矿所占 的百分比
1932	54.0	1.2	2.2
1933	41.0	3.1	7.6
1934	51.0	6.6	12.9
1935	56.0	8.6	15.3
1936	69.2	8.0	11.5
1937	93.8	21.1	22.5

资料来源:库尔特·布洛赫(Kurt Bloch),《德国在远东的利益和政策》(纽约,1939年),第29页。

德国的工业攻势

塞克特使命对全德工业联合会产生了较大作用,该组织当时相当于纳粹政府管理德国工业的国家机构。该联合会的中国研究学会主席海因里希·瑞茨曼(Heinrich Retzmann)观察到了发生在中德贸易中的一个"巨大的转变过程",①在德国对苏联的出口从1932年的6.26亿马克(占出口总额的10.9%)下降到1934年的0.63亿马克(1.5%)时,中国却一反常态地显示出其"世界上最繁荣的开放市场的前景"。②

塞克特每次访华之后,总是同德国工业集团中渴望得到在华投资第一手信息的人密切联络。不断进行中的合步楼谈判答应考虑让那些参与该项计划的行业得到优惠,因为所有的命令都将通过设在柏林的合步楼总部直接发布。但是当两国正在完成国家条约的谈判时,德国经济部促进、资助并为在华工业投资提供担保的新愿望却使德国工业界有可能在1934年初同南京直接做生意。

贸易的手法

经济部长沙赫特通过多种渠道支持德国在华工业投资。最初的做法是由国家对投资作直接的担保,随后又向几个出口公司发放津贴。1934年间也出现了进行易货贸易的两种类型:"补偿贸易"和"ASKI"*马克。直到1936年合步楼统一协调之前,这两种类型是中德贸易的主要方式。

在"补偿贸易"中,允许进口商将其商品低价销售给出口商;后者则以外汇向进口商付账(进口商需要以外汇来支撑他的生意)。交易允许出口商在中国低价销售其货物——常常大大低于市面价值。在"ASKI"马克贸易中,德国进口商收到同其实际货物相比已大大涨价

---

① 关于中国研究学会1934年6月27日会议的报告,载《福熙报》(Fossische Zeitung)1934年7月3日;布洛赫统计数字,《德国利益》,第22页。
② 关于中国研究学会1934年6月27日会议的报告,载《福熙报》(Fossische Zeitung)1934年7月3日;布洛赫统计数字,《德国利益》,第22页。
* ASKI是德文"Auslaender sonder konto für Inlandszahlung"的缩写,意为国内付款的外国特别账户。——译者

的货款并将之存入授权银行的"ASKI"账户上,然后他将其 ASKI 马克减价卖给德国出口商。这样,出口商就可以降低其产品价格,而同时进口商在出口交易的过程中得到补偿。在中国的 ASKI 马克贸易由中国银行管理,相应的德国机构是德累斯顿银行(Dresdner-Bank)。① 上海德商会在 1935 年的一份报告中指出,"补偿津贴"和"ASKI"马克贸易对于德国对华输出的增长起了很大作用。② 为了促进易货贸易的发展,中国官员在这些办法之上又增加了自己的措施,首先是议定偿付用于货物装载的信贷利息,其次也包括在易货交易过程中给予较大比例的佣金。③

德国各商行在研究这些办法的可行性方面并没有花费太多时间,许多大企业的特派代表赶赴远东。1934 年下半年,据德国驻华公使陶德曼报告:德国法本化学工业公司(I. G. Farben)的一位董事正在中国旅行,达姆施达特尔银行(Darmstadter Bank)前董事(亦是中国研究学会会员)雅各比(Jacoby)正在上海就德国参与中国轻工业投资一事展开调查研究。格利茨(Goerlitz)机器工厂前董事,过去在苏联占有极大利益的莱茵兰工业家族成员蒂尔曼(Tillmann)先生在致函陶德曼时声称,"他在中国的计划同其先辈在俄国实行的计划完全相同"。最后,在钢铁、矿业、造船和铁路各行业均具有实力的鲁尔工业集团——奥托·沃尔夫(Otto Wolff)公司的代表已在上海开设了分公司。奥托·沃尔夫本人则期待很快"就能对大规模开展易货贸易的可能性进

---

① 布洛赫上书第 25 页;考西,第 237—239 页。
② 考西,第 239 页。
③ 关于易货交易技术上的讨论见马季廉:《现代的物物交易》,《国闻周报》第 12 卷,第 40 期(1935 年 10 月 14 日);周白棣,第 89 页及以下几页;《为什么不进行物物交易?》,《民众论坛》第 10 卷,第 4 期(1935 年 8 月 16 日),第 209—212 页。"barter"一词被译成各种词意:"交货贸易制""物物交易""物物交换",偶尔也音译成"巴塔"。

行研究考察。"①

所有的德国商行现在都注视着中国,沃尔夫公司最雄心勃勃,也最成功。由于有帝国新的外贸政策的支持,沃尔夫率先在中国铁路建设上注入资金,并且参与了中国第一家汽车制造厂和飞机制造厂的建设。他同中国当局所签订的协定条款开创了中国和西方经济合作的现代新阶段。

奥托·沃尔夫与浙江—贵州铁路

孙中山最宏伟的目标之一就是要在中国修建 10 万英里的铁路。到 1926 年时,中国铁路总里程只有 7 683 英里。1927—1935 年期间,中国的铁路又增加了 2 090 英里,不过近半数修筑在东北。在南京政府控制的地区,虽经铁道部、各省政府、中国银行共同努力以及来自英国、比利时庚子赔款基金的资助,在 1934 年以前也仅铺设轨道 623 英里。其中最引人注目的成就是由张人杰的浙江省政府修筑的从杭州到玉山 221 英里轻型铁路;后来,那条铁路也不得不重新铺设标准规格的铁轨。②

进展缓慢的原因不是由于缺少计划而是缺乏资金。因为第一次世界大战爆发以及 1920 年英、法、美、日新四国银行团的成立,使得大量的外国铁路贷款和抢夺铁路修筑权的时代宣告结束。银行团的目的本来是要使外国在华投资系统化、规则化;但由于需要该组织所有国家的一致同意,所以其实际结果是使中国从上述任何一国取得信贷的来源均告断绝。在其存在的 17 年间,该银行团或其成员国没有主持或提供过一项对华贷款业务。造成这种局面的部分责任在于日本

---

① 《德国外交政策文件》C 辑,第 3 卷 No.404,第 761 页,陶德曼致德外交部(1934 年 12 月 31 日)。
② 张嘉璈,《中国为铁路发展而奋斗》(以下简称《奋斗》),第 76—86 页;《浙赣铁路》,第 2—3 页。

人在政治上的不让步：1934年的《天羽声明》威胁说，如果"援华国际合作搅乱了""和平与秩序"，日本就将采取行动。① 铁路信贷前景特别暗淡的重要原因，还在于自1920年代中期以来，用于早期中国铁路建设的许多外国贷款拖欠不还，中国一些铁路债券的价值已跌到仅有其面值的5％。②

这种局面在1934—1936年间有了极大改变，中德签订了一系列的协议来建设玉山—南昌、南昌—萍乡以及株洲—贵阳间的铁路，从东部的浙江延伸到西南部的贵州，筑路里程达947英里。易货贸易和德帝国的担保，使一个铁路系统得以在贷款条件下开始修建，这将满足那个权力基础在长江下游地区的政权的军事需要；加快那个规划中的"新经济中心"的工矿业发展；并运输原料供出口之用。与此同时，这些协定促使其他列强对中国铁路重生兴趣，并最终导致新四国银行团在1937年宣告解散。在所有这一切当中，奥托·沃尔夫公司起了核心作用。

科隆的奥托·沃尔夫公司1904年成立之初仅是一家从事金属加工的小商社，它在第一次世界大战以前积极从事国际钢铁贸易，到1920年代便成为向海外供应加工工业设备的能手。③ 该商行完全属于精力充沛而体态肥壮的老奥托·沃尔夫所拥有。这家公司是苏联国防军工业计划的主要参与者，特别是在1929年世界经济危机期间，这项计划为该公司提供了最大的收入来源；从1928至1932年间，奥托·沃尔夫向苏联提供了价值2亿马克以上的工厂与铁路器材。④

---

① 鲍格，第75—76页。关于过去和现在外国参与中国铁路建设的问题，参见陈晖：《中国铁路利用外资问题的研究》，《东方杂志》第33卷，第2期（1937年1月16日），第11—20页。
② 张嘉璈：《奋斗》，第91、153页。
③ 采访克劳斯·舍费尔（Klaus Schäfer）。
④ 《奥托·沃尔夫的思想》，第102页。

沃尔夫对中国的兴趣始于 1931 年中国研究学会（China-Studien-Gesellschaft）成立之时，在那次会议上，他最早提出要将在苏联获得的经验应用于对华贸易。当 1933 年失去了苏联市场以及塞克特首次访华后，这种兴趣更为急切。由于确信"中国将是他的下一个苏联"，沃尔夫于 1934 年初在上海设立了办事处，并由中国研究学会的财政专家保罗·迈斯纳（Paul Meissner）协助工作。①

1934 年 4 月 26 日，沃尔夫在上海的首席代理人保利·贝克（Pauli Beeck）博士同以中国银行为首的中国银团、中国国民政府以及浙江省政府签订了修筑玉山至南昌 181 英里铁路的协定。这项独特的协定条款规定，中国的银行共提供资本 800 万元作为建设基金，沃尔夫则以相同的金额作信贷，提供铁路器材（包括钢轨、转辙器、筑桥材料、工场设备以及全套机车车辆和补给品）和技术援助。与过去的中外铁路合约所不同的是，外国人并不参与铁路管理，只有财务监督权。对德国公司也没有提供抵押品来作担保。中国银团打算担当起贷方委托人的任务，按照银行界的想法，它将发行价值 1 600 万元的新铁路债券来作为现金贷款的抵押（债券以所有政府拥有的铁路盈余和浙江省盐税做担保），并按德方的需求来偿还。德方信贷的本金由铁路债券的利息和兑现来偿付，到那时，将用原材料——尤其是钨和锡——如期偿还。②

从财政方面来说，这项协定是建立在极不牢靠的铁路基本收益以

---

① 采访弗莱特欧（G. Flatow）。也见《德国外交政策文件》C 辑，第 3 册，no. 404，第 762 页，陶德曼致德外交部（1934 年 12 月 31 日）。
② 张嘉璈：《奋斗》，第 79—80 页；《浙赣铁路》，第 3 页；《1934 年经济情报》，第 196 页；简笙簧：《粤汉铁路全线通车与抗战的关系》，硕士论文，中国大学，台湾，1967 年，第 107 页及以下几页；联邦档案馆，R2/16442，《奥托·沃尔夫的中国贸易》，1935 年 5 月 5 日备忘录。合同原文可在台湾交通部档案中找到：交通部，《铁路债务汇编（1912—1934 年）》。也发表在《军政旬刊》第 22 卷（1934 年 5 月 20 日），第 5—8 页上。

及国家与省政府按期偿付债券的基础之上的。对中国银行总裁张嘉璈来讲,中国方面对这一协定的态度,是认为合约体现了一种尝试,如果该种尝试获得成功的话,必将促进铁路建设的进一步发展,并最终在不损害中国主权的情况下吸引其他外国投资。① 对奥托·沃尔夫来说,这是一项"冒险的事业",但由于帝国政府对其投资的70%予以担保,因而风险并不会太大。用张嘉璈的话说,这项协定的真正担保,"是建立在反对往日不平等、推进平等的经济合作的共同决心之上的,它开创了外国在华投资的历史新篇章"。②

铁路的修筑始于1934年7月。当1936年1月该段铁路完工时,沃尔夫又同南京政府缔结了一项类似的协议(称做德华1 000万元信用贷款)来修筑南昌至萍乡的铁路。③ 由于该铁路分三段同时兴建,速度较快,到1937年9月,169英里长的线路全部竣工。该铁路同原先已有的萍乡至湖南株洲的铁路接轨后,就使浙、赣、湘三省铁路连成一片,并同株洲的粤汉铁路相交叉,这样,上述三省的货物便可直接运往沿海港口。

1936年4月,沃尔夫又同克虏伯(Krupp)公司、钢铁联合出口公司(Stahlunion Export)合作,签订了第三个协议,向中国提供价值3 000万元信贷资金购买器材,修筑623英里长的湘黔(株洲—贵阳)铁路,计划在三年内完成。与此同时,还同钢铁联合出口公司订立了1 000万元贷款,用于平汉铁路的维修与黄河铁桥的建设工程。④

---

① 张嘉璈:《从事铁路建设工作的回忆》,第7页。
② 张嘉璈:《奋斗》,第80页;有关奥托·沃尔夫的担保见联邦档案馆,R2/16442,1935年5月5日备忘录。
③ 《中央银行月报》第4卷,第9期(1935年9月),第2048页;《浙赣铁路》,第4页;原文藏交通部:《铁路债务汇编》,合同于1936年1月30日签字。
④ 张嘉璈:《奋斗》,第112—113页;布鲁诺·克罗克尔(Bruno Korker):《修筑中国铁路的德国人》,《远东评论》(*Far Eastern Review*)第33卷,第1期(1937年1月),第21页;原文藏交通部:《铁路债务汇编》。

从 1934 至 1936 年的两年中,已达成的德国信用贷款总额共达 64 375 436元(包括克虏伯公司提供的用于购置机车的 6 375 536 元),可折合 57 316 000 马克(按 1935 年的汇率)。这些建设计划有的已经完成,有的尚在进行之中。尽管由于德国榜样的刺激,当时同其他国家的谈判亦在进行,但在这些合同最后签字之前,奥托·沃尔夫公司已经开始第三条铁路的工程了。

杭州—贵阳铁路网的设想①符合中德其他方面合作的构想。由于蒋介石决心依靠德国的军事援助来增强长江流域的防务,这一条铁路将会便利后方线的军事运输——即使上海和南京陷于敌手。该条铁路同粤汉铁路接轨以后,便成为东部沿海与武汉地区唯一的铁路运输线,这条铁路的重要性为后来爆发的中日战争所证实。② 由于冯·法肯豪森将军(von Falkenhausen)参与了第一、第二阶段的铁路谈判,因此该条铁路的军事效用得以突出。③

浙黔铁路的设计也有促进经济发展的目的,即把中南各省开辟为国家资源委员会所规划的"新经济中心"的一部分。④ 它要为位于湖南湘潭的中央钢铁厂服务,该厂将建造在离铁路枢纽株洲仅 20 公里的地方。它要通过公路同位于江西吉安的钨铁工厂相连接,以便于原料的输出和成品(包括计划中的装置与设备)输入。此外,铁路通过湘潭向西延伸的目的还在于开发湘西的煤矿与贵阳的铁矿。一位美国观察家在 1937 年评价了这条铁路的前景:

---

① 该路最初通过杭州至玉山轻型铁路连接杭州的东部港口,后来那段路铺设了标准轨距的铁轨。株洲至贵阳铁路东段约 109 英里已完工,但 1939 年 3 月 1 日由中国统帅部下令拆毁:张嘉璈:《奋斗》,第 116 页。该路实际上恰恰到株洲西部为止;第 98 页。
② 同上。
③ 辛达谟:《法肯豪森的回忆中的蒋委员长与中国》,《传记文学》第 19 卷,第 6 期(1972 年),第 86 页;法肯豪森:《回忆录》,第 55 页;《奥托·沃尔夫纪念词》,第 122 页。
④ 张嘉璈:《十年来的中国铁道建设》,载《抗战前十年之中国》第 275 页;翁文灏:《中国经济概况》,第 16 页。

杭州—贵阳铁路线将贯通到目前为止尚未实际开发的富庶地区……

杭州—南昌铁路的完成,使饱受战乱的江西省在经济上重新振兴起来。新的矿区得以开发。最基本的商品流通也已开始(而这在过去实际上是不可能的),并且其规模难以预料。①

这些铁路也许是中国按期偿还德国贷款最好的担保,因为它们可以开发、运输原材料。在中德易货协定中,奥托·沃尔夫直截了当地增加了这样的内容:"无论中国的铁路修到了哪儿,货物就都能源源不断地输出。"②

中国汽车制造公司

连接长江以南各省与西南铁路网的成功,部分要依靠其他地区交通运输的发展,尤其需要修筑相当多的公路,利用重型卡车运载原料,以及在战时运送军队和军事装备。中国直到1913年才有了一条现代化的公路——湖南长沙至湘潭间一条长53公里的公路。在修建能够供机动车行驶的公路方面,南京政府显示出相当大的进步。1921年这类公路仅有736英里,到1930年,已增至29 000英里,而1935年则增加到59 000英里。③ 例如,浙江省的公路建设猛增,从1927至1937年间修筑公路1 000多英里。这些建设计划对整个人民或传统经济来讲,并没有太大的影响,因为利用公路不仅要收取沉重的通行税,而且旧式的牛马车常常会堵塞路面而被禁止上路;但是,这些公路确实使

---

① 克罗克尔:《修筑中国铁路的中国人》,第23页。
② 赫尔曼,第151页。
③ 郑友揆:《中国的外贸与工业发展》(华盛顿特区,1956年),第31页。

"运送军队、警察和政府供给品更为便利"。①

外国企业对这类公路建设本来并没有多少事情可做,但中国的所有机动车辆及装备——公共汽车、卡车及少量的小汽车——完全依赖从外国进口。通过进出口公司,9家德国工厂在外国公司中展开角逐,竞争那个到目前为止并不是很大的市场:中国在1936年最多拥有约8万辆各种类型的汽车。然而,自1932年以来,进口数量已经增长了3倍。②塞克特关于国防工业的建议之一,就是建造一座汽车制造厂,以摆脱对进口的依赖性。③

建设这样一座工厂的谈判开始于1935年,当时老奥托·沃尔夫已到达中国。沃尔夫在戴姆勒·奔驰公司(Daimler Benz)拥有少量股权并且是其董事会董事。通过法肯豪森的关系,戴姆勒·奔驰公司当时正在为中央军的德械化师提供军用运输车辆。那些车辆显然已使中国官员确信:德国柴油发动机卡车的性能比美国汽油引擎车辆要优越得多。在同蒋介石的直接谈判中,沃尔夫建议在中国建一座卡车装配厂,以此作为实现汽车完全国产化的第一步。1935年达成了协议草案,1936年下半年,政府拥有的中国汽车制造公司宣告成立,资本为国币600万元。④

协议要求沃尔夫每年提供1200台柴油卡车底盘。装配厂于1937

---

① 迈勒,第242页,一般见第233—234页。关于传统的道路系统在农村手工业中的作用,参见钢钊(音):《现代纺织业的成长》,载珀金斯书,第189—190页。
② 《为中国公路而发行的中国汽车公司股票》,《民众论坛》第14卷,第5期(1936年9月1日),第361页;外交部政治档案(26),"温特费尔特(Winterfeldt)(上海)致汉口"(1938年2月4日)。
③ 塞克特起初支持赫尔·路斯迪西(Herr Lustig)的计划,他们曾经在船上见过面:外交部政治档案(27),Bd.1,"劳腾施拉格尔(南京)致北京"(1934年5月16日)。
④ 塞克特起初支持赫尔·路斯迪西(Herr Lustig)的计划,他们曾经在船上见过面:外交部政治档案(27),Bd.1,"埃德曼斯多夫(柏林)致北京"(1934年6月30日);《奥托·沃尔夫纪念词》,第121—122页;采访弗莱特欧;《中国近代工业史资料》第3册,第1102页。或许是为了促成这项交易,在1936年7月赠送给蒋介石一辆M型汽车:访问弗莱特欧。

年初开始兴建,位于铁路枢纽湖南株洲附近,那里还将建造一座生产驾驶室、车身的工厂以及一座修配厂。轮胎、玻璃和皮革都由上海的分厂制造。德国工程技术人员将监督设备的安装并负责培训中国技术工人。根据最初的计划,到1941年,所有的德国工厂设备必须安装完毕,中国汽车制造公司必须完全能够生产戴姆勒——奔驰型卡车。沃尔夫这项生产卡车的五年计划合同共耗资2 000万马克。①

1937年秋,株洲汽车厂生产出第一批卡车。由于同年7月战争的爆发而加快了汽车底盘的交付速度,到1939年已超过7 000台。1938年10月武汉失陷之后,生产设备转移到了广西桂林,汽车底盘最初通过香港进口,后来又假道印度支那。在1940年印度支那通道丧失之前,底盘都是在海防卸货,然后运到中越边境的广西凭祥,在那儿装上驾驶室,到桂林进行最后的总装配。此后,直到1941年6月苏德战争爆发以前,奥托·沃尔夫公司假道苏联陆路,继续向中国提供汽车底盘,几乎达订购数的一半。②

中国航空器材制造公司

德国商社除了在铁路和公路交通方面开辟了中德合作关系外,对中国航空工业的发展也起了十分重要的作用。

我们已经通过欧亚航空公司探讨了德国在中国早期民用航空的发展方面所起的作用,该公司是1930至1931年间德国对华工业成就的唯一有形的成功。在军用航空领域,存在着美国和意大利的有力竞争;1929年发生的导致两名中国飞行员丧生的容克斯(Junkers)教练

---

① 《中国近代工业史资料》第3辑,第1102页;《为中国公路而发行的中国汽车公司股票》,第362页;《奥托·沃尔夫纪念词》,第122页。
② 《中国近代工业史资料》第3辑,第1102—1103页;采访弗莱特欧;华盛顿国家档案馆,T-120,roll 180,第138608页,"维尔备忘录"(1940年1月20日)。

机坠毁事件,使德国花了很长时间才能够在军用航空领域中重新立足。1932年,杭州的航空学校聘请了以约翰·乔伊特上校(Colonel John Jouett)为首的一小批美国人,1935年初墨索里尼派遣了一个意大利代表团到达那里后,这些美国人的使命才告结束。然而,不管怎样,塞克特1934年带着他自己的航空顾问施太秋(Streccius)将军返回中国,更重要的是,他决心使德国企业获准建造中国的第一座飞机制造厂。①

在奥托·沃尔夫加入的情况下,容克斯公司开始谈判建造一座工厂及训练中国技术人员事宜,商定的最初资本为400万马克,由南京政府、中国银团和德国公司各出资1/3。蒋介石在1934年3月原则同意了这项计划,并于9月29日签订了初步合同。② 根据这项为期十年的协议条款,容克斯公司承办所有飞机材料的供应,其中包括飞机引擎,并负责培训飞机制造厂中方工程技术人员并使之合格。计划在第一年生产54架单引擎轰炸机和24架多引擎飞机,此后产量不断增加。德国在初期阶段每年预计可提供价值800万马克的飞机零部件。在协定执行后的最初三年内,将建造200—250架飞机。③

飞机装配厂的地点最初选的是南昌,后来是萍乡,最后定在杭州。然而,由于意大利人也想建造一座类似的工厂而使该项建设工程受到延搁。1935年期间的种种阴谋意味着为建造容克斯飞机而创办的国

---

① 阿瑟·扬格:《中国建设国家的努力》第353、355页;华盛顿国家档案馆,T-120,Ser.8804,roll 3403,E613530页及以下几页,"陶德曼(北京)致外交部"(1935年1月2日);E613473—613474,"多伊特尔莫泽尔(Deutelmoser)致德外交部"(1934年4月23日);E613520,"陶德曼致德外交部"(1934年10月9日);"国史馆":2-12.02.1,"行政院致国民政府"(1936年9月30日)。

② 同上。

③ "国史馆":2-12.02.1,"行政院致国民政府"(1936年9月30日);华盛顿国家档案馆,T-120,Ser.8804,roll 3404,E613561,"陶德曼致德外交部"(1936年1月9日)。也见霍姆茨,第204页。

家企业——中国航空器材制造公司仅仅是徒有虚名。但是,当中国人在1936年以"严重混淆了顾问工作与商人工作"的罪名逮捕了意大利籍空军总顾问洛迪(Lordi)后,意大利的竞争也受到沉重的打击。① 与容克斯公司的最后协定于1936年10月1日在国民政府获得通过,工程立即开始进行。② 不幸的是,到目前为止,我们无法找到有关的协定文本来确定当时的生产情况。这或许是由于地理位置的原因,在1937年7月战争爆发后很短的时间内,杭州的工厂设备便被迫转移。然而,可以确定的是,该公司在1937年订购了价值701.9万马克的飞机器材,其中价值257万马克的器材实际上已于12月31日前交付中国。③

德国法本化学工业公司马克斯·伊尔格勒尔的访问

从1934年起,大量的其他工业公司来华进行调查研究,其中一些公司取得了显著的成功:西门子公司(Siemens)在陇海铁路东端的海州新港获得完成价值100万美元码头设备的合同,供给北平市政府一台1.5万千瓦的汽轮机,并为交通部所属的成都无线电台提供设备。④ 德国法本化学工业公司的马克斯·伊尔格勒尔(Max Ilgner)1934—1935年在中国进行的考察旅行,应该受到特别关注。

伊尔格勒尔的此次访问,使法本公司开始参与中国军工计划中化学工厂的发展工作,⑤但这次使命更显著之处是他调查了德国工业在

---

① 华盛顿国家档案馆,T-120,Ser. 8804, roll 3404, E613566,"施特休斯(Streccius)备忘录",附于"陶德曼致德外交部"(1936年1月1日)中。
② "国史馆",2-12.02.1,"国民政府致行政院政务委员会秘书处"(1936年10月1日)。
③ 《德国外交政策档案》D辑,第1卷 no. 576,第692—693页,"维尔备忘录"(1938年4月23日)。
④ 《密勒氏评论报》(1935年2月2日)第344页。也见"国史馆",2-12.02.1(1934—1937)和考西,第243—244页。
⑤ 刘馥,第101页。

中国的潜力。在返回德国后所撰写的三卷本的《东亚报告》中,他分析了自己的调查结果。在总体评价德国在华企业问题上,伊尔格勒尔的地位特别适当,因为他除了是这个化学工业巨型企业的董事外,也是法本公司与军队的国防经济部之间的中介人,并同托马斯上校交谊极深。①

对伊尔格勒尔来说,主要的问题是:"谁来开发中国?"他从德国与南京非同一般的关系中看到了极好的开端。不仅仅德国军事顾问团已得到加强,而且德国人现在也担任了铁道部、中国银行的顾问,对浙江、江西、福建、湖南等省政府各厅的影响也在逐渐增强。还有几名顾问成为中国研究学会的代理人。正如伊尔格勒尔所写的那样:"通过顾问施加直接的或间接的影响——保证(德国)生气勃勃地投入到中国的经济建设中去。"②

从心理学的标准来看,伊尔格勒尔认识到中国领导人中存在这样一种感觉,即德国同中国之间有某种共同的命运。然而,更重要的是,中国的发展政策所需要的恰恰是德国企业所擅长的,而且它能提供出口机会。按照伊尔格勒尔的观点,德国工业不必害怕中国工业部门的增强会导致它的独立性;其后果反而会是"产生额外的购买力",而这种购买力必然是转向帮助它建立重工业基础的国家。③

对伊尔格勒尔来说,日本在华的野心对德国利益形成最大威胁,帝国可能发现自己被迫同其他西方列强合作,而在以后再去反对它

---

① 约瑟夫·博尔金:《法本染料公司的罪与罚》(The Crime and Punishment of I. G. Farben),纽约,1978年,第58页。
② 伊尔格勒尔,第2册,第2、7、40、43页。福建省主席(陈仪)和江西省主席(熊式辉)很早就同德国顾问团有联系,这有助于各省的努力。朱家骅当时是浙江省主席;第13、8、69页。有关对伊尔格勒尔中国工业发展观念所进行的列宁主义的阐述可见德累切斯勒尔,第16页。
③ 同上。

们。① 同时,正如他在送这本书给塞克特时所写的那样,主要的问题是:"德国必须怎样做才能一方面保持它在中国的地位,另一方面保证它在中国未来的发展中恰当地享有这种地位。"②在这里,伊尔格勒尔相信工业界早期的做法,即积极的"文化宣传"可以作为一种政治手法发挥效用,在他那本书中,他用了最长的一章来阐述协调该项工作的方法。③

伊尔格勒尔的论文印刷了几百本,在私下流传,其对象主要是工业商社、银行、政府官员(包括希特勒)以及那些现在或将来对同中国人做生意有兴趣的人。从他收到的反应来判断,该书已被一个正在形成的,主要由重工业企业、大银行和国防军组成的"中国院外集团"视为一部有价值的参考书和手册。④ 特别是他对"文化宣传"价值的信念既反映出对中国不断增长的关注,又有助于产生新的积极性。

扩大文化宣传

工业努力的最初成果是通过"文化"手段促进商贸发展(这一文化手段的应用始于1931年"中国研究学会"的建立),它在1930年代中期已初见成效。当时尽管中国留德学生数量比留英、留美学生要少得多,但为工程师、自然科学家和医生——德国是学习这些职业最理想的地方——提供的资助与工读安排却大大增加。中国驻柏林公使1936年4月告诉中国研究学会,这种尝试是"(中德)经济联系的一个重要因素。……在他们回到祖国后,这些中国学生将继续扩展德中之

---

① 伊尔格勒尔,第2册,第7页及以下几页。
② 联邦军事档案馆,塞克特遗件,no.247/193,"伊尔格勒尔致塞克特"(1936年7月1日)。
③ 德累切斯勒尔,第17页;伊尔格勒尔,第2册,第4章。
④ 对伊尔格勒尔著作的反响可在联邦军事档案馆,RW19,附件1/532中找到。

间的经济关系。"①

在某些情况下,这项工作已明显表现在德国在华的关键性努力中。两名受到德国教育的工程师(1933—1934年获学位)担任翁文灏的国家资源委员会和德国企业(尤其是合步楼)间主要联络官。1935年,资源委员会选派了大批年轻的地质学者和工程技术人员去德国的大学进行深造。俞大维在兵工署充实了许多1930年代在德国受过训练的人——当时他任中国驻柏林商务办事处主任——并安排有才能的年轻人直接到德国的军火企业中接受教育培训。朱家骅无论是作为交通部长(1932—1935)还是以后担任浙江省主席,都能够保证为中国学生在柏林工业大学(Technische Hochschule, Berlin)(他本人曾在该校学习过)搞到德国奖学金,这些学生的专业包括航空测量、铁路管理和警察培训等。② 甚至在西部的四川省,一位德国领事馆官员惊奇地注意到,相对说来,该省政府机关各部门中,曾留德或在同济大学读书的官员人数所占比例较大。③

德国人在华兴办教育也不可忽视,尽管当时由于中国政府对私人教育加强了控制,使之在1931年时还无法达到较高的水准。上海同济大学在1932年1月遭到日军炮火轰击之后,又用德方资金加以重建、扩展。④ 在汉口、南京、上海、天津、济南、青岛和北京,德国中学正在形成一个"统一的德国中学制度"。⑤ 中国大学里选修德语的学生

---

① 见程天放在《新中国》第2卷,第7期(1936年4月5日)上发表的演讲稿。也可参阅高欣(音):《旅德华侨之今昔》,载张其昀:《中德文化论集》,第133—138页。
② 采访齐焌,关德懋(1977年12月16日),李祖冰,李景潞,埃里希·施托尔茨勒尔,张嘉璈。
③ 外交部政治档案(13),Bd.2,"舍费尔(重庆)致北京",附于"陶德曼致德外交部"(1932年9月23日)中。
④ 迪维尔,第168页;《东亚评论》第15卷,第5期(1934年3月1日),第112—113页;第16卷,第19期(1935年10月1日),第513页。
⑤ 《东亚评论》第15卷,第5期(1934年3月1日),第99—103页。

人数亦在增加,就拿金陵大学来说,学德语的学生从 30 人增长为 120 人。中国研究学会帮助向中国大学提供德国师资,至少有一名经济学家在长沙教书,并兼任该学会的代理人。①

马克斯·伊尔格勒尔的计划之一,是邀请政界、科技界、经济界和新闻界的领导人来德国访问,逗留 3—4 周,让他们亲眼看见德国工业的生产能力。② 实际上,在访问德国的无数中国考察团体中(特别是1935—1937 年间),更多地是受到私营企业的邀请,而不是德国政府。中国研究学会负责接待了中国高级代表团,从孔祥熙、戴季陶、翁文灏到中国化学家联合会等,其参观路线至少要包括柏林的西门子公司、埃森(Essen)的克房伯工厂、德绍(Dessau)的容克斯飞机制造厂和法本化学公司的企业。③

中德文化组织的数量在 1930 年代中期继续增长,而原有的各种协会同时也在不断扩展。奥托·沃尔夫、法本和德法格(Defag)等公司捐款为法兰克福中国学院(China-Institut zu Frankfurt)建造了一座新大楼,并成立了以朱家骅为会长的中国学院联谊会。④ 新近成立的组织包括德国工业界中国俱乐部(China-Klub der eutschen Industrie, 1934)——中国研究学会所属的一个比较封闭的小集团;德中学术协会(Deutsch-Chinesischer Akademiker-Kreis,1935);以及成立于南京的中德文化协会。⑤ 中德文化协会是一个非常重要的组织,无论对于

---

① 《东亚评论》第 16 卷,第 4 期(1935 年 2 月 16 日),第 110 页;外交部政治档案(12),"汉口总领事致北京"(1934 年 11 月 13 日)。
② 伊尔格勒尔,第 2 册,第 58 页。
③ 参见《东亚评论》第 16—19 卷所提到的各类中国代表团以及程天放书。
④ 外交部政治档案(23),2—1H,中国中央通讯社,1936 年 8 月 12 日报道;联邦军事档案馆,塞克特遗件,no.247/190,信函,"法兰克福中国学院友谊协会致塞克特"(南京)(1934 年 9 月 3 日)。
⑤ 《东亚评论》第 15 卷,第 14 期(1934 年 7 月 16 日),第 336 页;第 16 卷,第 7 期(1935 年 4 月 1 日),第 193 页。

从德国回国的中国留学生(因为它源于欧美同学会),还是对中国感兴趣的德国商人来说,它都是一个资源中心。该协会由朱家骅、徐培根将军(德国参谋大学毕业)、谭伯羽(中国驻柏林商务处)和沈士华(前驻汉堡领事)等人于1935年筹建,以朱家骅为会长。该协会在合步楼谈判过程中以及冯·莱谢劳将军1936年访华期间,均提供了"有价值的服务",一般来说,它帮助那些初次来到中国做生意的商人解决交通和住宿问题,与此同时也是一个可以处理商务的令人感到满意的社会中心。该协会的房屋、家具等费用大部分由奥托·沃尔夫、西门子—舒卡特(Siemens-Schuckart)公司以及驻沪的德国商社负担。①

当然,从某种程度上讲,中德文化协会非常重视文化,尤其是法兰克福的中国学院与北京(中德学会)的德国学院(Deutschland-Institut)做了许多有意义的学术工作。在这些地方,德国的汉学研究首次形成一个重要学科,并培养出一代研究中国文学、哲学和艺术史的德国学者。② 德国学院也帮助德国人在中国学习;除了政治性读物外(翻译《兴登堡传》和《我的奋斗》等,在《意志的胜利》下还加了中文副标题),学院还翻译与发表席勒(Schiller)、歌德(Goethe)、维兰德(Wieland)和克莱斯特(Kleist)的作品。③ 然而,从总体上来讲,对于那些提供了大量资助的德国工业公司来说,文化协会还具有更广泛但却是非正式的作用:在受过教育的中国人中传播有关德国的知识;把学术交流作为促进经济交流的一个步骤和手段;帮助中国人到德国学习;最有普遍意义的是,为同中国当今或未来领导人建立联系而提供

---

① 朱家骅编:《中德文化协会》,第1、4、8—9页。
② 郑寿麟;胡传因(音);第112—123页;奥托·弗兰克(Otto Franke):《德国的汉学研究》,《研究与进展》(Forschungen und Fortschritte)第15卷,第7期(1939年3月1日),第85—88页。
③ 胡传因(音):《新中国》第3卷,第20—21期(1937年5—6月),第38—39页。

文化和社会的基础。

在某种程度上,文化宣传是双向的,中德双方都努力寻求。例如,1937年初,德国的中国学生联合会宣布他们的"首要任务"是"倡导中德关系"。① 这也是驻德国中国国民党组织的任务,1936年初在柏林、汉堡、慕尼黑、布雷斯劳(Breslau*)和法兰克福等5个城市均有中国国民党组织的存在。② 国民政府在德国的主要宣传刊物是《新中国》(*Das Neue China*),从1935年11月创刊起,它就作为南京政府在德国的喉舌,并试图通过强调两国相类似的编辑方针和在宣传中德关系方面所取得的成就来引导官方舆论支持中国(同时反对日本)。③ 但是就宣传的视野、敏锐度和成功性来说,中国人的宣传努力远远赶不上德国人。

在1934至1937年间,德国私营工业实现了许多在发展中的中国进行投资的早期计划。它之所以能够成功地为中德工业合作创造一个全新的——互利的——结构,基本上同中德政府间关系的发展有密切的联系。如果说塞克特的访问和沙赫特的外贸政策是德国在华工业努力得以恢复的起点,那么,1935年的合步楼协定以及国家资源委员会随后制定的工业发展三年计划则使这一努力达到高潮。

中国工业发展三年计划

在1930年代所有由中德合作主持实施的计划中,1936年的三年

---

① 《新中国》第3卷,第18—19期(1937年3—4月),第8页。
* 现属波兰。——译者
② 《新中国》第2卷,第1期(1936年1月)。
③ 例如,参见《新中国》第3卷,第29—30期(1938年8—9月)第20页,关于三民主义青年团的报道。

计划在规模上是最庞大的。该计划在中国方面由翁文灏的国家资源委员会来执行,同时由现属国家经营的合步楼来协调与德国工业发展的关系。

资委会的三年计划是在德国顾问的帮助下最后定稿的,①并于1936年6月得到国民政府批准。这是一项雄心勃勃的计划,反映了上年11月国民党五全大会采纳的有关中德工业合作决议的意见:同德国实行的易货贸易对工业发展的"准备与实施"来说,"确是一个便宜的途径"。② 用蒋廷黻的话讲,该计划也同行政院的主要目标相一致,即要用特别手段来寻奉他称之为"大规模复兴发展计划"的迅速贯彻执行。③

可以将三年计划恰当地称做国民党中国的"大跃进",它的目标是要在一个非常短的时期内,在中国中南"新经济中心"内首先创建工业和原材料基地来成功抵御日本入侵,最终为中国工业发展前景奠定基础。它共分十部分:④

(1) 对钨和锑的开采、销售与出口完全实行统制,开办新矿来迅速增加开采数量,并在江西吉安建立一座炼钨厂。

(2) 在湖南湘潭建造中央钢铁厂,其产钢量将是现在全国产量的两倍。

(3) 开发湖北灵乡和湖南茶陵铁矿。

(4) 扩大湖北大冶和四川彭县铜矿,*并在四川彭县建立一座炼铜厂。

(5) 计划修复并开采湖南水口山之铅锌矿。

---

① 吴元黎,第37页。
② 朱子爽,第66页。也可参见朱玉仑,第2页。
③ 蒋廷黻:《行政院政务处长时期》,第95页。
④ 翁文灏:《战时经济建设》,第1页。该计划在翁文灏《中国经济概论》第18页中也有所概述;吴相湘,第1册,第294页;何应钦,第1册第19—26页。
* 原著为铁矿,似有误。——译者

(6)通过开发江西高坑煤矿(在浙黔铁路线上)、江西天河煤矿和湖南谭家山煤矿来扩大华中和西南地区的煤炭产量。

(7)准备在江西建造一座煤炼油厂,开发陕西延川、延长油田和四川巴县油田。

(8)准备开办一氮气工厂,以生产兵工方面所需之硫酸、硫酸亚铁和硝酸,开办一酒精厂为掺和汽油之用。

(9)在湖南湘潭建一座中央机器制造厂,包括飞机发动机厂、汽车汽油发动机厂和工具厂。

(10)开办中央电器制造厂,全国各地均设分部,中央建设办事处设在湖南湘潭,包括电线厂、灯泡厂、真空管厂、电话厂、电焊条厂和无线电厂。

所有这十个项目都是中德经济交流的一个组成部分。德国公司通过合步楼来提供全套工厂设备并为工业设备作出技术鉴定,为矿、油勘探计划提供钻井设备和技术援助。在合步楼的信贷担保之下,中国的付款方式是:钨、锑矿开采和钨铁产品制造,部分产品出口。①

关于这些计划的预算费用说法不一,因为最初的1亿德国马克的周转信贷显然不敷,必须在完成过程中多次续订。仅钢铁厂一项预计费用就达8 000万马克。② 合步楼南京办事处主任瓦尔特·埃克特(Walter Eckert)估计中国人通过易贷协定所订购的全部器材总数已超过5亿马克。③ 按照1936年的平均汇率,总数已达法币6.6亿元——一个大得令人难以置信的数字,因为中国政府1935年7月至1936年6月财政收入总额为11.82亿法币,其中仅有8.01亿元是直

---

① 《中国近代工业史资料》第3辑,第903—904页;王家虹(音):《近百年中德关系概要》,载张其昀编:《中德文化论集》,第25页。王尽管弄错了日期,但他详述了"十大计划"。
② 访问齐焌。
③ 埃克特,第48页。

接税收入(不计借款)。① 然而,埃克特的数字似乎也包括了重型武器订单,因此,资源委员会后来公布的更保守(尽管还是十分庞大)的数字即法币 2.7 亿元,可能更接近事实。②

很难确定三年计划的完成对中国国家预算会产生什么影响,因为尽管合步楼信贷协定已明确规定了最初的信贷总数和利率(每年 5%),但没有明确规定由船运原材料来偿付贷款的时间长短,而只规定商业信用贷款应该"在往来贸易中自动付清并一再续订"。③ 当时财政部顾问阿瑟·扬格(Arthur Young)认为,三年计划估计成本的 1/3 来自国家总预算,其余部分则来自外国信用贷款。④ 然而,很可能是对德国信贷寄希望更大,该计划实施的第一年中仅由入不敷出的国家预算中拨款 1 000 万元,后来第二年又追加 2 000 万元。⑤

矿砂出口量增加的前景显然使得该计划可以更多地依赖德国信贷,尤其是 1936 年以来战略矿砂价格的猛涨。这就意味着同样的矿砂产量能够偿付更大数额的信用贷款,增加产量就能进一步扩大贷款数额——因为不用担心市场会出现战略矿砂过剩。例如,欧洲的钨砂价格在 1932 至 1936 年间上涨 2 倍以上,以后的上涨率更高:1937 年的最高价格几乎是 1932 年价格的 9 倍。⑥ 正如冯·莱谢劳将军(Von Reichenau)指出的那样,* 即使中国出售给德国的矿砂价格比国际市

---

① 阿瑟·扬格:《中国战时金融与通货膨胀》,第 331 页。
② 《资源委员会过去与现况》,第 2 页。这一数字折中了扬格(2.3 亿法币)和齐焌(3 亿法币)估计数;扬格:《中国建设国家的努力》,第 297 页;访问齐焌。
③ 《德国外交政策文件》C 辑,第 5 册 no.270,第 412 页,1936 年 4 月 8 日信贷协定原文。
④ 扬格:《中国建设国家的努力》,第 297 页。
⑤ 吴相湘,第 1 卷,第 294 页;《资源委员会过去与现况》,第 2 页。
⑥ 李国欣和王宠佑,第 431 页。
* 莱谢劳声称条约中有这种规定,但这是不对的;可能只是商定过这类问题。莱谢劳也(错误地)相信不存在价格上涨的危险,"因为交货牵涉的是外加的问题,即新产品"。《德国外交政策文件》第 5 辑,no.36,第 503 页。

场低 10%，①只要钨矿价格持续暴涨，中国就能够从支付条款中受益，这点已从种种迹象中得到证实。实际上，在 1936—1938 年期间，由于美国和(英属)缅甸提供给国际市场的钨矿愈来愈少，中国便能够决定现行价率。根据翁文灏在资源委员会的一位助手说，考虑到中央钢铁厂的建设计划，中国在 1937 年擅自提高了钨砂的价格。②

三年计划是不断增长中的所谓的技术专家治理经济的最具体体现，政府的立场是试图要尽快地为一个"统制经济"建立基础。即使资源委员会并不是主张经济独裁的人所寻求的那种真正的"经济参谋本部"，③但它在中国中南建设一个"新经济中心"的尝试也是朝着国家对工业实行完全统制计划的第一步。据资委会的一位官员说，"一切都已按计划进行，所有的工业均将国有化"。④ 它提出的所有方案都必须得到国民政府的完全认可；不吸收私人资本(即使是以特别债券的形式)，不允许任何个人参加。⑤ 鉴于政府官员所扮演的计划人和债券持有人双重作用，存在着"官僚资本主义"是不成问题的。资源委员会雇佣的是受过训练、拿薪金的经营管理人员，更确切地说，这是"国家社会主义"的一种尝试，但应该明确指出的是，这里所说的"国家社会主义"并不是德国的"国社主义"，而是"国家控制的社会主义"，最好还是把三年计划称为"国家资本主义"，尽管这一术语用得极少，因为这个特别计划的最终目的是要在经济上获得自主，并获取利润。但这个计划也不同于控制了金融部门的那种"国家资本主义"，因为在工

---

① 《德国外交政策文件》C 辑，第 5 册 no.36，第 503 页，"国务秘书比洛(Bülow)关于同莱谢劳会谈的备忘录"(1936 年 5 月 4 日)。
② 访问关德懋，1978 年 6 月 3 日。
③ 秦璋：《战时经济统制与经济参谋本部》，《黄埔月刊》第 3 卷，第 5 期(1935 年 5 月 15 日)，第 19—21 页。
④ 采访关德懋(1977 年 12 月 16 日)；见翁文灏：《中国经济概况》，第 8—9 页。
⑤ 采访关德懋(1977 年 12 月 16 日)。

业界并不存在必须加以接管的机构,只是到了抗战期间才试图对私营轻工业加以控制。①

政府内的警告主要来自铁道部长、前中国银行总裁张嘉璈,这并不令人感到意外,因为张本人就是政府干预经济的受害者。张看到计划的预算支出在膨胀,担心资委会只图多、图快,而低估了开发新矿所需要的费用和时间。他也认为行政院里三年计划的主要倡导人——翁文灏和蒋廷黻——作为学者,在总体经济发展方面"有些外行"。张提出一个更稳健的看法,仿照同奥托·沃尔夫签订的铁路合同,原材料主要用于支付利息,新计划要依靠发行国内债券的方式来筹款开办,且要先完成原有的计划。② 然而,张的担心同政府长期以来的经济主张格格不入,另外,他尤其没有察觉到,在日本威胁日益增大的最后时刻需要立即行动起来。"行政院的成员怎么可能敢不有所行动呢?"蒋廷黻问道。③

不管按照什么标准来看,资源委员会在三年计划指导下所做的工作是值得重视的。然而,由于几种原因,这项已经进行的工作实际上却被人们所忽视。首先,不论是资源委员会还是其德国伙伴合步楼,其工作都是在暗中进行的。资委会的名称直到1938年才对外公布,*而合步楼的活动一直在秘密进行。④ 第二点最为重要,三年计划的大部项目因1937年7月中日战争的突然爆发而取消或改变。许多项目

---

① 翁文灏:《战时经济建设》,第1—2页;翁文灏:《国防经济建设之要义》,第69—71页。关于政府和金融部门见易劳逸:《流产的革命》,第231—233页。
② 采访张嘉璈;姚松龄,第118页。
③ 蒋廷黻:《行政院政务处长时期》,第95页。
* 资源委员会执照在《经济部公报》第1卷第3号(1938年3月16日)上首次公布,经济部成立后,资委会即隶属于该部并对外办公。合步楼的保密情况最明显的证据是,它同德国通信联络的电报密码每天都要改变。这一情况系从与路德维希·维尔讷的谈话中得知。
④ 见《经济部公报》第1卷,第3期(1938年3月16日)。

第七章　德国与中国的现代化 1935—1937

被迫停止或疏散到西南地区,这是因为当时的战争危急到企业的安全或阻碍了德国提供的工厂设备和器材运进中国。由于战争的介入,三年计划所拟定的项目仅进行了一年。最后,基于上述原因,我们在评价三年计划时,最好少依据计划完成情况,而更多地根据它开创时期的情况。更何况在有限的时间内,各项目已能依照计划进行,甚至在战争造成的拼凑状态下仍能这样,那么它所取得的成就就更引人注目了。

钨矿业和钨铁厂

　　由于中国共产党于1934年秋被逐出江西,黑钨矿从1935年7月开始向北方出口。1936年2月国家宣布对钨矿实行统制,还在西南政务委员会倒台之前,南京政府便逐步对这一极其重要的矿藏实行了控制。

　　一旦江西省政府所处的困境得以缓解,国民政府对赣西南产钨区实现了有形的控制,那么建立起政府的统制就十分容易了。大庾(即今大余)县西北约10公里,离广东边境约20公里的西华山,有一块世界上最大的钨矿床,其覆盖面积直径达6公里。1915年以来,这块钨矿床已生产出10万吨优质钨矿,其蕴藏量估计在30万—50万吨之间。即使其生产率很低,但仅该矿产量就可以满足和平时期世界钨矿需求的一半。在政府实行统制以前,矿区被划分成许多小块,每小块独立经营,漫山遍野充斥着杂乱无章的露天矿坑和浅矿道。现在政府圈住约4 000多码最丰富的矿区,并在整个地区建立了中央统购统销部门,于是它的垄断地位立即得以形成。在其他较小的矿区也采取了类似的步骤。①

　　像采矿业本身一样,矿砂的备制过程以中国特有的手工劳动方式来进行。用锤子将含矿的石头敲成小块,然后将矿砂倒进漆黑的竹底

---

① 周道隆,第121—125页;法贝尔,第122页;联邦军事档案馆,wi/ⅡCs.4,国防经济部报告:《世界上较大的钨矿开采业》(1943年),第12页;李国欣和王宠佑,第42—43页。

篮子,放进一个大水箱里使劲地摇晃、颠动。这个过程重复几次,矿砂便从石头里分离出来,沉到水箱底部,看上去更像黑砂。这时矿砂的氧化钨(WO_3)含量为50%。然后将矿砂卖给政府加工厂,在加工厂里,通过一个简单的磁性分离器提取锡,再把矿砂放到一个特制的炉子里熔炼,去掉砷(砒霜)并将之作为副产品加以回收。最后,矿砂的氧化钨含量为70%,锡和砷的含量分别少于1%和0.1%,其品质要比欧洲市场所规定的标准(含钨量55%—65%,含锡量2%,含砷量0.2%)高得多。中国人加工矿砂的程序费用相当低廉。鉴于矿砂销往国外后其价格约为国内原产地价格的8倍,所以这就意味着资源委员会能够赚取相当可观的利润。①

当然,钨砂产量和出口量的扩大,对于中德易货贸易,从而对整个三年计划均十分重要。表3显示了中国钨砂出口的上升,以及德国对这些钨砂的依赖性和支配性增强的情况。

表3 1929—1938年间德国钨砂进口和中国钨砂出口的情况(吨)

年份	德国进口钨砂总数	德国进口中国钨砂数	中国出口钨砂总数
1929	3 774	1 998	8 799
1934	4 385	2 510	4 706
1935	7 881	4 784	7 383
1936	8 726	5 091	7 650
1937	11 372	8 037	16 518
1938	14 200	8 962	11 335

资料来源:《中国的经济实力》,附录,第4页,这是基尔(Kiel)的世界经济研究所1939年10月为国防经济和军备部准备的一篇论文。现藏佛莱堡的联邦军事档案馆,军备部档案,OKW/Wi Rue Amt,Zug 1/66,no.32。

---

① 联邦军事档案馆,wi/ⅡCs.4,国防经济部报告:《世界上较大的钨矿开采业》第13页。关于在所谓的"汉堡A契约"(Hamburg Contract A)约束下的欧洲市场规定,参见李国欣和王宠佑,第458—459页。关于利润,见《抗战中的中国经济》,第166、220页。

第七章 德国与中国的现代化 1935—1937

中国所有的钨砂产品皆用于出口。除了国际市场的需要外,另一个理由就是钨砂在国内没用,因为中国本身没有现代炼钢能力、重兵器与电气制造厂。然而,由于中国决定要建设上述设施,发展中国自己的钨铁生产能力,以便不必向那些进口本国钨砂的外国工业客户购买合金制成品,就显得十分有意义。此外,即使钨铁在国内用不上,也还可以出口,甚至比出口钨砂所赚取的利润还要大。①

炼钨厂的地点选在江西吉安,位于赣江中游,赣州南部的钨矿区和浙湘铁路的清江车站之间。该地点于1936年夏由资源委员会和来自克虏伯与西门子公司的合步楼技术人员最后确定。该厂的生产能力预计为日产钨铁6.5吨,或年产2 072吨。1936年8月,曾赴德国慕尼黑大学进修的资委会工程师杜殿英被任命为炼钨厂筹备委员会主席。总工程师汤元吉也曾在慕尼黑受过培训。整个工厂的机器设备均由德国船运来华,建设工程于1937年2月兴工。尽管突如其来的中日战争使工程受到耽搁,1937年8月,眼睁睁地看着运抵上海的工厂设备落入日本人之手,但到1938年春末,中德工程技术人员仍将工厂开工的日期定在1938年8月1日。但战争是无情的,1938年7月初,除了拆除设备并将机器运往安全的地方外,别无选择。资源委员会副主任委员钱昌照写道:"两年的工作在一日之内丧失殆尽。"②

从1938年下半年开始,战争也使政府对钨矿业的统制遭受损失。尽管1938年对德出口实际增长了900余吨,但同1937年相比,对其他国家的出口量却下降了5 908吨。中国直到1944年才失去了对赣

---

① 参见朱玉仑,第5页。
② 《中国近代工业史资料》第3辑,第903—904页;杜殿英:《钨铁厂筹办之经过》,《资源委员会月刊》第1卷,第2期(1939年6月),第85—100页;《资源委员会钨铁厂筹办委员会章程》,同上,第158—159页;《抗战史话》,第2期;信函:路德维希·维尔讷致作者的信(1978年9月11日);埃克特,第56—57页;《中国年鉴(1962—1963年)》(台北,1963年),第789,873页;《自由中国实业名人传》,于右任编(台北,1954年),第15,135页。

273

西南的控制,从1939至1943年间平均每年的钨砂产量稳定在11 850吨左右。① 但是战争期间增加的运输和人力费用使统制所得到的利润有所减少。大部分钨砂从大余县的一个简易机场运出,最初运往香港,后来改运桂林;同时,战时通货膨胀使得付给矿工的工资不断增加,陆路的运输费用也有所增长。②

中央钢铁厂

如前所述,自东北丢失以后,南京政府时期的中国没有任何现代化的钢铁冶炼能力。私营金融机构既无这么多资本——若撇开政府保证的高利率公债不谈,也没有向冶金工业投资的动力。③ 在19世纪下半叶中国"自强"运动中引以为自豪的汉阳和大冶钢铁厂就因无法同外国进口产品竞争而负债累累,被迫停产。其他工厂,像北京附近石景山的龙烟高炉就因缺乏资金而空闲着;太原的山西钢铁厂年产生铁7万吨,尽管其产品质量不高,但大部为该省所消耗。④

中央钢铁厂在三年计划中的设计生产能力为年产10万吨。设备包括两座鼓风高炉、一座炼钢厂、一座水力发电厂以及生产副产品、碾轧废金属的其他设备。⑤ 筹备委员会建于1936年5月,一个月后,合步楼信用贷款协定签字。6月,资源委员会的一个代表团访问了德国,通过合步楼的帮助,选择了克虏伯公司向该厂提供设备并监督工程的进行。同时,工厂职员的培训工作也在德国开始。在柏林工业大学毕

---

① 李国欣和王宠佑,第422页。
② 联邦军事档案馆,wi/ⅡCs.4,国防经济部报告:《世界上较大的钨矿开采业》,第12页。
③ 在1935年,商业银行所提供的贷款中至少有3/4投入到面粉加工业和纺织业,而没有用于重工业:伦纳德·丁,第605页。
④ 《钢铁》,行政院编(南京,1947年)第19页;赵兰坪,第108页。
⑤ 《中央钢铁厂筹备概况》,第163、166页。生产量估计每年为15万吨:采访齐熨(1978年4月11日)。

业的齐熨(Andreas Chi,其兄齐焌曾任塞克特的中国副官,时为资源委员会与合步楼之间的联络官)率领下,20名中国青年开始在埃森的克虏伯工厂接受冶金和工厂管理培训;当钢铁厂的建设工程兴工时,资源委员会的专员室又挑选了数十名中国技术人员前往埃森受训。①

钢铁厂的地点选在湖南湘潭城外的浙湘铁路上。对于设备运输和原料供应来说,地点的选定十分妥当。该厂离湖南谭家山煤矿不到20公里,距江西萍乡和高坑煤矿约100公里,且有新的铁路连接。西北60公里是正在开发中的宁乡铁矿,与此同时,湖南的茶陵铁矿也可以利用。此外,湖北大冶的旧矿将重新开采,铁路直达该地。至于该厂所需的其他原料,湘潭以北发现了丰富的锰矿,石灰石和白云石亦可通过铁路从萍乡运来。1936年11月,该地点得到中德各方面专家的同意。②

1937年6月,翁文灏亲赴德国同克虏伯公司一起完成了工程计划表。③ 尽管战争已在7月爆发,同年秋建设工程仍然破土兴工,加紧进行。由德国运抵中国的第一批物资中包括工程所需的机器,还有萍乡、高坑煤矿所需的钻井设备。④

到1939年7月,一切均已就绪:地基已经打好,设备安装到位,内外铁路系统已完工,仓库和供中德技术人员居住的宿舍已建成,维修设备和一座临时水力发电厂安装完毕,所有建筑材料也亦调集齐备。然而就在此时,工厂接到了停工命令,所有的材料、设备和人员转移到

---

① 《中央钢铁厂筹备概况》,第163—164页,第168页;采访齐熨(1978年4月11日)。关于筹备委员会也可参见《资源委员会月刊》第1卷,第2期(1939年6月),第337页。
② 《中央钢铁厂筹备概况》,第164页。关于矿业的发展见《萍乡煤矿整理局事业经过概述》,《资源委员会月刊》第3卷,第4期(1941年6月)。
③ 程天放,第183—193页;访问关德懋(1978年6月3日)。
④ 《中央钢铁厂筹备概况》第163页。"费里德里希·布斯(Friedruch Busse)致作者的信"(1978年7月15日);"路德维希·维尔讷致作者的信"(1978年9月11日)。

云南一个更安全的地点。由于德国工厂设备当时无法经上海或香港运达,故希望能通过印度支那进入云南。然而,1940年日军侵入印度支那,遂使这一希望破灭。①

中央铜厂和巴县油田

在决定建造一座炼铜厂时,有两个地点可供选择:湖北大冶阳新铜矿附近,或四川成都以北的彭县。在正常的年代里,由于前者的铁路、水路运输便利,连接着沿海与内陆交通,自然会选择阳新;但由于计划将陇海铁路向南延展到成都和重庆,出于战略的考虑,最终选择了后者。

有关中央铜厂建设的详细资料很少。通过合步楼参与该项工程的德方企业包括古特—霍夫隆冶金厂(Gute-Hofnungs-Huette)、联合钢铁厂(Vereinigte Stahlwerke)和杜伊斯堡(Duisburg)的德国机器制造厂(Deutsche Maschinenfabrik)。② 该厂年产量预计为3 600吨,其中2 400吨将从新矿中提炼,1 200吨由废铜熔炼。③ 1937年春最后制定了工厂建设方案,一条从铜矿通向炼铜厂的缆车铁道设备也交付中方。④ 铜厂建设似乎于同年秋或翌年初兴工,因为在1939年4月为了便于设备从印度支那交货而将该厂改建在云南昆明时,主要设备均已安装完备。该厂被命名为昆明炼铜厂,这或许是因为它并没有按照最初的设计规模来建造。战争期间,该厂生产出一定数量的铜丝。⑤

资源委员会和合步楼最初在四川开展的另一项工作是开发巴县

---

① 《中央钢铁厂筹备概况》,第163页。
② 迈勒尔,第213页。
③ 吴相湘,第1册,第294页;《中国近代工业史资料》第3辑,第906页。
④ 埃克特,第66页。
⑤ 《中国近代工业史资料》第3辑,第839页;《本会各实业工作进行概况》,《资源委员会月刊》第2卷,第1期(1940年1月),第37页。

油田。正如在三年计划的第七项中所指出的那样,这是石油生产计划的一部分,同时还包括建造一座年产 36 万加仑汽油的煤炼油厂。① 巴县油田的产量估计每年为 2 500 万加仑。尽管已通过合步楼为巴县油田订购了钻井设备,但上述两项计划均未完成。②

化学和制造业

在合步楼协议缔结之前,德国公司就已获准参与两座省级酒精厂的建设:一座在咸阳,1935 年同陕西省政府合作;另一座在沅江,系为湖南省政府筹办。后来,至少在 1937 年 6 月,该两厂均完全投入生产。③

1936 年秋,资源委员会完成了在四川内江附近的稗木镇建造中国酒精厂的计划,并开始通过掌管易货贸易的机构安排从德国购买机器、聘请技术人员。由于战争的爆发,这项计划被耽搁下来,指定用于这个项目的贷款显然转向了购买军用物资。但是,由于资源委员会同四川省政府合作,该厂还是以较小规模建立起来,并于 1938 年 9 月开始出产酒精。④

塞克特在 1934 年就呼吁过的氮气厂的建设对国内军火工业十分重要,⑤也在三年计划中有所体现。这座可以生产硫酸、硝酸和硫酸

---

① 《抗战中的中国经济》,第 171 页。
② 《中国近代工业史资料》第 3 辑,第 906 页;路德维希·维尔讷致作者的信(1978 年 9 月 11 日)。
③ 金贵铸:《抗战八年来之酒精工业》,《资源委员会季刊》第 6 卷,第 12 期(1946 年 6 月),第 132—133 页;金培松:《湖南酒精厂之调查及改进拟议》,《工业中心》第 9—12 期(1937 年 12 月),第 370—372 页。
④ 《近十年之中国酒精工业》,《资源委员会季刊》第 5 卷,第 1 期(1945 年 3 月),第 2—3 页;《本会各实业工作进行概况》,第 37 页。
⑤ 联邦军事档案馆,W02—44/5,第 99 页,"梁颖文致塞克特"(1934 年 9 月 16 日);同上,第 171 页,"塞克特致俞大维"(1935 年 1 月 28 日)。

亚铁的工厂,作为汉阳兵工厂的主要扩建项目,是同俞大维的兵工署合作建设的,它是战前中国军火工业化学产品的主要生产厂家。1937年秋,该厂迁往湖南,1940年初又迁往四川巴县。①

在制造业中,中央机器制造厂(替代了1934年由实业部创建的名称相同的工厂)②于1937年1月兴建。尽管该厂是三年计划中唯一不属中德交换项目的企业,但承办该厂设备供应的瑞士公司似乎是德国商社的子公司。另一个能证明德国人作用的事实是,该项目的负责人是留德的杜殿英,他此时担任钨铁厂筹委会主任。该厂在1938年1月迁往昆明前,飞机发动机厂、汽车发动机厂和工具厂等各分厂的建设工作均顺利进行。③

最后,中央电器制造厂规划于1936年开始实行——该厂总厂设于湘潭,各地有六个分厂,因此这个名称似乎不大妥当。尽管该厂最初是中德交换项目的一部分,但1938年设备迁往重庆之后,英、美也加入了一部分股金。该厂似乎在1937年7月就达到了一定的生产水平,因为资委会的一份小册子后来声称直到1939年该厂才再次开工。④

小 结

以上这些就是当时在三年计划指导下实际进行的各个项目。由于战争的干扰,由于德国向战时中国提供机器存在着实际问题,而且在某种程度上说,由于中国人需要利用合步楼信用贷款来加强自

---

① 联勤总部(1),第225页。
② 《1934年经济情报》,第133页。
③ 杜殿英:《抗战八年来之机械工业》,《资源委员会季刊》第6卷,第12期(1946年6月),第108—109页;《自由中国实业名人传》,第15页。
④ 《抗战中的中国经济》,第169—170页;《中国近代工业史资料》第3辑,第904页,第906页;《中国国家资源委员会》(1947年),第8页。

身的武装力量,因此没有一个项目可以被看做是完全成功的。但这些项目均是根据1936年草案而兴建的——且其中有一些已经完成,哪怕是降低了标准也罢——正是这个事实就足以使三年计划同中国国民党早期发展工业的努力有所区别。该计划的制定人并不认为计划是失败的。钱昌照在1937年7月评价第一年的工作时说,整个计划进展"令人百分之百的满意"。① 甚至在1939年,钱昌照也仅对在战争期间许多计划项目不得不迁往内地"不适宜与不经济的地点"表示遗憾。②

在某种意义上讲,日本人已证明了张嘉璈是正确的:在太短时间内不能完成太多的事情。由于八年中日战争和随之而来的国共内战,国民党将不会再有机会主持这样一个雄心勃勃的工业发展计划了。但是资源委员会的三年计划确实留下了一笔遗产:无论是在战时经济或是战后经济,甚至在1950年代台湾的工业经济中,均能在这一机构和政府所起的主导作用中见到它的影子。

从德国人的观点来看,不能完成三年计划尽管并不是一场绝对的灾难,却也令他们非常沮丧。直到1940年,还有少量的战略矿砂交换武器和军火的交易存在。但是,由于战争的阻挠,德国工业界不可能不受限制地加入中国的发展计划。根据一位曾经驻南京公使馆的德国副官说,若不是战争爆发,三年计划提供的合同"可以使德国工业在未来的几年中保持相当的活力"。③

---

① 《中国近代工业史资料》第3辑,第907页。
② 同上书,第904页。
③ 马丁·费舍尔,第7页。

德国与中国军事现代化

从许多方面来说,中德在中国军事现代化领域内的合作反映了两国在工业建设上的努力。在生产军火和武器的同时,武器的购买和整编新的师团在资委会工业计划之前便已开始,且在 1936 至 1938 年间,其发展速度非常迅猛;但同样地,其潜力在能够得到充分展现前的几年中便被扼杀。

兵工厂的发展

1934 年以后,在俞大维的领导下,中央政府的兵工厂有了较大增长,但在此之前,德国公司已参与了好几个省的兵工厂现代化的工作,包括沈阳(1931 年前)、太原、济南、昆明、重庆和南宁——当然还有汉斯·克兰在广东兴建的湛江口兵工厂。后四个兵工厂到 1936 年中期为南京政府兵工署所控制。①

1934 年,由于塞克特来华以及俞大维就任兵工署长之职,德国在扩建长江流域兵工厂、创建新的兵工厂、弹药厂和研究军队装备的发展等方面,均逐渐取得了支配的地位。尽管不是所有的弹药和枪炮厂(塞克特在其 1934 年拟订的"创建一个适应 18 个机械化师所需的军事工业"计划中所设计的)都在战争爆发前建立起来,但就国内军工企业现代化来说,主要的工作都已进行。②

---

① 《德国驻华军事顾问团工作纪要》,第 82—87 页;联勤总部(1),第 240、260—262、265、269—270 页。
② 为了能将中国在军工发展方面所面临的问题论述清楚,可参见杨杰将军 1934 年访德归来后的报告,该报告在杨杰的书第 515 页中刊载。这份报告同塞克特的计划非常接近,赞成实施塞克特关于军事工业最终按照克虏伯由小到大的模式发展的意见。

第七章 德国与中国的现代化 1935—1937

汉阳兵工厂所属化学厂的建设在三年计划中已提到过。1935年初,该厂生产出"中正式"步枪,该枪设计同"毛瑟"(Mauser)98型步枪"是如此相似,以至于它们可以互换枪机"。① 南京兵工厂前身是19世纪中叶建立的旧江南兵工厂,到1934年时已残破不堪,1935—1936年它得到重建,并开始生产一种中国式的马克沁机关枪。② 巩县兵工厂也被扩建,并能生产一种德国人设计的迫击炮;在德国顾问团的一位军械专家指导下,那儿还建造了一座防毒面具工厂。很可能该厂还有一项建造芥子气厂的计划。③

一座由全套德国设备组成的全新的兵工厂建立在"新经济区"湖南株洲,主要生产20毫米、37毫米、75毫米和100毫米大炮以及相应口径的炮弹。该厂于1938年5月开始生产,同年秋迁往重庆。④ 另一座新设施是南京附近的军用光学设备制造厂,该厂的设计方案于1936年秋由3名留学德国的军械专家负责,并得到蔡斯(Zeiss)光学公司的帮助。1937年7月建设开工,但该项计划没能完成,并于1938年3月迁往昆明。⑤

在1935至1937年间兵工署建立几个研究机构的过程中,德国技术顾问起了重要作用;它们是黑色火药专家、法本化学公司的布卢梅(Blume)博士领导的理化研究所;在克兰茨(O. Cranz)教授和沙定(H. Schardin)博士指导下的弹道研究所;以及杜尔豪泽尔(S. Dull-hauser)领导下的防毒处和化学品组。德国顾问也参与了材料研究所和南京

---

① 采访弗莱特欧;联勤总部(1),第210页。
② 联勤总部(1),第232页。
③ 刘馥,第101页;《德国驻华军事顾问团工作纪要》,第83、87页。
④ 联勤总部(1),第226页;《德国驻华军事顾问团工作纪要》,第82—86页。参见联勤总部(2),第2辑所载的克兰茨(Cranz)和其他人的备忘录。
⑤ 联勤总部(1),第235—236页;《德国驻华军事顾问团工作纪要》,第82—86页。参见联勤总部(2),第2辑所载的克兰茨(Cranz)和其他人的备忘录。

城外的白水桥精密研究所的工作。①

在俞大维的领导下,留德的工程师和军火专家在兵工署的高层干部中占据优势。总务处处长是李祖冰(柏林工业大学);兵工技术司司长是江杓(慕尼黑和柏林大学);兵工署副署长是杨继曾(柏林工业大学),他于1944年接任俞大维的署长职务。此外,戴季陶之子戴安国(柏林大学)抗战时曾任总工程师。② 另外,兵工署官员和年轻的受训者被派往德国的化学和弹道工业部门接受各种培训。③ 兵工署的各种图表一律使用中德两种文字,并以德国工业规范为标准。④

向德国购买武器

恰恰是在兵工生产扩大的同时,由于南京政府训练的精锐部队大量增加,武器的进口量也随之增长。除了少量武器用外汇购买外,武器进口主要经由合步楼来进行。该机构同俞大维和德国军事顾问团团长法肯豪森的合作并不容易,但逐步改善了关系。合步楼的技术人员一般系来自克虏伯、亨舍尔(Henschel)、蔡斯和莱茵金属(Rheinmetall)等公司的休假人员,他们为使用这些装备提供指导。这些装备不是少量的零碎部件,而是整批地供给某支特定的部队。正如《民族观察》(*Völkische Beobachter*)驻远东记者所写的那样:"整师整师的(中国军队),从步枪、坦克到钢盔,都是由我们德国国防军使用过的德式军品装备起来的,这就是合步楼的工作。"⑤

---

① 联勤总部(1),第287—294页;《德国驻华军事顾问团工作纪要》,第82—86页。参见联勤总部(2),第2辑所载的克兰茨(Cranz)和其他人的备忘录。
② 采访李祖冰;《中国年鉴(1957—1958)》(台北),第622页;《中国年鉴(1962—1963)》,第870页。
③ 参阅《新中国》第3卷,第19—20期(1937年5—6月),第39页。
④ 采访弗莱特欧。
⑤ 申克,第38页。

表 4　德国对主要客户的武器和弹药出口量德国政府统计数字(1935—1936)

国家	出口额（千马克）	占全部出口量的百分比	国家	出口额（千马克）	占全部出口量的百分比
1935 年			1936 年		
英国	1 089	10.5	中国	6 405	28
中国	841	8.1	智利	1 326	6
智利	825	0.8	英国	1 251	5.6
荷兰	760	7.4	匈牙利	1 206	5.4
日本	120	1.2	日本	171	0.8

资料来源：贝弗莉·考西，《1918—1941 年德国对华政策》(哈佛大学博士论文，1942 年)，第 276 页。

表 4 所提供的是 1935 至 1936 年间德国向其主要客户出口武器和弹药的官方统计数字,从中反映出合步楼关于对华军事输出条约的作用。不过,这些官方数字尽管精确描绘了贸易趋势,但对出口的实际数目却低估了十倍。例如,根据官方统计数字,1936 年共向中国运送了价值 640.5 万马克的武器和弹药;实际上,交付给中国的这些货物应为 6 458.10 万马克。第二年按合同应运送的货物总数应为 6 098.35 万马克。由于一大部分应于 1936 年交货的器材直到 1937 年才运抵中国,所以德国在 1936 年实际交付给中国的军火总额应为 2 374.8 万马克,而 1937 年则为 8 278.86 万马克。①

到了 1937 年 7 月,南京城防配备了德制 88 毫米高射炮和德制防空警报系统;在南京街道上,可以看到 75 毫米克虏伯大炮和亨舍尔及 M. A. N. 型坦克;梅塞施米特(Messerschmitt)和斯图加(Stuka)型战斗机即将被进口以补充在国内装配的容克斯飞机。中国海军已向德国订购了 12 艘潜水艇和几艘战舰。经过"整编"的师共 30 万人,其中

---

① 《德国外交政策档案》D 辑,第 1 卷 no. 576,第 692—693 页,维尔备忘录(1938 年 4 月 23 日)。

8万人是精锐的突击部队的一部分,他们大多是用德制武器装备起来的。①

军队的整编

法肯豪森顾问团的工作是编练精锐的陆军师,他也试图将原有的、数量庞大的陆军师加以训练,使之具有适中的作战能力。塞克特原计划的第一步:整编过的精锐部队人数由平时的10万人增加到战时的30万人,这一计划到战争爆发时已完成了80%。然而,到1937年7月时,新编师中有许多没有能够编练完成,这主要是由于时间不够,但还有一个因素,即"整编"师(主要来自江西战场)的数量似乎超过了塞克特1934年在牯岭同蒋介石商讨时所达成的协议的数目。②

根据牯岭协议,在新的陆军师编练完成后,原有陆军师将按照新编师建成的同等速度予以遣散。但军队遣散所面临的老问题即哪些部队应予以缩减似乎再次出现;而任何文件都没有提到大规模的编制缩减。按照德国人的观点,原先的中央军(大部分由1924至1927年黄埔军校的毕业生指挥)只是比早期军阀部队稍好一些。对于蒋介石来说,他们的真正价值在于政治上的忠诚,而不是在于作战、后勤或管理方面的优点。黄埔教员在将官阶层具有压倒的优势,而该校毕业生在1934至1935年期间多数担任团长或营长职务。③

新编师(蒋介石对其很感兴趣)和原有部队(蒋从中依然受益)之间的紧张关系到战争爆发时仍旧存在,虽然很难精确估量它对军事准

---

① 刘馥,第102、147页。关于中德海军联系参见埃克特,第64—65页。
② 中国官方的统计数字往往严重夸大了它所拥有的炮兵、装甲兵和骑兵等团队数量。例如《抗战史话》(台北国防部史政局;1972年)第17页举称,到战争爆发时已训练成了两个装甲师,而法肯豪森的《回忆录》第66页特别提到当时仅有一个坦克团。
③ 这一观点已为最近的研究成果所证实,参见贾尔斯皮,302—303、521页。

备工作的影响。最坚决地支持军队向机动化和机械化转变的人似乎已成为蒋的战略顾问:蒋百里将军(蒋方震)于1935年晚些时候访问德国,回国后曾在《国闻周报》上发表他同塞克特的会谈记录;参谋次长杨杰在1933至1934年间也曾赴德作了相似的旅行,他后来在《国防新论》一书中发表了他当时的看法;德国训练的教导旅旅长桂永清将军;当然还有越来越多的中国青年军官被派往德国受训(他们当中有蒋介石的儿子蒋纬国)。① 在日本人进攻之前,蒋和他的德国顾问们不得不努力避免在各种国内冲突中使用其精锐部队。例如,1936年10月,军政部长何应钦力催当时的国民党中央政治委员会代秘书长朱家骅利用其对蒋的影响力,劝蒋派出精锐部队去替代当时正在陕西南部同共产党作战的张学良的东北军。② 蒋介石拒绝了,并且没有迹象表明他对自己的这一决定表示后悔——甚至是他在西安被张学良扣押之后。

1937年7月以前在军队重新组建方面所取得的成就(即使并没有达到其倡导者所希望的程度)使得南京政府抗击日本的自信力有所增加。起码有一位中国领导人担心这种情绪加上日本方面的不同看法有可能会导致灾难。正如宋子文在1937年8月对日本特使西园寺公一所说的那样:

> 日本军人对中国军队仍抱有偏见。他们还是认为如果你们一旦打击我们,我们就会投降,按照你们的要求行事。自满洲事

---

① 《国闻周报》第14卷,第4期(1937年1月18日),第64—65页;也可参照蒋百里的军事工业计划,载蒋方震(百里)《国防论》(庐山,1937年)第1—16页。关于杨杰,参见上注122。关于中国军官在德国学习的情况参见联邦军事档案馆,W02—44/4,第183页,《关于派遣中国军官到德国军队中接受副职指挥官训练的规定》。关于中国陆军大学毕业生在德学习人员的部分名单,参见威廉·怀特森(William Whitson);《中国陆军大学的毕业生》(军事援助顾问团,台北,196?年)。
② "何应钦致朱家骅信函"(1936年10月16日),引自杜勉,第656页。

变以来,中国军队已在努力学习。他们交由德国人训练,为使之现代化我们花了很多钱。要知道中国军队更强了,这次有信心不再被动挨打了。所以,日本军队低估了中国军队,而中国军队也过高估计了自己的力量。这就是更大的危险所在。①

中国人的这种乐观心态最明显的表现是:1937年7月中旬,蒋介石决心"将日本人从长江上赶走,没收所有的日本商船和战舰……打一场非局部的而是全面的战争"。从战争爆发的第一个月法肯豪森发往德国文电中也可清楚地发现这种乐观情绪,不能排除这种乐观是"中国事变"逐步升级为八年中日战争的重要原因。②

因1937年夏末和秋季的战争而产生的灾难,意味着德国人在军队整编方面取得的成果迅速丧失,其速度比其他任何领域都快。蒋介石保卫上海和南京的决心——法肯豪森的战略建议对这一决定的做出起了很大作用,即使他关于防守南京的战术建议被忽视了③——可能已得到了国际舆论的同情;但从军事方面来考虑,这是一个代价昂贵和灾难性的错误,蒋丧失了他的新编军队。从1937年8月13日到1937年12月15日期间,30万之众的中央军至少损失了1/3,有人估计损失高达60%。精锐的新编师蒙受的损失最大,失去了1万名低级军官。纵然蒋剩余的"精锐部队"后来对台儿庄"胜利"做出了贡献,然而由于战争最初6个月内在人员和器材方面的综合损失,致使大量精锐部队残缺不全,丧失独立作战的能力。④

对蒋介石来说,这是一个双重的灾难。他的这支新编军队已经营

---

① 引自博伊尔,第67页。
② 《德国外交政策档案》D辑,第1卷,no.465,第601—602页,陶德曼就法肯豪森的一份报告致德外交部(1937年7月21日)。
③ 法肯豪森:《回忆录》第73—74页;刘馥称接着来的是继凡尔登战役以后最惨烈的战斗",见刘馥,第104页。
④ 采访埃里希·施托尔茨勒尔;刘馥,第149—150页;卡尔森,第69—70页。

了将近10年,并且是他个人权力的基础。5位德国总顾问进行了10年的工作,在几个月内就被毁掉。此外,由于"总司令的嫡系"部队受到损失,蒋被迫更多地依靠原有的大量地方部队,在每一个关键时刻,这些地方军队的忠诚都要用金钱来购买。从此以后,蒋介石就越来越不是作为独立的权力实体而越来越以派别集团的操纵者的身份进行统治了,对此我们不会感到意外。中日战争的历史,尤其是中国内战史将会证实这种统治方式的局限性。

外国对德国在华地位的反响

19世纪和20世纪初,外国卷入中国的标志,是列强为各自在中国市场的"合法分配"而激烈竞争。帝国主义在华全盛期的标志是争夺经济"租界"、承包合同和"势力范围",然而这种情况在第一次世界大战以后已不多见。1926—1927年的国民革命使所有在华拥有特权的国家处于守势,对大多数国家来说,1920年代末和1930年代初的中国经济使它们的投资前景十分暗淡。当时,只有日本在中国仍然继续实行——多少不受阻碍地——19世纪帝国主义政策的最新翻版。由于1930年代中期德国在中国的经济成功,这种形势有所改变。日本开始公开敌视德国的在华目标,与此同时,其他国家对中国市场的兴趣重新燃起。这就转而导致西方列强(尤其是英、德两国间)在中国重新竞争,争夺一种新的"势力范围"。

日 本

宋子文关于中国人过于自信的评价被证明是正确的,而日本人关于德国在华军事工业活动的大量抗议显示,日本政府(即使不是军部)是以极大的不信任感来看待德国加强南京政府实力的举动的。

东京政府自从1934年以来就反对外国对中国的任何援助(《天羽声明》就是部分针对塞克特的使命),①它把德国军事顾问使命的加强和合步楼协议的签订看做是不必要地加强了中国的力量,是在经济上"侵占了日本的势力范围"。②

至于合步楼协议,日本政府发现在柏林提出抗议是比较棘手的。由于它同德国国防军部关系不太融洽,递交给外交部长冯·诺伊拉特(von Neurath)的这份官方抗议只得到了一般的答复:德国外交部"仅仅部分得悉这些情况"。③ 递交给参加反共产国际谈判的德国代表里宾特洛甫(Ribbentrop)私人的抗议也毫无用处,因为里宾特洛甫本人一直同合步楼毫不相干。德国官方声称,合步楼只是一个"毫不重要"的公司,主要经营"光学仪器、造桥器材和港口设备",东京对此种答复显然十分不满。④ 还有一事也令日本政府很不高兴,即德国拒绝按照日本所要求的那样,发表一份关于合步楼协议不涉及对华供应战争物资的公开声明。⑤ 在战争爆发以后,日本人之所以并不顾及德国在华经济利益,它对德国在华意图的猜疑起了很大作用。

日本并不是对德国在华获益感到惊恐的唯一国家。当然存在着这样一种意见,即德国企业并没有从其他国家夺去什么:德国长期以来在供应战争物资方面一直占据统治地位,在1937年以前没有任何其他国家向中国提供大笔的商业信用贷款。但一些美国人和许多英国人并不同意这种看法。

---

① 鲍格,第77—78页;恩迪科特:《外交和企业》,第46—47页。
② 《德国外交政策文件》C辑,第5册 no.338,第565页,"狄克森(东京)致德外交部"(1936年5月19日)。
③ 《德国外交政策文件》C辑,第5册 no.386,第650页,"诺伊拉特备忘录"(1936年6月19日)。
④ 《德国外交政策文件》C辑,第5册 no.461,第786页,"福斯备忘录"(1936年7月18日)。
⑤ 《德国外交政策文件》C辑,第5册 no.502,第886页,"诺伊拉特备忘录"(1936年8月7日)。

第七章 德国与中国的现代化 1935—1937

美 国

美国人对德国在华作用的关注得追溯到鲍尔使团来华之时,他的"令人难以捉摸的垄断效果"令华盛顿极为担忧。① 然而,美国人对德国1930年代在中国所取得的利益反应相当消极。当美国对华出口在中国进口外国货物中所占比重,从1934年的26.2%下降到1935年的18.9%,在1936年前6个月中又下降到17.79%,几乎比占17.24%的德国领先不了多少的情况下,②美国官方集团依然毫无反应。美国政府没有能通过南京政府各类机构中的美国私人顾问,努力一致地展开实业外交。③ 例如,美国国务院只是在乔伊特上校空军顾问团的成员申请护照时才获悉该团使命,随后便坚决反对这一冒险行动。④ 美国官方在对华信贷态度上的一次例外,是1933年对华5 000万美元的《美棉麦借款》,这唯一的一次信用贷款被说成是按市场价格倾销卖不出去的棉花和小麦的一种手段。⑤

从私人方面来看,一些美国企业家很关心美国在华地位,尽管其人数太少。1934年奥托·沃尔夫同中国的第一期铁路合同缔结时,一个非官方的组织:全国贸易委员会(the National, Trade Council),试图建立一个由主要银行和企业组成的辛迪加,在获得政府支持后,向中国提供长期信用贷款。由于当时国务院还把中国视为投资的"危险区",所以该委员会于1935年3月派遣了一个经济代表团去中国,团

---

① 华盛顿国家档案馆,美国国防部军事情报部门,2657—Ⅰ—357,"马格鲁德(Magruder)(北京)致国防部"(1930年5月7日)。
② 考西,第280、285页。
③ 关于在华各种国籍的外国顾问名单,参见华盛顿国家档案馆,美国国防部军事情报部门,2657—Ⅰ—396,G—2,1935年11月20日的报告;更早一些时期的参见联邦档案馆,R2/16441,《中国政府内的外国顾问》。
④ 鲍格,第73页。
⑤ 特罗特,第63页。

长是卡梅伦·福布斯(W. Cameron Forbes),他的家庭同旧中国一家叫作罗素公司(Russell and Company)的贸易商行有生意往来。七个星期的旅程使福布斯确信中国"现代化"的时代已经到来,他同国民政府和各省官员讨论了美国人能够参与的各种计划,其中最明显的就是一项开发中国锡矿资源的易货协定。福布斯试图说服摩根公司(J. P. Morgan and Company)、美国钢铁公司(U. S. Steel)和美孚石油公司(Standard Oil)出资赞助建立一个中国信贷公司(China Credit Corporation),但由于这些公司根本不予理睬,该项计划毫无结果。①

到1937年初,美国显然在中国错过了一个铁路建设非常繁荣的时期,在这期间,只有一家美国公司同中国签订了提供价值150万美元的20辆火车机车的合同,然而由于中日战争的爆发,这项合同大部泡汤。② 似乎存在一种共识,即在竞争中,美国不能够、也不应该依靠德国人已采用过的那些空前的贸易手段——美国驻华大使纳尔逊·詹森(Nelson Johnson)称之为"骗子手玩弄的把戏"。③ 只有美国报界对美国在中国市场兴趣之低表达了强烈的关注。例如,1937年6月发表在《远东评论》(*Far Eastern Review*)上的一篇文章指出,"每一个迹象都已表明,德国人将成功地夺取英、美在东方贸易的相当大部分。"④

英　国

英国对德国工业攻势的反应则完全不同,后来似乎还认为,中国人希望能通过同德国签订的协议来导致其他外国资本对中国的投入。

早在1929年,英国驻华公使就认识到,英国在那个国家"原有的

---

① 鲍格,第256—264页。
② 张嘉璈:《奋斗》,第144页。
③ 鲍格,第265页。
④《远东评论》第33卷,第6期(1937年6月),第218页。

第七章　德国与中国的现代化 1935—1937

权利"——旧有的修筑铁路特权、在四国银行团中的地位,等等——已"优劣并存"。他说,"未来的合同很可能与过去不同"。① 这一思路导致英国继 1930 年(德国的)中国研究委员会(China-Studient-Kommission)代表团之后,也于 1930 至 1931 年派遣了英国经济代表团赴远东访问。② 上海的英商总会并不持有这种看法,它们寻求英国政府的帮助,并不是在中国增加新投资,而是要多多保护英国在华特权,"使治外法权不受中国人的侵犯"。③ 而另一方面,英国国内的工商界人士在 1934 至 1935 年间则不断要求政府在向现代化的中国投资方面寻找新的途径,如果需要的话,甚至不惜以牺牲英日关系为代价。④

这些压力对于英国政府内不断进行的有关是否要同日本保持非常友好关系的争论来说,起了一定的作用。1934 年,由于英国无论在政治上还是在海军问题上均未能同日本达成协议,下述观点便占了上风,他们极力主张:英国在华利益正受到德国的威胁,必须同南京政府采取直接合作来保护英国的利益。尽管那些利益从经济方面来说是很小的,英国在华总投资比它在阿根廷的投资额还小。但中国拥有未开发的资源,有潜力成为英国工业产品"首要的世界市场",⑤这些导致它们在中国要尽力同德国竞争。

德国人——用弗雷德里克·李滋—罗斯(Frederick Leith-Ross)的话来说,"既无资本又无信用"⑥——在中国的成功被视为是对英国

---

① 英国外交部,FO405/261/no.82,"蓝普森(北京)致张伯伦"(Chamberlain)(1929 年 5 月 3 日)。
② 参见路易·比尔(Louis Beale)的评论,引自杨洸生(音)书。
③ 特罗特,第 18 页。
④ 恩迪科特:《英国的金融外交与中国》,第 484 页。
⑤ 恩迪科特:《英国的金融外交与中国》,第 483 页。
⑥ 恩迪科特:《外交与企业》,第 133 页。

291

在华传统利益和新近利益的双重威胁。1933年,外交部认为塞克特首次访华无关紧要而根本不予重视。① 然而到了1935年,德国取代英国成为对华第三大出口国,英国企业只获得中国铁路合同的5%(这还多亏1933年庚子赔款的恢复),这些"长期以来英国影响占据优势"的领域正在被德国人所占领,这种担心刺激了英国进行新的贸易努力。②

这一新的贸易努力主要依靠李滋—罗斯来推行,他于1935至1937年期间来华完成他的使命。李滋—罗斯在1935年11月实行的中国币制改革中起了重要作用,而他的许多更宏大的计划(包括逐步取消英国的治外法权)却一一流产。在他首次访华期间,由于合步楼信贷协议的签订,英国在华地位实际上已大大下降。英国驻上海商务参赞路易斯·比尔(Louis Beale)概述了该协议对英国在华抱负的影响:"这一协议的后果是,在(中国的)发电厂、煤矿、工厂和铁路,到处安装的是德国设备,由于顾客往往喜欢向原供应厂商订购产品,循环往复,这一自然趋势必使生产同类产品的英国制造厂商的利益受到危害。这是在中国发生的非常严重的事态。"③

英国人对合步楼的反应是要企图暗中破坏它同南京政府的关系,将向南京派遣英国工作人员与顾问作为应对措施。④ 这一企图失败后,李滋-罗斯又试图学习德国人的方法。⑤ 他强烈要求英国政府出口信贷保证局(the Government Export Credit Guarantee Department)向对

---

① 英国外交部,FO405/273/no.73,"贾德干(Cadogan)(北京)致西蒙"(Simon)(1933年5月8日)。
② 恩迪科特:《外交与企业》,第133页。
③ 英国外交部,FO405/276/no.13,"比尔(上海)致许阁森"(Knatchbull-Hugessen)(南京)(1936年11月24日)。
④ 英国人的希望建立在对由南京德国军事使团组建的合步楼大发牢骚的基础之上,这就导致他们错误地认为该项易货交易进行得非常不好。FO405/276/no.13,"许阁森(南京)致艾登"(Eden)(1936年12月4日);"许阁森致艾登"(1937年1月7日)。
⑤《东亚评论》(1937年3月1日),第118页。

华贷款提供保证,并在提供贷款的条件上同德国相等(每年5％利息,而该局利息通常为每年12％)。1936年下半年,出口信贷保证局的代表访问了中国,但在中日战争爆发之前,并没有提供贷款或担保物。①

南京政府希望将英国企业吸引到中国来,更多的是出于"政治上的原因",②而不是期望英国在同德国的竞争中取得成功,这种原因导致其在1936年末和1937年初提出了经济合作的形式。面对日本的侵略,为了能使英国从中国的国家完整中享有既得利益,南京邀请英国厂商参与建造从重庆南下贵州、广西和广东(穿过广州)然后北上到达上海的弯形铁路,该计划将从200英里长的广州—梅县铁路开始实行,汉斯·克兰在1934年同后来被废黜的陈济棠签订了那条铁路的合同。英国人认为,英国正在被邀请在南部建立一个"势力范围"——或许同德国人在华中已享有的差不多。英国在1936年首先建议英德划分利益范围,就信贷条款、市场界限等问题订立一个"君子协定"。③1937年初英国在华力量有所恢复,当时蒋介石请求英国人指导广州的防御工作,最显著的姿态是强烈要求把海南岛纳入英国的保护区域,以阻止日本人占据那个岛屿。④

然而,诚如英国公使在1929年所预见的那样,英国在华的旧有利益阻碍了它建立新的利益。旧中国的铁路公债一直拖欠不还,新四国银行团以此为借口将对华信用贷款的拨付工作一直推迟到很晚。1937年7月战争爆发后,伦敦市场上的中国债券价格大跌,致使2 000万英镑的货币贷款成为一纸空文,形同虚设。在任何一项铁路信用贷款拨付以前,必须首先处理新银行团问题;而当银行团最终于1937年

---

① 恩迪科特:《外交与企业》,第132页。
② FO405/276/no.13,"许阁森致艾登"(1937年1月7日)。
③ 恩迪科特:《外交与企业》,第132页。
④ 恩迪科特:《外交与企业》,第138—139页。

春末解散时,英国政府却不愿意参与庞大的铁路建设项目,仅为广梅铁路支付贷款 670 万英镑,而该铁路旋即成为战争的牺牲品。①

对于英国迟迟地仓促返回中国市场不能够估价过高。一位研究英国对华政策的历史学家写道,英国的这些努力使南京政府的政策"从对日放任自流转变到对抗",②这种说法完全是言过其实。中国从没有得到过英国人真正的帮助,南京政府对日"放任"政策很早就已结束,这部分是由于得到了德国的合作。到 1938 年,对各有关方面来说事情都已晚了,甚至连李滋-罗斯也逐步认识到德国在同南京政府的经济交往中具有至高无上的地位:他先向汉斯·克兰,然后向法肯豪森的副官克鲁姆马切尔(Krummacher)试探了英国加入中德易货贸易的可能性。③

结论:德国的势力范围

当李滋—罗斯极力主张英国"模仿德国人的样子"时,他可能还没能充分意识到必须承担的责任。德国样板必须创造一种与蒋介石的军事需求共生的关系;必须同中国国防工业发展机构保持最密切的合作;必须通过一个协调一致的"文化"纲领,对中国受过教育的年轻一代产生吸引力;必须从事于冒险的、有创造性的信贷或财政援助方法,以图对中国市场的某些部门取得垄断权。

在讨论外国人对民国南京政府时期的中国发展所起的作用时,不能轻视美国民间人士和国联在农村地区的复兴、教育与行政改革等方

---

① 恩迪科特:《英国的金融外交与中国》,第 491、494 页。
② 特罗特,第 210 页。相似的观点参见恩迪科特:《英国的金融外交》,第 494 页。
③ 联邦军事档案馆,RW6/86,克鲁姆马切尔:《关于我在伦敦逗留期间的报告》(1938 年 11 月 1 日);采访齐焌。

面所进行的努力。但是,这种援助在一个"发展援助"计划的概念还处在初期阶段时,它必然是零碎而不成系统的,最多只能达到一个长期的效果。当英国的李滋-罗斯试图缓解中国的信贷局势,通过货币改革来作为大规模投资的前提时,德国人却避开了这个问题,通过易货协定来满足国民政府的急切需求,并收到了更实际、更迅速的效果。尽管其他国家也有活动,但这种说法是合理的:南京十年期间"中国面向西方",①更多的是面向德国,而不是美国或英国。

合步楼南京办事处负责人在他撰写的回忆录中回忆道,由于一项协定而"使得中国基础工业建设和中国军队的训练毫无疑虑地交由德国人掌握",该项协定"应允中国人在重建其经济的过程中将会得到世界上最优秀的技术专家和科学家的指导,同时保证德国工业界可便利地得到一个安全而庞大的市场"。②尽管这有些夸大其词,但这种德国中心说的观点,并非完全不是事实。在其他国家因有顾虑而放慢对这个似乎存在问题的市场投资之时,德国却能够在平等的基础之上同中国合作,建立起一种互补的经济利益——在某种程度上讲,是一种互相依赖的经济。除了经济因素之外,这种合作还有其他鲜为人知的原因:蒋介石赞同塞克特的政治—军事战略,并同翁文灏的发展计划合一;在一个想要复兴的中国,人们广泛钦佩已恢复活力的德国;上述所有因素的结果,使德国成为培训中国未来的工业和军事人才的学校。

工业和军队这两个领域构成了所谓德国的"势力范围"的基础,虽然这个措辞更多是文字的而非政治的含义。在这两个领域中,德国人被认为能够胜任同中国的一切合作。也许有人会设想,假如蒋介石不

---

① 关于美国的作用见汤普森:《当中国面对西方之时》;关于国联的工作参见拉斯克和霍兰德的概述,第362—363页。
② 埃克特,第42页。

去关心建立一支现代化的、世界第一流的军队;假如南京政府选择的工业发展战略不是建立在重工业基础之上,而是利用中国丰富的资源、低廉的劳动力发展轻工出口制造业,那么当时就没有理由一定要求助于德国了。然而,因为南京试图建立的是一个强调重工业、交通与整军相结合的"统制经济",迫在眉睫的战争威胁又使上述一切进程的速度加快,具有意义的是——正如马克斯·伊尔格勒尔在《东亚报告》中所写的那样——"在这危急关头,恰恰是德国人在那些领域中提供了一个值得模仿的样板"①。一篇写于1937年的关于中德贸易的报道印证了伊尔格勒尔的观点:"德国(对华)出口的大部分都是用于'经济发展的货物',它们非常适应中国的需要。"②

请设想如果民国南京政府时期的中国没有经历战争,那她"可能会是什么样呢?"这个问题总是令人很感兴趣。就中德关系而言,更好的问题是:"假如战争推迟几年爆发又会出现什么情况呢?"由于军事和工业发展相结合的计划是建立在中日战争爆发的可能性基础上的,或许这不仅仅是一场由日本发动的战争。③ 同样,资源委员会用出口战略矿砂来支付工业信贷的计划至少也是建立在欧洲战争威胁的基础之上的,如果没有这种战争威胁,国际市场上钨、锑和其他金属的价格必然会暴跌。然而,如果这场给中国的准备工作带来巨大破坏的战争(正如下一章就要叙述的那样,它导致希特勒明确选择了日本)被推迟的话(这当然是可能的,人们应记得中日战争是从"事变"出乎意料地扩大为战争的),那么,我们便有理由同意刘馥的观点,"日本将会碰到一个完全不同的敌手"。④

---

① 伊尔格勒尔,第2册,第8页。
② 罗敦伟,第108页。
③ 蒋纬国已经谈到过军事准备一旦完成后就夺回满洲的计划,访问录(1978年1月5日)。
④ 刘馥,第102页。

第七章　德国与中国的现代化 1935—1937

　　如果战争延迟的话,中国可能会建成一支有空军支持掩护、有潜水艇防御海岸线的更强大的军队。如果有一支建立了中央供应和征用系统的更现代化的中央军,中国军队可能不必——但从1937年起已被迫——为了生存而依靠老百姓供应并同民众关系疏远。① 如果战争推迟二三年的话,至少能够增加日本的"冒险因素",这个问题前面已讨论过。在工业方面,如果三年计划得以完成,并在兵工发展方面继续取得进步,那么可能就会使中国在工业和军队方面有较大的自给自足能力,更能适应一场重大战争需要,而不必像在1938年以后那样,被迫竭尽全力,寻求外国的武器信贷。

　　有关中德关系在1938至1940年间结束的问题,将在下一章讨论,但这里要谈一下它所带来的遗产问题。那个遗产部分地可从国家资源委员会自身的发展中找到,该会拥有130个企业,17.2万名员工,从1944年起在自由中国的工业中起了主导作用,随着战后没收了大量日本人或"通敌分子"经营的工厂,它的活动范围迅猛扩大。②

　　它也可以从某些人的职业生涯中找到,如翁文灏,1938年成为中国经济部第一任部长,该部是以德国经济部为模式建立起来的、③职权范围广大的组织,整个战争期间他一直担任该职,同时继续兼任隶属于该部的国家资源委员会主任委员。再看看俞大维,从兵工署长到

---

① 由于没有一套完全独立的供应与调拨体系,在1937年混乱的形势下,德国训练的整编师甚至比"传统的"军队更无视民众的利益。E. F. 卡尔森指出,精锐部队体现出一种"等级特权"的观念。在新的部队内部,军官与士兵之间也出现了尖锐的对立,这体现在报酬的差距上,士兵每月只有7元,而将军则高达800元。卡尔森,第30—31,第33—34页。
② 侯继明:《中国的经济发展与公共金融,1937—1945》,载薛光前《抗战时期的国民政府》,第209—211页。关于战后时期见佩帕尔(S. Pepper),第35页。张嘉璈(在接受采访时)认为战后的接收政策"过于自信",并认为这是轻工业(纺织业等)达不到战前生产水平的主要因素。
③ 采访关德懋(1977年12月16日)。也可参见克兰关于成立"国防专厅"的计划,《德国驻华军事顾问团工作纪要》,第43页。

297

交通部长(1946年),接着在台湾担任"国防部"部长。

或许更令人感兴趣的是那些人,他们在德国受过高等教育后即在资委会或兵工署任职,或他们是在战争爆发后由上述机构派往德国学习的。这些人本该在战后所起的作用为内战所打断,但他们中许多人后来在台湾做出了贡献。

最初,台湾所有重要的工业均由迁台的国民党政府掌管。在台湾最初几年政府所拥有的16个工业企业中,有9个由1930年代或1940年代初曾留德的中国人所管理。它们包括:煤矿开发公司、台湾机械制造公司、台湾电力公司、台湾铝业公司、台湾造船公司、台湾糖业公司、台湾肥料公司、裕隆汽车公司和人造纤维公司。同时,留德人员还担任了台湾省工业研究院和台湾烟酒专卖局的负责人。当上述企业在1950年代末、1960年代初实行非国有化时,留德人才依然在这些公司最高领导层中担任职务。①

同样引人注目的事实是,台湾"经济部"的三任部长皆是留德的。他们是江杓(1955—1958)、杨继曾(1958—1965),这两人都曾在俞大维领导下工作——以及陶声洋(1969),他于第二次世界大战期间留在

---

① 下面所列出的在台湾工业界担任领导职务的留德人员名单可能还是不完整的,他们包括:杜殿英,台湾机器制造公司理事会主席(1947—1958);汤元吉,台湾肥料公司董事长(1946—1958,1960);袁梦鸿,台湾肥料公司董事长(1962—1965),台湾糖业公司总经理(1966);严庆龄,裕隆汽车公司董事会主席兼总经理(195?—迄今);刘青河,台湾工业研究院院长(1953—1964);吕凤章,中国人造纤维公司董事长,(1954—);雷宝华(Powers A. Lay),中国煤矿发展公司理事会主席(1956—1958),台糖公司董事长(1962—);吴道良,台湾烟酒专卖公司总经理(1959—1965);孙丰华,台湾铝业公司总经理;朱谦(朱家骅侄子),台湾电力公司理事会主席,台湾造船公司理事会主席,国家资源委员会主任(1949—1952);周茂柏,台湾造船公司理事会主席(1952—1961),台湾工业发展公司董事长(1962—)。有几个留德人员至今还很活跃;他们分别是兄弟或堂兄弟,塞克特的中国副官齐焌(Robert Chi Tsun)战争前后曾在德国受过短期培训,齐熨(Andreas Chi)现任嘉新水泥公司总工程师(过去在台湾水泥公司亦任同样的职务),同时齐熙(Jacob Chi)是台湾造船公司的董事和顾问。采访李景潞、黄佑、齐熨;《中国年鉴》(1957—1958至1969—1970)。

德国的工厂工作。另外,"经济部"的两位副部长和"交通部"部长(沈怡,1960—1968)也是留德返回的。在军队方面,除了俞大维外,遗产并不太强,这是由于战争期间的牺牲和美国影响的干预。前驻柏林武官唐纵将军成为"内政部"副部长(1950—1952)和台湾省政府秘书长(1957—1958),同时徐培根将军曾任副参谋总长和陆军大学校长(1959—1970)。其中两名留德人员同蒋介石的关系或许最为密切,这就是任三军大学校长的蒋纬国和驻法兰克福贸易办事处主任戴安国。① 最后,台湾各公立和私立大学的工程、化学、地质等院系,以及研究所内,有一大批留德博士在那里任职。②

如此大量的留德人才是那个早已瓦解了的关系带来的结果。我们现在就转到关系破裂的过程中来,由于中德双方有着共同的利益范围,所以这一破裂过程经历了较长的时间:只是到1941年12月7日以后,俞大维才清理掉他的德文书籍,以英文著作取而代之,并在他的办公室里挂了一张罗斯福总统的肖像。③

---

① 《中国年鉴》(1957—1958至1969—1970);采访齐熨。
② 一个不完整的名单包括罗云平,成功大学工学院院长、成大校长;毛子水,台湾大学教授;林世芬,中原理工学院教授、化学系主任;李焕燊,台湾中医药研究所所长;沙学浚,前台湾师范大学历史地理系主任;秦大钧,台湾大学工学院院长(秦只担任过台大教授,台南工学院院长和成功大学校长。——译注)。《中国年鉴》(1962—1963)。根据齐熨说,成功大学早期教员大部分是留德的,在大陆沦陷以后,他们搭乘一艘轮船直接从德国返回台湾。访问录。
③ 访问施托尔茨奈尔。埃里希·施托尔茨奈尔是1938年6月德顾问奉召回国后留在中国的少数几名德国军事顾问之一。关于他的履历,参见沃尔什:《埃里希·施托尔茨奈尔》。

第八章　尾声 1938—1941

《地缘政治学杂志》(Zeitschrift für Geopolitik)1934 年发表的这篇评论非常恰当地表明了德国利益集团 1937 至 1938 年间在中国面临的窘境：

> 保留在中国主权控制下的每一平方英里的中国土地，都向外国工商界人士展现出未来加强中国经济基础的良好前景，此外并显示出中国以她的出口物资来支付日益增长的进口物资的可能性……
>
> 在日本势力影响下的每一平方英里中国土地或多或少地使其他国家工商利益受到损失……并且——除了一般的经济竞争外——加强了我们在远东市场最强劲的对手——日本的经济基础。①

尽管纳粹领袖默许了在中国的军事和工业计划，但他们至少打算加强同日本的政治关系。从理论上讲，这不必以牺牲同中国的经济关系为前提，但是中日战争最终爆发，迫使希特勒选择他的亚洲盟友。然而，他选择日本却遭到了来自德国"援华院外集团"的强烈反对，还有来自中国政府的抗议和请求，并迫使中国先是向苏联，后来又向美

---

① 《地缘政治学杂志》(Zeitschrift Geopolitik)第 2 期(1934 年 9 月)，第 568 页。

国寻求援助。正当中德官方关系于1938年处于低潮之时,纳粹政府新任外交部长里宾特洛甫企图通过继承帝国主义时代政策衣钵的方法来挽救德国在华利益,寻求同得胜的日本在中国实行分赃。但日本人并不愿意让德国分得一杯羹,很少为德国提供方便。1938年末至1939年,德国军方和工业界在自由中国重新进行努力——它们从来就没有完全放弃过这种努力,中德经济贸易因而在环境允许的范围内得以持续到1941年中期。恰恰是在那时,在德国调停中日和平的几次努力之后,中德关系以及梦想在战后中国能够享受到比1930年代更优惠特权的伙伴关系全都完结。

希特勒、日本和中国,1937—1938年

1937年7月7日开始的那场战争是由日本声称依照防共协定而发动的。由于蒋介石同中国共产党建立了一个脆弱的"统一战线"(自1936年12月西安事变以后),日本军队公开宣称它们有责任将中国从布尔什维克主义及其联盟中解救出来。在南京,德国大使陶德曼知道这是"日本人的陈词滥调,在远东没有人会相信它"。[①] 但希特勒意不在远东,并不准备冒险支持中国,以便失去他反苏的工具。1937年8月16日,他对部下宣称,他"原则上坚持同日本合作的观点。"8月21日《中苏互不侵犯条约》的宣布反而使他的决心更为坚定。然而,到那时为止,他尚没有下决心彻底抛弃中国。他命令按合步楼协定已同意供给的武器和物资应尽快运往中国,并"相应运回原料,此事必须尽最

[①]《德国外交政策文件》D辑第1册,no.476,第748页,"陶德曼(南京)致德外交部"(1937年8月1日)。

大的可能瞒住"日本人*,但是拒绝向中国提供进一步的信用贷款。①

1937年8月至1938年6月期间德国对日外交的转变,是一个已研究得比较透彻的课题。这里仅列举几个基本要素,并将重点集中在各有关方面的反应上就足够了。从1937年10月下旬到1938年1月中旬,陶德曼试图调解中日关系。但他受到柏林方面的限制,只能扮演递信人的角色,这种身份使他成为令人厌恶的日本人的工具,而日本人的态度则随着他们在战场上的胜利而相应变化。日本人最初提出的条件在上海陷落之后出乎意料地于12月3日被蒋同意作为谈判的基础,但在南京的进一步胜利(12月12日)促使日本系统地提出令中国政府无法接受的条件。调停的努力宣告完结,日本于12月16日发表了一份官方声明宣布谈判已经结束。东京方面对德国"提供的斡旋"正式表示感谢,并且撤销对国民政府的承认,因为日本已在华北建立了一个"临时政府",在南京扶植了一个"维新政府"。②

在德国方面,武装部队和外交部领导层所进行的一次重大改组,预示着它将进一步支持日本。国防部长布隆堡——中德关系强有力的支持者——被撤职,希特勒亲自掌握了武装部队的最高指挥权。此后不久,1938年2月4日,外交部长诺伊拉特为里宾特洛甫所取代。

---

* 继续运送武器的问题成为第三帝国政府内暗斗的主题。1937年10月18日,戈林利用他掌握"四年计划"大权,下令停止所有的装运工作。而这项命令下达仅仅两天,就被军方完全改变。国防部长布隆堡当时通知戈林,他已命令有关军官以更隐蔽的方式来继续进行这项生意。货物被伪装起来,由丹麦轮船运送到新加坡的一家英国公司,并责成参与者严格保密。《德国外交政策文件》D辑,第1册,no. S2,第772页,海德—林希备忘录(1938年10月22日)。

① 《德国外交政策文件》D辑第1册,no. 478,第750页,"里宾特洛甫备忘录"(1937年8月17日)。
② 关于外交上的转变,参见琼斯:《日本在东亚的新秩序》;特奥·佐默尔;普雷塞森;劳尔。关于蒋介石临时接受了日本提出的条件,参见《德国外交政策文件》D辑,第1册,no. 528,第787页,"陶德曼(汉口)致德外交部"(1937年12月3日)。关于日本扶植的傀儡政权,参见博伊尔书。

两个星期以后,希特勒给"满洲国"以外交上的承认。当他于2月20日向德意志帝国国会宣布这项决定时,他指出:"我不认为中国强大得足以在精神上和物质上依靠自己的力量来抵御布尔什维克主义的任何进攻";另一方面,日本将作为"人类文化的……一个安全因素"而受到重视。① 日本人非常满意,现在他们更能够坚持提出让德国停止向中国运送武器的要求。1938年4月28日,戈林下令禁止对华运送战争物资,即使是那些合步楼协定中已承诺提供的物资。② 在日本的进一步坚持下,里宾特洛甫于5至6月间向蒋介石召回了德国军事顾问团。

德国的反应

对帝国政策的反应表现为在德国人的同情与兴趣上不断出现的意见分歧。反对亲日路线的人从来没有完全改变他们的观点:他们的反对最初是公开的、畅言无忌的,后来是在政府内的:受到压抑的。不同的主张是很明显的,例如对1937年8月中苏条约的反应。当时纳粹党的喉舌《进攻》(Der Angriff)利用这一时机加强亲日宣传,而发表在《德国国防军》(Die Wehrmacht)上的一篇文章则明显反映了国防部的观点,该文宣称:面对中国人的抵抗决心,还不能指望日本人会取得完全的胜利。③

国防部国防经济处处长格奥尔格·托马斯(Georg Thomas)将军为了支持同中国的联系而大吵大闹,他认为至少应该尊重合步楼协议。据托马斯说,希特勒的回答是:"在政治方面无信义可言,……在

---

① 《国际事务文件》,第8—9页。
② 《德国外交政策文件》D辑,第1册,no.579,第856页,"维尔备忘录"(1938年4月28日)。
③ 汤因比和鲍尔特,第298页。

适当的时候,协议是可以被撕毁的。"①但是,对托马斯的国防经济处来说,并不只是个信义问题:合步楼的损失不仅体现为"军火工业严重的财政损失",而且危害到"它自身的存在",因为"工业界撕毁合同这事已众所周知,并被竞争敌手彻底地加以利用。"②

政策的转变也使德国工业和金融界受到震惊。战争刚爆发时,德国金融集团在《交易所报》(Börsenzeitung)上表达了谨慎的乐观,认为冲突不太可能扩大。然而,当战争发展趋势和纳粹党的政策明朗化之时,对新政策的反对之声便吐露出来。1938年,中国研究学会的汉斯·席普尔(Hans Schippel)竟然在《新中国》上发表一首长诗,赞颂"中国的伟大元帅"蒋介石。③

根据国民党中央委员会宣传部的一份报告,德国舆论在战争的重大问题上,绝大多数站在中国一边。④ 这是真实的,生活在中国的德国人也是这样,大部分德国商人都通过显示亲华的感情来反对其政府的政策。据一位德国侨民说:"上海亲日的德国人屈指可数"。⑤ 举例说:汉口的德国人和德国公司向中国国际红十字会捐献的资金比该市所有其他外国人和中国人所捐献的资金总额还要多。⑥ 出乎人们意料之外的是,居住在中国的德国纳粹党党员的反对之声亦很强烈。广州的纳粹党地方支部负责人打电报给该党国外组织机构(德国国家社

---

① 托马斯:《思想与事件》,第539页。
② 《德国外交政策文件》D辑,第1册,no.594,第874页,施特拉赫维茨(Strachwitz)关于对华交付军火的备忘录(1938年6月15日),附于"维尔备忘录"(1938年6月16日)中。1937年8月17日前签订的合步楼武器合同总额已达2.18亿马克;而8月17日以后缔结的通过合步楼购买的武器合同仅价值0.47亿马克。同上。
③ 汤因比和鲍尔特,第298页;《新中国》第4卷,第31—32期(1938年11—12月),第36—38页。
④ 《中日战争与世界舆论》。
⑤ 访问瓦尔特·斯特涅斯。
⑥ 华盛顿国家档案馆:T—120,Ser.195,roll 164,第137469—137471页,"汉口总领事馆致南京"(1937年10月4日)。

会主义工人党国外组织,简称 AO),声称在华党员对(纳粹)党的刊物发表文章称赞日本是在中国领土上的"反共堡垒"一事持反对态度。①在上海的德国人对国社党的政策不再抱有幻想,这是非常明显的,以致国外组织负责人恩斯特·威廉·波尔(Ernst Wilhelm Bohle)直接写信给该党上海负责人说,他的职责是"支持元首的政策……在任何情况下,个人对中国的同情以及我们的人民同志(Volksgenossen)物质上的损失都不能凌驾于元首的伟大政策之上……即使是在帝国的路线还没有能被完全理解的时候。"②

德国在华军队政策的化身——德国军事顾问团的军官们也表示了抗拒。出于个人经济收入和集体的荣誉等原因,他们希望留在中国。当回国命令下达之初,冯·法肯豪森将军采取了对抗的态度:"我向蒋介石元帅保证……我个人将会履行我的合同"。③ 然而,里宾特洛甫威胁说,如果他们不归国,顾问和他们的家庭就要承担"严重的后果"。1938 年 6 月底,所有的德国顾问(有 5 人除外),包括法肯豪森本人——在向蒋介石保证他们决不会利用他们对中国军队的了解去帮助日本人之后——最终都离开了中国。④

颇具讽刺意味的是,最有预见性的反对声音却是来自德国驻华外交使团。外交部很早就反对在华的军事和工业努力,它发表的有关中日战争的公开声明均严守中立;但它比纳粹政府的官员们更清楚地认

---

① 华盛顿国家档案馆:T—120,Ser. 195,roll 164,第 137465—137466 页,"库尔特(H. D. Kuhrt,广州)致纳粹党外组局"(AO)(1937 年 9 月 1 日)。
② 华盛顿国家档案馆:T—120,Ser. 195,roll 1624,D700692,"波尔(柏林)致拉赫曼"(Lahrmann,1938 年 6 月 18 日)。
③ 《德国外交政策文件》D辑,第 1 册,no. 580,第 860 页,"陶德曼致德外交部"(1938 年 5 月 9 日)。
④ 《德国外交政策文件》D辑,第 1 册,no. 592,第 872 页,"里宾特洛甫致陶德曼"(1938 年 6 月 13 日)。也可参见《德国驻华军事顾问团工作纪要》,第 89—94 页;法肯豪森:《回忆录》,第 80—83 页。

识到,对日政策的突然改变将使德国在华利益遭受损失。已随蒋介石政府迁往汉口的陶德曼大使和外交部经济政策司司长埃米尔·维尔(Emil Wiehl)带头批评希特勒的政策。

陶德曼关于德国在华可能受到的损失数额的备忘录让里宾特洛甫大伤脑筋,大约价值10亿马克的财产会成为"赌博的筹码"。陶德曼问里宾特洛甫,难道能够相信"我们不再需要注意中国了吗?当中国和日本开始和谈,而此时我们又已经放弃了在华利益时,会发生什么情况呢?或者难道可以如此肯定日本一定会成为战胜者吗?"[1]维尔同样以悲观的态度看待这个问题。谈及在华做生意的德国公司在偿付方面面临的窘境时,他特别提到,"从前,尽管财政拮据,中国总是非常严格地履行合同和责任"。但他不敢肯定中国是否能够继续偿还尚未支付的贷款,并估计可能至少要损失几亿马克。他强调说,所有这些只不过是在华全部德国企业损失的最小部分。他设想,出于无奈,德国可能不得不与"满洲和华北打交道,但老实讲……一切得从头做起,而这里的基础又同我们在中国所适应的完全不同。"[2]

中国的反应

开始,国民党领导人很迟才意识到柏林官方打算改变政策。中日战争爆发之初,一个由孔祥熙率领的中国官方代表团正在欧洲,他们在伦敦参加了乔治六世加冕典礼,同时也赴德国谈判加快对华运送武器和工业品的问题。[3] 该代表团由孔祥熙、翁文灏、海军部长陈绍宽、

---

[1] 华盛顿国家档案馆:T—120,Ser.7072,roll 3185,E526432,"陶德曼致德外交部"(1938年3月3日)。
[2] 华盛顿国家档案馆:T—120,Ser.7072,roll 3185,E526441,"维尔备忘录"(1938年2月20日)。
[3] 关于孔祥熙动身前往欧洲的目的参见《国闻周报》第14卷,第14期(1937年4月12日)第55—56页;以及第24期(1937年6月20日),第53页。关于孔此次访问的一般性描述参见瑜亮,第121—137页;顾僧(音),第180—182页;程天放,第183—195页;李毓万:《为国尽瘁之孔祥熙先生》,《传记文学》第32卷,第3期(1978年3月),第83页。

第八章 尾声1938—1941

桂永清将军和曾任蒋介石秘书的齐焌组成,在德期间受到德国的中国院外集团所有成员的热情款待;代表团成功地完成了安排克虏伯、法本以及其他公司对华供货计划的最初任务。① 7月间战争的爆发以及8月间希特勒对日政策的初步转变使孔推迟了回国日期,并将其使命改成直接为南京政府所处的状况向希特勒进行游说。

在9月3日致希特勒的一封信中,孔用希特勒能够理解的语言表达了他的吁求,并相信纳粹德国将会站在它的思想意识形态和经济上的忠实朋友——中国一边。9月3日的这封信首先对希特勒进行个人吹捧,称他是"一位有远见的伟大的政治家","作为一位为公正、民族自由和荣誉而战的伟大战士",是"我们所有人的楷模"。为了反击日本人关于在中国是同布尔什维克主义作战的宣传,孔将中国形容成一个集权主义的国家,在一个民族主义政党和一个强有力的道德领袖领导下实行儒家教义的统治。它决不会变成共产主义。另一方面,由于议会制度的衰败和工业无产阶级的壮大,日本倒很可能变成共产党国家。在经济方面,孔强调南京愿意"在中国的经济建设方面给德国以优先权",授予德国"重要矿藏开采特权并竭力满足德国在原料方面的需求"。此外,如果战争阻碍了中国原料的输出,中国将用它剩下的外汇来偿付德国武器款项。孔确信"无论在军事、政治或文化的意义上,中国的当权者都将能得到阁下(指希特勒)特别的理解。"②孔的这番相当特殊的呼吁却没有得到任何答复。

另一个国民党代表团于10月抵达德国,由蒋百里将军率领,还有他的侄子、留德学生蒋复璁,留意的薛光前(Paulk T. Sih)。蒋百里希

---

① 孔祥熙6月份访德的详细情况见《新中国》第3卷,第22期(1937年7月),第26—32页。
② 华盛顿国家档案馆:T—120, Ser. 195, roll 164,第137456—137463页,"孔祥熙致希特勒"(1937年9月3日)。关于孔氏同年秋天试图影响德国政策的努力参见联邦军事档案馆:RW5/315,尤其是"汉斯·克兰关于同孔会谈的报告"(1937年12月10日)。

望至少能得到德国在亚洲中立的保证,但纳粹政权甚至连这一点也不予以满足。代表团在柏林郊外的达勒姆(Dahlem)待了一个冬天,毫无所获,于1938年3月返回中国。① 就在这个月,临时首都武汉正在考虑派遣一个以朱家骅为"特派员"的代表团赴德,但由于中德关系在那年春天迅速冷淡下来,再做一次努力暂时不切实际;于是朱接任了国民党中央党部秘书长之职。②

到1938年夏,中德关系达到最低潮。东京一家报纸宣称"中国从德国获得援助的希望已彻底破灭"。③ 对中国政府来说,除了苏联之外,已无别的选择,中苏于3月1日签订了一份5 000万美元的易货信用贷款协议,苏联还向中国派遣军事顾问,这就部分填补了由于德国人撤走而留下的空缺。伟大的民主国家,英国和美国,到此时为止尚没有以任何方式提供援助。④ 就纳粹政府来讲,他现在必须试图在一个新的基础之上保障德国在华利益:同日本合作。

在华北和"满洲国"寻找德国的"范围"

即使孔祥熙无法改变希特勒的既定政策,那么至少他提出的判断比纳粹决策集团所作的更具洞察力。孔告诉希特勒,假如日本成功地征服了亚洲,德国在那儿既不会得到原材料,也不会找到出口市场:"从经济上看,日本是一个工业国家,需要为自己的工业品寻找原料和市场。仅仅从这方面看,日本就决不会成为德国的真正朋友"。⑤

---

① 访问蒋复璁;包华德,第1卷,第316页;《蒋百里先生全集》第1册,第1—78页。
② 胡颂平:《朱家骅年谱》,第45页;包华德,第1卷,第439页。
③ 《朝日新闻》,引自《密勒氏评论报》(1938年8月27日),第425页。
④ 阿瑟·扬格:《中国战时金融》,第98—99页。
⑤ 华盛顿国家档案馆:T—120,Ser.195,roll 164,第137459页,"孔祥熙致希特勒"(1937年9月3日)。

第八章 尾声1938—1941

但德国政府内的亲日分子却持更东观的看法:德国将会在其新盟友日本的保护下继续——实际上是扩展——它在东亚市场的地位。早在1935年12月,德国驻东京大使狄克森就极力主张"德日间就德国参与开发中国问题进行秘密讨论",①区域集中在那些日本控制最牢固的地区——满洲,特别是华北。他的设想是当中国大部分地区都有可能成为战场时,"华北五省在长时间内将成为中国最和平的部分,(大多数)人们恢复了正常生活"。在这一地区,私营工业可能已开始进行这方面的努力,"但进一步的开发将是我们政府的任务"。②

一位在华投资庞大的私营实业家已经赶上了日本的潮流。或许是迫于柏林的压力,奥托·沃尔夫于1937年9月同"满洲国"缔造了一项200万英镑贷款和贸易协定。③ 里宾特洛甫要求其他德商都这样照着做:他向他们建议,中国人在履行合同方面遇到的任何困难都可以成为他们摆脱责任的理由:"这样,我们就能在同日本人的谈判中支持(德国公司)"。④

1938年春,另外两家公司,克虏伯和礼和(Carlowitz)贸易商行同日本在华北谈判易货协定,并保证立即生效。美国人以前一直垄断着天津的羊毛贸易,现在他们撤出了,到7月份,德国人占据了该项贸易的85%,并用他们的工业产品来交换。⑤ 相反,日本人却似乎很爽气。据《东亚评论》(Ostasiatische Rundschau)报道,德国货主预先得到警

---

① 《德国外交政策文件》C辑,第4册,no.479,第956页,《关于德日军事与政治合作可能性的备忘录》(1935年12月28日),附于"狄克逊(东京)致埃德曼斯多夫"(1936年1月1日)。
② 《德国外交政策文件》,D辑第1册,no.564,第826页,"狄克逊致德外交部"(1938年1月26日)。
③ 布洛赫:《德国在远东的利益和政策》,第38页。
④ 华盛顿国家档案馆:T—120,Ser.7072,roll 3185,E526436,"克洛丢斯(Clodius)致陶德曼"(1938年2月26日)。
⑤ 《德国取代了美国成为华北羊毛的经销商》,《远东观察》第7卷,第25期(1938年12月21日),第300页;考西,第361页。

告,日本将在 1937 年底以后对该国紧缺的进口商品实行控制,因此德商便可在最后期限之前大量增加交货量。① 由于这些有效的限制,1938 年上半年,德国进口商品受到了日元集团的优待。1938 年的头 6 个月,日本从德国与"满洲国"以外的其他国家的进口只是 1937 年上半年进口总额的 50%。而同一时期德国的进口则上升了 14 个百分点。②

然而,蜜月是短暂的,只持续到德国同中国决裂已无法挽回之时。1938 年 8 月,日本借口军事需要,禁止华北羊毛出口,从而驱逐了德国人,拆除了易货贸易的基础。另一些令人沮丧的报告开始传到德国。从前向德国工业公司订货的华北企业,许多已被日本没收,并改向日本公司订货。贷款的利息,如由津浦铁路担保的贷款,现因该路被日本控制,便不再支付。③ 同年底,天津的德商总会说:"有迹象表明华北的事情正如'满洲国'发生的一样",在日本占领以后,许多外国商人已被逐出这一地区。④ 在南方的上海,德商总会也哀叹"德国商人白手起家,辛辛苦苦……经营了 20 年的心血"毁于一旦,并指责日本人垄断了上海的所有港口。⑤ 除了对金钱的欲望之外,他们的人身和财产也都受到侵害。上海德侨领袖之一的保伦医院(Paulun Hospital)院长爱德华·比尔特博士(Dr. Edward Birt)就遭到一名蛮横的日本士兵的殴打。中德欧亚航空公司的飞机不断受到日本飞机的骚扰,被迫降落。⑥ 1938 年底在天津流传的一个故事最好不过地概括了这种

---

① 布洛赫:《德日的伙伴关系》,第 244 页。
② 布洛赫:《德国在远东的利益和政策》,第 42 页。
③ 考西,第 361 页。
④ 罗辛格:《远东与欧洲新秩序》,第 358 页;关于来自汉堡—不来梅东亚协会的抱怨,参见华盛顿国家档案馆:T—120, Ser. 7072, roll 3185, E526467,"维尔致上海总领事馆"(1938 年 12 月 17 日)。也可参阅考西,第 362 页。
⑤ 同上。
⑥ 考西,第 360 页。

情绪:一位喝醉酒的日本军官向他的一名德商朋友透露,尽管德日是好朋友——但德国人终将会被踢开。①

面对日本的外交欺骗,里宾特洛甫的外交部无计可施,日本尽管知道德国同北平和南京的傀儡政权完全没有关系,但仍把罪责归诸它们。② 外交部不得不断定日本军方正"力求使东亚经济处于日本统治之下,按照日本的利益独自运用这种经济,并要排斥与消除所有外国的势力。"德国利益"顶多不过受到同其他任何外国利益"一样的待遇。③ 不久便已清楚,只有同日本举行更高阶层的全面谈判才能保护德国利益。

里宾特洛甫在就任外长前"完全不了解中国市场对德国的重要性",④这是英国外相艾登(Eden)的看法,他在1937年10月曾同里宾特洛甫讨论过中国局势。但作为外长,里宾特洛甫受到各种事件的严重困扰,也受到那些满腹怨气的德国工商贸易集团的围攻。他起先相信他已解决了商业上的全部问题,因为1937年11月,一个非官方的日本经济代表团在柏林暗示,日本将准备"同等"对待德国,排斥在中国的其他国家。⑤ 然而里宾特洛甫有关德日分赃的不明确的计划遭到了无情的打击,当他以备忘录形式将该方案交给日本驻柏林大使外五时,外五告诉他这种打算根本没有法定的依据。里宾特洛甫抱怨道,德国在中国已为日本做出了巨大的牺牲,外五反驳说,"直到你们自称损失巨大之时,日本才了解到德国必定已(向中国)提供了数量多

---

① 考西,第362页。
② 华盛顿国家档案馆:T—120,Ser.7072,roll 3185,E526439,"(天津)致德外交部的商务报告"(1938年11月10日)。
③ 华盛顿国家档案馆:T—120,Ser.7072,roll 3185,E526477,"劳腾施拉格尔致德外交部"(1938年7月10日)。
④ FO436/1,F8697/9/10,"艾登致亨德森(柏林)"(1937年10月27日)。
⑤ 琼斯:《日本的新秩序》,第92页。

么庞大的战争物资啊。"①关于这项计划的谈判从1938年5月开始进行,直到同年秋仍未有结果。

除了日本军队要在中国实行垄断的趋势外,更大的困难是日本政府正寻求同英国就在华的财政和经济问题达成一项协议,从而将不会向德国提供更多的优惠。英国不像德国,它仍然专心致力于亚洲问题,并拥有一种外交影响力。德国已经这样做过了,但正如陶德曼所指出的那样,"德国在中国所有的牌均已打完。"②外五和东京所能允诺的充其量"也只是与其他列强一样的最惠国待遇"③,考虑到日本军方在中国的活动,这些允诺几乎等于零。

主要经过德国经济部的努力,德日终于在1939年7月28日草签了《华北贸易协定》,10月1日正式生效。但由于仅同意德国可以参与该地区的开发,因此这份协议是微不足道的,反而成为德日关系方面非经济因素矛盾的牺牲品。由于日方对8月宣布的德苏条约大为震惊,德日关系,尤其是德国同日本军方的关系达到冰点。德国新任驻日大使欧根·奥特(Eugen Ott)被告知:"现时的欧洲局势"使得"该协定不可能于10月1日生效"。协定将被延期,"直到能够确定实际环境已显示出能够重新执行该项协定为止"。④

必须注意的是,不论是否同日本分赃,德国在华北有利可图的投资期望——像日本自身在该地区的志向一样——并不切合那儿的经

---

① 《德国外交政策文件》D辑,第1册,no.588,第867—868页,"里宾特洛甫与日本大使外五会谈备忘录"(1938年5月20日),该备忘录于1938年6月2日呈交。也可参见里宾特洛甫的《提醒》,第866页,他叙述了德国希望在华北所取得的地位。
② 华盛顿国家档案馆:T—120,roll 3185,E526410,"陶德曼致德外交部"(1938年3月31日)。
③ 《德国外交政策文件》D辑,第1册,no.588,第867—868页,"里宾特洛甫与日本大使外五会谈备忘录"(1938年5月20日),该备忘录于1938年6月2日呈交。也可参见里宾特洛甫的《提醒》,第866页,他叙述了德国希望在华北所取得的地位。
④ 《德国外交政策文件》D辑,第8册,no.27,第26页,"奥特(东京)致德外交部"(1939年9月8日)。

济现实。战争和占领已使经济遭受破坏,正如法本化学工业公司远东分公司所报告的那样,"日本人实际上只是控制了铁路线……在这种条件下,从内地运输货物便遇到极大的困难。"①除了交通困难之外,日本特定的政策促使经济恶化:北京傀儡政府印发了数额巨大、毫无信用的钞票,结果迅速导致严重的通货膨胀。另一方面,在日本人统购政策下所强制实行的农产品低价格政策致使农产品出口严重减少,跨区域的贸易受阻。② 天公亦不作美,1939年一场大水灾,综合上述因素,结果导致农业大歉收。当德国人在想象着输出机械、机床和化学制品时,1938年和1939年(华北)更大的进口需求却是谷物和面粉。③

尽管德国人做出了所有的努力来保证它在华北的最惠国地位,但相对其他国家来说,德国在该地区的贸易实际蒙受了更大的损失。德国在华北进口中所占比重已从1937年的18%,下降到1938年和1939年的6%。④

最后,"满洲国"的情况又怎样呢? 德国也希望在它们的"联盟"保护之下建立一种有利可图的贸易。在承认新京政府*之前,希特勒曾对意大利大使炫耀说,当然"我们得要求日本人为我们的贸易提供某

---

① 华盛顿国家档案馆:T—82,roll 75,第232566页,德法格(Defag)"形势报告"(上海,1940年1月1日)。
② 诺曼·汉维尔(Norman D. Hanwell)与库尔特·布洛赫:《华北的饥荒》,《远东观察》第9卷,第6期(1940年3月13日),第67页。例如,华北最大的主顾日本发现它从该地区的进口由1938年的0.78亿元到1939年头7个月下降到800万元(中国货币)。
③ 施密特:《华北:1939年的外贸》,《东亚评论》第21卷,第8期(1940年8月),第146页。在1937年间,华北(经过天津港)进口了价值420万黄金单位的机器和机床,价值75.1万黄金单位的谷物和面粉;到1939年,机器和机床的进口上升幅度不大,价值580万黄金单位,但谷物和面粉的进口却一跃上升到3 940万黄金单位。
④ 同上。值得注意的是,日本在华北进口量的增加(从1937年的37%到1939年的53%)看来似乎是在损害了德国利益的情况下取得的。英国同期在该地区的进口实际上有所上升(从16%到19%),而美国只是略有下降(从12%到11%)。
* 1932年2月伪满洲国建立时,将长春改名为新京。——译者

种保证。"①然而由于纳粹政府迫不及待地要想显示对日本人的亲善，里宾特洛甫决定，"鉴于一个划分精确的优惠权要花太长时间"，德国在"满洲国"新地位的详细内容将在稍晚时候再制订。据此，维尔被授权同"满洲国"贸易专员加藤举行谈判，试图用一个协议来取代那个不痛不痒的保证，该保证承认："一有可能"德国就可以得到"最惠国地位。"②

经过7个月的谈判，1938年9月14日形成了一个德满易货条约，而该条约与其说是一个新的优惠协定书，倒不如说是1936—1937年协定的续订，增加的主要条款是，若"满洲国"再一次无力购买德国货物，则德国将提供一笔4 500万马克的新购货贷款。这笔贷款将用额外的——但却是没有人要的——满洲出口产品来偿还，因此德国实际上同意向这个傀儡国家大量支付它们自己的出口商品。③ 该协定在1939年5月31日又得以延续，并稍加扩大，从而又安排了一笔4 500万马克的新信用贷款，与此同时，还允许："满洲国"延期偿还他们得到的第一笔贷款。④ 这些协定确实使贸易有一点扩大，尽管主要是靠1936—1937年的协定才取得进展。⑤ 然而，这些交易根本无法弥补德国对中国贸易的损失。例如，"满洲国"输入德国的价值7 690万马克的货物中，大豆为6 990万马克，菜油为280万马克，根本没有重要的矿砂与金属，而金属矿的出口完全被日本人所垄断。⑥ "满洲国"的情

---

① 《德国外交政策文件》D辑，第1册，no.526，第786页，"德外交部致罗马大使馆"（1937年10月27日）。
② 华盛顿国家档案馆：T—120，Ser.7072，roll 3515，E637087—637088，"维尔备忘录"（1938年3月24日）。
③ 协定原文见同上，E367315以下几页。
④ 续订的协议原文见《1941年远东年鉴》（东京，1941年），第670页。
⑤ 通过这些协定，德国同"满洲国"的贸易不平衡额很高，1936、1937、1938和1939年分别是3720、5290、4970和4180万马克。华盛顿国家档案馆：T—82，roll 92，第248484页，国防经济部论文：《"满洲国"的国防经济》（1940年9月15日）；第248502页。
⑥ 同上。

况要好一些。德国输入的机器、机床和载重卡车无疑帮助了"满洲国"工业现代化的五年计划(1937年宣布的):例如,尚和钢铁厂便能够雇佣德国工程技术人员,并以优惠的条件购买德国的机器。①

德国同"满洲国"的贸易并不能指望得到长期的利益。正如德国国防经济部在评述该计划的一篇论文中所争辩的那样,同"满洲国"贸易的三边性质(它听任更多的工业原料运往日本)将有助于加强日本的工业,这反过来又使日本有更大的力量来促进它在"满洲国"的工业发展。非但不能保证德国更多地参与该地区开发,未来的前景将只会是"日本完全控制住满洲的工业。"②

由于欧洲战争的爆发,"满洲国"完全失去了它对德国的市场价值(1940年同"满洲国"的贸易仅仅是1939年的8％),它只能作为有限的货运过境地,这些货物将经由西伯利亚铁路横穿欧亚大陆运往德国。1939年10月1日,德国就利用这条铁路问题同苏联达成一项协议,但困难依然很大。日本人每个月仅提供一艘轮船用于向符拉迪沃斯托克(海参崴)运送货物,后来仅勉强增加了船只数量。语言障碍,缺乏训练有素的职员,在过境许可上的延误,德、俄、日官员之间相当严重的不信任,这些均致使纳粹上演的德国亚洲市场之梦这出蹩脚戏的最后一幕草草收场。③

德国和自由中国,1939—1941年

除了德日经济会谈之外,德日间的军事和政治谈判在1939年间继续进行。这些谈判也毫无结果,并于同年受挫,因为希特勒-斯大林

---

① 罗辛格:《希特勒领导下的德国远东政策》,第426—427页。
② 华盛顿国家档案馆:T—82,roll 92,第248484页;《"满洲国"的国防经济》。
③ 来自汉堡—不来梅东亚协会的报告,见华盛顿国家档案馆:T—82,roll 63,第213350页。

条约的宣布使日本大为震惊。1939年8月22日,希特勒向他的军队指挥官们透露了对日本的不满:"自从1938年8月以后,我就发觉日本不会无条件地跟随我们……我已决定同斯大林合作……我同日本的联盟从不受欢迎。此外,我们将在远东制造混乱。"①

在当时中国国民政府的所在地重庆,该条约受到热烈欢迎。8月28日,中国驻柏林大使陈介拜访德外交部国务秘书恩斯特·冯·魏茨泽克(Ernst von Weizsaecker),表达了改善中德关系的愿望。② 事实上,即使是在1938年黑暗的日子里,德国对蒋介石的兴趣也从没有完全消失。

直到纳粹—苏联条约签订之前,纳粹集团都在继续攻击和冷落蒋介石政权。当陈介于1938年9月试图向希特勒递交国书时,却被搁置了几个月而无人理睬。③ 在1938年纽伦堡党代会上,宣传部长戈培尔称国民党掘开黄河大堤(试图阻止日本人的推进)是一种"比日本的飞机轰炸还要野蛮得多的罪行。"④1939年1月,希特勒告诉国会,中国人的胜利将是"布尔什维克主义在东亚的胜利——一个除了国际犹太人之外对任何人都无益处的胜利"。⑤

但是在宣传的背后,那些过去参与大规模对华贸易的人士却在补救与修复中德关系。许多"自由"(反日的)评论继续在亲商界的出版物上发表,尤其是《法兰克福报》(Frank furter Zeitung)。⑥ 中国研究

---

① 普雷塞森,第218页。
② 《德国外交政策文件》D辑,第7册,no.327,第333页,"魏茨泽克(Weizsäcker)备忘录"(1939年8月26日)。
③ 考西,第355页;这是对于中国政府直接请求的回答,该政府曾向德国驻华代办提出请求,在那次党的代表大会上不要提到中国。马丁·费舍尔,第22页;第357—358页;第363页;第363—364页。
④ 同上。
⑤ 同上。
⑥ 同上。

学会继续发挥作用:在1938年7月为中国大使举行的一次宴会上,该学会主席赞扬蒋介石和中国的"公正抵抗",并声称绝大多数德国人都保持着对中国的友好感情。① 大部分在华投资者,包括法本和奥托·沃尔夫都继续支持中德文化组织。② 在政府中,经济部和国防经济部试图在中德间维持一些礼仪上的关系。例如,当容克斯飞机公司准备偿还重庆购买飞机的预付款(因为这些飞机将不再交付中国)时,戈林加以阻止,并宣称"偿还意味着支持蒋介石!"但经济部长冯克(Funk,他于1938年内阁改组时取代了沙赫特)私下保证将通过德华银行(Deutsch-Asiatische Bank)偿还这笔款项。③

1938年初,亲华的力量已适应了变化了的形势。汉斯·克兰返回中国,计划建立一个中德进出口银行,其他对华友好的国家也可参加。④ 尽管这一计划无法实行,但由克兰创建的中德贸易最初的媒介——合步楼不仅还在运作,而且到1938年底和1939年初注入了新的活力。

合步楼在1937年秋名义上属于戈林的四年计划办公室管辖。然而1938年10月,德国经济部控制了它的股份,代表该部的德国审计信托公司(Deutsche Revisions-und, Treuhand-Gesellschaft)成为合步楼的官方拥有者。在其作用有效地扩大方面——这是长期以来德国在华利益趋于垄断的真正顶点——合步楼由一个纯粹的贸易商行转变成为对所有在自由中国的德国商社实行管理的组织,根据提供的商

---

① 考西,第355页;这是对于中国政府直接请求的回答,该政府曾向德国驻华代办提出请求,在那次党的代表大会上不要提到中国。马丁·费舍尔,第22页;第357—358页;第363页;第363—364页。
② 参见华盛顿国家档案馆:T—82,roll 73,第229983页及以下几页中的有关通信。
③ 华盛顿国家档案馆:T—120,Ser. 7072,roll 3185,E526556,"劳腾施拉格尔致德外交部"(1938年11月22日);同上,E526352(1938年12月9日)。
④ 华盛顿国家档案馆:T—120,Ser. 7072,roll 3185,E526480,"陶德曼致德外交部"(1938年1月29日);访问齐焌。

品将它们划分为"组"。① 1938 年夏,合步楼新任"全权代理"赫尔穆特·沃伊特(Hellmuth Woidt)博士前往汉口,并于同年 10 月 19 日同孔祥熙签订了一项新的合步楼协定。新协议倡导每月交易货物 1 000 万法币(合 750 万马克),放宽了对中国偿付条件的限制,允许继续向中国运送德国工业产品以及中国矿砂输往德国。② 它对戈林 1938 年春下令对华实施武器禁运一事作出广义的解释,同意那些在易货协定之前订购的物资可以运送,但新的订货必须支付外汇。然而,甚至连后面的这个限制也没有完全遵照执行,德国的武器和机器又开始通过香港流入退却中的国民党政权手中。在香港,合步楼的代理人路德维希·维尔讷(Ludwig Werner)同中国国防部设在那里的一家经过伪装的公司一起工作,安排货物运往内地的广西和云南,先是途经广州,后来假道海防。③

在柏林,这些既成的事实使里宾特洛甫受到公开的羞辱,1939 年 4 月 13 日,他下令停止装运。但经济部长冯克却辩解道,这是恢复"德国原料需要的利益",他并告诉外长,无论如何,价值 30 万马克的物资必须在那一天运出:"这些货物已经装上轮船……他请求(外交)部予以理解",维尔是这样记录的。④ 里宾特洛甫只好顺应了形势发展,对这位外长所做的唯一让步是,将来德国军事装备应该以零部件的方式运抵中国,再在那里加以组装。⑤

---

① 访问路德维希·维尔讷(1977 年 8 月 8 日)。
② 华盛顿国家档案馆:T—120,Ser. 7072,roll 3185,E526371,"维尔致汉口"(1938 年 8 月 6 日);E526385,"费舍尔(重庆)致德外交部"(1938 年 10 月 13 日);E526364,"费舍尔致德外交部"(1938 年 10 月 19 日);阿瑟·扬格《中国和援助之手》第 60 页;《新中国》第 5 卷第 34 期(1939 年 3 月),第 73 页。
③ 华盛顿国家档案馆:T—120,Ser. 7072,roll 3185,E526385,"维尔致汉口"(1938 年 6 月 4 日);访问路德维希·维尔讷(1977 年 8 月 8 日)。
④ 华盛顿国家档案馆:T—120,roll 179,第 145247 页,"维尔回忆录"(1939 年 4 月 14 日)。
⑤ 参见美国驻重庆代办佩克(Peck)在同翁文灏会谈后,于 1939 年 3 月 28 日致国务卿赫尔(Hull)的报告,见《美国外交关系(1939)》,第 661 页。

第八章 尾声 1938—1941

尽管奥托·沃尔夫公司在"满洲国"也有了新的利益,但它也支持自由中国。沃尔夫本人是反对纳粹的,同前施莱切尔(Schleicher)政府关系密切(实际上,在1934年6月的清洗中,施莱切尔就是在属于沃尔夫的一幢房子里被党卫队暗杀的)。沃尔夫任用那些愿意逃离德国的受迫害者到中国办事处工作,其中包括几名犹太人和至少一名共产党员。① 此外,他也真正是"对华友好",考虑到战争所造成的困难,在可能的范围内,他都准许中国延期偿还贷款。从对铁路合同的影响方面来说,要这么做是很困难的,因为付款要依靠铁路运营的收益;但贷款的偿还被同意延长到1938年,当时中国的欠款已达700万马克。② 1937年底和1938年初,沃尔夫第二次访问了中国,此时他的雇员参加反纳粹宣传③,并在香港为中国情报机关工作,*他却故意视而不见。

至于沃尔夫成功地向中国汽车公司提供了数千具汽车底盘之事,我们前面已经叙述过。由于这样和那样的贡献,他受到中国人的敬重,当他于1940年逝世时,重庆制作了一块悼念匾,蒋介石也向在科隆的公司

---

① 海尔曼,第149页;电话采访汉斯·雷斯(Hans A. Ries)(1978年8月12日);访问瓦尔特·斯特涅斯、弗莱特欧。
② 华盛顿国家档案馆:T—120,Ser. 7072,roll 3185,E526480,"张嘉璈致奥托·沃尔夫",附于"陶德曼致德外交部"(1937年11月5日)中;E526470,"张嘉璈致沃尔夫"(1937年12月10日);E526433,"克洛丢斯致汉口"(1938年3月1日);联邦档案馆:R2/16443,德国审计信托公司:《清单:从中国担保金中得到的补偿》(1939年3月3日);也可参见R2/16442,"沃尔夫致沙赫特"(1937年9月9日)。中国汽车公司的那笔款项中国人至少到1941年才通过上海的银行账号汇往德国。访问弗莱特欧。
③ 访问斯特涅斯、弗莱特欧以及海尔曼·吕特尔(Hermann Noether),1978年2月3日。
* 蒋的私人卫队司令,德国人瓦尔特·斯特涅斯(Walther Stennes,前冲锋队领导人,1933年曾被纳粹囚禁)也领导着"委员长空中运输中队",这是抗战前几年中存在的一个主要通过外国人来从事情报工作的团体。参见德雷格书,阿特莱(Utley)文第9页,梁希辉书,第117页。

319

总部发去了唁电,声称中国失去了"一位最好的、最有益的朋友"。①

在1939年春夏之际德日关系冷淡期间,德国人对重庆政权的支持更加广泛。外交部在昆明开设了一个德国领事馆,经由印度支那铁路和仰光公路的援华货物都运抵该市。② 在柏林,受到希特勒冷落的陈介大使同年春得到中国研究学会的尊重。宾客名单里皆是中国的老朋友:尤利乌斯·德普米勒(Julius Dorpmüller),德国前总顾问法肯豪森和柯瑞伯,国防经济部的托马斯将军。③ 英国驻东京大使对这样的事实感到十分惊诧:"德国既能够组织中国人进行抵抗,并向中国提供大量武器,而至少还能在面子上保持对(日本)的友谊。"④ 克莱琪(Craigie)或许并不懂得正是德国外交政策的多元性才导致了这一明显的矛盾。或许日本人也不明白这一点:同年初夏,他们的军用飞机在轰炸重庆时,炸毁了标记明显的德国公使馆,同时也袭击了合步楼办事处。⑤

1939年,由德国来斡旋中日和平的想法再度萌生。同年3月,经济部长翁文灏就此事与他的德国同僚——德经济部长冯克进行了接触,并于10月由中国驻柏林外交官正式提出这项计划。该外交官通知威廉大街(Wilhelmstrasse),"蒋介石仍然是非常亲德的","德国的调停将给德国在中国未来的经济带来优越的地位"。⑥ 同时,孔祥熙提议就扩大以德国武器弹药换取中国钨砂的易货协定问题展开谈判,而中国有一些钨砂当时已供给苏联。如果德国能够同意的话,孔表示

---

① 《科隆评论》(*Kölnische Rundschau*)(1975年5月22日)。该圜显然一直保留到"文化大革命":访问克劳斯·舍费尔(Klaus Schäfer)。
② 考西,第365页。
③ 考西,第366页。
④ 《英国外交政策文件》(1919—1938年),no.207,第189页,"克莱琪(东京)致哈利法克斯"(1938年11月4日)。
⑤ 考西,第367页。
⑥ 《德国外交政策文件》D辑,第8册,no.201,"克诺尔(Knoll)备忘录"(1939年10月5日)。

第八章 尾声 1938—1941

愿意"保证今后50年之内均可向德国提供钨砂。"①这两项倡议皆因里宾特洛甫的干预而未能实现,但即使是外长本人也越来越不对日本抱有幻想了,乐于考虑一项建立在德国产品基础之上的新的易货贸易,但武器不在交易之内。②

最后的努力

不管怎样,1939年9月欧战的爆发使一直存在的中德合作前景趋于复杂。1939年,德国在对华进口中还占据第三位,贸易额占12.64%,其中绝大多数输往自由中国——不过,从急剧减少的中国贸易状况中确实可以察觉到1938—1939年间,中德贸易下降了一半,贸易总额仅有1.102亿马克。然而,1940年间,德国对华出口额再度猛降,只占中国进口总额的6.45%。③ 由于英国和法国在缅甸和印度支那加强了控制,而使得利用这些路线更加困难,即使当时日本还没有切断它们。然而希特勒—斯大林条约对钨砂输德是有帮助作用的,当时允许伪装成苏联所购货物的钨砂经香港出口,用苏联货船运往符拉迪沃斯托克,在那里通过漫长的跨越西伯利亚的铁路运往德国。德国从中国进口的钨砂总数已从1938年的8962吨下降到1939年的4142吨,几乎所有这些都是在1939年头三个季度中运到的。④ 苏联自1938年以来通过它同重庆签订的易货协定,已获得了中国钨砂产

---

① 《德国外交政策文件》D辑,第8册,no.345,第397页,"比德尔(重庆)致德外交部"(1939年11月11日)。
② 《德国外交政策文件》D辑,第8册,no.368,第418页,"里特尔备忘录"(1939年11月17日)。
③ 联邦军事档案馆:WiⅡC,2,国防经济部论文:《东亚的经济情况》,附表:《德国同中国的国际贸易》(Deutschlands Aussenhandel mit China)。
④ 联邦军事档案馆:Zug51/66,no.33,国防经济部论文:《中国的经济力量》,附录十二;耶尔格—约翰内斯·耶格尔(Jörg-Johannes Jäger):《第三帝国对外国的经济依赖——以钢铁工业为例》(柏林,1969年),第264页。

321

量的很大部分;但由于德苏经济合作在1940年所取得的进展,德国也从中国获得了约420吨钨砂。除了西伯利亚铁路之外,矿砂还通过陆路运输,"由骆驼和卡车沿古丝绸之路"运往阿拉木图,然后转道莫斯科运往德国。①

不能再期望一个处于战争状态的德国对华提供武器了,且由于德国人用缴获的波兰装备作替代品,蒋介石对(德国)也不再感恩。② 但1940年期间,德国在重庆的影响仍然很强,这同中德贸易规模以及居住在这个战时首都的德侨数量均极不相称。当时的德侨基本上是这些人:5名不顾纳粹的威胁依然留在中国为蒋介石服务的德国军事顾问,奥托·沃尔夫公司和礼和洋行的几位代表,记者沃尔夫·申克(Wolf Schenke)——他兼任德国国防军情报机构驻重庆的代表,德国代办比得尔博士(Dr. Bidder),蒋介石的保镖瓦尔特·斯特涅特,以及合步楼代表路德维希·维尔讷。自由中国还对德国抱有期望,维尔讷在整个战争期间均住在重庆,并靠孔祥熙提供的薪金生活这一事实,再明显不过地说明了这一点。③

在1940年5月,合步楼的账簿上还有总值9 900万马克的中国订货,其中包括一些中国已经付款但还未收到货的项目(如潜水艇)。④到1940年7月,考虑到德国在欧洲的胜利可能使它的地位比斡旋亚洲和平时更加强大,中国对德国的兴趣更多在于政治而不是经济了。1940年上半年,德日关系仍然冷淡,尽管日本人在希特勒-斯大林条约签订之后力图恢复日苏关系,也尽管在德国对低地国家*的胜利

---

① 耶格尔,第267—268页。
② 考西,第372页。
③ 访问路德维希·维尔讷(1977年8月8日);访问弗莱特欧。申克,第37—39页,第47页,第159页。也可参见在重庆的德国人档案,藏于"国史馆",外交部281/25(1940—1941年)。
④ 访问路德维希·维尔讷(1977年8月8日)。
* 指荷兰、比利时、卢森堡三国。——译者

第八章 尾声 1938—1941

(1940年5月)后,日本希望加入柏林—罗马轴心国。① 在日本几乎完全处于外交孤立的时刻,由朱家骅领导的重庆亲德力量为获取德国支持对日谈判而做了最后一次努力,他们提出了重建传统的中德友谊的承诺。5月在柏林进行了试探,当德国6月对法国的闪电战取得胜利后,这项工作的劲头便更足了。②

1940年7月7日——中日战争爆发的第三周年——当时的国民党中央宣传部部长朱家骅致函德国武装部队最高指挥官威廉·凯特尔(Welhelm Keitel)元帅。朱就德国在欧洲的胜利向凯特尔表示祝贺,称这一胜利"极大地鼓舞了我",对"从事自救斗争的中国人民来说确实是极好的教育"。朱竭力主张德国应利用它在欧洲的统治地位来建立欧洲和平并将它的注意力再次转向远东。在做了日本决不会打败中国,也根本不能够帮助德国的警告之后,他暗示,现在是德国通过外交途径介入中国利益,保证其在战后中国的地位的时候了。由于德国处于统治地位,孙中山关于第一次世界大战后"国际发展中国"的愿望在即将到来的战后时期有望变成现实:

> 我们需求德国援助的程度远远超出一般人民的想象。中国人民深入而普遍地尊重德国的科技和工业。最重要的是,国民党对贵国的政策(总是)有一种亲密无间的特殊感情。从孙中山时代直到现在,这种感情从没有消逝。因此,在战后所有的重建工作中,我们必须得到你们更大的援助。无论在任何领域,以何种方式,中国的复兴都能使德国受益。③

两个星期以后,申克向德国国防军报告说,蒋介石计划派一个高

---

① 马丁:《在中国与日本之间的德国》。
② 《德国外交政策文件》D辑,第9册,no.327,"魏茨泽克备忘录"(1940年5月27日)。
③ "朱家骅致凯特尔"(1940年7月7日),见《朱家骅先生言论集》,第657—659页。

级代表团赴柏林进行谈判。① 在德国此次斡旋和平中,自由中国所要求的条件不详,但在上年秋天,中国大使陈介就已建议,中国愿意正式承认"满洲国",并同意日本在华北的经济特权,以换取日本军队从华北非全面撤退。② 这些条件似乎同日本外相松冈洋右——日本对华政策在他任内得以调整——在1940年夏末乐意制定的谈判条款比较接近,尽管该方案以重庆与汪精卫傀儡政府间的协议为前提条件。③

这一尝试因德国在"不列颠战役"中未能征服英国而告吹。希特勒因此变得更愿意听从日本人关于建立一个联盟的意见,这主要是为了阻止美国参加一场两面战争,促使美国人放弃英国。一个主要是泛泛而谈的"防御联盟"经过谈判迅速变成了包括意大利在内的"三国同盟条约"。④ 在一次愚蠢的外交行动中,里宾特洛甫试图迫使蒋采取一项在政治上根本办不到的步骤:参加"三国同盟条约"(1940年9月27日该条约签字时他未参加),当此事在重庆传出后,引起了蒋介石的共产党盟友的强烈反对,他们指控"中国的动摇分子"正企图发动"一场新的反共运动,并以此作为中国向日本投降的理由。"⑤

即使是在三国同盟条约签订之后,德国斡旋和平的机会也还是存在,因为当时日本正威胁说,如果重庆依然不屈服的话,它将承认汪精卫傀儡政权为代表全中国的政府。里宾特洛甫此时根本不是一个"诚实的中间人",尽管由新任驻德武官桂永清率领的一个代表团于1940年秋抵达柏林,但纳粹和日本联合对中国施加压力和威胁,致使斡旋

---

① 联邦军事档案馆:Zug51/66, no.95a,电报,"重庆致国防军总司令部"(1940年7月20日和22日)。
② 马丁:《第二次世界大战期间的和平倡议与强权政治》,第413页。
③ 马丁:《第二次世界大战期间的和平倡议与强权政治》,第419页。
④ 马丁:《在中国与日本之间的德国》,第608页。
⑤ 马丁:《和平倡议与强权政治》,第419页;关于新四军和八路军的抗议,引自《美亚杂志》(Amerasia)第4期(1941年2月),第545—546页。也可参见考西,第383页。

第八章 尾声 1938—1941

失败,迫使中国更明确地投入美国的怀抱。在日本承认汪精卫的同一天(1940年11月30日),罗斯福总统宣布给予重庆1亿美元的信用贷款。①

此后,经常谣传中德要恢复友好关系,这似乎主要是重庆为了获得美国更多的援助而采取的一种策略。例如,蒋介石1941年初在接受一家报纸采访时声称,除非民主国家增加对重庆的援助,否则中国将认为完全有理由转而依靠轴心国家,包括同日本媾和。② 但是希特勒1941年6月对苏联的进攻,虽然疏远了日本,也结束了德国和自由中国之间残留的最后一线联系。为了平息日本的怒气,德国于1941年7月1日承认了汪精卫政权,重庆第二天就同德国断绝了外交关系。然而,甚至在这以后,西方报刊上还谈到在重庆存在一个由亲德官员(大概以朱家骅、孔祥熙和俞大维等人为首)领导的"纳粹阵线"。③ 直到1941年12月1日,官方的重庆电台还宣称,如果西方国家不赶快提供更多援助的话,中国可能被迫与日本和解。④ 只是在日本袭击了珍珠港,美国直接卷入了对日战争后,中国才最终停止了同

---

① 关德懋:《烽火柏林的外交生活》,《传记文学》第28卷,第3期(1976年),第52—58页;第4期,第49—50页;马丁:《和平倡议与强权政治》,第421页;阿瑟·扬格:《中国的战时财政》,第105页。关于1940年秋的"和平攻势"文件参见《德国外交政策文件》D辑,第11册,nos. 257、270、315、336和527。

② 引自考西,第384页。

③ 泰勒(J. Taylor):《在中国的纳粹阵线》,《美亚杂志》(1941年12月),第433页。

④ 考西,第390页。在德国承认汪精卫政权的同一天(1941年7月1日),德国在重庆的消息来源报告说,孔祥熙急切地要同柏林重新对话。申克在6月30日报告道,重庆对于德苏战争的爆发公开表示高兴,同样也期待着"德国人的巨大胜利"。重庆对苏联的援助已感到不甚乐意,这是因为直到德国进攻苏联之前,苏联仍然侵占着中国在中亚的领土;由于德国的进攻,他们的军队才被迫撤退。他们还怀疑苏联暗中援助中国共产党,同时也抱怨俄人在向重庆提供援助时在原材料方面的要价太高。华盛顿国家档案馆:T—120,Ser. 191,roll 180,第138808页。然而,应该值得注意的是,申克的报告对1940年以后德中合作的可能性估价过高。当时可能存在的合作形式只限于突破封锁线进行走私:参见"国史馆":外交部,312—116/30,尤其是"翁文灏致外交部"(1941年1月31日)。

325

德国的调情,并于1941年12月9日对德宣战。

如果说中国人在美国找到了武器和信贷的新来源,他们的钨砂也输往美国的话,那么德国人就再也无法找到这种战略矿砂的替代来源。正如翁文灏1939年对一位美国外交官所说的那样,即使是在最好的时候,德国人"也坦率地说,德国并不满足于目前的原料供应,而必须进行储备"。① 但是从德国国防经济部和统帅部矿业经济办公室的战时档案中可以清楚看到,尽管自1933年以来,德国采用了哄骗、投资和订合同等各种方法,但它们的储备仍然不足。当它们的日本伙伴得到了中国钨砂生产能力的一部分时,它们就为自己留着。② 1943年11月,阿尔贝特·施佩尔(Albert Speer)向希特勒报告,将不会再有更多的矿砂进口了,供应最多只能持续10个月。③ 当德国受到矿砂即将用尽的威胁时,军队军械部门官员的反应可想而知。在最后的阶段,又提出了一项新的易货贸易计划,"设立在中国的德国(贸易)公司"应该购买钨砂,并用黄金来支付。④ 但这些公司——德国政策本身的牺牲品——已经不复存在了。

---

① 《美国外交关系》,第661页,"佩克致赫尔"(1939年3月28日)。
② 华盛顿国家档案馆:T—82,roll 63,第213164页及以下几页。
③ 阿尔贝特·施佩尔:《第三帝国的内幕》(纽约,1970年),第316页。在1941—1944年期间,葡萄牙与西班牙是德国钨矿的主要来源。四年中,他们能够供应给德国的钨矿总数只有4 112吨,还不到中国对德出口钨矿最多那一年数量的一半。1943年初,希特勒本人也直接关心钨的短缺问题,同年7月,某些类型的军火因缺钨而被迫停产。耶格尔,第267、281页。也可参见詹姆斯·科塔达(James W. Cortada):《美西关系、钨与第二次世界大战》(巴塞罗那,1971年)。关于从东亚继续进行的有限的钨矿走私,参见米夏克斯书。
④ 参见华盛顿国家档案馆:T—82,roll 63,第213391页。

结　语

如同1917年的宣战一样,中国人1941年的对德宣战,与其说是一种反德举动,不如说是希望借此来博取盟国的援助,有位名叫贝弗莉·考西(Beverley Causey)的美国历史学家在1942年写道,中国第二次对德宣战意味着中德关系一个周期的终结。考西推测,新的周期也许会在第二次世界大战结束后再起步,那时德国仍可能"在中国找到友好而又有利可图的前途"。① 他的推测并没有成为现实。在希特勒给德国人民的两个选择——"世界强权或者败落"——之中,后者成了德国寻求世界霸权不可避免的结局。当被缩小了一半的那个资本主义德国复兴为经济强国之时,一个"崭新的"共产主义中国却基本上对世界市场关闭了大门。奥托·沃尔夫·冯·阿梅龙根(Otto Wolff von Amerongen)对中国市场抱有与其父辈同样的热情,经他牵针引线,1957年联邦德国的"德国工业东方委员会"与中华人民共和国签订了一项"易货贸易协定",协定的交易仿照了早年的方式——以中国的原材料换取德国的工业品。但是,两国官方的外交关系直到1972年才正式建立。中德经济关系缓慢却持续地发展到1960年代末,后来由于中国"文化大革命"的冲击而陷于停滞。只有在中国的"四人帮"

---

① 考西,第402页。

倒台后，它们才重新恢复了上升的势头。①

因此，研究两次世界大战之间的中德关系，首先要注重它所依存的条件以及它分别向我们昭示的德国和中国的情况，而不仅仅把它当作是一个延续过程的组成部分。

对两个国家来说，它们的双边关系自1921年起就是对19世纪末20世纪初帝国主义实践的背离。一种建立在平等与亲密原则基础之上的关系，无论对中国还是对德国在东亚的利益和政策来说，都是全新的。在所有大国中，唯有德国在东亚既无政治特权，又不占有他国领土，而只有经济利益。在1920年代和1930年代的十多年间，强权政治的观念尚未主导中德关系，它获得了实质性的进展。然而，随着希特勒统治的确立，富有侵略性的强权政治在德国复兴，中德成功合作的基石被抽掉了。德国与中国的关系是希特勒强权政治的牺牲品，它在华北与扩张主义的日本进行合作完全是错误的判断，其作为已经回到了帝国主义时代。

使人啼笑皆非的是，中德经济关系顺利发展的那段时光，很大程度上是确立在军备贸易之上的，而这种关系却以双方将在新的一场世界大战中成为敌对国家而告终。军阀时代或南京政府建立的最初几年，陷于内战泥淖的中国为忙于重整军备的德国提供了一个绝好的市场，它还拥有充裕的战争资源。1931年后，中国准备对日本作战，它不仅从德国找到了建设现代化军队和战时经济的榜样，而且还通过为德国提供其重整军备所需的基本原材料，切实赢得了德国的帮助。

尽管地处不同的大陆，两个国家对未来战争的这种准备，给它们的关系带来了一种挥之不去的阴影。但无论如何，它仍是国民政府在南京执政的十年当中所拥有的最密切、最富成果的对外关系。撇开经

---

① 法布里采克(Fabritzek)，第233—239页。1957年协议原文可在第278—281页中找到。

济因素不论,德国工业界与中国崛起的新一代经理、科学家及工程技术人员之间日益加深的联系,预示着将来会在经济领域有密切的合作。自然,没有人能知道,假如双方在最终爆发的那场战争中都能打得更出色的话,中德关系会演变到什么地步。我们只能说,一种在很大程度上是建立在各自军事需求上的关系,只能靠在战争中的运气来决定其命运了。

然而,在短暂却活跃的中德关系存在的期间内,中国与西方的经济关系从根本上得以改观。如果说(西方在中国)追求经济"让步"与特权是帝国主义时代的特征,它随着第一次世界大战的结束而逐渐中止的话(日本除外),那么在20年代和30年代初,西方对中国的投资就不知该建立在什么基础上了。在民族主义的中国政府可以接受的条件下成功地重新吸引外国投资,标志着一个时代的终结。德国在华投资的条件是,建立一种双方经济上互通有无的关系,在经济关系中视中国为平等的伙伴,承认中方对中德合作的一切设备拥有完全的控制权。特别是,要遵从国家资源委员会在"三年计划"中规定的中国经济主权的原则,这些原则自出台后就无人能成功地与之相对抗。在同一时期,德国向中国提供贷款的意图也迫使其他国家,尤其是英国,重新审视其原先对中国市场谨小慎微的态度,到1937年时,它们试图与德国人进行竞争,而德国人是在接受中国人所开列的优惠条件下对华贷款的。"四国银行团"的让位或许是此一进程的最好体现。

在德国国防军和工业集团的利益主宰着德国对华政策的日子里,出现了一种在帝国主义时代难以想象的,尚处于萌芽状态的援助他国发展的努力,先是通过军事顾问团、后是经由"合步楼"所提供的技术援助,虽然它在结构上(以及政治上)与50年代及60年代在西方和第三世界国家间迅速发展起来的那种双边或多边援助计划并无多少相同之处。可以确定的是,德国30年代对中国的援助,受制于德国工业外交的出口战略,很少有人将它说成是一种深谋远虑的发展"模式"——"模式"这一概念更像是由中国人提出来的。德国的在华努力中某些成功的因素以及所面临的危险,是第二次世界大战后筹划更为缜密的援助计划时常常被借鉴的。

强权政治的因素实际上从来就未彻底消失过:1933年后的中德关系至少部分是希特勒关闭苏联市场的产物,德苏关系的演变恰恰就是强权政治所致。但在国际强权政治直接冲击到它们的努力之前,德国人在中国取得了引人注目的成功。它们在对华贸易中赢得的巨大利润也使西方的竞争者们付出了代价,它们的投资不但没有威胁到中国人对经济的控制,反而是有意识地去扩展南京的政治、经济、军事权力。然而,在这种援助形式中,也潜伏着两种危险:其一,是德国卷入中国内部政治冲突的威胁,如1934至1936年间与广东省政权短暂的调情举动;其二,更重要的则是因本国政府政策的骤变而招致的灾难。事实证明,正是第二种危险使德国人在中国的苦心经营毁于一旦。

对德国体验的透视

就德国方面而言,与中国联系的扩展,是随着其在第一次世界大战后全球范围的武器及机械出口而成长起来的。1920年代德国国防军和工业界在同苏联、东南欧、拉丁美洲建立军事联系方面的合作,为在南京的国民党政权稳固后同中国发展军事—工业关系树立了样板。然而,只是到1933至1934年德国在纳粹政权下加紧重整军备之时,中德交往的坚实基础才通过各种的易货和信贷协议得以奠定。这些协议,加上在此前后对中国管理经营精英分子的培训(它是内容广泛的"德意志文化宣传"的一部分),导致了德国在中国军事和工业领域中确立了一个无形的、非政治的"势力范围"。

结　语

德国在华的新地位是由国防军、各主要工业公司透过全德工业联合会所属中国研究学会的活动，以及1933年之后希尔玛·沙赫特的经济政策相互的利益渗透所造成的。这些因素加在一起，造就了一个德国式"中国院外活动集团"，它所设想的中德关系的进程先是与德国外交部，后是与纳粹党领导人的思路大相径庭。如果说日益乏力的威廉大街确实无力阻止德国在军事上与经济上卷入中国事务，这种卷入有悖于德国官方在亚洲推行的中立政策，那么，与之截然不同的希特勒强权政治，却成功地挫败了军队和外交部双方在亚洲的努力。

德国在华所显示出的各式各样政策，反映了"第三帝国"内部不同势力集团间的相互矛盾与倾轧：军事工业界的领袖，它们所追求的是二十年以上的持续利益；政府职能部门的官僚，它们试图在德国的力量和利益都很有限这一概念基础上推行平衡外交政策；一个"革命的"纳粹党领导集团，它们遵循着希特勒激进的、充满种族主义意识形态的扩张路线，幻想德国重返"世界大国"的行列。

实际上，早在1937至1939年德国在华各种相互矛盾的努力暴露无遗之前，德国国防军及工业界在中国的成功就已经损害了另一些德国人的在华利益，即那些属于汉堡—不来梅贸易协议的公司的利益。1928年中国公使馆内建立的贸易处，1931年中国研究学会的设立，及从1934年开始运作的"合步楼"，目标都在削弱传统中间商在贸易中的作用。希玛尔·沙赫特的出口扶植体系只适用于帝国政府同意补贴的企业。政府始终只资助那些规模大、竞争力强的公司，而较小的德国进出口公司与外国竞争者相比，则毫无优势可言。尽管"合步楼"签订的一些合同规模之大确实超过了老式"中国商行"的能力与想象，但那些被排斥在外，正在为生存而战却吃了败仗的商行不会因此聊以自慰。1920年代在苏联就曾因为只确保那些特选的大企业投资，结果失去了许多未受担保的生意，同样的情况在中国重演。

德国对华政策中最有力量的两条"路线"早在1933年就处于对立状态,它们一方代表了军界与工业界,另一方则是纳粹领导集团,但直到1937至1939年间彼此才发生了正面冲突。希特勒可能愿与中国进行某些短期的交易,但他既不具有德国工业界那种将日益繁荣的中国市场看作德国产品销售地的眼光,也无军方那种把中国当成一座必需的战略原料仓库的思想。他关于德国未来需要的设想,建立在德国人只需武装到能打赢一系列短促的"闪电战"的目标之上,此后即可用武力攫取它争夺世界霸权所需要的原料储备。比起他那征服一切的野心,中国市场及其矿产这些琐碎的问题太微不足道了。如果亚洲能在其战略中发挥一部分作用,希特勒也只会选择日本,而不是中国作为伙伴(即使是不能合作的伙伴)。

德国在中国拥有利益的这段历史,折射出德意志帝国自身持续不断的发展。国防军方追求其在魏玛时期就确立的目标,纳粹在1933年后曾是支持这一目标的,但随后又将其摧毁,这与它们在中国的表现互为表里。德国工业界的雄厚实力得益于军队,它们在国外的境遇如同在国内一样,都曾借助国家给予的优惠待遇去挤垮势单力薄的竞争者,直到有一天它们意识到自己也不过是"更高级"目标的牺牲品。最后,纳粹党在德国统治的实质也在其亚洲政策中得以体现:倒行逆施的政治支配了经济,最终使两者同归于尽。

对中国体验的透视

就中国方面而言,1930年代的中德关系或许是中国国民党为使中国现代化,跻身于世界经济体系的努力中最明确的成果。中国国民党自孙中山开始就致力于"国际发展中国",孙是意识到中德军事与工业合作可行性的第一人。孙遗留给国民党一个雄心勃勃的国家发展战略规划,它强调在国家指导下的革新技术,尤其是在交通和重工业领域。蒋介石其后又增加了自己的内容:创建一支现代化、世界级水准的军队。

只是到了1931年,孙中山的理想在用"国防经济"的概念加以压缩并修改后,才在同德国的合作中找到了得以实现的手段。虽然中德合作是从蒋介石利用德国人才重组其武装力量正式起步的,但与德国合作的意愿绝不只是蒋个人所独有,或只是其政权"军事化"的结果,中国政治界与学术界的领袖们也同样发出了这样的呼声,在九一八事变后对中国经济发展进程的共识,促成了他们与蒋介石的合作,并到南京政府中去做官。构筑中德关系的,并不是那些黄埔出身的军事将领,而是南京政权中那些与经济发展有关的"最好也是最有才干"的人士——翁文灏、钱昌照、蒋廷黻、张嘉璈、俞大维和朱家骅。

除了中德合作的现实性需要这一基础之外,蒋介石和其他的领导人还确信,日本人曾经依靠学习德国经验获得成功——德国也能够为另一个"后来者",即中国提供殷鉴。

德国在19世纪最后的三十余年里,从分裂状态迅速发展为世界性的经济和军事强国,这似乎展示了一种希望:国家的振兴之路并不必定是一个缓慢而痛苦的过程。德国在第一次世界大战中的挫败,虽远未危及德意志帝国的存在,却使它沦为与中国同属"不平等条约"重压之下的"无权"国家。魏玛和纳粹政权下所谓的那种德国"复兴",足以用来说明德国人和中国人对待"压迫"的不同反应。纳粹政权在引导全民追求国家重建和重返国际舞台的双重目标方面,似乎已经获得了成功。即使是对复兴德国的广泛景仰尚未发展成"中国法西斯主义",但德国是最适合帮助中国"国家建设"的强国这一观念在物质上和精神上都有清晰的体现——在中国工业和军事现代化的进程中,在蒋介石尝试融德国与中国的政治、道德观念于一炉的新生活运动中,德国的决定性影响是显而易见的。

当然,并没有一个单纯而清晰的德国发展"模式"供中国借鉴。孤立地看,在南京十年间从德意志输送到中国来的观念并无多少连续性。马克斯·鲍尔是一位"国家布尔什维克主义"的文人批评家。汉斯·冯·塞克特所奉献的是一个普鲁士式的概念,即精锐的军官团是国家富强的关键。蒋介石一手扶植的蓝衣社*运动寻求的是在"中国的希特勒"统率之下的军事化和新生。然而,从总体上看,德国经验的方方面面造就了这样一个国家的形象:尽管随时都有障碍,国家的领袖与公民们已经为强有力的国家结构奠定了基础。

因此,任何德国"模式"都必须从国家的现状而非意识形态的角度来看待,并首先将其视为南京十年期间中德两国在军事、经济和文化方面密切联系的副产品。从中国人这方面来看,概括中德关系的最佳办法,或许是简要考察一下国民党政府在与德国的合作中,或从其对德国的基本认识出发,是如何处理几个基本难题的:即军事现代化、工业发展和民众动员。这是20世纪所有的中国政府都会遇到的问题。

军事现代化

自清代起,按西方模式组建中国的武装力量已经成了国家生存的先决条件。从国内讲,现代化的军队是20世纪里一个派别制服其他势力的工具。毛泽东发现"枪杆子里面出政权",是其1927年遭到蒋介石那支主要受苏联训练的军队镇压的结果。民国初年居主导地位的政治势力,正是那些最易获得外国军事装备和专家帮助的人。在解雇了苏联顾问后,对身为军人的蒋介石来说,没有什么能比转向德国这个世界主要的武器出口国和传统的军事科技强国更自然的了。

---

* 应为复兴社。——译者

结　语

但是,蒋介石及其德籍顾问的所作所为,在中国历史上是前所未有的。通过一个集中统一的军事院校系统,借助于只从一个特定的国家引进武器、军械和专门技术,并依靠在此基础上建立的中国军需工业,他们希望达到军事物资、军事训练和军事伦理的标准化。简而言之,他们的目标是要建立一支属于国家的职业军队,它在理论上说是不问政治的,在任何情况下都只效忠于蒋介石的中央政府。

蒋最终依照汉斯·冯·塞克特提出的原则来重组其军队。塞克特根据自己的经验总结出如下观点:一支由可靠的军官团统率的精锐部队,是"统治权力的基础",这里面也包含了普鲁士式以阶级为基础的军事理论的精髓。可要把这一观念运用到中国,还有一些困难。

在帝国时代,德国军队及它代表的那个阶级是"统治权力的基础",这远远超出了纯粹的军事意义。而在中国,军队从一开始就不是依阶级来划分的,既缺乏军事伦理的传统,在军队和国家之间也不可能有广泛的社会联系。延续至今的军事分裂主义则是重建军队的大敌。青年军官团的组建必须从零开始。对此,既缺少时间,又没有先例。

公元前3世纪的哲学家荀子说过:"民犹水,君犹舟也。水能载舟,亦能覆舟。"蒋介石想用将军队之舟与水相分离的办法,避免这种危险。他对军队的社会作用有如下看法:军队可以成为全民团结与遵守纪律的道德楷模,它的"精神"足以成为民众的榜样。更重要的是,他试图通过集中供应和使用所有物资的办法,从物质上把军队与社会分开,以此来改变中国军队有史以来的低下地位,军队历来是靠人民供养的,人民视之如瘟疫。回顾过去,人们就会发现,这是所有力图创立一支成功军队的中国当权者所能选择两条途径之一。另一条是毛泽东的路线,要使军队成为人民的一部分。毛比荀子更高明,把军队融入民众之中,他说:"军队是鱼,人民是水。"①

其他问题也制约了普鲁士模式在中国的运用。在德国,军队的威望与其在对外战争中的功绩休戚相关。它不愿也不能被用来维持国内秩序。而蒋所需要的是一支既能统一国家,又能抗击日本侵略的军队。由德国人训练的军队特别要执行后一项任务。因而它的装备和训练都将是世界级水准的。然而,穿上德式军服并不能给这支军队带来威望和声誉,声望要靠在战场上赢得。蒋介石新式的精锐部队在1937年遭受到毁灭性打击后,已经基本丧失了执行其两个既定任务的能力。

对蒋要引进军事现代化而言,更大的困难是资金问题。当时的税收来源要比今天的中国小得多,基本上来自商业和有限的现代工业部门,引进军事现代化所需的费用超过了中国的承受能力。或许,今天的中国政府面临的选择要多得多,因为同许多欠发达国家一样,中华人民共和国用于军事方面的经济能力(如工业和农业)要比民国南京政府时期强得多。那时,将军队限制在纯粹的军事活动中,使它与社会分离,需要一笔巨大的财政开支。今天的中国仍面临同样的问题:没有一支用世界级水平训练和装备起来的职业化军队,能够抵御现代化军队的入侵吗?或者说,在中国相对贫穷但人口资源丰富的条件下,防御性的"人民战争"真是合乎逻辑,且在政治上也算是明智选择吗?

最后,仰赖外国帮助实现军事现代化有一个致命的危险:一旦政治风云有变化,外国的帮助就会消失。1938年德国顾问们奉希特勒之命突然撤走,大规模的援助也在最急需的关头中止,迫使蒋介石为援

---

① 《荀子》,伯顿·沃森(Burton Watson)译(纽约,1963年),第 37 页。关于荀子同毛泽东的对照借用了费正清《美国与中国》第 4 版(麻省剑桥,1979 年),第 292 页。

助而四处奔走,先是找苏联人,后又求美国人。军事依赖的政治后果同样地惊人,中国随即加入了所谓的"民主阵营",这在几年前看来是不可思议的事情。

工业政策

九一八事变后,国民党工业规划者们的基本目标是,增强工业生产能力以应付一场现代化的战争。由于德国是具有最先进的国防经济观念而又愿意为中国工业的前途投资的国家,因而德国援助之下的军事重建与德国援助之下的工业化便得以双管齐下。

出于意识形态、政治和经济方面的理由,重工业化将在国家控制下进行。孙中山提出了这样的信念,只有工业国有化才是避免外国人（或中国的私人）控制国家现代经济的正确途径,他对资本主义和利润原则也抱不信任的态度。大多数的国民党领导人赞同他的观点。除此之外,1930年代还有这样一种论点,即德国、意大利,甚至苏联等一些复兴的国家就是由于从国家利益出发控制经济进程,才获得了成功。南京政府通过与一家代表德国其他大工业企业的国营公司合作,试图避免造成与私人资本协作的形象。

资源委员会在中国中南地区建立一个"新的经济中心"的尝试,虽然主要是出于战略考虑,但这对以往中国工业集中于通商口岸地区的格局是个重大突破。它预示了其后中华人民共和国将工业发展,重心迁至内地的努力。在国民党时期,似乎还缺乏如何把国家经营的重工业与其他经济部门有机地融为一个整体的观念。资源委员会和蒋介石保持着"个人的联合",它的基本目标是为其政权实现工业自给自足,为国家创造财富。资源委员会在工业领域内核心工作的性质,更像是一种"国家资本主义",而非"官僚资本主义"。这种本质似乎为下列观点提供了论据：即在其统治期间，该政权基本上是一种"自主的力量"。① 最起码它自信是在奉行旨在维持本身自主性的政策，并将此视为与"国家利益"同等重要的位置。1930 年代起步的工业建设，被直接引导到最急切的国防需要上了。如果它能获得一段和平时间而侥幸完成，我们仍不清楚它能在什么情况下对中国经济有所回馈。这一经济大体上划分为通商口岸的沿海地区和以农业为主的广大内陆地区。倘若没有整体经济的观念，不能认清农业在未来工业发展中的作用，国家指导下的工业似乎有可能会成为一个不断扩张，同时却又是孤立的国有经济部门。

国民党政府在 1930 年代缺乏向农业征税的能力，哪怕只是将它作为资助工业化的辅助手段。所以对任何达成工业化的努力来说，控制中国的对外贸易就是生死攸关的了。后来的人民中国切实地做到了这一点，它对国内经济行使着充分有效的控制权。在民国南京政府十年间，对外贸的控制意味着对中国矿产资源，再稍扩大一点，包括某些农产品的控制，它们构成了中国出口的主体。南京政府在此方面取得了一定的成功，这也反映出它对政治和领土控制能力的增强。

中德在工业领域的合作，至少从理论上说是中国在某些方面寻求自给自足的一个步骤。实际上，实现目标重要的第一步已经迈出，合作中所规划的是一种模仿，但又不是完全依附性的工业结构。但是，像军事现代化一样，外国援助下的工业化也有着仓促收场的危险——这种情况随着日本的入侵而出现，它使工业设备的交换成了泡影，还对"新经济中心"形成了军事威胁。

注意到下列现象是有趣的，某些 30 年代由中德合作开工的建设

---

① 参见易劳逸：《流产的革命》，第 286 页；科布尔：《上海资本家与国民政府（1927—1937）》（麻省剑桥，1980 年），第 268 页。

项目(如湘潭钢铁厂),是中华人民共和国在苏联人帮助之下竣工的,中国人也是以出口矿产品作为偿付手段。然而,无论是对人民中国还是国民党政府均存在着同样的危险,就是外国对工业化的援助可能会中断。正如托马斯·罗斯基(Thomas Rowski)所指出的那样,只有到苏联在1960年撤销了技术援助的时候,"才使中国工业最终摆脱了对外国援助的舒适依赖,并迫使生产部门去发展创造能力,这种能力才是工业化经济,而非落后经济的一个重要特征"。①

民众的支持

国民党领导人所面临的一个中心问题是,如何无须用动员的方式就能激励民众,如何向民众灌输梁启超所大力倡导的"公德","公德"是老百姓普遍缺乏的。在地方一级,这是通过所谓的"地方自治"来推行的:即将官僚控制延伸到内地,从而将地方的控制权从"土豪劣绅"手中拿过来。② 但在中央一级,一种完全不同的观念曾风行一时:即法西斯主义的观念。

国民党内崇拜德国法西斯主义的人士中,对法西斯主义的取舍各有不同。对某些军官来说,它是建立权威政府的手段;对那些希望实现现代化而又不想否定儒学遗产的人来说,强调"种族意识"的纳粹主义似乎是振兴国民精神的方法;而在另外一些人看来,它却像是控制现代经济的适当工具。以上差异有助于确认一点,即事实上并没有一种明确清晰的"中国法西斯主义"。当然,所有派别都隐约地将法西斯

---

① 托马斯·罗斯基:《生产资料工业部门的增长,1900—1971》,见珀金斯,第233页。
② 参见孔飞力(Philip A. Kuhn):《民国的地方自治:控制、自主与动员的问题》,载魏斐德(Frederic Wakeman)和卡罗琳·格兰特(Carolyn Grant)编:《中华帝国晚期的冲突与控制》(Conflict and Control in Late imperial China)(加州柏克莱,1975年),第257—298页。

主义视为时代进步的标志,而不是一种反动的反革命现象。这样看来,一份名为《前途》的刊物大肆宣扬法西斯主义的优越性就不足为奇了。

法西斯主义在中国的短暂命运,说明了将一国的政治观念移植到另一个国家是何其困难。即使在"中国法西斯主义"的观点被普遍抛弃后,不少与法西斯主义有关的主张仍有其生命力。许多倡导者将法西斯主义的成功归结为一个至高无上的领导,尤其是一个能握有铁的纪律及获得广泛支持的独裁领袖。蒋介石到1938年仍然强调,"战争的结局,不是取决于几座城市的得失,而是领袖如何指挥人民去抵抗"。

但是,蒋和其他人都误解了,或翻译者根本就译错了,"领导"与"统治"之间存在着差异。在国家社会主义的理论中,"领导"是指从群众运动中涌现出来的富有魅力的领袖,"统治"则是特指专制主义的统治。①

中国那些崇拜法西斯主义的人,大多看重的是后者,因为他们所刻意模仿的是法西斯体制,而不是法西斯运动。在德国,国家社会主义运动与希特勒政权之间有明显的区别。后者包括了希特勒的政治纲领、官僚机构、政治机器,及在极小范围内的"运动"。确实,运动在希特勒政权建立之初,几乎没有地位并遭到过取缔。但运动对建立法西斯政权是必不可少的,那种认为一个国家可以不经过奋斗便能收获,可以跳过最初的动员阶段也能实现国家"军事化"的观点,是对欧洲法西斯主义的误解。

蒋介石1934年发动新生活运动的目的,或许是要创造一种凌驾

---

① 参见弗兰茨·诺伊曼(Franz Neumann)就"国家领导阶层中具有超凡魅力的领袖"所作的论述,见《巨兽》一书,第83—97页。

于党、军队和政府之上的"运动",由此使他成为无可争辩的领袖。但新生活运动的内容是儒家道德理想与另一种从德国引进的普鲁士军事体制的混合物,它所强调的是民众的服从,排斥民众的参与。没有他们的参与,就不可能是动员意义上的"运动",而只是一场政治教育运动。

最后,还值得一提的是 20 世纪的中文能够贴切地翻译许多西方政治术语。西方的术语常常是从日文转译而来,但具有恰如其分的中文含义:如民主是"人民的统治",共产主义是"共享产品"。法西斯主义尽管也被翻译了过去,但却从未给它以中文的解释。

中国人尝试着学习外国经验既不是从国民党开始的,也未在它手中结束。自 1842 年后,中国已经与全球政治、经济和意识形态的大潮紧密地联在了一起,可能 1966—1969 年的那一段时间要除外。有的是外国强加给中国政府的,有的则是中国的政治家们出于自身的目的引进的。当中国沦为帝国主义牺牲品的时候,这包含着巨大的危险性,但也提供了大量的机遇。当中华帝国的政治和意识形态结构在 1911 年瓦解之时,对所有信仰不同但都意识到中国当务之急是恢复国家富强、重返世界强国行列的中国领导人来说,他们的面前已摆着不少进步国家所积累的经验,似乎还有许多潜在的伙伴和榜样。

在国民党崛起并夺取政权前十五年的共和时期,北京政坛上就实验过了舶来的政治形式,君主立宪和议会政治。在政府之外,社会主义作为一种意识形态力量,先是以德国社会民主党和俾斯麦国家干预经济理论相混杂的模式,继而又以列宁式共产主义的形式在中国政治舞台上出现了。1927 年国民党政府在南京建立后,孙中山具有折中色彩的思想成了官方的"主义",这一思想很大程度上是西方影响的结果。但与德国的密切合作,实际上导致了对该国某些基本经验的模仿，国民党政府在谋求国家统一、增强经济实力、寻求民众支持的各项努力中，均打上了这种模仿的烙印，所有上述努力都是在日益增加的日本威胁下进行的。

民国初年对外国模式的频繁更换，部分原因是历届中央政府极不稳定，这表现在对国内的控制与中国在世界上地位两个方面。国民党政府也不能够幸免，因为它在中国不代表一个单独的社会集团，而且还受到无孔不入的外国威胁。我们可以将其引进德国在军事、经济和政治方面享有盛誉的经验的举措，看做是它挽救自身岌岌可危地位的挣扎。

蒋介石和许多国民党领导人都对德国的成就留下了深刻的印象：是军事化与工业化造就了德意志帝国。一个精锐而忠诚的军官团，保证并强化了军队作为国家柱石的地位。法西斯主义甚至能够成为"一个衰落社会的强心剂"。① 尽管德国在军事和工业方面的专业技术与国民党所称的"国家建设"十分吻合，且在那些特定的领域内相当的成功，但在更广泛的层次上，德国人的经验似乎并不灵验。当然，有的历史学家对德国的成就并不以为然，这是因为他们看到了德国发展中的一个根本问题，即在经济现代化飞速进行的同时，未能建立起一套行之有效的政治制度和社会制度。回顾一下德国稳定的历程——从危机四伏的君主制走向脆弱的共和制，再走向其存在的目的就是战争的法西斯主义——它就不那么令人羡慕了。我们也许会想到蒋介石的首任德国顾问，他之所以到中国来，恰恰是因为德国的旧秩序已在革命中崩溃了。这里，有必要提起他的继任者关于如何对付共产主义者的"忠告"：把他们统统枪毙。这个办法1919年在德国曾行之有效，

---

① 据说这是蒋介石在一次对蓝衣社发表演讲时所作的评论：易劳逸：《流产的革命》，第40页。

"自然会证明在这儿也同样有效"。①

中国共产党是一支有竞争力的政治力量,它极其艰难地把另一种外国模式——马克思列宁主义——运用到中国的环境中,追求着国家统一、民族团结和在国际上自主自强的地位,而这些也是国民党当年为自己确定的目标。

---

① 魏采尔在江西的第三次围剿中提出的这个建议也适用于在"战区"发现的任何一个农民。联邦军事档案馆:W02—44/2,第123页,"魏采尔同熊式辉将军的会谈"(1931年7月12日)。

缩略语

下列缩略语用于注释和参考书目中。

AA：	德国外交部
ADAP：	《德国外交政策档案》(1918—1945年)，波恩，1966年—
BA：	联邦档案馆，科布伦次
CCWH：	《传记文学》，台北
CCYK：	《军政月刊》，南京(1935—1941年)
CKYK：	《建国月刊》，南京(1931—1936年)
CTP：	"交通部"，台北
DGFP：	《德国外交政策文件》(1918—1945年)，华盛顿，1949年—
FHYK：	《复兴月刊》，上海(1933—1937年)
FO：	英国外交部
HPYK：	《黄埔月刊》，南京(1930—1938年)
KMWH：	《革命文献》，台北，1953年—
KSK：	"国史馆"，台北
KWCP：	《国闻周报》，天津(1933—1937年)
KYTL：	《中国近代工业史资料》，陈真编，北京，1961年
LCTP：	联勤总部，台北

MA：	联邦军事档案馆,弗莱堡
MID：	美国国防部军事情报部门
NA：	国家档案馆,华盛顿
OR：	《东亚评论》,汉堡和柏林(1927—1940年)
PA：	外交部政治档案室,波恩
RDI：	全德工业联合会
SCC：	"国防部史政局",台北
SHHW：	《社会新闻》,上海(1932—1934年)
SMYK：	《三民主义月刊》,广州(1933—1935年)
TFTC：	《东方杂志》,上海(1928—1937年)
TKKWT：	《德国驻华军事顾问团工作纪要》,"国防部史政局"编,台北,1969年
TLPL：	《独立评论》,北京(1932—1937年)
TTKP：	《铁道公报》,南京(1927—1937年)
TYCK：	《资源委员会季刊》,重庆和南京(1941—1946年)
TYKP：	《资源委员会公报》,重庆和南京(1941—1948年)
TYYK：	《资源委员会月刊》,汉口和重庆(1939—1941年)
WCPL：	《外交评论》,北京(1933—1937年)
WCYP：	《外交月报》,南京(1932—1934年)

参考书目

一、中文部分

张奋振(音):《1898年以来之中德外交关系》,上海,1936年
张其昀:《中德文化论集》,台北,1966年
　　——《抗日战史》,台北,1966年
　　——《民族的危机与民族的团结》,《民众论坛》第10卷,第3期(1935年8月1日)
　　——《党史概要》,第5册,台北,1951—1953年
张传普:《德国学史大纲》,上海,1926年
张君劢:《菲希德"对德意志国民演讲"摘要》,《再生》第1卷,第3、5、6期(1932年)
张嘉璈:《从事铁路建设工作的回忆》,《传记文学》,第25卷,第2期(1974年)
张世禄:《德国现代史》,上海,1929年
张素民:《德国纳粹运动之检讨》,《复兴月刊》第2卷,第6期(1934年2月)
张玉法:《中国现代史》,台北,1977年
赵兰坪:《中国经济问题研究》,台北,1956年
《浙赣铁路》,行政院编,南京,1947年
陈秋云:《法西斯蒂与中国》,《前途》第2卷,第2期(1934年2月1日)
陈　铨:《中德文学研究》,上海,1936年
陈果夫:《陈果夫先生全集》,台北,1952年
陈秉范:《中国矿产资源》,台北,1954年
陈　昔:《民族复兴与中国政治》,《前途》第3卷,第6期(1935年6月)
陈少校:《黑纲录》,香港,1966年
程石泉:《论法西斯蒂的起缘及其前途》,《建国月刊》第7卷,第5期(1932年10月)
郑寿麟:《中德文化关系简史》,《新中国评论》,第16卷第5期(1959年),第8—13页;第6期,第19—20页。

程天放:《使德回忆录》,台北,1967年
《江西经济问题》,南昌,1934年
《江西的特产》,南昌,1935年
《江西钨矿之管理》,南昌,1935年
蒋介石:《中国之命运》,菲力浦·杰夫辑,纽约,1947年
——《新生活运动之要义》,1934年2月19日之演讲,《革命文献》第68辑
——《新生活运动之中心准则》,1934年3月之演讲,《革命文献》第68辑
——《新生活运动三周年纪念训词》,1937年2月19日之演讲,《革命文献》第68辑
——《新生活运动的意义和目的》,1934年3月19日之演讲,《革命文献》第68辑
——《庐山训练集》,阳明山,1950年
——《统一与救亡》,《军政月刊》,第7期(1936年7月31日)
蒋恭晟:《中德外交史》上海,1929年
《蒋百里先生全集》蒋复璁、薛光前编,台北,1971年
蒋廷黻:《九一八事变与独立评论》,口述回忆录,《传记文学》第31卷,第5期(1977年11月)
——《行政院政务处长时期》,口述回忆录,《传记文学》第28卷,第4期(1978年4月)
——《革命与专制》,《独立评论》,第80期(1933年12月10日)
——《民族复兴的一条件》,《国闻周报》第11卷,第28期(1934年7月17日)
——《欧游随笔》,《独立评论》,第139期(1935年2月24日)
台北交通部,统计局档案:《铁路财务汇编,民国元年至民国二十三年》
《前途》(上海和汉口),1933—1937年
钱端升:
——《民主政治乎?集权政治乎》,《东方杂志》第31卷,第1期(1934年1月)
——《德国的政府》,上海,1933年《经济战争与战争经济》,王光祈译,上海,1932年
《经济部公报》,1938—1941年
拙　民:《德意志统一时期的外交及吾人应有之教训》,《外交月报》第3卷,第4期(1933年10月)
周先庚:《国防设计与心理技术建设》,《独立评论》,第110期(1934年7月22日)
周　还:《对于德国外交应有之认识》,《外交评论》第5卷,第2期(1935年9月)
周白棣:《国际经济概论》,上海,1936年
周道隆辑:《赣南钨矿志》,南昌,1936年

朱家骅:《中国的邮局和其他交通部门》,今日中国丛书之九,上海,1937年
——《中德文化协会》,朔伯恩·尤(Schobern Jü)译,台北,1961年
——《九个月来教育部整理全国之说明》,南京,1932年
——《1932年中国教育之改革》,《民众论坛》第9卷,第6期(1935年6月16日),第393—417页
——《朱家骅先生逝世纪念册》,《大陆杂志》辑,台北,1963年
——《朱家骅先生言论集》,王聿均、孙斌编,台北,1977年
——《朱家骅选集》,台北,1965年
朱子爽:《中国国民党工业政策》,重庆,1943年
朱玉仑:《实业计划上之矿业建设》,载《实业计划之综合研究个论》,重庆,1943年
庄士宗(音):《德国的内幕》,上海,1940年
《中日战争与世界舆论》,重庆,1939年
《中国近代工业史资料》第3卷,陈真辑,北京,1961年
《中德学制》(北京德国学院),北京,1941—1943年
程义法:《中央钢铁厂筹备概况》,《资源委员会月刊》第1卷,第3期(1939年7月)
《中央银行月报》,1931—1937年
何炳贤:《中德贸易间问题的研究》,《民族杂志》第1卷,第7期(1933年7月)
何应钦:《何上将抗战期间军事报告》,吴相湘编辑,台北,1962年
《希特勒执政后之德意志》,外交评论社,南京,1937年
辛达谟:《法肯豪森将军回忆中的蒋委员长与中国》,《传记文学》第19卷,第5期(1972年);第21卷第1期(1973年)
徐健实等编:《谭祖安先生年谱》,台北,1964年
许朗轩和张明凯编:《中日战史(1937—1945)》,温哈熊译,台北,1971年
徐世昌:《欧战后之中国》,台北(1920年版),1966年
许思邦:《德国政闻种种》,《社会新闻》第3卷,第23期(1933年6月9日);第24期(1933年6月12日)
——《德国之法西斯蒂与希特勒》,《社会新闻》第3卷,第15期(1933年5月15日)
许大川:《所谓中国法西斯蒂的批判》,《三民主义月刊》,第4卷第5期(1934年11月15日)
徐盈编:《当代中国实业人物志》,上海,1948年
徐运舒(音):《翁文灏论》,第1479—1483页
胡传因(音):《中德学会与中德文化》,《中德学习》第5卷,第1—2期(1943年5月)
胡汉民:《论所谓法西斯蒂》,《三民主义月刊》第1卷,第5期(1933年5月15日)
胡　适:《我们需要或想要独裁吗?》,《民众论坛》第8卷,第2期(1935年6月)

——《再论建国与专制》,《独立评论》,第 82 期(1933 年 12 月 24 日)
胡颂平:《朱家骅先生年谱简编》,《历史语言研究所集刊》("中央研究院",台北),第 35 辑(1964 年)
——《朱家骅年谱》,台北,1969 年
——《我所认识的朱家骅》,《传记文学》第 29 卷,第 6 期(1976 年),第 36—38 页
黄　郛:《发刊词》,《复兴月刊》第 1 卷,第 1 期(1932 年 9 月 1)
——《欧战之教训与中国之将来》,上海,1920 年
《1934 年经济情报》,南京,1935 年
《意、德、土访问录》,陈立夫编,南京,1935 年
茹春浦:《独裁、民主与领袖制度》,上海,1937 年
《抗战建国史事研述》,"国防部史政局"编,台北,1972 年
《抗战前十年之中国》,中国文化建设协会编,1937 年;香港,1965 年
《抗战中的中国经济》,延安时事问题研究会,延安,1940 年
金问泗:《新生活运动》,《东西方》(日内瓦),第 2 期(1935—1996 年)
《革命文献》,台北,国民党党史委员会,1953 年—
古　僧:《孔祥熙与中国财政》,台北,1977 年
高平叔、丁雨山:《外人在华投资之过去与现在》,重庆,1944 年
"国史馆",台北
　　总统府:
　　2—12.02.1:行政院关于中德工业合作与经济关系的文件,1933—1938 年
　　2—12.02.1/26:行政院关于全德工业联合会中国研究学会 1930 年访问的文件,1928—1932 年
　　外交部:
　　0351.13/8168(1—8),外交部关于在华德国人的文件
李　璜:《民主与独裁》,1933 年
李国祁:《德国档案中有关中国参加第一次世界大战的几项记载》,《中国现代史专题研究报告》,第 4 辑(1974 年)
梁园东:《中国民族之特点》,《前途》第 1 卷,第 4 期(1933 年 4 月 1 日)
联勤总部,台北:
　　(1) 有关兵工发展材料:《国防工业及武器发展》
　　(2) 兵工署长俞大维的官方技术文件,已辑成《战术与技术》
卫聚贤:《中国民族前途之史的考察》,《前途》第 1 卷,第 10 期(1933 年 10 月)
刘健群:《复兴中国革命之路》,广州,1934 年
——《银河忆往》,台北,1966 年

刘芦隐:《以三民主义批判法西斯主义》,《三民主义月刊》第 4 卷,第 5 期(1934 年 11 月 15 日),第 15—20 页

罗仲言:《第一次欧战时德国的经济战略》,《时事月报》第 21 卷,第 3 期(1939 年 9 月),第 73—79 页

罗敦伟:《民国二十五年全国实业概况》,1937 年

欧阳纵(音):《中国内幕》,上海,1941 年

《本会各实业工作情形概况》,《资源委员会月刊》第 2 卷,第 1 期(1940 年 1 月)

萨世东(音):《共产主义与法西斯主义》,长沙,1939 年

邵元冲:《心理建设》,《建国月刊》第 5 卷,第 4 期(1931 年 8 月)

圣　辅:《德国复兴史》,上海,1940 年

台北国防部史政局:
　　档案:"有关塞克特将军资料抄件"(1933—1935 年)

《实业公报》(南京),1931—1935 年

孙　拯:《资源委员会经过述略》,《资源委员会月刊》第 1 卷,第 1 期(1939 年 4 月)

孙几伊:《战后德国人民对于复兴的努力》,《复兴月刊》第 1 卷,第 1 期(1932 年 9 月 1 日)

孙　科:《孙科文集》,台北,1961 年

孙中山:《中国之国际发展》,台北(1920 年原版),1953 年
　　——《国父全集》,台北,1961 年
　　——《三民主义》,F. W. 普赖斯译,上海,1927 年

戴季陶:《孙文主义哲学的基础》,台北,1954 年
　　——《戴天仇文集》,吴相湘编,台北,1962 年

谭熙鸿主编:《十年来之中国经济》,上海,1948 年

汤良礼:《中国之重建》,上海,1935 年

陶菊隐:《蒋百里先生传》,上海,1948 年

《德国经济与战争之关系》,德国新闻社译,1915 年

《德国驻华军事顾问团工作纪要》,"国防部史政局"编,台北,1969 年

《德国国社党党纲》,黄公安等译,1935 年

丁文江:《抗日的效能与青年的责任》,《独立评论》,第 37 期(1933 年 2 月 12 日)
　　——《关于国防的根本问题》,《国闻周报》第 12 卷,第 35 期(1934 年 9 月 3 日)
　　——《民主政治与独裁政治》,《独立评论》,第 133 期(1934 年 12 月 30 日)
　　——《我所知道的翁咏霓》,《独立评论》,第 97 期(1934 年 4 月 22 日)

《财政公报》(南京),1928—1935 年

《资源委员会过去与现况》,《经济参考资料》,第 21 期(1952 年 1 月 10 日)

《外交文牍:中德协约及附件》,北京,外交部,1921 年

王洽南:《昔日德国顾问在南京工作的回忆》,中德文化协会非出版品,台北
翁文灏:《战时经济建设》,重庆,1942 年
[翁]咏霓:《建设与计划》,《独立评论》,第 5 期(1932 年 6 月 19 日)
翁文灏:《中国的工业发展及其同外国合作的必要性》,《中国季刊》第 5 卷,第 1 期
　　(1939 年)
　　——《中国的战时经济》,《中国季刊》第 4 卷,第 2 期(1939 年)
　　——《中国经济建设论丛》,重庆,1943 年
　　——《中国经济概况》,重庆,1943 年
　　——《中国大学生的成绩与缺点》,《独立评论》,第 37 期(1933 年 2 月 12 日)
　　——《中国的科学工作》,《独立评论》,第 34 期(1933 年 1 月 8 日)
　　——《日本的"新秩序"的经济意义》,《中国季刊》第 4 卷,第 4 期(1939 年)
　　——《一个打破烦闷的方法》,《独立评论》,第 10 期(1932 年 7 月 4 日)
　　——《国防经济建设之要义》,《资源委员会公报》第 1 卷,第 2 期(1941 年 8 月
　　　16 日)
　　——《大家应努力的要事:提倡国货》,《独立评论》,第 144 期(1935 年 5 月 31 日)
　　——《经济建设的三年》,《中国季刊》第 5 卷,第 4 期(1940 年)
　　——《怎样建设内地》,《独立评论》,第 124 期(1934 年 10 月 28 日)
　　——《对于丁在君(文江)先生的追忆》,《独立评论》,第 188 期(1936 年 2 月
　　　16 日)
　　——《翁文灏先生言论集》,上海,1936 年
　　——《我的意见不过若此》,《独立评论》,第 15 期(1932 年 8 月 28 日)
吴相湘:《第二次中日战争史》,台北,1973 年
杨　杰:《国防新论》,重庆,1943 年
姚崧龄:《十年中国通货膨胀的惨痛经验》,《传记文学》第 32 卷,第 2 期(1978 年)
《1934 年经济情报》,上海,1935 年
瑜　亮:《孔祥熙》,香港,1955 年
于右任编:《实业名人传》,台北,1954 年

二、西文部分

《德国外交政策档案》(1918—1945)B 辑,波恩,1966 年—.(*Akten zur deutschen
　　Auswärtigen Politik*, *1918—1945*. Series B. Bonn. 1966—.)
吉尔伯特·阿拉迪斯:《法西斯主义并非如此》,《美国历史评论》,第 84 期(1979
　　年)第 367—388 页[Allardyce, Gilbert. "What Fascism Is Not." *American
　　Historical Review* 84(1979),367—388.]
古斯塔夫·阿曼:《蒋介石和中国国民党政府》,海德堡,1936 年(Amann, Gustav.

Chiang Kai-shek und die Regierung der Kuomintang in China. Heidelberg, 1936.)

BA：联邦档案馆，斯布伦次（BA. See Bundesarchiv, Koblenz.）

马克西米利安·鲍尔（Maximillian Bauer）：

——《前方的大战与祖国》，蒂宾根，1921年（*Der Grosse Krieg in Feld und Heimat*. Tübingen, 1921.）

——《红色沙皇的国土》，柏林，1925年（*Das Land der Roten Zaren*. Berlin, 1925.）

查尔斯·H·贝尔和王公秉(音)：《中国的矿产资源》，《外交事务》，第23卷(1944年)，第130—139页[Behre, Charles H., and Kung-ping Wang. "China's Mineral Wealth." *Foreign Affairs* 23(1944), 130—139.]

赖因哈德·本迪克斯：《民族的锻造与公民》，第2版，加州柏克莱，1977年（Bendix, Reinhard. *Nation-Building and Citizenship* 2d ed. Berkeley, Calif, 1977.）

《全德工业联合会中国研究学会报告》，柏林：全德工业联合会，1930年（*Bericht der China-Studien-Kommission des Reichsver-bandes der deutschen Industrie*. Berlin: Reichsverband der deutschen Industrie, 1930.）

《国民党领袖传》（1945—1946），麻省剑桥：哈佛大学，国际和地区研究委员会，1948年[*Biographies of Kuomintang Leaders* (1945—1946). Trans. of Chinese Communist Biographies of Kuomintang Leaders. Cambridge, Mass.: Harvard University, Committee on International and Regional Studies, 1948.]

W. H. 布兰查德：《民族神话、民族性格和民族政策》《冲突的化解》，第6卷，1962年第2期[Blanchard, W. H. "National Myth, National Character, and National Policy." *Journal of Conflict Resolution* 6, no.2(1962).]

库尔特·布洛赫（Kurt Bloch）

——《德国在日元集团中的易货经济》，《美亚》杂志第3期(1939年4月)，第68—72页["German Barter Economy in the Yen Bloc." *Amerasia* 3 (Apr. 1939), 68—72.]

——《德国在远东的利益和政策》，纽约，1939年（*German Interests and Policies in the FarEast*. New York, 1939.）

——《德日在东亚的伙伴关系》，《远东评论》第7卷，第21期(1938年)，第241—245页["German-Japanese Partnership in Eastern Asia." *Far Eastern Survey* 7, no.21(1938), 241—245.]

维利·A·伯尔克（Willi A. Boelcke）：《第三帝国同巴西的武器交易》，《传统》第

16期(1971年),第171—200、第280—287页["Die *Waffengeschäfte des Dritten Reiches mit Brasilien.*" Tradition 16(1971),171—200、280—87.]

包华德(Howard Boorman)编:《中华民国名人传记辞典》,第4卷,纽约,1967—1971年(*Biographical Dictionary of Republican China.* 4 vols. New York,1967—1971.)

库尔特·冯·博尔克(Kurt von Borcke):《在外国服役的德国军人》,柏林,1938年(*Deutsche unter Fremden Fahnen.* Berlin, 1938.)

多罗西·鲍格(Dorothy Borg):《美国与1933至1938年的远东危机》,麻省剑桥,1964年(*The U. S. and the Far Eastern Crisis of* 1933—1938. Cambridge, Mass 1964.)

约瑟夫·博尔金(Joseph Borkin)和C. A. 韦尔西(Welsh):《德国的总计划:工业攻势史述》,纽约,1943年(*Germany's Master Plan*:*The story of Industrial of fensive.* New York,1943.)

库尔特·博绍尔德(Kurt Boshold):《世界大战后以德国对华出口为主的德中贸易关系》,维尔茨堡,1927年(*Die deutsch-chinesischen Handelsbezie hungen nach dem Weltkriege unter besonderer Berücksichtigung der deutschen Ausfuhr nach China.* Würzburg,1927.)

约翰·亨特·博伊尔(John Hunter Boyle):《在战争中的中国和日本,1937—1945:政治合作》,加州斯坦福,1972年(*China and Japan at War*,*1937—1945*:*The Politics of Collaboration.* Stanford, Calif,1972.)

维尔讷·布拉茨(Werner Braatz):《容克斯飞机制造公司在安纳托利亚,1925—1926》,《传统》第19期(1974年),第24—41页;第20期(1975年),第24—39页["*Junkers Flugzeugwerke AG in Anatolien*,*1925—26.*" Tradition 19 (1974),24—41;20(1975),24—39.]

弗里茨·范·布雷森(Fritz van Briessen):《德中关系的基本特征》,达姆施塔特,1977年(*Grundzüge der deutsch-chinesischen Beziehungeu.* Darmstadt, 1977.)

弗里茨·布吕尔(Fritz Brühl)编:《对德国的看法:来自30个国家的36名记者的评述》,杜塞尔多夫,1972年(*Ansichten über Deutschland*:*Eine Kritische Bilanz von 36 Journalisten aus 30 Landern.* Düsseldorf,1972.)

联邦档案馆,科布伦次(Bundesarchiv, Koblenz.)

马克斯·鲍尔遗件(Nachlass Max Bauer.)

沃尔夫冈·耶尼克遗件(Nachlass Wolfgang Jaenicke.)

汉斯·路德遗件(Nachlass Hans Luther.)

保罗·西尔维尔伯格遗件(Nachlass Paul Silverberg.)

总理府：R43Ⅰ/56—57，R43Ⅱ/1428C，"中国"(Reichskanzlei. R43Ⅰ/56—57，R43Ⅱ/1428c,"China.")

财政部：R2/16441—16443，"出口订单,保证金"(Reichsflnanzministerium. R2/16441—16443,"Exportaufträge, Reichsbürgschaften.")

R2/10181,"对华贸易合同"(R2/10181,"Handelsvertrüge mit China.")

R2/9971,"在华海关关税情况","中国研究学会"(R2/9971,"Zoll-und Steuerhültnisse in China,""China-Studien-Kommission.")

R2/24580,"出口合同"(R2/24580,"Exportverträge.")

德国工商联合会/协会(Deutsche Industrie und Handelstag/Reichskammer.)

R11/1282,"在华外国商会"(R11/1282,"Der Auslandshandelskammer in China.")

联邦档案馆——军事档案室,弗莱堡(Bundesarchiv-Militärarchiv, Freiburg i. B.)

弗里德里希·冯·拉宾劳遗件(Nachlass Friedrich von Rabenau.)

汉斯·冯·塞克特遗件(Nachlass Hans von Seeckt.)

德国在华顾问(Deutsche Beraterschaft in China.)

W02-44/1-11：文件、通信、会议记录和德国驻南京顾问团名录,1929—1938年(W02-44/1-11. Documents, correspondence, records of meetings and personnel lists of German Advisership in Nanking, 1929—1938.)

德国国防军领导人和总部事务(Wehrmachtführung und zentrale Wehrmachtangelegenheiten.)

RW6/86, OKW/外国新闻处(RW6/86, OKW/Amtsgruppe Auslandsnachrichten.)

RW19，附录1，OKW/国防经济和装备部(RW19, Anhang 1, OKW/Wehrwirtschafts-und Rüstungsamt.)

陆军,国防军总司令部,国外(Reichsheer, Oberkommando der Wehrmacht, Ausland.)

RH8/315,"施泰因(Stein)卷宗",总司令部事务,机密(RH8/315,"Akte Stein." Geheime Kommandosachen.)

RH8/1059, OKW/国防经济和,装备部,(中国)[RH8/1059, OKW/Wehrwirtschafts-und Rüstungsamt(China).]

国防经济和装备部(Wehrwirtschafts-und Rüstungsamt.)

Wi/ⅡC.2, Wi/ⅡC.5.4, Wi/ⅡC5.9,关于中国和钨的卷宗(Wi/ⅡC.2, Wi/ⅡC5.4, Wi/ⅡC5.9, files on China and tungsten.)

Wi/ⅠF5.370, Wi/ⅠF5.383,关于中国和"合步楼"的卷宗(Wi/ⅠF5.370, Wi/ⅠF5.383, files on China and "Hapro.")

Zug51/66,第23和32号,中德经济关系和中国经济的论文(Zug51/66, nos. 23 and 32, studies of Sino-German economic relations and the Chinese economy.)

弗里德里希·布塞(Friedrich Busse):和作者的通信,1978—1981年(Busse, Friedrich. correspondence with author,1978—1981.)

埃文斯·F.卡尔森(Evans F. Carlson):《中国军队,它的组织和效率》,纽约,1940年(*The Chinese Army, Its Organization and Military Efficiency*. New York,1940.)

威廉·卡尔(William Carr):《武器,自给自足和侵略:德国外交政策之研究,1933—1939》,伦敦,1972年(*Arms, Autarky and Aggression: A Study in German Foreign Policy, 1933—1939*. London, 1972.)

伯尔尼斯·卡罗尔(Berenice Carroll):《总体战的构思:第三帝国的武器和经济》,海牙,1968年(*Design for Total War: Arms and Economics in the Third Reich*. The Hague,1968.)

F. L. 卡斯腾(Carsten):《德国国防军与政治》,(1918—1933),牛津,1966年(*The Reichswehr and Politics, 1918—1933*. Oxford, 1966.)

乔治·卡斯特兰(Georges Castellan):《德国1930至1935年间秘密地重整军备》,巴黎,1954年(*Le Réarmement Clandestin du Reich 1930—1935*. Paris, 1954.)

贝弗莉·考西(Beverley Causey):《1918—1941年德国对华政策》,博士论文,哈佛大学,1942年("German Policy Towards China, 1918—1941." Ph. D. Diss., Harvard University,1942.)

约翰·K·张(John K. Chang):《共产党中国以前的工业发展》,芝加哥,1969年(*Industrial Development in Pre-Communist China*. Chicago,1969.)

张嘉璈:《中国为铁路发展而奋斗》,纽约,1943年(Chang Chia-ao. *China's Struggle for Railroad Development*. New York 1943.)

——《通货膨胀的恶性循环:中国的经验,1937—1945》,麻省剑桥,1958年(*The Inflationary Spiral: The Experience in China, 1937—1945*. Cambridge, Mass., 1958.)

郑友揆:《中国的外贸与工业发展》,华盛顿特区,1956年(Cheng, Yü-kwei. *Foreign Trade and the Industrial Development of China*. Washington, D. C.,1956.)

季祯(音):《1933年以前之中德关系》,汉堡亚洲研究所报告,1973年(Chi, Chen. *Die Beziehungen Zwischen Deutschland und China bis 1933*. Mitteilungen des Jnstituts für Asienkunde Hamburg. Hamburg,1973.)

齐锡生:《中国的军阀政治,1916—1928》,加州斯坦福,1976年(Ch'i, Hsi-sheng. *Warlord Politics in China, 1916—1928*. Stanford, Calit., 1976.)

钱端升:《中国的政府与政治,1912—1949》,麻省剑桥,1950年(Ch'ien Tuansheng. *The Government and Politics of China*, 1912—1949. Cambridge, Mass.,1950.)

朱昌绫:《新生活运动》,《中国社会科学研究》,约翰·E·莱思辑,哥伦比亚大学东亚研究所,纽约,1957 年(Chu, Samuel C. "The New Life Movement." In *Researches in the Social Sciences on China*. Ed. John E. Lane. Columbia University East Asian Institute Studies 3. New York,1957.)

帕克斯·M·小科布尔(柯博尔)(Parks M. Coble Jr.):《国民党政权与上海资本家,1927—1929》,《中国季刊》,第 77 期(1979 年 3 月),第 1—24 页(Coble, Parks M., Jr. "The Kuomintang Regime and the Shanghai Capitalists, 1927—1929." *China Quarterly* 77(Mar. 1979),1—24.)

高登·A·克雷格(Gorden A. Craig):《普鲁士军队的政治,1940—1945》,牛津,1955 年(*The Politics of the Prussian Army*, 1940—1945. Oxford,1955.)

雷佐·德·费丽斯(Renzo De Felice):《法西斯主义:其理论和实践之非正式入门》,《米歇尔·A·雷定访谈录》,新不伦瑞克(加),1976 年(*Fascism: An Informal Introduction into Its Theory and Practice. An Interview with Michael A. Ledeen.* New Brunswick,1976.)

路易·德伯克斯(Louis Depeux):《魏玛共和国时期的民族布尔什维克主义》,巴黎,1976 年(*National-Bolchevisme en Allemagne sous la République de Weimar.* Paris,1976.)

赫伯特·冯·狄克森(Herfbert von Dirksen):《莫斯科—东京—伦敦》,诺曼,俄克拉何马,1952 年(*Moscow-Tokyo-London*. Norman, Okla,1952.)

阿里夫·德利克(Arif. Dirlik):《新生活运动的理论基础:反革命研究》,《亚洲研究杂志》第 34 卷,第 4 期(1975 年)("The Ideological Foundations of the New Life Movement: A Study in Counterrevolution." *Journal of Asian Studies* 34, no. 4(1975).)

张奋振(音):《中德关系史概述》,《中国季刊》,第 2 卷第 3 期(1937 年),第 489—500 页(Chang Feng-chen. "A Historical Summary of Sino-German Relations." *China Quarterly* 2, no. 3(1937),489—500.)

《英国外交政策文件》,见英国外交部(Documents on British Foreign Policy. See Great Britain, Foreign Office.)

《德国外交政策文件,1918—1945:来自德国外交部的档案》C,D 辑,华盛顿,1949 年(*Documents on German Foreign Policy, 1918—1945: From the Archives of the German Foreign Ministry*. Series C,D. Washington, D. C.,1949—.)

《国际事务文件》(1938 年),约翰·H 韦勒—贝内特辑,第 2 卷,伦敦,1939 年(*Documents on International Affairs*, 1938. Ed. John H. Wheeler-Bennett.

Vol. 2. London,1939.)

德尔特·德林:《1933—1935 年德国的亚洲经济政策,纳粹政权早期阶段的亚洲经济一体化》,柏林自由大学论文,1969 年(Doering, Dörte. "*Deutsche Aussenwirtschaftspolitik 1933—1935. Die Gleichschaltung der Aussenwirtschaft in der Frühphase des nationalsozialistischen Regimes.*" Diss., Freie Universität, Berlin, 1969.)

杜勉:《推迟了的革命:1923—1937 年国民党在中国的政策》,柏林,1969 年(Domes, Jürgen. *Vertagte Revolution: Die Politik der Kuomintang in China, 1923—1937.* Berlin,1969.)

查尔斯·德雷格(Charles Drage):《和蔼的普鲁士人》,伦敦,1958 年(*The Amiable Prussian.* London,1958.)

卡尔·德累切斯勒尔:《德国—中国—日本,1933—1939》,柏林,1964 年(Drechsler, Karl. *Deutschland-China-Japan, 1933—1939.* Berlin,1964.)

库尔特·迪维尔(Kurt Düwell):《1918—1932 年德国对外文化政策:政策与文件》,科隆,1976 年(*Deutschlands Auswärtige Kulturpolitik 1918—1932: Grund-linien und Dokumente*, Cologne, 1976.)

易劳逸:《流产的革命:1927—1937 年国民党统治下的中国》,麻省剑桥,1974 年(Eastman, Lloyd. *The Abortive Revolution: China under Nationalist Rule, 1927—1937.* Cambridge, Mass,1974.)

——《在一个革命的社会中的政治保守主义:中国》,《美国行为科学》第 17 卷,第 2 期(1973 年),第 293—308 页("Political Conservatism in a Revolutionary Society: China." American Behavioral Scientist 17, no.2(1973),293—308.)

瓦尔特·埃克特(Walter Eckert):《德中易货贸易协定的形成》,未发表的回忆录("*Entstehung des deutsch-chinesischen Warenau-stauschvertrages.*" Unpublished Memoirs.)

霍华德·埃利斯(Howard Ellis):《法国与德国的在华投资》,檀香山,1929 年(*French and German Investments in China.* Honolulu, 1929.)

斯蒂芬·恩迪科特(Stephen Endicott):《英国的金融外交与中国:李滋罗斯的使命,1935—1937》,《太平洋事务》第 46 卷,第 4 期(1973—1974),第 481—502 页(Endicott, Stephen L. "British Financial Diplomacy and China: The Leith-Ross Mission, 1935—1937." Pacific Affairs 46, no.4 (1973—1974),481—502.)

——《外交和企业:1933—1937 年英国的对华政策》,温哥华,1975 年(*Diplomacy and Enterprise: British China Policy, 1933—1937.*

　　　　Vancouver,1975.)

尤利乌斯·冯·爱泼斯坦(Julius von Epstein):《塞克特计划,来自未发表的文件》,《月刊》第1卷,第2期(1948年)("*Der Seeckt Plan. Aus Unveröffentlichten Dokumenten.*" *Der Monat* 1, no.2(1948).)

——《塞克特与蒋介石》,《德国经济评论》,第3期(1953年11月),第534—543页("Seeckt und Chiang Kai-shek." *Wehrwissenschaftliche Rundschau* 3(Nov. 1953),534—543.)

奥古斯特·埃梯纳(August Etienne):《德国在华经济利益》,柏林,1904年(*Deutschlands Wirtschaftlichen Interessen in China*. Schriften der Centralstelle für Vorbereitung von Handelsverträgen 25. Berlin,1904.)

L.法贝尔(L. Fabel):《钨矿:中国最重要的矿石》,(法)《东方大学学报》第3卷,第4期(1943年)["*Le Tungstène: minerai le plus important de la Chine.*" *Bulletin de l'Université l'* Aurore 3, no.4(1943).]

亚历山大·冯·法肯豪森(Alexander von Falkenhausen):《战后回忆录》,布鲁塞尔,1974年(*Mémoires d'outre-Guerre. Brussels*, 1974.)

《冯·法肯豪森,1922—1945》,雨果中校译,1950年12月21日("*Von Falkenhausen, 1922—1945.*" Trans. Lieutenant Colonel Hugo Seemueller. Oral Biography given to Historical Division, Headquarters, United States Army, Europe. Dated 21 Dec. 1950.)

约瑟夫·费思(Josef Fass):《1921—1924年之孙中山与德国》,《东方档案》,第36期(1968年)["*Sun Yat-sen and Germany in 1921—1924.*" *Archiv Orientalni* 36(1968).]

——《孙中山与第一次世界大战》,《东方档案》,第35期(1967年)["*Sun Yat-sen and the World War One.*" *Archiv Orientalni* 35(1967).]

杰拉尔德·费尔德曼(Gerald Feldman):《1914—1918年间德国的军队、工业和劳工》,普林斯顿,1966年(*Army, Industry, and Labor in Germany, 1914—1918*. Princeton, N. J.,1966.)

费维恺:(Albert Feuerwerker):《中华民国的经济趋势,1912—1949》,密西根汉学研究论文,安娜堡,1977年(*Economic Trends in the Republic of China, 1912—1949*. Michigan Papers in Chinese Studies 31. Ann Arbor,1977.)

贾森·芬克尔(Jason Finkel)和理查德·加贝尔(Richard Gabel)编:《政治发展与社会变化》,纽约,1971年第2版(*Political Development and Social Change*. 2d ed. New York,1971.)

弗雷茨·费舍尔(Fritz Fischer):《第一次世界大战期间德国的目标》,纽约,1967年(*Germany's Aims in the First World War*. New York,1967.)

古多·费舍尔(Guido Fischer):《国防经济:它的基础和理论》,莱比锡,1936 年 (*Wehrwirtschaft: Ihre Grundlagen und Theorien.* Leipzig, 1936.)

马丁·费舍尔(Martin Fischer):《德国对华政策四十年》,汉堡亚洲研究所论文,汉堡,1962 年(*Vierzig Jahre deutsche Chinapolitik. Mitteilungen des Instituts fur Asienkunde.* Hamburg, Hamburg 1962.)

沃尔夫拉姆·费舍尔(Wolfram Fischer):《1918—1945 年德国的经济政策》,奥普拉登,1968 年(*Deutsche Wirtschaftspolitik 1918—1945.* 3d ed. Opladen, 1968.)

FO:英国外交部(FO. See Great Britain, Foreign Office.)

方显廷:《中国的工业资本》,《南开社会经济季刊》第九卷,第 1 期(1936 年)[Fang Hsien-t'ing. "Industrial Capital in China." *Nankai Social and Economic Quarterly* 9, no. 1(1936).]

——《中国的经济统制》,《南开社会经济季刊》,第 9 卷第 2 期(1936 年) ["*Toward Economic Control in China.*" *Nankai Social and Economic Quarterly* 9, no. 2(1936).]

《美国外交关系》(1939 年)第 3 卷,华盛顿,美国政府印刷所,1955 年(*Foreign Relations of the United States.* 1939, Vol. 3. Washington, D.C.: U.S. Government Printing Office, 1955.)

约翰·P. 福克斯(John P. Fox):《德国远东政策的发展,1933—1936》,博士论文,英国伦敦经济学院,1972 年("*The Development of Germany's Far Eastern Policy, 1933—1936.*" Ph. D. diss., London School of Economics, 1972.)

——《马克斯·鲍尔:蒋介石的第一位德国军事顾问》,《现代史杂志》,第 5 期(1970 年)["*Max Bauer: Chiang Kai-shek's First German Military Adviser.*" *Journal of Contemporary History*, 5(1970).]

费侠莉(Charlotte Furth):《丁文江:科学与中国的新文化》,麻省剑桥,1970 年 (*Ting Wen-chiang: Science and China's New Culture.* Cambridge, Mass., 1970.)

——《变革的限度:关于中华民国中保守方案的论文》,麻省剑桥,1976 年 (*The Limits of Change: Essays on Conservative Alternatives in Republican China.* Cambridge, Mass., 1976.)

《奥托·沃尔夫公司成立 50 周年纪念词》,奥托·沃尔夫工业设备有限公司辑,科隆,1954(*Gedenkwort zum fünfzigjahr Bestehen der Firma Otto Wolff,* am 25. Juni 1954. Ed. Otto Wolff Industrie-Anlagen, GmbH. Köln, 1954.)

德国外交部,参见《德国外交政策文件》,华盛顿国家档案馆,波恩外交部政治档案馆(*Germany, Foreign Ministry. See Akten zur deutscben Auswärtigen*

Politik; Documents on German Foreign Policy; National Archives, Washington; and Politisches Archiv des Auswärtigen Amtes, Bonn.）

理查德·E·贾尔斯皮(Richard E. Gillespie)：《黄埔与南京十年,1924—1936》,美洲大学博士论文,1971 年("*Whampoa and the Nanking Decade, 1924—1936.*" Ph. D. diss., American University,1971.）

迪特尔·格拉德(Dieter Glade)：《不来梅与远东,1782—1914》,不来梅,1966 年(*Bremen und der Ferne Osten 1782—1914.* Bremen,1966.）

英国外交部缩微文件：(Great Britain, Foreign Office. Microfilmed Documents.）

FO405/261—276,机密印刷品（中国）,1929—1937 年（FO405/261—276, Confidential Print(China),1929—1937.）

FO371/13178—13179,一般通信（中国）,1927—1929 年（FO371/13178—13179, General Correspondence(China),1927—1929.）

——《英国外交政策文件,1919—1938》第 3 辑,第 8 卷,伦敦,1955 年 (*Documents on British Foreign Policy, 1919—1938.* Third Series, Vol.8. London,1955.）

葛雷高(A. James Gregor)：《法西斯主义与现代化：一些补遗》,《国际政治》第 26 期（1974 年）("*Fascism and Modernization: Sorne Addenda.*" *World Politics* 26(1974).）

——《法西斯主义在激进政治方面的主张》,新泽西,1974 年(*The Fascist Persuasion in Radical Politics.* Princeton, N. J.,1974.）

克劳斯·古斯克(Claus Guske)：《冯·塞克特将军的政治思想》,《历史研究》第 422 期,卢卑克,1971 年(*Das Politische Denken des Generals von Seeckt. Ein Beitrag zur Diskussion des Verhältnisses Seeckt-Reichswehr-Republik. Historische Studien* 422. Lübeck,1971.）

波多野乾一：《中国国民党全史》,东京,1943 年［Hatano Ken'ichi. *Chugoku Kokuminto tsushi*(*General history of the Chinese Kuomintang*). Tokyo, 1943.］

埃米尔·黑尔费里希(Emil Helfferich)：《1932—1946 年的真实情况。对发现真相的贡献》［*1932—1946：Tatsachen. Ein Beitrag zur Wahrbeitsfindung.* Jever(Oldb.),1968.］

瓦尔特·海尔曼(Walther Herrmann)：《奥托·沃尔夫（1881—1940 年）》,《莱茵—威斯特法伦地区经济名人传记》第 8 期,(威斯特法伦)明斯特,1965 年 [*Otto Wolff*(*1881—1940*). Rheinis Westfälische Wirtschaftsbiographien 8. Münsterin Westfalen,1965.］

克劳斯·希尔德布兰特(Klaus Hildebrand)：《第三帝国的外交政策》,加州柏克莱,1973 年(*The Foreign Policy of the Third Reich*. Berkeley, Calif,1973.)

安德烈斯·希尔格鲁伯尔(Andreas Hillgruber):《德国与两次世界大战》,柯伟林(William C. Kirby)译,麻省剑桥,1981 年(*Germany and the Two World Wars*. Trnas. William C. Kirby. Cambridge, Mass.,1981.)

G. 希梅尔(G. Himmer):《德苏经济关系,1918—1922》,约翰·霍浦金斯大学博士论文,1972 年("*German-Soviet Economic Relations, 1918—1922*." Ph. D. diss., Johns Hopkins University,1972.)

W. L. 霍兰德(W. L. Holland)和凯特·L·米切尔(Kate L. Mitchell)编:《1936 年的太平洋问题:太平洋地区各国的社会和经济政策之目的和结果》,芝加哥(*Problems of the Pacific, 1936: Aims and Results of Social and Economic Policies in Pacific Countries*. Chicago, n. d.)

O. R. 霍尔斯蒂(O. R. Holsti):《信仰系统与民族偶像:个案研究》,Journal of Conflict Resolution 6,第 3 期(1962 年),第 245—252 页["*The Belief System and National Images: A Case Study*." Journal of Conflict Resolution 6, no. 3(1962),245—252.]

爱德华·霍姆茨(Edward Homze):《装备德国空军:帝国空军部与德国的航空工业,1919—1939》,林肯·内布拉斯加,1976 年(*Arming the Luftwaffe: The Reich Air Ministry and the German Aircraft Industry, 1919—1939*. Lincoln, Neb.,1976.)

侯继明:《中国的经济发展与公共金融,1937—1945》,《八年抗战之国民政府,1937—1945》,薛光前编,纽约,1974 年(Hou, Chi-ming. "*Economic Development and Public Finance in China, 1937—1945*." In Nationalist China During the Sino-Japanese War, 1937—1945. Ed. Paul K. T. Sih. Hicksville, N. Y.,1974.)

——《孙中山的经济哲学与政策》,《孙中山与中国》,薛光前编,纽约,1974 年("*Sun Yat-sen's Economic Philosophy and Policy*." In Sun Yat-sen and China. Ed. Paul K T. Sih. New York,1974.)

马克斯·伊尔格勒尔(Max Ilgner):《关于 1934 至 1935 年东亚之行的报告》第 3 册,非公开出版物,1936 年("*Bericht uber, eine Reise nach Ostasien 1934—1935*." 3 vols. Private distribution, 1936.)

德国经济研究所,科隆(Institut der deutschen Wirtschart, Cologne.)

全德工业联合会(Reichsverband der deutschen Industrie.)

(1) 全德工业联合会的国外报告(Auslandsberichte des Reichsverbandes der deutschen Industrie.)

(2) 卷宗,"施泰因米勒 K—12,国际贸易"(Flie,"Steinmüller, K—12,

Aussenhandel.")

(3) 经济报告：中国（以及其他），1930—1935 年，杂项。（Wirtschafts-berichte: China(u. a.)1930—1935, miscellaneous collection.）

耶尔格—约翰内斯·耶格尔（Jörg-Johannes Jäger）：《第三帝国对外国的经济依赖，以钢铁工业为例》，柏林，1969 年（*Die wirtschaftliche Abhängig-keit des Dritten Reiches vom Ausland, Dargestelltam Beispiel der Stablindustrie.* Berlin, 1969.）

罗伯特·詹克斯（Robert D. Jenks）：《中华民国的政治对抗：蒋介石与 1931 年非常会议》，不列颠哥伦比亚大学硕士论文，1974 年（"*The Politics of Opposition in Republican China: Chiang Kaishek and the Extraordinary Conference of 1931.*" M. A. thesis, University of British Columbia, 1974.）

琼斯（F. C. Jones）：《1931 年以来之满洲》，伦敦，1949 年（*Manchuria Since 1931.* London, 1949.）

——《日本在东亚的新秩序》，伦敦，1954（*Japan's New Order in East Asia.* London, 1954.）

梅尔维尔·小肯尼迪（Melville Kennedy, Jr）：《胡汉民的政治思想》，《中国论文集》第 8 辑（1954 年），哈佛大学国际暨地区研究委员会["*Hu Han-min: Aspects of His Political Thought.*" *Papers on China*, 8(1954). Duplicated for Private distribution by the Commit-tee on International and Regional Studies, Harvard University.]

克莱门斯·克莱姆派瑞尔（Klemens von Klemperer）：《德国的新保守主义：它的历史及其在 20 世纪的困境》，普林斯顿，1957 年（*Germany's New Conservatism: Its History and Dilemma in the Twentieth Century.* Princeton. N. J. ,1957.）

古斯塔夫·里特尔·冯·克赖特勒尔（Gustav Ritter von Kreitner）：《从莫斯科转向中国》，柏林，1932 年（*Hiner China steht Moskau.* Berlin, 1932.）

卡尔·兰道尔（Carl Landauer）和汉斯·霍内格（Hans Honneger）编：《国际法西斯主义》（*Internationaler Faschismus.* Karlsruhe, 1928.）

大卫·兰德斯（David S. Landes）：《不结盟的普罗米修斯：1750 年迄今西欧的技术变革与工业发展》，剑桥，1969 年（*The Unbound Prometheus: Technical Change and Industrial Development in Western Europe from 1750 to the Present.* Cambridge, Eng. , 1969.）

瓦尔特·奈奎尔（Walter Laqueur）编：《法西斯主义：读者指南》，加州柏克莱，1976 年（*Fascism: A Reader's Guide.* Betkeley, Calif. ,1976.）.

黛安娜·拉里（Diana Lary）：《地区和国家：中国政治中的桂系 1925—1937》，剑桥,1975 年(*Region and Nation*:*The Kwangsi Clique in Chinese Politics,1925—1937*. Cambridge,Eng. ,1975.)

布鲁诺·拉斯克(Bruno Lasker)和霍兰德(W. L. Holland)编:《1933 年的太平洋问题》,芝加哥,1934 年(*Problems of the Pacific,1933*. Chicago,1934.)

托马斯·劳尔(Thomas L. Luaer):《德国 1937 至 1938 年调停中日战争的企图》,斯坦福大学博士论文,1973 年("*German Attempts at Mediation of the Sino-Japanese War,1937—1938.*" Ph. D. diss. ,Stanford University,1973.)

李文逊(Joseph R Levenson):《儒教中国及其现代命运:三部曲》,加州柏克莱,1965 年(*Confucian China and Its Modern Fate*:*A Trilogy*. Berkeley,Calif. ,1965.)

马里恩·小利维(Marion J. Levy, Jr.):《现代化:后来者与幸存者》,纽约,1972 年(*Modernization*:*Lateccmers and Survivors.* New York,1972.)

李国欣和王宠佑:《钨:它的历史、分布、开采、提炼、化验、应用及其钨业经济》,《美国化学协会论文集》,第 94 期,纽约,1957 年(Li,K. C. and C. Y. Wang. *Tungsten*:*Its History,Geology,Ore-Dressing,Metallurgy,Chemistry,Analysis,Applications and Economics. American Chemical Society Monographs* 94. 3d ed. New York,1957.)

李国祁:《在抗议马关条约与反对攫取胶州湾期间中国的政策》,明斯特,1966 年[Li Kuo-ch'i(Lee Kuo-chi). *Die Chinesische Politik zum Einspruch von Shimonoseki und gegen die Erwerbung der Kiaochou-Bucht.* Münster.]

梁锡辉(音)(Liang Hsi-huey):《中德联系:在中德间的亚历山大·冯·法肯豪森,1900—1941》,海牙,1978 年(*The Sino-German Connection*:*Alexander von Falkenhausen Between China and Germany,1900—1941.* The Hague 1978.)

弗里茨·林德曼(Fritz Lindemann):《在华服务》,北京,1940 年(Lindemann, Fritz. *Im Dienste Chinas.* Peking,1940.)

刘馥:《中国现代军事史》,普林斯顿,1956 年(Gelegen-Liu, F. F. *Military History of Modern China.* Princeton, N. J. ,1956.)

陆培涌:《早年的蒋介石:他的性格与政见之研究,1887—1924》,纽约,1971 年(Loh, Pichon P. Y. *The Early Chiang Kai-shek*:*A Study of His Personality and Politics,1887—1924.* New York,1971.)

——《蒋介石的思想追求》,《现代亚洲研究》第 4 卷,第 3 期(1970 年)["*The Ideological Persuasion of Chiang Kai-shek.*" *Modern Asian Studies* 4, no. 3(1970).]

保罗·林勒巴格(Paul Linebarger):《德国当前在华之良机》,布鲁塞尔,1936 年

(*Heiten in China*. 2d ed. Brussels,1936.)

MA:见联邦军事档案馆,弗莱堡(MA. See Bundesarchiv-Militärarchiv, Freiburg.)

伯恩·马丁(Bernd Martin)编:《在华德国顾问,1927—1938》,杜塞尔多夫,1981年(*Die deutsche Beraterschaft in China,1927—1938*. Düsseldorf,1981.)

——《第二次世界大战期间的德国与日本》,哥廷根,1969年(*Deutschland und Japan im Zweiten Weltkrieg*. Göttingen,1969.)

——《第二次世界大战期间的和平倡议与强权政治》,杜塞尔多夫,1974年(*Friedensinitiative und Machtpolitik im Zweiten Weltkrieg*. Düsseldorf,1974.)

——《在中国日本之间的德国》,台北《中央研究院近代史研究所集刊》第七辑(1978年6月),第605—606期["Germany Between China and Japan." Chungyang yen-chiu-yuan chin-tai-shih yen-chiu-so chik'an(*Bulletin of the Institute of Modern History of the Academica Sinica*) 7 (June 1978), 605—606.]

赫尔曼·马斯特第三(Herman W. Mast Ⅲ):《1891—1926年戴季陶的思想传记》,伊利诺大学博士论文,1970年("An Intellectual Biography of Tai Chi-t'ao from 1891 to 1926." Ph. D. diss., University of Illinois,1970.)

赫尔曼·马斯特第三和威廉·塞韦尔(William G. Saywell):《非传统的革命者:戴季陶的政治观念》,《亚洲研究杂志》第34卷,第1期(1974年),第73—98页("Revolutionary Out of Tradition: The Politicall deology of Tai Chi-t'ao." Journal of Asian Studies 34, no. 1(1974),73—98.)

卡尔·迈勒尔(Karl Mehner):《德国帝国主义在华利益的代理人——德国军事顾问的作用,1928—1936》,博士论文,莱比锡,1961年["*Die Rolle deutscher Militärberater als Interessenvertreter des deutschen Imperialismus in China, 1928—1936.*" Diss., Leipzig,1961.]

迈埃尔—韦尔克尔(Hans Meier-Welcker):《塞克特》,法兰克福(莱因河畔),1967年(*Seeckt*. Frankfurt a. M.,1967.)

欧根·迈尔(Eugen Meyer):《东亚之行的技术印象》,《科技》第5期(1915年)["Technische Reiseeindrücke in Ostasien." Technik und Wirtschaft 5 (1915).]

米夏克斯(T. Michaux),《来自东亚的原料,突破封锁线的航行》,《帝国经济评论》第5卷第11期(1955年),第435—507页。["*Rohstoffe aus Ostasien. Die Fahrten der, Blockadenbrecherr*" Wehrwissenschafliche Rundschau 5, no. 11(1955),485—507.]

阿兰·米尔瓦德(Alan S. Milward):《从1925至1939年间的德国贸易与世界贸易》,《魏玛共和国时期的工业体系与政治发展》,汉斯·毛姆森(Hams Mommsen)编,杜塞尔多夫,1974年("Der deutsche Handel und der Welthandel 1925—1939." In Industrielles system und Politische Entwicklung in der, Weimarer Republik. Eds. Hans Mommsen et al. Düsseldorf,1974.)

——《战时德国经济》,纽约,1965年(The German Economy at War. New York,1965.)

诺埃尔·迈勒(Noel R. Miner):《浙江:国民党人1927至1937年间在土地改革和建设方面的尝试》,斯坦福大学博士论文,1973年("Chekiang,The Nationalists' Effort in Agrarian Reform and Construction, 1927—1937." Ph. D. diss., Stanford University, 1973.)

莫尔(F. W. Mohr):《现代德国对华政策之思维》,诺伊维德(莱茵河畔),1920年(Gedanken zur neudeutschen Chinapolitik. Neuwied am Rhein,1920.)

莫尔等编:《在国外的德国人》,布鲁斯劳,1923年(Deutsche im Ausland,Breslau,1923.)

NA:见国家档案馆,华盛顿特区(See National Archives,Washington, D. C.)

黎安友(Andrew J. Nathan):《北京政治:1918—1923》,加州柏克莱,1976年(Peking Politics, 1918—1923. Berkeley, Calif.,1976.)

国家档案馆,华盛顿特区:(National Archives,Washington, D,C.)

国防部军事情报处:(Department of War,Military Intelligence Division.)

MID 2657—Ⅰ—357,关于中国的军事情报的报告(military intelligence reports on China.)

MID 2657—Ⅰ—396,关于外国在华顾问的报告(reports on foreign advisers in China.)

掳获的德国文件缩微胶卷,弗吉尼亚亚历山居亚(Captured German Documents Microfilmed at Alexandria, Va.)

T—120,外交部,第6022、6680、8580、8804、9077、9078辑(Auswärtiges Amt, Series 6022,6680,8580,8804,9077,9078.)

T—82,关于德国在亚洲的私人商行和组织的档案,第63、73、75、92卷(files relating to priyate German firms and organizations in Asia, roils 63,73,75,92.)

《新中国》(柏林),1935年11月—1940年6月[Das Neue China(Berlin). Nov. 1935-June 1940.]

弗兰茨·诺伊曼(Franz Neumann):《巨兽:国家社会主义的组织与实践,1933—

1944》,纽约,1944 年(Behemoth: The Structure and Practice of National Socialism, 1933—1944. New York, 1944.)

聂玉玺(音):《1937—1938 年间中日在华北冲突的发展与德国调停的努力》,亚洲研究所论文,汉堡,1960 年(Nieh, Yu-hsi. Die Entwicklung des chinesisch-japani-schen konfliktes in Nordchina und die deutschen vermittlungsbemühungen 1937—1938. Mitteilungen des Instiuts fur Asienkunde 33. Hamburg,1970.)

恩斯特·诺尔特:《法西斯主义三面观:法国、意大利法西斯主义和国家社会主义的作用》,纽约,1969 年(Nolte, Ernst. Three Faces of Fascism: Action Francaise, Italian Fascism, National Socialism. New York, 1969.)

《汉堡—不来梅东亚协会成立六十周年》,汉堡—不来梅东亚协会,汉堡,1960 年(Ostasiatischer verein Hamburg Bremen zum 60. Jahrigen Bestehen. Ed. Ostasiatischer Verein HamburgBremen. Hamburg,1960.)

PA:见外交部政治档案,波恩(See Politisches Archiv des Auswartigen Amtes, Bonn.)

道格拉斯·泡尔(Douglas Paauw):《民国南京政府时期的中国国家支出》,《远东季刊》第 12 卷,第 1 期(1952 年),第 3—26 页["Chinese National Expenditures During the Nanking Period." Far Eastern Quarterly 12, no. 1(1952),3—26.]

——《国民党与 1928 至 1937 年间的经济萧条》,《亚洲研究季刊》第 16 卷第 2 期(1957 年),第 213—220 页["The KMT and Economic Stagnation, 1928—1937." Journal of Asian Studies 16, no. 2(1957),213—20.]

庞宾金(音):《德中外贸与德中外贸政策》,埃尔兰根,1937 年(Pang, Binchin. Der Aussenhandel Zwischen Deutsohland und China und die deutschchinesische Aussenhandelspolitik. Erlangen, 1937.)

库尼贝特·保利(Kunibert Pauly):《德国与远东的越洋交通》,博士论文,科隆,1938 年("Der deutsche Uberseeverkehr mit den fernen Osten." Diss., Koln, 1938.)

胡素珊(Suzanne Pepper):《中国的内战:1945—1949 年的政治斗争》,加州柏克莱,1978 年(Civil War in China: The Political Struggle, 1945—1949. Berkeley, Calif,1978.)

德怀特·珀金斯(Dwight Perkins)编:《历史眼光下的中国现代经济》,斯坦福,1975 年(China's Modern Economy in Historical Perspective. Stanford, Calif.,1975.)

马克斯·珀勒伯格(Max Perleberg):《现代中国人名词典》,香港,1954 年(Who's Who in Modern China. Hong Kong,1954.)

埃尔玛·皮特(Elmar Peter):《中国在德国东亚政策中的重要性(1911—1917)》,汉堡,1965 年(*Die Bedeutung Chinas in der deutschen Ostasienpolitik 1911—1917*. Hamburg,1965.)

迪特马尔·佩茨那(Dietmar Petzina):《第三帝国的自给自足政策:纳粹的四年计划》,斯图加特,1968 年(*Autarkiepolitik im Dritteh Reich: Der Nationalsoziatis tische Vierjahresplan*. Stuttgart, 1968.)

外交部政治档案室,波恩:(Politisches Archiv des Auswartigen Amtes, Bonn.)

政治四处:东亚,1920—1936 年(Politische Abteilung Ⅳ:Ostasien,1920—1936.):

(1) Po. 2 Chi.:"中国同德国的政治关系"("Politische Beziehungen Chinas zu Deutschland.")

(2) Po. 5 Chi.:"国内政策,国会与政党的活动"("Innere Politik, Parlaments-und Parteiwesen.")

(3) Po. 5 A Chi.:"广州的华南共和国"("Sudchinesische Republik Sitz Canton.")

(4) Po. 6 Chi.:"种族问题,民族问题,外国人"("Rassenfrage, Nationalitatfrage, Fremdvolker.")

(5) Po. 11 Chi.:"履历"("Personalien.")

(6) Po. 12 Chi.:"新闻出版活动"("Pressewesen.")

(7) Po. 13 Chi.:"军队事务"("Militarangelegenheiten.")

(8) Po. 17A Chi.:"中国人在德国的学习与培训"("Studium und Ausbildung von Chinesen in Deutschland.")

(9) Po. 25 Chi.:"在华德国侨民"("Das Deutschtum in China.")

(10) Po. 26 Chi."政治与文化宣传"("Politische und kulturelle Propaganda.")

(11) Po. 29 Chi.:"法西斯主义"("Faschismus.")

(12) V. W. 10 Chi.,"德国与外国公职人员"("Deutsche und Fremde Beamte.")

四处:经济,1920—1936(Abteilung Ⅳ:Wirtschaft,1920—1936.)

(13) 交通事业 12 Chi.:"旅行见闻报道"(Verkehrswesen 12 Chi.:"Reiseberichte.")

(14) 经济 IA Chi.:"中国经济的重建"(Wirtschaft IA Chi.:"Wiederaufbau der chinesischen Wirtschaft.")

(15) 经济 6 中国.:"同德国的经济关系"(Wirtschaft 6 Chi.,"Wirtschaftliche Beziehungen zu Deutsch land.")

(16) 经济 13 中国.:"德国和外国资本的加入"(Wirtschaft 13 Chi.,"Beteiligung deutschen und fremden Kapitals.")

部长办公室,1920—1936(Büro des Reichsministers, 1920—1936):

(17) 37,"中国"("China.")

机密档案,1920—1936(Geheimakten,1920—1936.)

(18) 东亚:中国:贸易 11,第 3 号:"易货贸易与经济协定"(Ostasien: China: Handel 11, no. 3, "Austauschgeschafte und Wirtschaftsabkommen.")

(19) 东亚:中国,Po. 13:"在华军事事务"(Ostasien: China: Po. 13, "Militarangelegenheiten in China.")

政治八处:东亚,1936—1945(Politische Abteilung VⅢ: Ostasien, 1936—1945.):

(20) Po. 2 Chi.:"中国同德国的政治关系"("Politische Beziehungen Chinas zu Deutschland.")

(21) Po. 13 Chi.,"在华军事事务"("Militarangelegenheiten in China.")

(22) Po. 46 Chi.:"贸易"("Handel.")

驻华大使馆,1934—1941(Botschaft in China,1934—41.):

(23) Kult. 2 - 1.:"中国同德国的文化关系"("Kulturpolitische Beziehungen Chinas zu Deutsch land.")

(24) Kult. 10 - 3a:"在德国的中国人"("Chinesen in Deutschland.")

(25) WE1 - 2:"在华铁路"("Eisenbahnen in China.")

(26) WH2 - 4a:"德国商品的销售前景"("Absatzmoglichkeiten fürdeutsche Waren.")

(27) WJ1:"中国的工业政策"("Chinesische lndustriepolitik.")

(28) D. Pol. 3 - 1:"元首和总理"("Der Führer und Reichskanzler.")

罗伯特·波达什(Robert Potash):《阿根廷的军队与政治(1928—1945)》,斯坦福,1969 年(*The Army and Politics in Argentina*, *1928—45*. Stanford, Calif., 1969.)

拉尔夫·鲍威尔(Ralph L. Powell):《中国军事力量的崛起(1895—1912)》,普林斯顿,1955 年(*The Rise of Chinese Military Power*, *1895—1912*. Princeton, N. J., 1955.)

恩斯特·普雷塞森(Ernst L. Presseisen):《德国与日本:1933—1941 年的极权主义外交研究》,纽约,1969 年(*Germany and Japan: A Study in Totalitarian Diplomacy*, *1933—1941*. New York, 1969.)

弗里德里希·冯·拉宾劳(Friedrich von Rabenau):《塞克特:他 1918 至 1936 年间的生活》,莱比锡,1940 年(*Seeckt: aus seinem Leben 1918—1936*. Leipzig, 1940.)

全德工业联合会:《社会各界的报告》,柏林,1928—1933 年(*Reichsverband der deutschen Industrie. Gesellschaftliche Mitteilungen*. Berlin,1928—1933.)

雷默(C. F. Remer):《外国在华投资》,纽约,1933 年(*Foreign Investments in China*. New York,1933.)

《英国经济委员会关于远东的报告》,伦敦,外贸部,1931 年(*Report of the British Economic Commission to the Far East*. London：Department of Foreign Trade,1931.)

布鲁诺·里施(Bruno Rische):《中国工业的形势与发展,特别考虑到外国机器的销售前景》,柏林,1931 年(*Stand und Entwicklung der chinesischen Industrie, Mit besonderer Berücksichtigung der Absatzmoglichkeiten für auslandische Maschinen*. Berlin, 1931.)

保罗·罗巴赫(Paul Rohrbach):《德中研究》,柏林,1909 年(*Deutsch-Chinesische Studien*. Berlin,1909.)

劳伦斯·罗辛格(Lawrence Rosinger):《远东与欧洲新秩序》,《太平洋事务》第 12 卷,第 4 期(1939 年)["The Far East and the New Order in Europe." *Pacific Affairs* 12, no. 4(1939).]

——《希特勒领导下的德国远东政策》,《太平洋事务》第 11 卷,第 4 期(1938 年)["Germany's Far Eastern Policy under Hitler." *Pacific Affairs* 11, no. 4(1938).]

罗什(G. A. Roush):《战略矿石的供应》,纽约,1939 年(*Strategic Mineral Supplies*. New York,1939.)

沃尔夫冈·绍尔(Wolfgang Sauer):《国家社会主义:极权主义还是法西斯主义?》,《美国历史评论》第 73 期(1967 年),第 404—424 页("National Socialism: Totalitarianism or Fascism?" *American Historical Review* 73(1967), 404—424.)

沃尔夫·申克(Wolf. Schenke):《风暴中的中国》,汉堡,1949 年(*China in Sturm*. Hamburg,1949.)

沃伦·席夫(Warren Schiff):《迪阿茨(Diaz)时代晚期德国对墨西哥的军事渗透》,《拉美历史评论》第 39 期(1959 年)["German Military Penetration into Mexico During the Late Diaz Period." *Hispanic American Historical Review* 39(1959).]

施密特(F. Schmidt)和伯利茨(O. Boelitz):《德国在外国之教育工作(1925)》第 2 卷,朗根萨尔察,1927—1928[*Aus deutscher Bildungsarbeit im Ausland* (1925). 2 vols. Langensalga,1927—28.]

海因里希·施内(Heinrich Schnee):《远东的人民和政权》,柏林,1933 年(*Volker und Mächte im Fernen Osten*. Berlin,1933.)

约翰·施雷克尔(John E. Schrecker):《帝国主义与中国民族主义:德国在山东》,

麻省剑桥（*Imperialism and Chinese Nationalism：Germany in Shantung.* Cambridge，Mass.，1971.）

许德科普夫（O. E. Schüddekopf）:《合法的左派，魏玛共和国时期的民族革命少数派与共产主义》,斯图加特,1960年（*Linke Leute von Rechts. Die nationalrevolutionäre Minderheiten und der Kommunismus in der Weimarer Republik.* Stutt-gart,1960.）

——《拉德克(Radek)在柏林》,《社会历史档案》第二期(1962年)[*"Radek in Berlin." Archiv für Sozialgeschichte* 2（1962）.]

汉斯—格尔德·舒曼（Hans-Gerd Schumann）:《保守主义》,《新科学丛书》第68册,科隆1974年（*Konservatismus. Neue Wissenschaftliche Bibliothek* 68. Köln,1974.）

施魏策尔（A. Schweirzer）:《1936年的外汇危机》,《全国科学杂志》第118期(1962年)[*"Foreign Exchange Crisis of 1936." Zeitschrift für die gesamte Staatswissenschaft*，118(1962).]

汉斯·冯·塞克特（Hans von seeckt）:《一位军人的思想》,柏林,1930年（*Gedanken cines Soldaten.* Berlin,1930.）

——《德国国防军》,莱比锡,1933年（*Die Reichswehr.* Leipzig, 1933.）

——《德帝国的未来》,柏林,1929年（*Die Zukunft des Reichs. Urteile und Forderungen.* Berlin,1929.）

泽普斯（J. B. Seps）:《德国军事顾问与蒋介石,1928—1938》,加州大学博士论文,柏克莱,1972年（"*German Military Advisers and Chiang Kai-shek，1927—1938.*" Ph. D. diss., University of California, Berkeley,1972.）

西德尔（B. Siedel）和延克尔（S. Jenker）:《探索集权主义之途径》,《研究方法》第140期,（1968年）[*"Wege der Totalitarismus-Frs-chung." Wege der Forschung* 140(1968).]

薛光前（Paul Kwang Tsien Sih）编:《八年抗战之国民政府,1937—1945》,纽约1977年（*Nationalist China During the Sino-Japanese War 1937—1945.* Hicksville, N. Y.,1977.）

——《艰苦建国的十年:中国建设国家的努力,1927—1937》,纽约,1970年;第二版,1976年（*The Strenuous Decade：China's Nation-Building Efforts，1927—1937.* New York, 1970; 2d ed. 1976.）

特奥·佐默尔（Theo Sommer）:《列强中的德国和日本,1935—1940》,图宾根,1962年（*Deutschlnad und Japan Zwischen den M：chten 1935—1940.* Tübingen,1962.）

瓦尔特·佐默尔（Walter Sommer）《德国顾问在1930至1934年封锁与围剿华南

苏维埃共和国中的作用》,《政治杂志》(Zeitschriftfür Politik)第18期(1971年),第269—304页["Zur Rolle deutscher Berater in den Einkreisungs-und Vernichtungsfeldzügen gegen die südchinesische Sowjetrepublik, 1930—1934." *Zeitschrift für Politik* 18(1971),269—304.]

亨利·施皮戈尔(Henry W. Spiegel):《经济总体战》,纽约,1942(*The Economics of Total War*. New York,1942.)

弗雷茨·施特恩(Fritz Stern):《文化政治的绝望:德意志意识形态兴起的研究》,纽约,1961年(*The Politics of Cultural Despair: A Study in the Rise of the Germanic Ideology*. New York,1961.)

维尔讷·施汀戈尔(Werner Stingl):《第一次世界大战前德国政策下的远东,1902—1914》第2卷,法兰克福,1978年(*Der Ferne Osten in der deutschen Politik vor dem Ersten Weltkriege, 1902—1914*. 2 vols. Frankfurt,1978.)

赫尔穆特·施托克尔(Helmuth Stoecker):《19世纪的德国与中国:德国资本主义的入侵》,柏林,1958年(*Deutschland und China im 19 Jahrhundert: Das Eindringen des deutschen Kapitalismus*. Berlin,1958.)

古斯塔夫·施托尔贝尔、卡尔·豪塞尔和克鲁特·博尔夏特:《1870年迄今的德国经济》,纽约,1967年(*The German Economy, 1870 to the Present*. New York,1967.)

孙科:《国家面临的难题》,《民众论坛》第1卷,第5期(1932年1月16日)[Sun Fo. "The Problem Before the Nation." *Peoples's Tribune* 1, no.5(16 Jan. 1932).]

汤良礼:《今日之国际问题》,《民众论坛》第16卷,第1期(1937年1月1日)[T'ang Leang-li(T'ang Liang-lj). "International Issues of Today." *People's Tribune* 16, no.1(1 Jan. 1937).]

格奥尔格·托马斯(Georg Thomas):《思想与事件》,《瑞士月刊》第25期(1945年12月)["Gedanken and Ereignisse" *Schweitche zeris Monatsche* fte 25(Dec. 1945).]

——《德国国防经济史(1918—1943/45)》,波巴德(莱茵河畔),1966年(*Geschichte der deutschen Wehr-und Rüstungswirtschaft 1918—1943/45*. Boppard am Rhein,1966.)

詹姆士·汤普森(James C. Thompson):《当中国面对西方之时:在国民党中国的美国改革者(1927—1937)》,麻省剑桥,1969年(*While China Faced West: American Reformers in Nationalist China, 1928—1937*. Cambridge, Mass.,1969.)

伦纳德·G·丁(Leonard G. Ting):《中国现代银行、政府财政和工业》,《南开社会与经济季刊》第 8 卷,第 3 期(1935 年)["Chinese Modern Banks and the Finance of Government and Industry." *Nankai Social and Economic Quarterly* 8, no. 3(1935).]

田弘茂:《国民党中国的政府与政治,1927—1937》,加州斯坦福,1972 年(Tien, Hung-mao. *Government and Politics in Kuomintang China*, 1927—1937. Stanford. Calif.,1972.)

汤因比(A. J. Toynbee)和鲍尔特(V. M. Boulter)编:《1937 年国际事务述评》,伦敦,1938 年(*Survey of International Affairs*, 1937. London,1938.)

特雷比奇—林肯(Trebitsch-Lincoln):《20 世纪的大冒险!? 我的真实生活》,莱比锡,1931 年(*Der grösste Abenteüerer des XX. Jahrhunderts?! Die Wahrheit über mein Leben*. Leipzig,1931.)

安·特罗特(Ann. Trotter):《英国与东亚:1933—1937》,剑桥,1975 年(*Britain and East Asia:1933—1937*. Cambridge, Eng.,1975.)

特勒尔(H. A. Turner):《法西斯主义与现代化》《世界政治》第 24 期(1972 年)["Fascism and Modernization." *World Politics* 24(1972).]

弗雷茨·冯·特瓦多斯基(Fritz von Twardowski):《德国国外文化政策的起源》,波恩—巴特戈德斯贝格,1970 年(*Anfänge der deutschen kulturpolitik im Ausland*. Bonn-Bad Godesberg,1970.)

弗雷达·阿特利(Frieda Utley):《战时中国》纽约,1940 年(*China at War*. New York,1940.)

阿道夫·福格特(Adolf Vogt):《马克斯·鲍尔上校:总参谋部军官(1869—1929)》,奥斯纳布吕克,1974 年(*Oberst Wax Bauer:Generalstabsoffizier im Zwielicht 1869—1929*. Osnabruck,1974.)

比莉·凯瑟琳·沃尔什(Billie Katherine Walsh):《埃里希·施脱尔茨奈尔(Erich Stoelzner)与德国在华军事代表团》,圣地亚哥州立大学硕士论文,1971 年("Erich Stoelzner and the German Miliary Mission in China." M. A. thesis, San Diego State University,1971.)

——《德国在华军事代表团(1928—1938)》,《现代史杂志》第 46 期(1974 年)["The German Military Mission in China, 1928—1938." *Journal of Modern History* 46(1974).]

汪精卫:《在主要工业中的国家资本主义》,《民众论坛》第 17 卷,第 4 期[Wang Ching-wei. "State Capitalism in Major Industries." *People's Tribune* 17, no. 4(16 May 1937).]

王公秉(音):《中国的矿石资源,特别是有色金属的情况》,《地理评论》第 34 期(1944 年)第 621—635 页[Wang Kung-ping. "The Mineral Resources of

China, with Special Reference to Nonferrous Metals." *Geographical Review* 34(1944 年),621—635.]

汪一驹:《中国知识分子与西方:1872—1949》,切波尔希尔,北卡罗来纳,1966 年(Wang, Y. C. *Chinese Intellectuals and the West, 1872—1949.* Chapel Hill, N. C. ,1966.)

杰哈德·温伯格(Gerhard Weinberg):《希特勒德国的外交政策:1933—1936 年在欧洲的外交革命》,芝加哥,1970 年(*The Foreign Policy of Hitler's Germany: Diplomatic Revolution in Europe, 1933—1936.* Chicago,1970.)

路德维希·维尔讷(Ludwig Werner):关于"合步楼"的私人文件(Private papers relating to "Hapro.")

——1977—1982 年间同作者的通信(Correspondence with author, 1977—82.)

库尔特·韦特金德(Kurt Wettekind):《二十年来之德国经济,1925—1945》,《防卫知识》(*Wehrkunde*) 第 6 期(1956 年)["Aus 20 Jahre deutscher Wehrwirtschaft, 1925—1945." *Wehrkunde* 6 (1956).]

格奥尔格·魏采尔(Georg Wetzell):编:《1914—1939 年之德国国防军》,柏林,1939 年(*Die Deutsche Wehrmacht 1914—1939.* Berlin,1939.)

约翰·惠勒—贝内特(John W. Wheeler-Bennett):《权力的报应:政治生活中的德国军军队,1918—1945》第 2 版,伦敦,1964 年(*The Nemesis of Power: The German Army in Politics, 1918—1945.* 2d ed. London,1964.)

W. W. 怀特森(Whitson)和刘纪明(音):《反暴动的战略:从中国(江西,1934 年)吸取的教训》(*A Strategy for Counter-Insurgency: Lessons from China (Kiangsi, 1934).* Saigon,1966.)

博多·维托夫(Bodo Wiethoff):《1928—1949 年在中国的航空运输》,汉堡亚洲研究所论文集第 39 期,威斯巴登,1975 年(*Luftverkehr in China 1928—1949.* Schriften des Instituts für Asienkunde Hamburg 39. Wiesbaden,1975.)

韦慕庭(Martin Wilbur):《孙中山:受挫的爱国者》,纽约,1976 年(*Sun Yat-sen: Frustrated Patriot.* New York,1976.)

里夏德·威廉(Richard Wilhelm):《中国的经济心理学》,莱比锡,1930 年(*Chinesische Wirtschaftspsychologie.* Leipzig,1930.)

卡尔顿·沃德(Carlton Wood):《德国与中国的关系》,海德尔堡,1934 年(*Die Beziehungen Deutschlands zu China.* Diss. , Heidelberg,1934.)

芮玛丽(Mary C. Wright):《从革命到复辟:国民党意识形态的转变》,《远东季刊》第 14 期(1955 年),第 515—532 页("From Revolution to Restoration: The Transformation of Kuomintang Ideology." *Far Eastern Quarterly* 14

(1955),515—532.)

——《中国保守主义的最后营垒：1862—1874年的同治中兴》，斯坦福，1957年（*The Last Stand of Chinese Conservatism：The T'ung-chih Restoration，1862—1874.* Stanford, Calif.,1957.）

吴天威：《西安事变：现代中国历史上的关键时刻》，《密歇根中国研究论丛》第26，安娜堡，1976年（Wu, Tien-wei. *The Sian Incident：A Pivotal Point in Modern Chinese History，Michigan Papers in Chinese Studies* 26. Ann Arbor,1976.）

吴元黎：《中国的经济政策：计划经营还是自由经营？》，《中国国际经济丛书》第4，纽约，1946年（Wu, Yuan-li, *China's Economic Policy：Planning or Free Enterprise? Sino-International Economic Pamphlets* 4. New York,1946.）

颜惠庆：《东西万花筒（1877—1944）：自传》，《现代世界之亚洲》丛书第14册,纽约，1974年（Yen, W. W. *East-West Kaleidoscope，1877—1946：An Autobiography. Asia in the Modern World Series* 14. New York,1974.）

阿瑟·扬格(Arthur N. Young)：《中国与援助之手，1937—1945》，麻省剑桥，1963年(*China and the Helping Hand，1937—1945.* Cambridge, Mass,1963.）

——《中国建设国家的努力（1927—1937）：财政与经济记录》，斯坦福，1971（*China's Nation-Building Effort，1927—1937：The Financial and Economic Record.* Stanford, Calif,1971.）

——《中国战时金融与通货膨胀，1937—1945》，麻省剑桥，1965年（*China's Wartime Finance and Inflation，1937—1945.* Cambridge, Mass, 1965.）

杨洸生：《民族主义中国之回顾》，巴黎，1930年（Young, C. Kuang-son. *Nationalist China in Retrospect.* Paris,1930.）

余文堂：《1860—1880年之德中关系》，波鸿，1981年（Yü Wen-tang. *Die deutsch-chinesischen Beziehüngen von 1860—1880.* Bochum,1981.）

袁同礼：《欧洲大陆中国学生博士学位论文手册》，《中国文化》第5卷，第4期(1964年)［Yüan, Tung-li. "A Guide to Doctoral Dissertations by Chinese Students in Continental Europe." *Chinese Culture* 5，no.4(1964).］

新版译后记

《德国与中华民国》是美国哈佛大学柯伟林教授的代表作之一。该书1984年由斯坦福大学出版社出版之时,这位年仅34岁的美国圣路易斯华盛顿大学助教卓著的学术成就,为美国及世界各地的汉学家所瞩目。

从1928—1933年间,中国同德国的关系比同其他任何外国列强的关系都要密切,而这段历史关系的研究当时在中国大陆仍处于空白。柯伟林教授的这本书利用了极为丰富的中、英、德文档案,期刊,研究专著和回忆录,全面论述了这一时期中德间的政治、军事、经济、思想文化、外交等方面的关系,详实可信,见解独到。已故的德国著名汉学家、柏林洪堡大学(Humboldt Universit zu Berlin)费路教授(Roland Felber)认为,该书对民国时期中德关系这一研究课题作出了"重要的和详尽的学术贡献"。时至今日,该书仍不失为研究中德关系史的权威之作。

该书是1994年首次被翻译成中文,由中国青年出版社以《蒋介石政府与纳粹德国》为名出版的。柯伟林教授在获悉我们有意将此书翻译成中文时,欣然同意,将该书的中文版版权授予我们和中国青年出版社,并撰写了中文版序言,使我们深受感动。张宪文教授对于本书中译本的问世,无疑起了重要的促进作用;钱乘旦教授在百忙之中,抽出时间进行校对工作,付出了心血;本书当时的翻译工作,自始至终得到中国青年出版社潘平先生的鼎力相助,在此,我们仍要表示衷心的感谢。此外,我们还要对南京大学法学院邵建东教授、南京大学信管系叶继元教授、南京图书馆姬贵林先生的帮助表示谢忱。

由于这本书在学界有重要影响,承蒙刘东教授和美国北卡罗来纳大学陈意新教授的慧眼识珠,将其收入江苏人民出版社"海外中国研究丛书",恢复《德国与中华民国》原名重新出版。对此我们表示衷心感谢。柯伟林教授特意撰写了新中文版序言,进一步阐述了对相关问题的认识。我们也借此机会对全书进行了审订,润色词句,并纠正了翻译中的若干错误。

本书的翻译工作由集体合作完成,具体分工情况如下:绪论,第一、二、三章,结语,由陈红民译;第四章,由申晓云译;第六章,由武菁译;中文版序言,第七、八章,全书的注释和参考书目,由陈谦平译;第五章,由陈谦平、陈红民、武菁各译三分之一,陈谦平校对。陈谦平担任全书的通稿工作,并统一校订了全书的中外人名、地名和机构名等。新中文版序言由朱适翻译。在新版修订过程中,陈红民承担了组织协调工作。

由于我们的学识有限,加上原著内容精深,虽经再次修订,翻译中的错误与疏漏仍然在所难免,恳请读者指正。

译　者
2006 年 8 月 8 日于南京大学

"海外中国研究丛书"书目

1. 中国的现代化 [美]吉尔伯特·罗兹曼 主编 国家社会科学基金"比较现代化"课题组 译 沈宗美 校
2. 寻求富强:严复与西方 [美]本杰明·史华兹 著 叶凤美 译
3. 中国现代思想中的唯科学主义(1900—1950) [美]郭颖颐 著 雷颐 译
4. 台湾:走向工业化社会 [美]吴元黎 著
5. 中国思想传统的现代诠释 余英时 著
6. 胡适与中国的文艺复兴:中国革命中的自由主义,1917—1937 [美]格里德 著 鲁奇 译
7. 德国思想家论中国 [德]夏瑞春 编 陈爱政 等译
8. 摆脱困境:新儒学与中国政治文化的演进 [美]墨子刻 著 颜世安 高华 黄东兰 译
9. 儒家思想新论:创造性转换的自我 [美]杜维明 著 曹幼华 单丁 译 周文彰 等校
10. 洪业:清朝开国史 [美]魏斐德 著 陈苏镇 薄小莹 包伟民 陈晓燕 牛朴 谭天星 译 阎步克 等校
11. 走向21世纪:中国经济的现状、问题和前景 [美]D.H.帕金斯 著 陈志标 编译
12. 中国:传统与变革 [美]费正清 赖肖尔 主编 陈仲丹 潘兴明 庞朝阳 译 吴世民 张子清 洪邮生 校
13. 中华帝国的法律 [美]D.布朗 C.莫里斯 著 朱勇 译 梁治平 校
14. 梁启超与中国思想的过渡(1890—1907) [美]张灏 著 崔志海 葛夫平 译
15. 儒教与道教 [德]马克斯·韦伯 著 洪天富 译
16. 中国政治 [美]詹姆斯·R.汤森 布兰特利·沃马克 著 顾速 董方 译
17. 文化、权力与国家:1900—1942年的华北农村 [美]杜赞奇 著 王福明 译
18. 义和团运动的起源 [美]周锡瑞 著 张俊义 王栋 译
19. 在传统与现代性之间:王韬与晚清革命 [美]柯文 著 雷颐 罗检秋 译
20. 最后的儒家:梁漱溟与中国现代化的两难 [美]艾恺 著 王宗昱 冀建中 译
21. 蒙元入侵前夜的中国日常生活 [法]谢和耐 著 刘东 译
22. 东亚之锋 [美]小R.霍夫亨兹 K.E.柯德尔 著 黎鸣 译
23. 中国社会史 [法]谢和耐 著 黄建华 黄迅余 译
24. 从理学到朴学:中华帝国晚期思想与社会变化面面观 [美]艾尔曼 著 赵刚 译
25. 孔子哲学思微 [美]郝大维 安乐哲 著 蒋弋为 李志林 译
26. 北美中国古典文学研究名家十年文选 乐黛云 陈珏 编选
27. 东亚文明:五个阶段的对话 [美]狄百瑞 著 何兆武 何冰 译
28. 五四运动:现代中国的思想革命 [美]周策纵 著 周子平 等译
29. 近代中国与新世界:康有为变法与大同思想研究 [美]萧公权 著 汪荣祖 译
30. 功利主义儒家:陈亮对朱熹的挑战 [美]田浩 著 姜长苏 译
31. 莱布尼兹和儒学 [美]孟德卫 著 张学智 译
32. 佛教征服中国:佛教在中国中古早期的传播与适应 [荷兰]许理和 著 李四龙 裴勇 等译
33. 新政革命与日本:中国,1898—1912 [美]任达 著 李仲贤 译
34. 经学、政治和宗族:中华帝国晚期常州今文学派研究 [美]艾尔曼 著 赵刚 译
35. 中国制度史研究 [美]杨联陞 著 彭刚 程钢 译

36. 汉代农业:早期中国农业经济的形成　[美]许倬云著　程农　张鸣译　邓正来校
37. 转变的中国:历史变迁与欧洲经验的局限　[美]王国斌著　李伯重　连玲玲译
38. 欧洲中国古典文学研究名家十年文选　乐黛云　陈珏　龚刚编选
39. 中国农民经济:河北和山东的农民发展,1890—1949　[美]马若孟著　史建云译
40. 汉哲学思维的文化探源　[美]郝大维　安乐哲著　施忠连译
41. 近代中国之种族观念　[英]冯客著　杨立华译
42. 血路:革命中国中的沈定一(玄庐)传奇　[美]萧邦奇著　周武彪译
43. 历史三调:作为事件、经历和神话的义和团　[美]柯文著　杜继东译
44. 斯文:唐宋思想的转型　[美]包弼德著　刘宁译
45. 宋代江南经济史研究　[日]斯波义信著　方健　何忠礼译
46. 一个中国村庄:山东台头　杨懋春著　张雄　沈炜　秦美珠译
47. 现实主义的限制:革命时代的中国小说　[美]安敏成著　姜涛译
48. 上海罢工:中国工人政治研究　[美]裴宜理著　刘平译
49. 中国转向内在:两宋之际的文化转向　[美]刘子健著　赵冬梅译
50. 孔子:即凡而圣　[美]赫伯特·芬格莱特著　彭国翔　张华译
51. 18世纪中国的官僚制度与荒政　[法]魏丕信著　徐建青译
52. 他山的石头记:宇文所安自选集　[美]宇文所安著　田晓菲编译
53. 危险的愉悦:20世纪上海的娼妓问题与现代性　[美]贺萧著　韩敏中　盛宁译
54. 中国食物　[美]尤金·N.安德森著　马孆　刘东译　刘东审校
55. 大分流:欧洲、中国及现代世界经济的发展　[美]彭慕兰著　史建云译
56. 古代中国的思想世界　[美]本杰明·史华兹著　程钢译　刘东校
57. 内闱:宋代的婚姻和妇女生活　[美]伊沛霞著　胡志宏译
58. 中国北方村落的社会性别与权力　[加]朱爱岚著　胡玉坤译
59. 先贤的民主:杜威、孔子与中国民主之希望　[美]郝大维　安乐哲著　何刚强译
60. 向往心灵转化的庄子:内篇分析　[美]爱莲心著　周炽成译
61. 中国人的幸福观　[德]鲍吾刚著　严蓓雯　韩雪临　吴德祖译
62. 闺塾师:明末清初江南的才女文化　[美]高彦颐著　李志生译
63. 缀珍录:十八世纪及其前后的中国妇女　[美]曼素恩著　定宜庄　颜宜葳译
64. 革命与历史:中国马克思主义历史学的起源,1919—1937　[美]德里克著　翁贺凯译
65. 竞争的话语:明清小说中的正统性、本真性及所生成之意义　[美]艾梅兰著　罗琳译
66. 中国妇女与农村发展:云南禄村六十年的变迁　[加]宝森著　胡玉坤译
67. 中国近代思维的挫折　[日]岛田虔次著　甘万萍译
68. 中国的亚洲内陆边疆　[美]拉铁摩尔著　唐晓峰译
69. 为权力祈祷:佛教与晚明中国士绅社会的形成　[加]卜正民著　张华译
70. 天潢贵胄:宋代宗室史　[美]贾志扬著　赵冬梅译
71. 儒家之道:中国哲学之探讨　[美]倪德卫著　[美]万白安编　周炽成译
72. 都市里的农家女:性别、流动与社会变迁　[澳]杰华著　吴小英译
73. 另类的现代性:改革开放时代中国性别化的渴望　[美]罗丽莎著　黄新译
74. 近代中国的知识分子与文明　[日]佐藤慎一著　刘岳兵译
75. 繁盛之阴:中国医学史中的性(960—1665)　[美]费侠莉著　甄橙主译　吴朝霞主校
76. 中国大众宗教　[美]韦思谛编　陈仲丹译
77. 中国诗画语言研究　[法]程抱一著　涂卫群译
78. 中国的思维世界　[日]沟口雄三　小岛毅著　孙歌等译

79. 德国与中华民国　[美]柯伟林 著　陈谦平 陈红民 武菁 申晓云 译　钱乘旦 校
80. 中国近代经济史研究:清末海关财政与通商口岸市场圈　[日]滨下武志 著　高淑娟 孙彬 译
81. 回应革命与改革:皖北李村的社会变迁与延续　韩敏 著　陆益龙 徐新玉 译
82. 中国现代文学与电影中的城市:空间、时间与性别构形　[美]张英进 著　秦立彦 译
83. 现代的诱惑:书写半殖民地中国的现代主义(1917—1937)　[美]史书美 著　何恬 译
84. 开放的帝国:1600年前的中国历史　[美]芮乐伟·韩森 著　梁侃 邹劲风 译
85. 改良与革命:辛亥革命在两湖　[美]周锡瑞 著　杨慎之 译
86. 章学诚的生平与思想　[美]倪德卫 著　杨立华 译
87. 卫生的现代性:中国通商口岸健康与疾病的意义　[美]罗芙芸 著　向磊 译
88. 道与庶道:宋代以来的道教、民间信仰和神灵模式　[美]韩明士 著　皮庆生 译
89. 间谍王:戴笠与中国特工　[美]魏斐德 著　梁禾 译
90. 中国的女性与性相:1949年以来的性别话语　[英]艾华 著　施施 译
91. 近代中国的犯罪、惩罚与监狱　[荷]冯客 著　徐有威 等译　潘兴明 校
92. 帝国的隐喻:中国民间宗教　[英]王斯福 著　赵旭东 译
93. 王弼《老子注》研究　[德]瓦格纳 著　杨立华 译
94. 寻求正义:1905—1906年的抵制美货运动　[美]王冠华 著　刘甜甜 译
95. 传统中国日常生活中的协商:中古契约研究　[美]韩森 著　鲁西奇 译
96. 从民族国家拯救历史:民族主义话语与中国现代史研究　[美]杜赞奇 著　王宪明 高继美 李海燕 李点 译
97. 欧几里得在中国:汉译《几何原本》的源流与影响　[荷]安国风 著　纪志刚 郑诚 郑方磊 译
98. 十八世纪中国社会　[美]韩书瑞 罗友枝 著　陈仲丹 译
99. 中国与达尔文　[美]浦嘉珉 著　钟永强 译
100. 私人领域的变形:唐宋诗词中的园林与玩好　[美]杨晓山 著　文韬 译
101. 理解农民中国:社会科学哲学的案例研究　[美]李丹 著　张天虹 张洪云 张胜波 译
102. 山东叛乱:1774年的王伦起义　[美]韩书瑞 著　刘平 唐雁超 译
103. 毁灭的种子:战争与革命中的国民党中国(1937—1949)　[美]易劳逸 著　王建朗 王贤知 贾维 译
104. 缠足:"金莲崇拜"盛极而衰的演变　[美]高彦颐 著　苗延威 译
105. 饕餮之欲:当代中国的食与色　[美]冯珠娣 著　郭乙瑶 马磊 江素侠 译
106. 翻译的传说:中国新女性的形成(1898—1918)　胡缨 著　龙瑜宬 彭珊珊 译
107. 中国的经济革命:20世纪的乡村工业　[日]顾琳 著　王玉茹 张玮 李进霞 译
108. 礼物、关系学与国家:中国人际关系与主体性建构　杨美惠 著　赵旭东 孙珉 译　张跃宏 译校
109. 朱熹的思维世界　[美]田浩 著
110. 皇帝和祖宗:华南的国家与宗族　[英]科大卫 著　卜永坚 译
111. 明清时代东亚海域的文化交流　[日]松浦章 著　郑洁西 等译
112. 中国美学问题　[美]苏源熙 著　卞东波 译　张强强 朱霞欢 校
113. 清代内河水运史研究　[日]松浦章 著　董科 译
114. 大萧条时期的中国:市场、国家与世界经济　[日]城山智子 著　孟凡礼 尚国敏 译　唐磊 校
115. 美国的中国形象(1931—1949)　[美]T.克里斯托弗·杰斯普森 著　姜智芹 译
116. 技术与性别:晚期帝制中国的权力经纬　[英]白馥兰 著　江湄 邓京力 译

117. 中国善书研究 [日]酒井忠夫 著 刘岳兵 何英莺 孙雪梅 译
118. 千年末世之乱:1813年八卦教起义 [美]韩书瑞 著 陈仲丹 译
119. 西学东渐与中国事情 [日]增田涉 著 由其民 周启乾 译
120. 六朝精神史研究 [日]吉川忠夫 著 王启发 译
121. 矢志不渝:明清时期的贞女现象 [美]卢苇菁 著 秦立彦 译
122. 明代乡村纠纷与秩序:以徽州文书为中心 [日]中岛乐章 著 郭万平 高飞 译
123. 中华帝国晚期的欲望与小说叙述 [美]黄卫总 著 张蕴爽 译
124. 虎、米、丝、泥:帝制晚期华南的环境与经济 [美]马立博 著 王玉茹 关永强 译
125. 一江黑水:中国未来的环境挑战 [美]易明 著 姜智芹 译
126. 《诗经》原意研究 [日]家井真 著 陆越 译
127. 施剑翘复仇案:民国时期公众同情的兴起与影响 [美]林郁沁 著 陈湘静 译
128. 华北的暴力和恐慌:义和团运动前夕基督教传播和社会冲突 [德]狄德满 著 崔华杰 译
129. 铁泪图:19世纪中国对于饥馑的文化反应 [美]艾志端 著 曹曦 译
130. 饶家驹安全区:战时上海的难民 [美]阮玛霞 著 白华山 译
131. 危险的边疆:游牧帝国与中国 [美]巴菲尔德 著 袁剑 译
132. 工程国家:民国时期(1927—1937)的淮河治理及国家建设 [美]戴维·艾伦·佩兹 著 姜智芹 译
133. 历史宝筏:过去、西方与中国妇女问题 [美]季家珍 著 杨可 译
134. 姐妹们与陌生人:上海棉纱厂女工,1919—1949 [美]韩起澜 著 韩慈 译
135. 银线:19世纪的世界与中国 林满红 著 詹庆华 林满红 译
136. 寻求中国民主 [澳]冯兆基 著 刘悦斌 徐硙 译
137. 墨梅 [美]毕嘉珍 著 陆敏珍 译
138. 清代上海沙船航运业史研究 [日]松浦章 著 杨蕾 王亦诤 董科 译
139. 男性特质论:中国的社会与性别 [澳]雷金庆 著 [澳]刘婷 译
140. 重读中国女性生命故事 游鉴明 胡缨 季家珍 主编
141. 跨太平洋位移:20世纪美国文学中的民族志、翻译和文本间旅行 黄运特 著 陈倩 译
142. 认知诸形式:反思人类精神的统一性与多样性 [英]G.E.R.劳埃德 著 池志培 译
143. 中国乡村的基督教:1860—1900江西省的冲突与适应 [美]史维东 著 吴薇 译
144. 假想的"满大人":同情、现代性与中国疼痛 [美]韩瑞 著 袁剑 译
145. 中国的捐纳制度与社会 伍跃 著
146. 文书行政的汉帝国 [日]富谷至 著 刘恒武 孔李波 译
147. 城市里的陌生人:中国流动人口的空间、权力与社会网络的重构 [美]张骊 著 袁长庚 译
148. 性别、政治与民主:近代中国的妇女参政 [澳]李木兰 著 方小平 译
149. 近代日本的中国认识 [日]野村浩一 著 张学锋 译
150. 狮龙共舞:一个英国人笔下的威海卫与中国传统文化 [英]庄士敦 著 刘本森 译 威海市博物馆 郭大松 校
151. 人物、角色与心灵:《牡丹亭》与《桃花扇》中的身份认同 [美]吕立亭 著 白华山 译
152. 中国社会中的宗教与仪式 [美]武雅士 著 彭泽安 邵铁峰 译 郭潇威 校
153. 自贡商人:近代早期中国的企业家 [美]曾小萍 著 董建中 译
154. 大象的退却:一部中国环境史 [英]伊懋可 著 梅雪芹 毛利霞 王玉山 译
155. 明代江南土地制度研究 [日]森正夫 著 伍跃 张学锋 等译 范金民 夏维中 审校
156. 儒学与女性 [美]罗莎莉 著 丁佳伟 曹秀娟 译

157. 行善的艺术:晚明中国的慈善事业(新译本) [美]韩德玲 著 曹晔 译
158. 近代中国的渔业战争和环境变化 [美]穆盛博 著 胡文亮 译
159. 权力关系:宋代中国的家族、地位与国家 [美]柏文莉 著 刘云军 译
160. 权力源自地位:北京大学、知识分子与中国政治文化,1898—1929 [美]魏定熙 著 张蒙 译
161. 工开万物:17世纪中国的知识与技术 [德]薛凤 著 吴秀杰 白岚玲 译
162. 忠贞不贰:辽代的越境之举 [英]史怀梅 著 曹流 译
163. 内藤湖南:政治与汉学(1866—1934) [美]傅佛果 著 陶德民 何英莺 译
164. 他者中的华人:中国近现代移民史 [美]孔飞力 著 李明欢 译 黄鸣奋 校
165. 古代中国的动物与灵异 [英]胡司德 著 蓝旭 译
166. 两访中国茶乡 [英]罗伯特·福琼 著 敖雪岗 译
167. 缔造选本:《花间集》的文化语境与诗学实践 [美]田安 著 马强才 译
168. 扬州评话探讨 [丹麦]易德波 著 米锋 易德波 译 李今芸 校译
169. 《左传》的书写与解读 李惠仪 著 文韬 许明德 译
170. 以竹为生:一个四川手工造纸村的20世纪社会史 [德]艾约博 著 韩巍 译 吴秀杰 校
171. 东方之旅:1579—1724耶稣会传教团在中国 [美]柏理安 著 毛瑞方 译
172. "地域社会"视野下的明清史研究:以江南和福建为中心 [日]森正夫 著 于志嘉 马一虹 黄东兰 阿风 等译
173. 技术、性别、历史:重新审视帝制中国的大转型 [英]白馥兰 著 吴秀杰 白岚玲 译
174. 中国小说戏曲史 [日]狩野直喜 张真 译
175. 历史上的黑暗一页:英国外交文件与英美海军档案中的南京大屠杀 [美]陆束屏 编著/翻译
176. 罗马与中国:比较视野下的古代世界帝国 [奥]沃尔特·施德尔 主编 李平 译
177. 矛与盾的共存:明清时期江西社会研究 [韩]吴金成 著 崔荣根 译 薛戈 校译
178. 唯一的希望:在中国独生子女政策下成年 [美]冯文 著 常姝 译
179. 国之枭雄:曹操传 [澳]张磊夫 著 方笑天 译
180. 汉帝国的日常生活 [英]鲁惟一 著 刘洁 余霄 译
181. 大分流之外:中国和欧洲经济变迁的政治 [美]王国斌 罗森塔尔 著 周琳 译 王国斌 张萌 审校
182. 中正之笔:颜真卿书法与宋代文人政治 [美]倪雅梅 著 杨简茹 译 祝帅 校译
183. 江南三角洲市镇研究 [日]森正夫 编 丁韵 胡婧 等译 范金民 审校
184. 忍辱负重的使命:美国外交官记载的南京大屠杀与劫后的社会状况 [美]陆束屏 编著/翻译
185. 修仙:古代中国的修行与社会记忆 [美]康儒博 著 顾漩 译
186. 烧钱:中国人生活世界中的物质精神 [美]柏桦 著 袁剑 刘玺鸿 译
187. 话语的长城:文化中国历险记 [美]苏源熙 著 盛珂 译
188. 诸葛武侯 [日]内藤湖南 著 张真 译
189. 盟友背信:一战中的中国 [英]吴芳思 克里斯托弗·阿南德尔 著 张宇扬 译
190. 亚里士多德在中国:语言、范畴与翻译 [英]罗伯特·沃迪 著 韩小强 译
191. 马背上的朝廷:巡幸与清朝统治的建构,1680—1785 [美]张勉治 著 董建中 译
192. 申不害:公元前四世纪中国的政治哲学家 [美]顾立雅 著 马腾 译
193. 晋武帝司马炎 [日]福原启郎 著 陆帅 译
194. 唐人如何吟诗:带你走进汉语音韵学 [日]大岛正二 著 柳悦 译

195. 古代中国的宇宙论　［日］浅野裕一 著　吴昊阳 译
196. 中国思想的道家之论:一种哲学解释　［美］陈汉生 著　周景松 谢尔逊 等译　张丰乾 校译
197. 诗歌之力:袁枚女弟子屈秉筠(1767—1810)　［加］孟留喜 著　吴夏平 译
198. 中国逻辑的发现　［德］顾有信 著　陈志伟 译
199. 高丽时代宋商往来研究　［韩］李镇汉 著　李廷青 戴琳剑 译　楼正豪 校
200. 中国近世财政史研究　［日］岩井茂树 著　付勇 译　范金民 审校
201. 魏晋政治社会史研究　［日］福原启郎 著　陆帅 刘萃峰 张紫毫 译
202. 宋帝国的危机与维系:信息、领土与人际网络　［比利时］魏希德 著　刘云军 译
203. 中国精英与政治变迁:20世纪初的浙江　［美］萧邦奇 著　徐立望 杨涛羽 译　李齐 校
204. 北京的人力车夫:1920年代的市民与政治　［美］史谦德 著　周书垚 袁剑 译　周育民 校
205. 1901—1909年的门户开放政策:西奥多·罗斯福与中国　［美］格雷戈里·摩尔 著　赵嘉玉 译
206. 清帝国之乱:义和团运动与八国联军之役　［美］明恩溥 著　郭大松 刘本森 译
207. 宋代文人的精神生活(960—1279)　［美］何复平 著　叶树勋 单虹泽 译
208. 梅兰芳与20世纪国际舞台:中国戏剧的定位与置换　［美］田民 著　何恬 译
209. 郭店楚简《老子》新研究　［日］池田知久 著　曹峰 孙佩霞 译
210. 德与礼——亚洲人对领导能力与公众利益的理想　［美］狄培理 著　闵锐武 闵月 译
211. 棘闱:宋代科举与社会　［美］贾志扬 著